FALÜ JIN SHEQU CONGSHU
·法律进社区丛书·

刘知函 主编

医疗损害纠纷与计算标准

焦朝岩◎著

YILIAO
SUNHAI JIUFEN YU JISUANBIAOZHUN

中国政法大学出版社

2017·北京

图书在版编目（ＣＩＰ）数据

医疗损害纠纷与计算标准 ／ 焦朝岩著.—北京 :中国政法大学出版社，2016.11
ISBN 978-7-5620-7131-0

Ⅰ．①医… Ⅱ．①焦… Ⅲ．①医疗事故－民事纠纷－处理－中国 Ⅳ．①D922.16

中国版本图书馆CIP数据核字(2016)第263682号

出 版 者	中国政法大学出版社
地　　　址	北京市海淀区西土城路 25 号
邮寄地址	北京 100088 信箱 8034 分箱　邮编 100088
网　　　址	http://www.cuplpress.com（网络实名：中国政法大学出版社）
电　　　话	010-58908437(编辑室) 58908334(邮购部)
承　　　印	保定市中画美凯印刷有限公司
开　　　本	710mm×1000mm　1/16
印　　　张	27
字　　　数	490 千字
版　　　次	2017 年 6 月第 1 版
印　　　次	2017 年 6 月第 1 次印刷
定　　　价	55.00 元

医患关系本应该是最为和谐的关系，但是近些年来各地医患关系矛盾凸显，近期发生的"陈仲伟医生案"和"魏则西事件"正是当前医患矛盾的缩影。医患矛盾的发生有多种多样的原因，其中之一便是患者在遭遇医疗纠纷时不懂得正确的维权方式，从而产生所谓的"医闹"现象，严重的则构成暴力伤医事件。

本书正是以此为出发点，致力于使广大读者在遇到医疗纠纷时能够选择正确的纠纷解决方式。本书从现实发生的案例和法院的判决出发，分析真正发生在我们身边的医疗维权纠纷，并通过简明图表的方式把各个损害赔偿的项目形象地表现出来，方便读者理解并应用。同时，将城镇居民人均收入和农村居民支配收入、最新最低生活保障标准、人身损害计算标准等实用性较强的内容通过表格的形式列出，为读者在维权中的具体计算提供方便。

在本书的写作过程中，笔者深知医疗纠纷是任何人都不愿意碰到的，维权过程有时候也较为艰难，希望本书能够成为读者维权的小助手。笔者也深知自身水平有限，书中难免存在纰漏与不足之处，恳请读者批评指正。

焦朝岩

2016 年 7 月 25 日

CONTENTS 目 录

第三篇
常用文书及法律法规

第一篇

医疗纠纷法律常识

第一章
关于医疗纠纷应该了解的常识

一、医疗纠纷的含义与法律上的定义

(一) 医患关系

近年来，医患关系成为网络中的热门词语。医患关系并不是法律词语，但为描述患者和医院医生之间的关系提供了有益的借鉴。在医患冲突中，鲜有医院的院长（医院负责人）受到伤害，但这并不意味着医患关系与医院和医院负责人无关。

现在的医患关系更多的是患者和医院之间的关系。因此医患关系是指在医疗过程中医方和患者之间形成的各种社会关系。医患之间有和谐的关系也有不和谐的关系，不和谐的医患关系的突出体现就是医疗纠纷以及因医疗纠纷产生的赔偿问题。

医患关系在法律上的表现是医患法律关系。医患法律关系是指基于约定或者法律规定，医疗机构及其医务人员在对患者实施诊断、护理、治疗等医疗行为的过程中形成的权利义务关系。医患法律关系由三方面的要素构成：①医患法律关系的主体；②医患法律关系的客体，即医疗行为；③医患法律关系的内容，即医疗机构与患者之间的权利义务。

在医疗法律关系中依据医患关系发生的原因、当事人之间的权利义务关系和法律责任等不同的方面，医患关系产生的基础法律关系在现实生活中主要有以下三种：

1. 合同关系

此种关系中，医疗机构与患者是平等的法律主体，患者通常自愿选择自己要去的医疗机构，在双方协商一致的情况下达成民事法律关系。此种法律关系属于民法上的合同关系。

该法律关系最大的特点是医患双方的法律地位平等，双方可以基于患者的病情讨论治疗方案，对费用问题进行商榷。双方地位上的平等不是指双方对医学知识的掌握，而是指患者的权利与医生的权利平等，享有人格尊严，患者以恢复健康为目的，医生则是基于自己的专业知识对病人进行照顾，某种程度上是以自己的专业为患者提供服务。患者在此过程中享有意思自由，不受医生或者护士的强制和不合理对待。

由于医患关系的特殊性，除法律规定的特殊情形外，患者具有单向选择性，医疗机构不能拒绝接受患者。而就作为合同关系而成立的医患关系来说，其组成了医患关系的绝大部分。基于合同形成的医患关系产生的医疗事故也较多，常常出现违约和侵权责任混同的情况，因此在救济时选择的是民事的救济途径，通过和解、调解或者诉讼的方式解决双方当事人的纠纷。

2. 医疗中形成的无因管理

无因管理是指行为人没有法律上或者约定上的义务，为了避免他人利益受到损失而实施的自愿管理他人事务或者为他人提供服务的行为。在临床医疗实践中常见的无因管理主要有以下三种情形：在紧急情况下，医务人员在医疗机构外发现患者而加以治疗；对自杀未遂而不愿意就医的患者进行救助和医治；无监护人在场的情况下，医疗机构直接针对无行为能力的"非急危"患者进行诊疗。

注意：如果医疗机构实施了无因管理行为，那医疗机构与患者之间就成立无因管理债权债务关系，医疗机构有权要求患者承担因救助和医治行为而产生的必要费用。

但是一部分学者并不认为该救助行为成立无因管理，因为根据我国《执业医师法》第24条的规定，对于急危患者，医师应当采取紧急措施进行诊治，不得拒绝急救处置。可见诊疗行为是法律上规定的强制医院履行的义务，因此强制缔约只有在患者意思表示能力欠缺时才得以成立。当患者处于昏迷状态，而由第三人送医时，医院与患者之间成立无因管理法律关系。

3. 强制医疗法律关系

所谓强制医疗是基于法律的直接规定而发生的卫生行政部门、医疗机构和患者之间的强制性医疗关系。它是国家基于公益目的以及对公民生命和身体健康维护的考虑，在法律上赋予医方的强制医疗和患者的强制治疗服务。

强制医疗法律关系本质上是一种卫生行政法律关系，它往往表现为非契约性，治疗行为的实施不需要患者的同意或承诺，指定医院收治病人和管理病人的权限在于医疗卫生部门和其他相关行政部门。正因为强制医疗属于一种行政行为，所以医疗机构不能向患者收取费用，因强制医疗所支出的费用由国家拨款。

我国的《传染病防治法》等法律法规规定了强制医疗的各种情形，但没有规定因对患者进行强制医疗而造成的损害赔偿问题，目前这一问题在司法实践中较为常见，由国家赔偿解决较为适宜。

关于强制医疗，《刑事诉讼法》规定了经法定程序鉴定依法不负刑事责任的精神病人的强制医疗。这里的不负刑事责任的精神病人是指实施了暴力行为，危害公共安全或严重危害公民人身安全，并且可能继续危害社会的，可以予以强制医疗。

《刑事诉讼法》规定的对精神病人的强制医疗只能由人民法院决定，公安机关和人民检察院不得以任何理由和任何方式做出强制医疗的决定。人民法院对是否决定强制医疗采取的是合议庭审理的方式。人民法院在审理强制医疗案件时应当通知被申请人或被告人的法定代理人到场。人民法院经审理，对于符合强制医疗条件的被申请人或者被告人，应当在一个月内做出强制医疗的决定。强制医疗机构应当对被强制医疗人定期评估，对于不再具有人身危险性，不需要继续强制医疗的，医疗机构应当及时向法院提出解除意见，报法院批准。被强制医疗的人及其近亲属有权申请解除强制医疗。

注意：我国《刑事诉讼法》规定的强制医疗的对象仅为进入刑事诉讼程序的精神病人，例如将他人杀害的精神病人。我国《传染病防治法》《突发卫生公共事件应急条例》中规定，公安部门可以采取协助措施进行强制医疗。如在2003年非典疫情暴发时，对有非典症状的病人进行隔离治疗就属于强制医疗的方式。

（二）医疗纠纷

上文提到，医患关系包括和谐的关系和不和谐的关系两种，而医疗纠纷正是不和谐的医患关系的体现。本小节目的在于通过对医疗纠纷较为精简的介绍来帮助读者走出在医疗纠纷认识上的误区。

1. 何为医疗纠纷

医疗纠纷简单来讲是医疗机构和患者之间的不和谐法律关系的体现。根据医患关系产生的基础法律关系，在民事领域，医疗纠纷通常是指医患双方对诊疗和护理过程中产生的不良后果及原因看法不一致而发生的争议。我们这里所讲的医疗纠纷主要是从患者的利益角度考虑，因而对因患者一方的原因引起的医疗纠纷较少涉及。

2. 有过失的医疗纠纷与无过失的医疗纠纷

根据医疗机构是否有过失，医疗纠纷分为有过失的医疗纠纷和无过失的医疗纠纷。有过失的医疗纠纷是指患者的死亡或者伤残等不良后果是由于医务人员的诊疗护理所致，但患者及其家属与医疗机构之间就不良后果的产生性质、程度以及处理结果等存在不同的看法而引起的纠纷。常见的有过失的医疗纠纷有医疗事故和医疗差错。无过失的医疗纠纷是指虽然医疗行为的实施过程中发生了不良后果，但是这种不良后果不是医疗行为导致的，而是医疗行为之外的行为导致的，患者及其家属认为医务人员有过失而引起的纠纷。

3. 医疗纠纷产生的原因

医疗纠纷产生的原因有：医疗事故、医疗差错、医疗意外、患者的并发症、患者的特异体质、患者过错。

医疗事故是指医疗机构及其医务工作人员在医疗活动中违反医疗卫生管理法律、行政法规、部门规章和诊疗护理规范、常规，过失造成患者人身损害的事故。医疗差错相较于医疗事故来说较为轻微，二者的区别在于对患者造成的损害程度不同。医疗差错是给病人造成了一定的损害，但是往往不会出现特别严重的后果，如护士在输液的时候忘记给患者及时更换药液导致病人血液回流而痛苦不堪。

医疗意外是指在医疗活动中发生的超出正常情况或者难以预料的情形，如因患者病情异常而发生医疗意外的。医疗意外中出现特殊情况往往不是医疗机构的过失，如果医疗机构存在过失，则会成立医疗事故。

并发症，主要是指一种疾病引发另一种疾病导致的不良后果，并非由医务人员的过失造成。但是在并发症出现的时候，医务人员是否尽到预见、告知、回避义务，医务人员是否对并发症的出现采取了必要的救治措施，如果医务人员在并发症出现的时候并未尽到上述义务则需要承担相应的责任。例如甲状腺肿物与周围神经粘连非常密切，则在切除过程中将难以避免神经损伤的发生。此时只要医务人员能够证明其在手术中严格遵守了技术操作规范，并对不良后果的发生给予了充分的注意，那么医务人员无须承担责任，相反如果医生在进行上述操作时没有遵守相应的技术操作规范，则不能免责。

患者存在特异体质，虽然医务人员在进行诊疗的过程中严格遵守技术操作规程，但是仍然发生了不幸，如果医疗机构采取了相应的措施，便不会承担责任。

患者方面的原因多数是由于患者的心理，患者对疾病不能做出较为科学的判断，而是根据自己的经验或者其他人的告诫，在接受医疗机构的全部治疗措施后，还暗地里接受其他人的治疗，或者擅自主张购买其他的药物，或者不遵守医嘱，如胃病患者依然酗酒导致病情加重等。患者出现这方面的情况很多是出于康复心切，或者病急乱投医，建议患者在自身方面多做控制，防止其他不必要的情况出现。

4. 非医疗纠纷

现实中很多患者常常将医疗纠纷与非医疗纠纷混淆，很多患者认为凡是发生在医院中的纠纷都属于医疗纠纷。这种认识存在误区，也导致很多患者选择了错误的维权方式，使得维权结果不理想。

非医疗纠纷是指医患双方因为诊疗护理服务之外的因素而引起的各种纠纷。常见的情形有：患者认为医院服务态度恶劣，侵犯隐私，以及患者因为自身原因在医院受到伤害（如自己不注意在楼梯里摔倒）。在隐私相关纠纷中较为常见的是医疗机构未经患者同意，擅自公开病人的病情、病史、利用患者疾患及医疗效果做宣传或者某些医生为患者检查身体时要求患者暴露身体的隐私部位而没有采取必要的措施。对于非医疗纠纷最合适的权利救济方式就是提起侵权之诉，从而维护自己的合法权利。

5. 医闹

医闹并不是一个专业和准确的词汇，多数情况下是指在医疗纠纷发生后基于各种各样的原因而发生的患者或者患者家属对医疗机构不满而对医疗机构或者医护人员采取的不理智的行为，如打砸医院、聚众闹事、殴打甚至杀害医护人员等行为，最终可能演变为严重的危害社会治安管理的事件，甚至可能触犯刑法。可以说，医闹行为对医患双方来说都是一个悲剧，发生了纠纷，患者一方应该平复自己的情绪，通过法律手段维护自己的合法权益，而不是采取医闹这种不理智的手段。

医闹产生的原因是多方面的：①医疗技术的进步使得针对病情的诊断产品、中西药品、医疗方法、技术方法和医疗器械以及辅助用具品种大大丰富，而医疗机构鼓励患者采取新的手段进行治疗，但是与预期治疗效果相差较大，甚至带来了意料之外的风险，形成医疗纠纷而产生医闹。②随着社会信息的传播以及普法栏目的增加，人们维护自身权益的意识大大加强，更加敢于直面矛盾，但是有时候对于维权方式的认知存在误区，错误地实施了不理智的行为，如有的患者及患者家属仗着人多势众，"浩浩荡荡"地冲到医疗机构讨要说法，这样做不仅不能维权，还会因为破坏了医院正常的医疗秩序受到法律的制裁。③医疗机构和医护人员的态度问题。本来对医疗机构和医务人员来讲，其作为治病救人的医生，应该给患者以信心，增强其抗打击能力，而现实中很多医务人员态度冷漠，对患者爱答不理，或者盲目对患者承诺，而成空头支票，导致患者不满，从而容易激起患者和其家属的反抗。④媒体的曝光。媒体对社会焦点的医患问题进行报道，很多负面的东西增加了民众对医疗机构和从业人员的不满和怀疑；同时一些媒体在报道中夸大其词，要么过分夸大医疗机构的错误，要么过分放大患者的行为，也使得患者与医疗机构产生隔阂；⑤居间中介为了一己私利，不惜挑起矛盾，扩大争议，从中谋取不正当利益；⑥少数患者听信他人谗言，或者看到他人所谓的大闹能够获得额外利益，或者在维权过程中存在着不切实际的幻想，主观上或者客观上扩大事态，使得纠纷久拖不决，引起社会各界的关注，企图通过社会的关注来增加对医疗机构的压力，危害社会和公共安全。

我国法律对相关问题的规定：第一，民事责任。《侵权责任法》第64条规定了医疗机构及其医务人员的合法权益受到法律保护，如果有干扰医疗秩序，妨害医务人员的工作或者生活的行为，应当依法承担法律责任。第二，行政责任。《治安管理处罚法》第23条规定，对扰乱机关、团体、企业事业单位秩序，致使工作、生产、营业、医疗、教学、科研不能正常进行尚未造成严重损失的行为处以警告或者200元以下罚款，如果聚众实施上述行为，对首要分子处以十日以上十五日以下拘留，可以并处1000元以下罚款。第三，刑事责任。《刑法》中规定了聚众扰乱社会秩序罪的罪名，我国的《医疗事故处理条例》中也规定了以医疗事故为由，寻衅滋事、抢夺病历资料，扰乱医疗机构正常医疗秩序和医疗事故技术鉴定工作的，依照刑法中有关扰乱社会秩序罪的规定处罚，尚不够刑事处罚的，依法给予治安管理处罚。

医闹产生的原因多种多样，在这里不可能穷尽。列出上述原因，只是希望广大患者及其家属在医疗纠纷出现后正常而合法地维权，防止再因上述不理智的行为出现二次伤害。同时对于医疗机构及其医务人员来讲，更多的完善自身的服务，与患者及时进行沟通，平时多交流，日后少纠纷，在医疗规程中更应该严格遵守规范，尽可能地做到救死扶伤，真正使患者放心。

（三）医疗事故

医疗事故是指医疗机构及其医务人员在医疗活动中，违反医疗卫生管理法律、行政法规、部门规章和诊疗护理规范、常规，过失造成患者人身损害的事故。法律的定义较为抽象，单从概念上无法准确地理解医疗事故。从患者的角度考虑，医疗事故属于医疗纠纷中引起问题最常见而且是较为复杂的情形，因此有必要单独认识一下医疗事故。

根据对患者人身造成的直接损害程度，医疗事故可分为四级。

事故等级	内　　容
一级医疗事故	一级医疗事故是指造成患者死亡、重度残疾的。其下又分为一级甲等医疗事故和一级乙等医疗事故。一级甲等医疗事故是造成患者死亡；一级乙等医疗事故是造成患者重要器官缺失或者功能完全丧失，其他器官不能代偿，存在特殊医疗依赖，生活完全不能自理。
二级医疗事故	二级医疗事故是指造成患者中度残疾、器官组织损伤导致严重功能障碍的。本级医疗事故项下分为甲乙丙丁四等。二级甲等医疗事故是指造成患者器官缺失或者功能完全丧失，其他器官不能代偿，可能存在特殊医疗依赖或者生活大部分不能自理。二级乙等医疗事故是指造成患者器官缺失、严重缺损、严重畸形情形之一，有严重功能障碍，可能存在特殊医疗依赖或者生活大部分不能自理。二级丙等医疗事故是指造成患者器官缺失、严重缺损、明显畸形情形之一，有严重功能障碍，可能存在特殊医疗依赖，或者生活部分不能自理。二级丁等医疗事故是指造成患者器官缺失、大部分缺损、畸形情形之一，有严重功能障碍，可能存在一般医疗依赖，生活能自理。
三级医疗事故	三级医疗事故是指造成患者轻度残疾、器官组织损伤导致一般功能障碍的。其中该等级项下分为甲乙丙丁戊五等。三级甲等医疗事故是指患者存在器官缺失、大部分缺损、畸形情形之一，有较重功能障碍，可能存在一般医疗依赖，生活能自理。三级乙等医疗事故是指患者器官大部分缺损或畸形，有中度功能障碍，可能存在一般医疗依赖，生活能自理。三级丙等医疗事故是指患者器官大部分缺损或者畸形，有轻度功能障碍，可能存在一般医疗依赖，生活能自理。三级丁等医疗事故是指患者器官部分缺损或者畸形，有轻度功能障碍，无医疗依赖，生活能自理。三级戊等医疗事故是指患者器官部分缺损或者畸形，有轻微功能障碍，无医疗依赖，生活能自理。
四级医疗事故	四级医疗事故是指造成患者明显人身损害的其他后果的。医疗事故的详细分类由国务院卫生行政部门制定。该等级项下无分类。

医疗事故等级分类标准是患者进行维权时的必要依据，也是获得赔偿的重要参照，《医疗事故处理条例》中规定，医疗事故的赔偿综合考虑下列因素来确定赔偿数额：医疗事故等级；医疗过失行为在医疗事故损害后果中的责任程度；医疗事故损害后果与患者原有疾病状况之间的关系。由此可见医疗事故等级在损害赔偿中的重要性。

医疗事故的技术鉴定是确定医疗事故等级的重要方式，本书将医疗技术鉴定作为一个单独的章节予以介绍。

1. 不构成医疗事故的情形

在我国《医疗事故处理条例》中明确认定了六种不属于医疗事故的情形：①在紧急情况下为抢救垂危患者生命而采取紧急医学措施造成不良后果的。这种情形就是我们通常情况下所说的紧急避险，例如一位病人因为自身体质原因而停止呼吸，这时候医务人员为了挽救患者生命而采取的心外按压，使得患者恢复呼吸，但是导致患者骨折，这种情况即不属于医疗事故。构成此类情况的条件有严格的限制。首先，患者的病情正在威胁患者的人身安全；其次，采取必要的措施对患者的生命安全有必要；最后，实施紧急救助的医学措施带来的损害应当小于可能发生的损害。②在医疗活动中由于患者病情异常或者患者体质特殊而发生医疗意外的。③在现有医学科学技术条件下，发生无法预料或者不能防范的不良后果的。④无过错输血感染造成不良后果的。⑤因患方原因延误诊疗导致不良后果的。⑥因不可抗力造成不良后果的。

2. 医疗事故的赔偿

医疗事故赔偿项目及标准一览表

序号	赔偿项目	赔偿标准
1	医疗费	按照医疗事故对患者造成的人身损害进行治疗所发生的医疗费用计算，凭据支付，但不包括原发病医疗费用。结案后确实需要继续治疗的，按照基本医疗费用支付。
2	误工费	患者有固定收入的，按照本人因误工减少的固定收入计算，对收入高于医疗事故发生地上一年度职工年平均工资3倍以上的，按照3倍计算；无固定收入的，按照医疗事故发生地上一年度职工年平均工资计算。
3	住院伙食补助费	按照医疗事故发生地国家机关一般工作人员的出差伙食补助标准计算。
4	陪护费	患者住院期间需要专人陪护的，按照医疗事故发生地上一年度职工年平均工资计算。
5	残疾生活补助费	根据伤残等级，按照医疗事故发生地居民年平均生活费计算，自定残之月起最长赔偿30年；但是，60周岁以上的，不超过15年；70周岁以上的，不超过5年。
6	残疾用具费	因残疾需要配置补偿功能器具的，凭医疗机构证明，按照普及型器具的费用计算。
7	丧葬费	按照医疗事故发生地规定的丧葬费补助标准计算。
8	被扶养人生活费	以死者生前或者残疾者丧失劳动能力前实际扶养且没有劳动能力的人为限，按照其户籍所在地或者居所地居民最低生活保障标准计算。对不满16周岁的，扶养到16周岁。对年满16周岁但无劳动能力的，扶养20年；但是，60周岁以上的，不超过15年；70周岁以上的，不超过5年。
9	交通费	按照患者实际必需的交通费用计算，凭据支付。

续表

序号	赔偿项目	赔偿标准
10	住宿费	按照医疗事故发生地国家机关一般工作人员的出差住宿补助标准计算，凭据支付。
11	精神损害抚慰金	按照医疗事故发生地居民年平均生活费计算。造成患者死亡的，赔偿年限最长不超过 6 年；造成患者残疾的，赔偿年限最长不超过 3 年。

除此之外，对患者近亲属在医疗事故处理中相应的赔偿内容为患者近亲属所需要的交通费、误工费、住宿费。该三项的赔偿与上述表格中赔偿标准一致，但是患者近亲属的计算人数不得超过 2 人。医疗事故中造成患者死亡的，参加丧葬活动的患者的配偶和直系亲属所需要的交通费、误工费、住宿费与上述表格中各该项规定一致，计算人数同样不得超过两人。医疗事故的赔偿费用，实行的是一次性结算，由承担医疗事故责任的医疗机构支付。

二、医疗纠纷中的主体

(一) 医疗机构

1. 医疗机构的概念

医疗机构是依据法律设立的并经过登记取得《医疗机构执业许可证》的机构。

根据我国《医疗机构管理条例实施细则》的规定以及医疗机构的功能、任务的不同，可分为如下几类：①医院，包括综合医院、中医医院、中西医结合医院、民族医院、专科医院、康复医院。②妇幼保健机构：妇幼保健院。该机构承担的职责是群体的保健工作，面向基层、预防为主，为妇女儿童提供公共卫生服务和基本医疗服务，例如提供的保健服务有：对妇女的青春期保健、婚前和孕前保健；完成各级政府和卫生行政部门下达的指令性任务；对儿童开展的婴幼儿期、学龄前儿童的保健等。提供的基本医疗服务有：妇女儿童常见疾病的诊治、计划生育技术服务、产前筛查等。③社区卫生服务中心、社区卫生服务站。④中心卫生院、乡（镇）卫生院、街道卫生院：这类机构设立具有非营利性，重点在社区开展以妇女、儿童和老人、慢性病人、残疾人和贫困居民为对象，开展预防、保健、健康教育等服务以及诊治常见病和慢性病。国家近年来立足于完善城乡居民的服务，致力于打造方便百姓的社区卫生服务。⑤疗养院。⑥门诊部，包括综合门诊部、专科门诊部、中医门诊部、中西医结合门诊部、民族医门诊部。⑦诊所、中医诊所、民族医诊所、卫生所、医务室、卫生保健所、卫生站。⑧村卫生室（所）。村卫生室作为乡村百姓看病最为便捷的医疗机构，是国家完善卫生体系的重中之重，也是国家致力于解决乡村看病难问题的举措。⑨急救中心、急救站。现在的急救中心一般设立在中心医院，急救中心的设立满足于那些突发病、重大伤害等迫切性的救治。⑩临床检验中心。⑪专科疾病防治院、专科疾病防治所、专科疾病防治站。⑫护理院、护理站。⑬其他诊疗机构，例如美容医疗机构。与一般的美容不同，医疗美容是运用手术、药物、医疗器械以及其他具有创伤性或者侵入性的医学技术方法对人的容貌和人体各部位形态进行的修复与再塑。例如我们经常所说的整容手术便属于医疗美容，为此而发生的医疗纠纷也不在少数。我国卫生部也于 2002 年发布了《医疗美容服务管理办法》（2016 年修正）、《美容医疗机构、医疗美容科（室）基本标准（试行）》。

提醒注意：以上所列举的均属于医疗机构，在上述任一医疗机构中发生的纠纷均可能形成医患纠纷，作为患者一方一定要打破认识上的误区，正确认识医疗机构才更有利于自身权利的保护。

2. 医疗机构的责任

医疗机构必须依法设立，按照医疗机构相应的职责从事医疗活动，如有违反则要承担法律责任。医疗机构常见的违法情形有：①未取得医疗机构执业许可证擅自执业的；②逾期不校验医疗机构执业许可证又不停止诊疗活动的；③出卖、转让、出借医疗机构执业许可证的；④诊疗活动超出登记范围的；⑤使用非卫生技术人员从事医疗卫生技术工作的；⑥出具虚假证明文件的；⑦未按照规定进行处方管理的；⑧违反规定发布医疗广告的。

以上八种情形均需要医疗机构来承担相应的法律责任，广大患者在维权时要引起注意，要看医疗机构在进行诊疗活动时有没有资质以及有没有超过其诊疗范围。

3. 关于医疗机构一些常见的问题

（1）我们老百姓通常所说的三级甲等医院究竟是什么样的医院，很多人都说三级甲等医院是最好的医院，这个说法靠谱吗？

这里所说的三级甲等是根据我国卫生部出台的《医院分级管理办法（试行）》，将医院按照功能任务的不同划分为一级、二级和三级。一级医院一般指的是基层医院或者卫生院；二级医院一般指的是地区性医院，常见的地级市医院很多便是二级医院。三级医院是指向几个地区提供高水平专科性医疗卫生服务和执行高等教学、科研任务的区域性以上的医院。甲等医院是针对每一级医院的等级结构来做的分类。每一级分为三等，其中三级中增设特等。省级评审委员会由省、自治区、直辖市卫生厅（局）组织，负责评审二、三级甲、乙、丙等医院（包括计划单列市的二、三级医院）。地（市）级评审委员会由地（市）卫生局组织，负责评审一级甲、乙、丙等医院。因此从设立上来看，三级甲等医院作为其中级别和等级较高的医院，其技术条件和医生配备较其他医院较高，这也是我们通常所说的"大医院"。

另外根据卫生部 2011 年发布的《医院评审暂行办法》，卫生部门为了深化医药卫生体制改革，由卫生行政部门、行业学（协）会、医疗保险机构、社会评估机构、群众代表和专家参与逐步建立起医院的质量监管和评审评价制度。在这个评价体系中包括对医院的书面评价、医疗信息统计评价（如患者的诊疗信息，医院运行、患者安全、医疗质量及合理用药的检测指标等）、现场评价（如医院基本标准符合情况、医院围绕病人所做的工作等）以及社会评价，此评价体系较为科学合理，评价完成后由省级卫生行政部门发给卫生部统一格式的等级证书及标识，合格证书分为甲等和乙等。

因此，我们在选择医院的时候一定要选择较为正规的医院，但是也不能完全迷信等级，应同时结合上文所说的医院的合格证书，从而选择一家放心的医院。

（2）在网上常常看到很多医疗机构的广告，这些广告靠谱吗？

我国 2006 年国家工商行政总局和卫生部颁布的《医疗广告管理办法》明确规定了医疗广告的形式，其中第 7 条列举了八种禁止情形：涉及医疗技术、诊疗方法、疾病名称、药物的；保证治愈或者隐含保证治愈的；宣传治愈率、有效率等诊疗效果的；淫秽、迷信、荒诞的；贬低他人的；利用患者、卫生技术人员、医学教育科研机构及人员以及其他社会社团、组织的名义、形象作证明的；使用解放军和武警部队名义的；法律、行政法规规定禁止的其他情形。并且《广告法》第 17 条规定除医疗、药品、医疗器械广告外，禁止其他任何广告涉及疾病治疗功能，并不得使用医疗用语或者易使推销的商品与药品、医疗器械相混淆的用语。

判断医疗广告是否合法要严格依据上述标准，除此之外，例如在街边、火车站等人员密集场所的一些小广告是不可信的，对一些号称名医的人也要慎重。现实生活中常常有些人会利用患者病急乱投医的心理进行诈骗，患者不仅被骗去了钱财还耽误对疾病的治疗，得不偿失。因此对医疗机构的广告要慎重，一定要到正规的医院进行治疗，一方面其专业性有保障，另一方面在发生纠纷进行维权时更容易。

另外，在药品广告中有时会出现明星代言的情形，这个时候应该特别注意，不要盲目地相信，现实中很多例子表明明星代言的广告也很容易出现各种各样的问题，近些年来我国也加强了对药品广告的监管力度，并且根据我国 2015 年修改的《广告法》第 38 条的规定，广告代言人在广告中对商品、服务作推荐、证明，应当依据事实，符合本法和有关法律、行政法规规定，并不得为其未使用过的商品或者未接受过的服务作推荐、证明。明星如果代言假的药品广告，将被依法追究相应的法律责任。

（3）魏则西事件。魏则西，1994 年出生于陕西咸阳，籍贯河南省扶沟县，西安电子科技大学 2012 级学生，当时以 600 多分的高考成绩考入计算机系，其后因患滑膜肉瘤病，休学留级至 2013 级。

魏则西因患有滑膜肉瘤晚期，于 2016 年 4 月 12 日在咸阳的家中去世，终年 22 岁。

2016 年 5 月 1 日，一篇微信文章刷爆朋友圈，文中称，大学生魏则西在两年前体检出滑膜肉瘤晚期，通过百度搜索找到武警北京总队第二医院，花费将近 20 万元医药费后，仍不治身亡。

2016 年 5 月 2 日，国家网信办会同国家工商总局、国家卫计委成立联合调查组进驻百度公司，对魏则西事件及互联网企业依法经营事项进行调查并依法处理。

2016 年 5 月 3 日，国家卫计委、中央军委后勤保障部卫生局、武警部队后勤部卫生局联合对武警北京总队第二医院进行调查。

2016 年 5 月 4 日，武警部队对广受关注的"魏则西事件"高度重视，组成工作组进驻武警北京总队第二医院。

2016 年 5 月 9 日，因百度搜索相关关键词竞价排名对魏则西选择就医产生影响，百度竞价排名机制存在付费竞价权重过高、商业推广标识不清等问题，影响了搜索结果的公正性和客观性，容易误导网民，百度搜索被要求立即整改。

笔者为魏则西的死感到惋惜，这是在互联网信息时代发生的有社会影响的事件，百度的竞价一定程度上带有商业推广的性质，影响了搜索的公正性，在这起事件之后，百度进行了整改。这里的案例主要是提醒广大患者，切莫病急乱投医，一定要选择正规的医疗机构。现实生活中，互联网上充斥的信息多而杂，信息的真实性确实需要每个人认真地分辨，尤其是广大偏远地区的患者，由于获取信息的渠道有限，极其容易被网上的一些不良信息所蒙蔽，导致自己人财两失的后果。

（二）医疗从业人员

我国的医疗从业人员主要是指执业医师、护理人员、药师、助产员、物理治疗师、职能治疗师、医事放射师及其他人员。

1. 医师

医师，是指执业医师，指的是依法取得执业医师资格或者执业助理医师资格，经过注册在医疗、预防或者保健机构中执业的专业医师。我国目前医师的分类是按照执业机构的不同，分为临床、预防和保健三大类。同时其他的分类有：按照执业医师执业证书可划分为执业医师和执业助理医师；按照职业类别可划分为临床、中医（中医、民族医、中西医结合）、口腔、公共卫生等。我国执业医师共有 24 种类别。

（1）医师的执业限制。医师依法取得两个或者两个类别以上的医师资格的，只能选择一个类别及其中一个相应的专业作为执业范围进行注册，从事执业活动，医师不得从事执业注册范围以外其他专业的执业活动。但是有三种例外情况：在县以及乡镇卫生院和社区卫生公共服务机构执业的临床医师，因为从事基层医疗工作，确因工作需要，经过县级卫生行政部门考核批准，报设区的市级卫生行政部门备案，可以申请同一类别至多三个专业作为执业范围进行注册；在乡镇卫生院和社区卫生服务机构中执业的临床医师因工作需要，经过国家医师资格考试取得公共卫生类医师资格，可申请增加公共卫生类别专业作为执业范围进行注册；在乡镇卫生院和社区卫生服务机构执业的公共卫生医师因工作需要，经过国家医师资格考试取得临床类医师资格，可申请增加临床类别相关专业作为执业范围进行注册。

一般情况下，医师不得从事执业注册范围之外的其他专业的执业活动，但是下列情况则不属于医师违法执业：对病人实施紧急医疗救护的；临床医师在法律法规的范围内进行临床转科的；依据国家有关规定，经医疗、预防、保健机构批准的卫生支农、会诊、进修、学术交流、承担政府交办的任务和卫生行政部门批准的义诊等；省级以上卫生行政部门规定的其他情形。

（2）医师制度下，医师和患者之间的关系。我国的法律结构决定了医师从事医疗活动是以医疗机构为依托的。医疗机构作为一个主体对外承担责任，而医师虽然在诊疗活动中直接接触患者，但是在收费或者因为诊疗活动出现纠纷时，医疗机构是真正的主体，医生并不是该行为的主体。医师与患者之间的社会关系应属于医疗伦理关系，由医疗伦理来调整。

（3）医师在执业中的权利和义务。我国《执业医师法》《医疗机构管理条例》《医疗事故处理条例》等相关法律、法规、规章，对医师在执业活动中的权利和义务均做了明确规定。我国医师的权利有：诊断权、治疗权、开处方权、证明权、疾病调查与检查身体权等执业权利，并享有获得执业保障权、专业研习权和获得尊重权、获取报酬权。根据权利与义务的相对性，医师也需要承担相应的义务，在执业活动中，医师应当认真执行各项规章制度和技术操作规范；医师作为患者生命健康的重要保障，应当发扬救死扶伤的精神，恪守职业道德，尽心尽责为病人服务；附随义务的履行，在医疗活动中知悉的患者的隐私，医师不得出于医疗以外的目的使用，确有必要使用时应当征得患者的同意；勤勉义务，医师应当保持高质量的医疗服务水平，不仅要有良好的服务态度，还要具备扎实的业务知识和熟练的技能；卫生宣传义务，在执业活动中要向患者宣传卫生知识，进行健康教育。

2. 乡村医生

乡村医师是指那些尚未取得执业医师资格或者执业助理医师资格，经注册在村医疗卫生机构从事预防保健和一般医疗服务的医生。乡村医生的执业条件是：①已经取得中等以上医学专业学历的；②在村医疗卫生机构连续工作20年以上的；③按照省、自治区、直辖市人民政府卫生行政主管部门制定的培训规划，接受培训取得合格证书的。不予注册的情形有：①不具有完全民事行为能力的；②受刑事处罚，自刑罚执行完毕之日起至申请执业注册之日止不满两年的；③受吊销乡村医生执业证书行政处罚，自处罚决定之日起至申请执业注册之日止不满2年的。

3. 护理人员

护理人员包括护理师、护士及助产士。鉴于护理工作的重要性，我国颁布了专门针对护士的《护士条例》。我国对护士的管理采取的是护士执业许可制度。护士作为护理人员的重要组成部分，在医师的监督和指导下为病人提供直接或者间接的医疗保健服务。

▌案例评析

一名孕妇因难产生命垂危被其丈夫送进医院，面对身无分文的孕妇，医院决定免费入院治疗，而其同来的丈夫竟然拒绝在医院的剖腹产手术单上面签字，医院几十名焦急的医生、护士束手无策，在抢救了3个小时后，医生宣布孕妇抢救无效死亡。

在长达3个小时的僵持过程中，该男子一直对众多医生的苦苦劝告置之不理，该医院的院长亲自到场、110支队的警察也来到医院。为了让该男子签署同意手术单，甚至医院的许多病人及家属都出来相劝，一名住院的病人当场表示：如果该男子签字，则立即奖励他一万元钱。然而所有说服都毫无效果，该男子自言自语道："她（指妻子）只是感冒，好了后就会自己生了。"过了一会，他开始放声大哭："再观察观察吧"。医生和其他病人百般劝说都不能打动他，该男子竟然在手术通知单上写上："坚持用药治疗，坚持不做剖腹手术，后果自负。"为确认其精神没有异常，医院紧急调来已经下班的神经科主任，经过询问，其精神毫无异常。

该医院妇产科医生在3个小时的急救过程中，一方面请110紧急调查该孕妇的户籍，试图联系上她其他家人；一方面上报了北京市卫生系统的各级领导，得到的指示为：如果家属不签字，不得进行手术。在"违法"与"救死扶伤"的两难中，医院的几名主治医生只好动用所用急救药物和措施，不敢"违法"进行剖腹产手术。呼吸机已经无任何作用，几个医生轮番进行心脏按摩。晚7点20分，22岁的孕妇抢救无效死亡。看到妻子真的死去，这名男子当场大放悲声，说要签字给妻子手术。在妻子的尸体被抬走后，该男子在病房的走廊徘徊，赖在病房内坚决不走，去医生办公室纠缠，大喊："看看我的孩子还活着吗？我的孩子噢！孩子肯定活着啊！我要我孩子啊！"僵持一个小时后，该男子被留守现场的110民警带离。

据了解，这位男子名叫张六，事发前一天下午4点左右，怀孕9个多月的妻子感觉呼吸困难，于是在张六的陪同下来到附近的朝阳医院（西区）。经门诊检查后医生发现其妻子肺部感染，心脏也不是很好，体内缺氧50%，胎儿的生命非常危险，立即安排其住院手术治疗。在给他办理欠费住院的过程中，医院就开始为其妻子剖腹产做准备，然而让所有人没有料到的是，张六坚决不在手术告知单上签字。他的理由是："我妻子是感冒，用药治疗就会好转，还可以自己生孩子，以后我还要生二胎。如果我签字了，医院就不给用药治疗了。我没钱。"

面对众人的劝说，张六只是一声不吭。由于情况紧急，主治医生与已经赶来的院长等决定就地准备手术，晚上6点左右，2病室的其他床铺全部挪走，手术器械随即运来放在急救的呼吸机旁边，一身手术装备的医生、护士严阵以待，只等张六一签字立即开始就地手术，无奈张六软硬不吃，任凭别人将笔放在他的手中，他却张着右手一脸茫然地直视前方。

对于张六近乎失常的表现，医院叫来精神病科主任以确认他的神智是否正常，令人吃惊的是，张六不但一直神志清醒，还非常"警惕"。随即赶来的八角派出所110警察让其出示身份证时，张六还反问："你们是哪个派出所的？八角？这里可是属于鲁谷！"

在用尽所有抢救办法之后，医生在晚7点20分宣布孕妇死亡，所有在场的医生、护士、其他病人及其家属们都非常难过，一名主治医生在停下心脏按摩后难过地流下眼泪。晚11时左右，张六还在病区徘徊，大声哭泣，要求医生剖开妻子肚子，抱出"还活着"的孩子。

在本案例中，由于张六自己对医疗的不了解，导致其行为偏激，最终他也为自己偏激的行为付出了代价。我们通过此案例可以看到，妻子在产房中垂危，此时决定是否进行手术的权利全在丈夫的签字上。这时候的丈夫签字意味着什么？正是我们此处所说的患者对将要进行的医疗活动风险的认知。在本案例中，妻子在手术台上生命垂危，这时候对手术中风险的认知全都落在其成年家属的身上。

本案例中还有一个细节是医院特意紧急通知了精神病科主任对其精神状况进行确定，这也是一个重要的方面，作为病人的成年家属必须具有完全的行为能力和较为清醒的意识。从本案中张六的种种表现来看，其属于正常人，且意识较为清醒，具备作为成年家属的条件。张六作为丈夫本不应该拒绝签字，而其不签字的原因是担心其签字之后，医院不再给予治疗。

我国法律中对患者及其家属的知悉权做了相应的规定。《医疗事故处理条例》第11条规定："在医疗活动中，医疗机构及其医务人员应当将患者的病情、医疗措施、医疗风险等如实告知患者，及时解答其咨询；但是，应当避免对患者产生不利后果。"我国《医疗机构管理条例》第33条也规定："医疗机构施行手术、特殊检查或者特殊治疗时，必须征得患者同意，并应当取得家属或者关系人同意并签字；无法取得患者意见时，应当取得家属或者关系人同意并签字；无法取得患者意见又无家属或关系人在场，或者遇到其他特殊情况时，经治医师应当提出医疗处置方案，在取得医疗机构负责人或者被授权负责人员的批准后实施。"《执业医师法》第26条规定："医师应当如实向患者或者其家属介绍病情，但应注意避免对患者产生不利后果。医师进行实验性临床医疗，应当经医院批准并征得患者本人或者其家属同意。"《医疗机构管理条例实施细则》第62条规定："医疗机构应当尊重患者对自己的病情、诊断、治疗的知情权利。在实施手术、特殊检查、特殊治疗时，应当向患者作必要的解释。因实施保护性医疗措施不宜向患者说明情况的，应当将有关情况通知患者家属。"

因此上述案例中征得患者或者家属的同意是必须要履行的，如果医生在不征得家属同意的情况下贸然实施手术就构成了违法。但是如果在上述案例出现的情况下，家属拒不签字导致我们不愿看到的事故发生时，我们又觉得似乎不合理。因此专家学者也在对这一问题进行研究，希望既能保护患者还能维护医生合法权益，防止类似事件的发生，促进医疗关系和谐发展。患者和患者家属一定要积极与医院和医生进行沟通，确保对医疗行为有准确全面的认知，这样也能一定程度上减少纠纷的发生。

三、与医疗纠纷密切相关的概念

（一）医疗合同

医疗合同又被称为医疗服务合同，是指服务方（医疗机构或个体从医者）利用医学理论知识和技术、信息、经验及可调动的其他医疗资源，依照国家有关法律、法规、规定和行业技术规范等，为患者解决特定的健康干预的技术问题而与患者签订的协议。简单来讲就是医方提供医疗服务与患者支付医疗费用的合同。

医疗合同的产生，一般是基于患者因为身体上的不适而到医院进行就诊或者健康检查而与医院形成属于民事性质的医疗合同关系。另一种是强制医疗的情形，国家或者地区基于公共卫生及维护一般国民健康的需要，强制国民接受医师检查而成立的医疗关系。强制医疗在我国一般发生在重大的传染病的预防与抗击中，但是强制医疗不意味着患者不享有任何的权利，强制医疗合同正是基于规范双方之间的权利义务关系而做出的。

医疗合同中的主体是医疗机构和患者，二者的权利义务关系成为医疗合同的重中之重。这里所说的权利义务关系是指医疗机构和患者之间的民事合同中的权利和义务，在医疗机构中重点表现为医师的权利和义务，详见上文中"医疗从业人员"一节中对医师权利义务的介绍。近年来侵害医师人身和财产的案件多发与人们对医师权利的漠视有很大关系。

患者的权利主要包括在医疗合同中享有的权利和依据法律享有的权利两大类。病患享有的权利也经过了一个发展的过程。美国《病人权利法案》中所提出的权利内容具有借鉴意义，其共列举了患者应该享有的 12 项权利，分别是：①病患有权利接受妥善而有尊严的治疗。②病患有权利从其医师处获知有关自己的诊断。③病患有权利在任何医疗前，了解并决定"知情之同意"。一般同意书的内容应当包括以通俗易懂的语言介绍医疗的过程、预期的风险及益处、不同意时的后果、有无其他的选择。④患者享有在法律规定的情况下拒绝治疗的权利，同时对于拒绝治疗所产生的后果，必须被充分告知。⑤患者在医疗过程中的"隐私"，应有权利得到保障。在进行诊疗活动时，未经患者同意，与医疗无关的人员不得在场。⑥患者有权利要求其治疗的所有内容和记录，以机密的方式处理。⑦患者有权要求医院在其能力范围内，对患者要求的服务做出合理的反应。⑧只要与患者的治疗有关，患者有权知道自己所在的医疗机构与其他医疗机构以及学术机构之间的关系。⑨患者有权利被告知与其医疗有关的人体实验，患者也有权利拒绝参与该项研究计划。⑩患者有权利获得继续性的医疗照护。⑪不管付款的方式如何，患者有权利知道并审核其账单。⑫患者有权利知道医院的规则、病患的行为规范。

现实生活中，出于效率和保障医疗行为快速开展的考虑，我国的医院一般都会专门备有合同，有的患者在签署的时候并不会认真地阅读，以致发生纠纷时，与医疗机构的认识不同，因此参照上述标准对自身权利正确认知是必要的，在治疗的过程中要注重维护自己的合法权利。作为患者权利与义务载体的合同，相较于医生的口头承诺更为直接和明显，患者在就医时应该对签订的合同密切关注，对医院告知的风险及各项要求要高度注意，以期更好地维护自己的合法权益。

在对患者进行治疗时，患者不仅享有权利，也需要承担一定的义务。患者的义务包括主给付义务和从给付义务。其中主给付义务首先包括给予医生必要的协助，例如医生在询问病情时应当敞开心扉，主动交谈；其次，必须接受诊疗，当然患者有权选择治疗的方式。

医疗合同中，患者与医疗机构之间基于平等的地位缔结的合同占了医疗合同的绝大多数，从合同法的角度来看，这类合同在具体适用法律的时候除了要遵守医疗领域的特殊性规定之外，还要遵守合同法的相关规定。

（二）医疗鉴定

医疗鉴定是处理医疗纠纷的关键，能够很大程度上确定各方责任，其重要性类似于交通事故中交警出具的交通事故责任认定书，但是二者在特点、程序、处理结果等方面存在较大差异。当前我国鉴定实践中存在医疗事故技术鉴定和医疗损害司法鉴定并存的局面，一些学者称之为鉴定的"双轨制"。

1. 医疗事故的技术鉴定

根据我国《医疗事故处理条例》的规定，医疗事故技术鉴定是指在发生医疗纠纷后，患者和医疗机构如果就有关医疗技术争议不能达成一致，可以共同委托负责医疗事故技术鉴定工作的医学会组织鉴定；卫生行政部门接到医疗单位有关重大医疗过失行为的报告或者医疗事故争议当事人要求处理医疗事故争议的申请后，对需要就专业技术问题进行鉴定的，应当交由医学会组织鉴定。在《侵权责任法》颁布实施之前，该种鉴定时常由医学会组织鉴定。

根据相关规定，医疗事故的鉴定组由医学会组建的专家库中抽取的专家组成。专家的条件是受聘于医疗卫生机构或者医学教学、科研机构并担任专业高级技术职务3年以上并具有良好业务素质和执业品德，同时法医学专家也可受聘入库。专家组成立后应当查看医患双方提供的鉴定材料，听取双方的陈述意见，进行比较询问以及专业检查，然后出具技术鉴定报告。鉴定报告结论分为构成医疗事故与不构成医疗事故两种。其中如果构成医疗事故则需要说明医疗事故的等级。

医疗事故技术鉴定的意义：首先，其是卫生行政部门对医疗纠纷进行行政调解，对医疗单位实施必要管理，对相关医疗机构、相关医疗责任人出现医疗事故进行行政处罚的依据；其次，医疗事故的专家组成员一般为该领域的专家，相比于医疗机构而言更具备中立性，其能够为患者所信任，其专业性能够为患者所接受，可以据此快速解决纠纷；最后，医疗事故的鉴定由同行专家进行，鉴定结果具有警示的作用，可以敦促医疗机构谨慎执业，减少医疗纠纷的发生。

2. 医疗事故的司法鉴定

医疗事故的司法鉴定是指由法医学鉴定人员根据司法机关的要求或者当事人双方委托，运用专业的理论与技术，对刑事案件和民事案件中的活体、实体、尸证以及相关的医疗文件进行检验和检查，根据检验结果作出科学结论。

根据《民事诉讼法》中关于证据的修改，将"鉴定结论"改为"鉴定意见"，意思是说相关的鉴定结果只是为法院的庭审提供一个专业领域的参照，而鉴定意见作为专业意见并不能决定最终司法责任的认定。司法责任的认定是法官根据专业机构出具的鉴定意见结合案件的事实做出的基于法官自身对法律认知的判断。

在司法实践中，一般申请鉴定是由双方当事人共同委托的司法鉴定机构进行的，而双方达不成一致意见时由法院指定的司法鉴定机构进行鉴定。司法鉴定机构在接受委托后，一般会通过委托人召集医患双方当事人听取各方的意见，并对材料进行相应的检验，经过咨询有关临床医学专家的意见后，形成合议意见，制作鉴定意见书。鉴定人在鉴定意见书上署名并承担责任，包括后续的书面解释、出庭质证以及其他相应的法律责任。医疗纠纷的鉴定主要围绕下列事项展开：医疗机构在实施诊疗活动中有无过错的医疗行为；若存在过错的医疗行为，其行为与被鉴定人的损害后果之间的因果关系问题；如果因果关系成立，则需要鉴定其过错的参与程度。

医疗损害鉴定的意义在于超越了医疗事故技术鉴定，提供了另一种选择与维权方式；由于司法鉴定以人民法院的审判为依托，鉴定的中立性与公正性更为广大患者所认同；司法鉴定的目的是为了裁判的需要，能够更好地体现法官本身所关注的问题，鉴定人签署真实的签名，一般会进行当庭质证，鉴定人要为自己的鉴定结果承担法律责任，更能体现其程序的严格性。从诉讼的角度来说，司法鉴定在某种程度上优于医疗事故的技术鉴定。法官由于专业知识的局限，往往对医疗行为有无过错无法做出直接判断，司法鉴定很好地满足了法官对专业知识的需求，这种方式在医疗侵权案例中得以大量应用。现实中，各个地区针对医疗事故技术鉴定和司法鉴定同时的存在情况出台了具体措施。无论是医疗事故的技术鉴定还是司法鉴定，这种鉴定双轨制的问题必须予以解决。

3. 医疗鉴定事项的内容

医疗鉴定事项的内容一般包含：①医疗机构的诊疗行为是否违反法律、行政法规、规章以及其他有关诊疗规范、常规的规定；②医务人员在诊疗活动中是否尽到与当时医疗水平相当的诊疗义务；③是否出现了需要抢救生命垂危患者等紧急情况，医务人员在抢救生命垂危患者等紧急情况下是否尽到了合理诊疗义务；④是否因药品、消毒药剂、医疗器械的缺陷，或者输入不合格的血液造成了患者损害及其原因力大小；⑤是否尽到了告知说明义务；⑥是否进行了必要的检查；⑦诊疗过错行为与损害后果之间是否存在因果关系以及因果关系的原因力大小；⑧患者的人身损害、损伤、残疾的程度；⑨患者定残后所需护理期、残疾生活器具和后续治疗费等情况。

4. 医疗事故鉴定的适用流程图

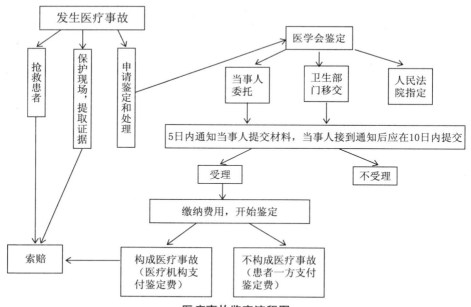

医疗事故鉴定流程图

鉴定不受理的原因可能是：当事人单方申请鉴定；其他医学会已经受理鉴定；已经经过法院调解或者判决；非法行医的行为；卫生部规定的其他情形。

5. 医疗鉴定申请书样本

申请书

基本情况

申请人：姓名，性别，出生年月，民族，工作单位，职业，住址，联系电话。

被申请人：单位名称（必须为全称），地址，联系电话。

法定代表人（负责人）：姓名，职务。

申请事项

申请对申请人与被申请人之间的医疗纠纷做医疗事故技术鉴定。

事实和理由

XX 年 XX 月 XX 日，申请人到被申请人处就诊，因 XX（写清事实经过及要求进行医疗事故鉴定的理由，建议事实与理由分开写，这样表述更清楚）

　　此致

XX 县（区）卫生局

申请人：姓名

XX 年 XX 月 XX 日

附：证据材料（证据材料为上述事实与理由的证明）

（三）病历

1. 病历的概念

病历是指医务人员在医疗活动中形成的文字、符号、图像、影像、切片等资料的总和，是医务人员对患者疾病的发生、发展情况和对患者的疾病诊断、治疗及护理医疗活动情况的客观记录。在司法实践中病历能够为法院的裁判提供有价值的线索，是查明案件事实的证据。

《医疗事故处理条例》第 8 条第 1 款规定，医疗机构应当按照国务院卫生行政部门规定的要求，书写并妥善保管病历资料。国家卫生和计划生育委员会和国家中医药管理局联合制定的《医疗机构病历管理规定》对"病历"作了界定，是指医务人员在医疗活动过程中形成的文字、符号、图表、影像、切片等资料的总和，包括门（急）诊病历和住院病历。同时，该规定还对"病历资料"作了进一步明确，规定医疗机构可以为申请人复印或者复制的病历资料包括：门（急）诊病历和住院病历中的住院志（入院记录）、体温单、医嘱单、检验报告等辅助检查报告单、医学影像检查资料、特殊检查（治疗）同意书、手术同意书、手术及麻醉记录单、病理报告、病重（病危）患者护理记录、出院记录。

从行政法规和部门规章可以看出，"病历资料"是一个集合概念，是一系列医学文书资料的总和。从分类上讲，病历包括门（急）诊病历和住院病历；从内容上讲，病历包括体温单、医嘱单、化验单（检验报告）、医学影像检查资料、手术及麻醉记录单、病理报告、病重（病危）患者护理记录等一系列医学文书资料。

2. 患者查阅、复制权利的保障和行使

（1）查阅、复制权利的保障。对诊疗护理活动进行记录的病历资料，是认定是否存在医疗过错的重要依据。实践中，很多医疗诉讼结果的成败往往决定于相关病历资料的证明效力。而医疗行业的高度专业性和闭锁性特点，决定了这类重要的证据资料从产生时起至争议发生时止，都处于医疗机构一方的控制之下，从证据学角度讲，患者的举证能力处于劣势。同时，《侵权责任法》所规定的医疗损害责任归责原则，其核心是过错责任，虽然该法第 58 条对过错推定作了规定，但仅限于三种特定情形，对这三种情形之外的一般医疗损害赔偿诉讼，患者一方负有证明医疗机构一方存在过错的举证责任。因此，对于在证据资料的掌握上地位悬殊的医患双方，如何公平合理地分配二者的举证责任，尤其是如何提升患者一方掌握相关证据资料的能力，是法律必须要考虑的问题。

具体而言，对于诊疗活动中产生的病历资料，必须在公平、合理的限度内保障患者一方的查阅和复制权利。关于患者的该项权利，《医疗事故处理条例》第 10 条第 1 款规定，患者有权复印或者复制其门诊病历、住院志、体温单、医嘱单、化验单（检验报告）、医学影像检查资料、特殊检查同意书、手术同意书、手术及麻醉记录单、病理资料、护理记录以及国务院卫生行政部门规定的其他病历资料。患者依照前款规定要求复印或者复制病历资料的，医疗机构应当提供复印或者复制服务并在复印或者复制的病历资料上加盖证明印记。复印或者复制病历资料时，应当有患者在场。法律中对患者权利的保护较为完善，赋予了患者在发生医疗争议时复印相关病历资料的权利。

（2）查阅、复制权利的行使主体。患者本人当然是行使这一权利的主体，这一点不存在争议。除患者本人外，其他人是否可以成为查阅、复制该类病历资料的主体，对此，相关部门规章已有明确规定。

根据国家卫生和计划生育委员会和国家中医药管理局联合制定的《医疗机构病历管理规定》，医疗机构应当受理下列人员和机构查阅或者复制病历资料的申请：①患者本人或其委托代理人；②死亡患者法定继承人或其代理人。受理申请时，应当要求申请人按照下列要求提供有关证明材料：①申请人为患者本人的，应当提供其有效身份证明；②申请人为患者代理人的，应当提供患者及其代理人的有效身份证明、代理人与患者代理关系的法定证明材料和授权委托书；③申请人为死亡患者法定继承人的，应当提供患者死亡证明及其法定继承人的有效身份证明、申请人是死亡患者法定继承人的法定证明材料；④申请人为死亡患者法定继承人代理人的，应当提供患者死亡证明、死亡患者法定继承人及其代理人的有效身份证明，死亡患者与其法定继承人关系的法定证明材料，代理人与死亡患者法定继承人代理关系的法定证明材料及授权委托书；⑤申请人为保险机构的，除提供调取病历的法定证明、经办人本人有效身份证明、工作证明外，还应当提供保险合同复印件，患者本人或者其代理人同意的法定证明材料；患者死亡的，应当提供保险合同复印件，死亡患者法定继承人或者其代理人同意的法定证明材料。

可以看出，除患者本人外，经本人指定的代理人或者在患者本人死亡的情况下，其法定继承人或者该法定继承人的代理人等均可依法对有关病历资料进行查阅和复制。对于患者本人未死亡的情况，即使是患者的法定继承人，如果缺乏患者本人的授权同意，也无权查阅、复制该患者的相关病历资料，在该类情况下，医疗机构可以拒绝提供，这涉及法律对患者隐私的保护问题。

（3）复印病历资料的范围。《医疗事故处理条例》第10条第1款规定患者有权复印或者复制的资料包括：患者门诊病历、住院志、体温单、医嘱单、化验单（检验报告）、医学影像检查资料、特殊检查同意书、手术同意书、手术及麻醉记录单、病理资料、护理记录以及国务院卫生行政部门规定的其他病历资料。国家卫生和计划生育委员会和国家中医药管理局联合制定的《医疗机构病历管理规定》对可向申请人复印或者复制的资料范围列举了如下几项内容：门（急）诊病历和住院病历中的住院志（入院记录）、体温单、医嘱单、化验单（检验报告）、医学影像检查资料、特殊检查（治疗）同意书、手术同意书、手术及麻醉记录单、病理报告、护理记录、出院记录。

值得注意的是一般患者的病历资料可以由患者自身保存。根据《医疗机构病历管理规定》，一般情况下，门（急）诊病历由患者负责保管，只有在医疗机构建有门（急）诊病历档案室或者已建立门（急）诊电子病历的，经患者或者其法定代理人同意其门（急）诊病历才由医疗机构负责保管；而住院病历一般均由医疗机构负责保管。也就是说当门诊没有建立病历档案室或者电子病历的情况下，病历要由患者自身保管。

对特殊的病历资料的封存制度。《医疗事故处理条例》第16条规定，发生医疗事故争议时，死亡病例讨论记录、疑难病例讨论记录、上级医师查房记录、会诊意见、病程记录应当在医患双方在场的情况下封存和启封。封存的病历资料可以是复印件，由医疗机构保管。上述病历资料，在相关法律法规中并未明确指出患者可以复印，但是患者和医疗机构在发生医疗事故时应当将病历资料进行封存。

（4）拒绝提供相关病历资料的法律后果。《医疗机构病历管理规定》，医疗机构应当按照规定向患者提供相关病历资料，这是医疗机构的一项义务，违反该义务，要承担相应的行政责任。如《医疗事故处理条例》第56条第2项规定，医疗机构违反本条例的规定，没有正当理由，拒绝为患者提供复印或者复制病历资料服务的，由卫生行政部门责令改正；情节严重的，对负有责任的主管人员和其他直接责任人员依法给予行政处分或者纪律处分。除了行政法上的责任外，在民事责任上，如果医疗机构拒绝向患者提供与纠纷有关的医学文书及有关资料的，根据《侵权责任法》第58条第2项的规定，隐匿或者拒绝提供与纠纷有关的病历资料的，推定医疗机构对患者的损害有过错。在推定过错的情况下，如果医疗机构没有相反证明，则"推定"的过错将被"认定"为过错，医疗机构将承担不利的法律后果。

四、医疗责任与医疗保险

这里所说的医疗责任，是指医疗机构因为自身的医疗过错或者医疗过失而造成患者身体或者财产上的损失需要承担的责任。根据部门法的划分标准则有民事责任、行政责任、刑事责任三类。

（一）民事责任

民事责任在医疗领域主要体现在债法领域，即民事责任产生的原因是医疗机构不当的医疗行为而产生的侵权。具体来说指的是医疗机构和医务人员不履行医患关系中所负的义务而带来的损害赔偿责任。虽然民法上是将侵权和责任区分开来的，但本书立足于解决实践问题，理论上的划分不再赘述。

1. 赔偿的方式

我国《侵权责任法》第15条对承担责任的方式做出规定，包括停止侵害、排除妨碍、消除危险、返还财产、恢复原状、赔偿损失、赔礼道歉、消除影响、恢复名誉，以上方式可以单独适用也可以合并适用。而在上述方式中，损害赔偿是医疗民事责任的主要承担方式，损害赔偿的目的在于弥补受害人所受损害，具有补偿的性质。

2. 损害赔偿的权利人

产生了医疗侵权行为，一般患者本人为损害赔偿权利人，但是在特殊情况下，下列人员也有可能成为损害赔偿的权利主体。第一类，患者的财产继承人，如果患者发生意外，为了抢救患者所产生的医疗费、误工费、护理费、交通、住宿、住院期间的伙食费及必要的营养费都是患者所遭受的损失，其作为财产权利可以由其继承人享有。第二类，患者的近亲属，在患者发生意外情况时，患者的近亲属可以以自己的名义主张死亡赔偿金，但是范围仅限于法律规定的配偶、父母和子女。第三类，被扶养人，是指患者生前或者丧失劳动能力之前依靠其提供生活来源的人。第四类，支付丧葬费的人，丧葬费是指为死者身后事而支付的必要的交通费、误工费、住宿费。上述人员在一定程度上存在重合，例如办理丧葬的一般为死者的父母、配偶或者子女。

3. 精神损害赔偿

我国的精神损害赔偿适用于侵害人格权以及侵犯与人格利益有紧密关联的具有人格象征意义的特定财产权的情形。《最高人民法院关于确定民事侵权精神损害赔偿责任若干问题的解释》规定了精神损害抚慰金包括三种形式：致人残疾的为残疾赔偿金；致人死亡的为死亡赔偿金；其他损害情形的精神抚慰金。但是精神损害赔偿适用较为严格，该解释第8条第1款规定了因为侵权致人精神损害，在未造成严重后果的情况下受害人请求精神损害赔偿的，人民法院一般不予支持的情形。

医疗精神损害赔偿的主体一般为患者本人，但是在患者死亡的情况下，患者的配偶、父母、子女有权请求赔偿；如果患者没有配偶、父母和子女，患者的其他近亲属可以请求精神损害赔偿。

4. 特殊主体的责任

药品生产者和药品销售者的责任，医疗器械生产者和医疗器械销售者的责任，后文案例有具体介绍，此处不赘。

（二）行政责任

医疗领域中的行政责任并不包含行政机关的行政责任，仅是在发生医疗纠纷或者出现医疗事故后，医疗机构应该承担的行政责任。在这里主要包括对直接责任人员的行政处分和对医疗机构的行政处罚。

医疗行政处分脱胎于行政处分，行政处分是指国家行政机关对其内部违法失职的公务员实施的一种惩戒措施。医疗行政处分是指卫生行政部门或者国有医疗单位依照行政隶属关系对违法失职的工作人员以及上级卫生行政机关对违法失职的下级卫生行政机关所实施的行政惩戒，现实中往往表现为行政制裁。行政处分有卫生行政部门的工作人员在处理事故中违反《医疗事故处理条例》的规定而被给予的降级或者撤职。另一种处分方式是警告，适用于下列情形：①接到医疗机构关于重大医疗过失行为的报告后，未及时组织调查的；②接到医疗事故的争议处理申请后，未在规定的时间内审查或移送上一级人民政府卫生行政部门处理的；③未将应当进行医疗事故技术鉴定的重大医疗过失行为或者医疗事故争议移交医学会组织鉴定的；④未按照规定逐级将当地发生的医疗事故以及依法对发生医疗事故的医疗机构和医务人员的行政处理情况上报的；

⑤未按照本案例的相应规定审核医疗事故鉴定书的。另外医疗机构发生医疗事故的，由卫生行政部门根据医疗事故等级和情节，给予警告。

行政处罚本身的含义是享有行政权的行政机关或者法律法规授权的组织，对违反行政法律规范，依法应当给予处罚的行政相对人所实施的法律制裁行为。行政处罚与行政处分的区别在于：①行政处罚适用于对违反行政法规范的行政相对人的制裁，行政处分侧重于对行政机关内部人员的管理，通常是由公务员所在的机关或者上级机关、监察机关等作出；②行政处罚的适用领域是行政机关对外部实施行政管理活动的领域，行政处分适用于行政的内部管理；③制裁方式的不同，行政处罚的方式有警告、罚款、没收违法所得、没收非法财物、吊销许可证执照、行政拘留等，而行政处分则是警告、记过、记大过、降级、撤职和开除六种。

在医疗领域，医疗行政处罚的实施机关主要是卫生行政部门，而相对人则为医疗机构或者执业医师（可能会被吊销执业许可证）。根据《中华人民共和国行政处罚法》《医疗事故处理条例》的规定，行政处罚主要是以下方面：①警告，它是行政处罚中较为轻微的方式，是一种申诫罚，是对违法行为人的声誉造成减损的处罚方式。②责令限期停业整顿、责令暂停执业活动，该处罚较为严厉，如果相关医务人员对发生的医疗事故责任较为重大，卫生行政部门可能会责令其暂停执业活动。③吊销执业许可证和吊销执业证书。吊销医疗机构执业许可证是卫生行政机关对发生医疗事故的医疗机构采取的最为严厉的强制性行政处罚方式。吊销执业证书是对发生医疗事故的有关医务人员采取的最为严厉的一种行政处罚措施。

（三）刑事责任

医疗事故的刑事责任是医疗领域最为严厉的法律责任。追究行为人的刑事责任是以行为人的违法犯罪行为为前提的，而承担责任的方式就是刑法中明文规定的医疗事故罪。

医疗事故罪是指医务人员由于严重不负责任，造成就诊人死亡或者严重损害就诊人身体健康的，犯本罪的，处以三年以下有期徒刑或者拘役。构成该罪的行为人的主观是过失，即行为人不希望医疗事故结果的出现。

另一个与之相关的刑法中的罪名是非法行医罪，是指未取得医生执业资格的人非法行医，情节严重的行为。与医疗事故罪中主体的区别就在于非法行医的主体不具有医生的资格，因而此种行为严格意义上讲不属于追究医疗责任的范围。非法行医的情形主要是指：未取得或者以非法手段取得医师资格从事医疗活动的；个人未取得医疗机构执业许可证开办医疗机构的；被依法吊销医师执业证书期间从事医疗活动的；未取得乡村医生执业证书，从事乡村医疗活动的；家庭接生员实施家庭接生以外的医疗行为的。

（四）免责事由

医疗行为是一个具有高度危险的行为，人体的复杂性和特异体质是医疗行为不能够完全掌握的，因而在现实中不可避免地会出现一些情况。这些情况都在《医疗事故处理条例》第 33 条有详尽的规定，在本书的"不构成医疗事故的情形"中也有详细的说明。

（五）医疗保险

医疗保险是社会保险中一个极其重要的方面，《中华人民共和国社会保险法》中规定，国家建立基本养老保险、基本医疗保险、工伤保险、失业保险、生育保险等社会保险制度，保障公民在年老、疾病、工伤、失业、生育等情况下依法从国家和社会获得物质帮助的权利。

社会保险具有以下功能：①防范风险的功能。风险主要分为两大类：人身风险与工作风险。人身风险包括：年老、疾病、工伤、生育风险。工作风险包括失业风险。这些风险具有不可避免的特性，当风险来临时，个人往往难以凭自力救济的方式应对风险，因而对生活造成重大损失。以前是通过个体模式，如个人储蓄、家庭责任、雇主责任等来规避风险，但个体的能力终究有限，对有较大支出的风险往往力不从心，"看不起病""养不起老"是这些模式的弊端。在 2016 年召开的全国人民代表大会上，国家主席习近平同志强调，一定要使老百姓看得起病，不能因病返贫，这其中就需要社会保险发挥其应有的作用。社会保险制度最基本的作用，是在风险发生时对个人提供收入损失补偿，保证个人在暂时或者永久失去劳动能力以及暂时失去工作岗位而造成收入中断或者减少时，仍然能够享有基本生活保障。这样能够保障社会成员的基本生活，免除劳动者的后顾之忧。社会保险让个人风险转化为社会风险，让社会为个人风险买单，避免个人因独木难支而陷入困境，使其在风险来临时仍能维护家庭及个人的生存尊严。②社会稳定功能。社会稳定是一个国家发展的前提。社会保险是社会稳定的"调节器"。一方面，社会保险能使社会成员产生安全感，对未来生活有良好的心理预期，安居乐业；另一方面，能缓解社会矛盾，构建和谐的社会环境从而实现整个社会的稳定。③有利于实现社会公平。人们由于在文化水平、劳动能力、资本积累等方面的差异，形成收入上的差距，差距加大，就会造成贫富悬殊的社会问题。社会保险可以通过强制征收保险费，聚集成保险基金，对收入较低或失去收入来源的个人给予补助，提高其生活水平，在一定程度上实现社会的公平分配。④有利于保证社会劳动力再生产顺利进行。市场经济需要劳动力的正常再生产，而市场竞争所形成的优胜劣汰必然造成部分劳动者暂时退出劳动岗位，这就使部分劳动者及其家庭因失去收入而陷入生存危机，而社会保险则确保了这部分成员的基本生活需要，使劳动力的供给和正常再生产成为可能，为维持市场经济正常运行提供劳动力后备军。⑤社会保险通过实行收入再分配，适当调节劳动分配，保障低收入者的基本生活。

建立社会保险制度是现代文明的标志。完善的社会保险制度是社会主义市场经济体制的重要支柱，是治国安邦的根本大计。社会保险制度对改善公民对改革的心理预期，增加即期消费，实现劳动力的合理流动，解决人口老龄化带来的各种问题，促进经济社会的发展，以及构建社会主义和谐社会具有十分重要的意义。我国是世界上最大的发展中国家，人口众多、经济发展起点低，而且东部、中部、西部各个地区之间、城乡之间发展不平衡，人均收入较低，建立健全社会保险制度任务十分艰巨。国家从国情出发，坚持以人为本，积极致力于社会保险制度的建立。而其中的医疗保险制度正是重中之重，现在社会中还有一部分人因为看病导致返贫，一些人也因此调侃说自己根本不敢生病，也生不起病。这一社会现象的出现，一方面需要我们完善社会保障制度，另一方面则要重点关注我国目前日渐成熟并开始发挥实际作用的医疗保险制度。

基本医疗保险制度，是指按照国家规定缴纳一定比例的医疗保险费，在参保人因患病或意外伤害而发生医疗费用后，由医疗保险基金支付其医疗费用的社会保险制度。基本医疗保险制度由三个部分组成：职工基本医疗保险制度、新型农村合作医疗制度、城镇居民基本医疗保险制度。基本医疗保险制度实现了"覆盖城乡居民"，使全体公民实现"病有所医"。

1. 职工基本医疗保险

职工基本医疗保险是针对城镇所有用人单位和职工，以强制参保为原则的一项基本医疗保险制度。职工医疗保险制度出现后逐步取代改革开放前的公费医疗制度，并在此基础上逐步形成了现在的社会保险制度。

职工基本医疗保险的参保对象为企业（国有企业、集体企业、外商投资企业、私营企业等）、机关、事业单位、社会团体、民办非企业单位及其职工。医疗保险实行属地管理，所有用人单位及其职工都要按照属地管理原则参加所在统筹地区的基本医疗保险，执行统一政策，实现基本医疗保险基金的统一筹集、使用和管理。铁路、电力、远洋运输等跨地区、生产流动性较大的企业及其职工，可以以相对集中的方式异地参加统筹地区的基本医疗保险。另外职工参加医疗保险是一种义务，是强制性的，但是现实生活中一些小企业往往为了省去这部分成本而不给职工缴纳医疗保险，随着国家对保险领域的重视，这方面的问题在逐年减少，不过还是提醒读者在就业时一定要注意自己权利的维护。

随着改革开放的逐步深入，我国的产业结构也进行了大规模的调整，以非全日制、临时性和弹性工作等灵活形式就业的人员逐步增加。针对这部分灵活就业人员如何参加医疗保险的问题，原劳动和社会保障部于2003年出台了《关于城镇灵活就业人员参加基本医疗保险的指导意见》，规定灵活就业人员参加基本医疗保险要坚持权利和义务相对应、缴费水平与待遇水平相挂钩的原则。在参保政策和管理办法上既要与城镇职工基本医疗保险制度相衔接，又要适应灵活就业人员的特点。已与用人单位建立明确劳动关系的灵活就业人员，要按照用人单位参加基本医疗保险的方法缴费参保。其他灵活就业人员，要以个人身份缴费参保。灵活就业人员参加基本医疗保险的缴费率原则上按照当地的缴费率确定。缴费基数可参照当地上一年职工年平均工资核定。灵活就业人员缴纳的医疗保险费纳入统筹地区基本医疗保险基金统一管理。

缴费方式：由用人单位和职工按照国家规定共同缴纳基本医疗保险费。无雇工的个体工商户、未在用人单位参加职工基本医疗保险的非全日制从业人员以及其他灵活就业人员可以参加职工基本医疗保险，由个人按照国家规定缴纳基本医疗保险费。

2. 新型农村合作医疗制度

新型农村合作医疗制度是由政府组织、引导、支持，农民自愿参加，个人、集体和政府多方筹资，以大病统筹为主的农民医疗互助共济制度，是与改革前传统的农村合作医疗制度相对而言的。传统的农村合作医疗制度在改革开放前曾在保障农民获得基本卫生服务方面发挥了重要的作用，也为世界各国、特别是发展中国家解决普遍存在的问题提供了一个范例，其不仅在国内受到农民群众的欢迎，而且在国际上得到好评。随着我国经济和社会的快速发展，传统的合作医疗制度遇到了许多新的问题，已不能适应新形势下为广大农民提供医疗保障的需要。

2002年10月，《中共中央、国务院关于进一步加强农村卫生工作的决定》明确指出：要逐步建立完善以大病统筹为主的新型农村合作医疗制度。到2010年，新型农村合作医疗制度要基本覆盖农村居民。从2003年开始，国务院按照"财政支持、农民自愿、政府组织"的原则组织进行试点工作。到2010年，全国所有有农业人口的县（市、区）都建立了新型农村合作医疗制度，截至2009年底，参合人数达到8.33亿，年度筹资达944.35亿，受益人次达7.59亿，支出基金达922.92亿，成为世界上覆盖人口最多的一项基本医疗保障制度。

（1）新型农村合作医疗制度的基本原则：一是自愿参加，多方筹资。农民以家庭为单位自愿参加新型农村合作医疗，遵守有关规章制度，按时足额缴纳合作医疗经费；乡（镇）、村集体要给予资金扶持；中央和地方各级财政每年要安排一定专项资金予以支持。二是以收定支，保障适度。新型农村合作医疗制度要坚持以收定支、收支平衡的原则，既保证这项制度持续有效运行，又使农民能够享有最基本的医疗服务。三是先行试点逐步推广。建立新型农村合作医疗制度必须从实际出发，通过试点总结经验，不断完善稳步发展。要随着农村社会经济的发展和农民收入的增加，逐步提高新型农村合作医疗制度的社会化程度和抗风险能力。

（2）新型农村合作医疗制度的组织管理。新型农村合作医疗制度一般采取以县（市）为单位进行统筹。条件不具备的地方，在起步阶段也可采取以乡（镇）为单位进行统筹，逐步向县（市）统筹过渡。县级人民政府成立由有关部门和参加合作医疗的农民代表组成的农村合作医疗管理委员会，负责有关组织、协调、管理和指导工作。

（3）新型农村合作医疗制度的筹资标准。新型农村合作医疗制度实行个人缴费、集体扶持和政府资助相结合的筹资机制。目前，新型农村合作医疗的筹资水平约为年人均55元，原则上农民个人每年的缴费标准不低于10元，经济条件好的地区可相应提高缴费标准。有条件的乡村集体经济组织应对本地新型农村合作医疗制度给予适当扶持。

（4）新型农村合作医疗制度的政府补贴。政府对所有参加新型合作医疗的农民给予不低于40元的补贴，其中中央财政对中西部除市区以外参加新型农村合作医疗的农民每年每人补贴20元，地方财政的资助额要不低于20元。中央财政对东部省份也按中西部地区一定比例给予补贴。许多地方根据当地经济社会发展情况，适时提高补贴标准。

（5）新型农村合作医疗制度的资金管理。农村合作医疗基金是由农民自愿缴纳、集体扶持、政府资助的民办公助社会性资金，按照以收定支、收支平衡和公开、公平、公正的原则进行管理，专款专用，专户储存，不得挤占挪用。农村合作医疗基金由农村合作医疗管理委员会及其经办机构进行管理。农村合作医疗基金中农民个人缴费及乡村集体经济组织的扶持资金，原则上按年由农村合作医疗经办机构在乡（镇）设立的派出机构（人员）或委托有关机构收缴，存入农村合作医疗基金专用账户。

（6）新型农村合作医疗制度中对农村合作医疗基金的监管。农村合作医疗经办机构要定期向农村合作医疗管理委员会汇报农村合作医疗基金的收支、使用情况；要采取张榜公布等措施，定期向社会公布农村合作医疗基金的具体收支、使用情况，保证参加合作医疗农民的参与、知情和监督的权利。

新型农村合作医疗制度的建立，有效缓解了广大农民的"看病难、看病贵"、"因病返贫"等问题，减轻了医疗负担，为促进农村经济社会发展发挥了重要的作用。为保证新型农村合作医疗制度的持续健康发展，国家也一直致力于这方面的改革，在《国务院关于整合城乡居民基本医疗保险制度的意见》中提出要整合城乡居民基本医疗保险制度，其中指出："建立统一的城乡居民基本医疗保险（以下简称城乡居民医保）制度，是推进医药卫生体制改革、实现城乡居民公平享有基本医疗保险权益、促进社会公平正义、增进人民福祉的重大举措，对促进城乡经济社会协调发展、全面建成小康社会具有重要意义。"

3. 城镇居民基本医疗保险制度

城镇居民基本医疗保险制度是以大病统筹为主，针对城镇非从业居民的一项基本医疗保险制度。2007年7月10日，国务院发布了《关于开展城镇居民基本医疗保险试点的指导意见》，决定为实现基本建立覆盖城乡全体居民的医疗保障体系的目标，从2007年起开展城镇居民基本医疗保险试点，争取2009年试点城市达到80%以上，2010年在全国全面推开，逐步覆盖全体城镇非从业居民。

为适应就业形式多样化和人员流动加剧、城镇化速度加快的形势，国家在鼓励灵活就业人员参加城镇职工基本医疗保险的基础上，也鼓励符合条件的灵活就业人员、农民工等流动就业人员选择参加城镇居民医疗保险。对自愿选择参加城镇居民医疗保险的灵活就业人员和农民工，不得以户籍等原因设置参保障碍。通过确定简捷规范的工作程序，方便灵活就业人员、农民工等流动就业人员参保和享受待遇。

（1）城镇居民基本医疗保险的基本原则。开展城镇居民基本医疗保险试点工作的原则是：第一，坚持低水平起步，根据经济发展水平和各方面承受能力，合理确定筹资水平和保障标准，重点保障城镇非从业居民的大病医疗需求，逐步提高保障水平；第二，坚持自愿原则，充分尊重群众意愿，不搞强制，通过政策引导群众参保；第三，明确中央和地方政府的责任，中央确定基本原则和主要政策，地方制定具体办法，对参保居民实行属地管理；第四，坚持统筹协调，做好各类医疗保障制度之间基本政策、标准和管理措施等的衔接。

（2）参保范围。不属于城镇职工基本医疗保险制度覆盖范围的中小学阶段的学生（包括职业高中、中专、技校学生）、少年儿童和其他非从业城镇居民都可自愿参加城镇居民基本医疗保险。2008年，国务院办公厅发布了《关于将大学生纳入城镇居民基本医疗保险试点范围的指导意见》，决定将各类全日制普通高等学校（包括民办学校）、科研院所中接受普通高等学历教育的全日制本专科生、全日制研究生纳入城镇居民基本医疗保险试点范围，按照属地原则参加学校所在地城镇居民基本医疗保险。

（3）筹资水平。试点城市根据当地的经济发展水平以及成年人和未成年人等不同人群的基本医疗消费需求，并考虑当地居民家庭和财政的负担能力，恰当确定筹资水平；探索建立筹资水平、缴费年限和待遇水平相挂钩的机制。从许多地区实践和测算的平均数值看，要保证基金支付比例在50%以上，筹资水平在城镇居民家庭人均可支配收入的2%左右。

（4）管理制度。原则上与职工基本医疗保险的规定一致，由人力资源和社会保障部门所属的医疗保险经办机构统一管理，居民参保实行属地管理。

（5）城镇居民基本医疗保险实行个人缴费和政府补贴相结合。城镇居民基本医疗保险以个人缴费为主，政府给予适当补贴。为了引导和帮助广大城镇居民积极参保，借鉴新型农村合作医疗的成功经验，城镇居民基本医疗保险实行了政府补贴的政策，对试点城市的参保居民，政府每年按不低于人均40元给予补贴，其中，中央财政从2007年起每年通过专项转移支付，对中西部地区按人均20元给予补贴。从2008年起，政府对参保居民的人均补贴标准由40元提高到80元，其中，中央财政对中西部地区的人均补贴标准由20元提高到40元，对东部地区的补贴标准也参照新型农村合作医疗的补贴办法相应提高。2010年，政府对参保居民的人均补贴标准又进一步提高到120元，其中中央财政对中西部地区按人均60元给予补贴，对东部地区的补贴标准同比例提高。地方财政负担确有困难的，提高补贴标准可以分两年到位。需要说明的是，现行有关文件均规定城镇居民基本医疗保险实行"家庭缴费"，本条之所以改为"个人缴费"，主要是有的意见提出，不是所有的家庭成员都参加居民基本医疗保险，已经就业的参加职工基本医疗保险，没有就业的才参加居民基本医疗保险，所以改为"个人缴费"更准确。

（6）对困难人群参保给予特别保障。在上述一般补助的基础上，对享受最低生活保障，或者重度残疾的未成年人参保所需的个人缴费部分，政府原则上每年再按不低于人均10元给予补贴，其中，中央财政对中西部地区按人均5元给予补贴；对其他享受最低生活保障的人、丧失劳动能力的残疾人、低收入家庭60周岁以上的老年人等困难居民参保所需个人缴费部分，政府每年再按不低于人均60元给予补贴，其中，中央财政对中西部地区按人均30元给予补贴。中央财政对东部地区参照新型农村合作医疗的补贴办法给予适当补贴。

4. 大病保险制度

大病保险是与城乡居民医疗保险和新型农村合作医疗相结合，在参保（合）人患大病发生高额医疗费用的情况下，对城镇居民医保、新农合补偿后需个人负担的合规医疗费用给予保障的一项保险制度。制度设计的目的在于缓解因病致贫、因病返贫问题。

（1）大病保险的原则：坚持以人为本、保障大病。建立完善大病保险制度，不断提高大病保障水平和服务普及性，着力维护人民群众健康权益，切实避免人民群众因病致贫、因病返贫；坚持统筹协调、政策联动。加强基本医保、大病保险、医疗救助、疾病应急救助、商业健康保险和慈善救助等制度的衔接，发挥协同互补作用，输出充沛的保障动能，形成保障合力；坚持政府主导、专业承办。强化政府在制定政策、组织协调、监督管理等方面职责的同时，采取商业保险机构承办大病保险的方式，发挥市场机制作用和商业保险机构的专业优势，提高大病保险运行效率、服务水平和质量；坚持稳步推进、持续实施。大病保险保障水平要与经济社会发展、医疗消费水平和社会负担能力等相适应。强化社会互助共济的意识和作用，形成政府、个人和保险机构共同分担大病风险的机制。坚持因地制宜、规范运作，实现大病保险稳健运行和可持续发展。

（2）大病保险的保障对象：大病保险的保障对象为城乡居民基本医保参保人，保障范围与城乡居民基本医保相衔接。参保人患大病发生高额医疗费用的情况下，由大病保险对经城乡居民基本医保按规定支付后个人负担的合规医疗费用给予保障。

5. 商业保险

与社会保险相对应的是商业保险，商业保险不具有社会保险的保障性功能，其经营者以追求利润为目的。商业保险的另外一个特点是保险关系不是强制建立的，保险关系的当事人是平等的民事法律关系主体，投不投保取决于当事人的自愿。商业保险中也会有医疗保险这一项。

商业保险作为社会保险的一个重要的补充，具有一定的积极意义，商业保险在交通领域投保的情况较为常见。在医疗领域，普通的百姓对商业保险不是很关注。随着时代以及人们观念的进步，保险作为转嫁风险的一种方式一定会受到越来越多的人的青睐，保险在未来社会中的作用也会越来越重要。

以上就是关于医疗保险的简单介绍，介绍医疗保险的目的在于使读者了解我们目前的保险制度，国家在医疗领域中的相关政策，同时使读者对保险有更进一步明确清晰的认识。在疾病发生接受治疗的过程中，积极通过医疗保险来降低自身的风险也是明智的选择。

值得注意的是，患者因缴纳医疗保险费而取得的医疗保险收益，属于合法的个人财产。患者在诊疗期间的医药费以该收益的支付行为，应当视为患者的个人支出行为，患者在因医疗损害确定赔偿数额时，对于自身已经报销的医疗保险费，患者仍有权要求医疗机构进行赔偿。

第二章

赔偿计算标准与损害救济途径

一、医疗纠纷赔偿标准

在医疗纠纷中，《侵权责任法》和《医疗事故处理条例》是用到最多的法律、法规，在《侵权责任法》出台前，赔偿情形分为基于医疗事故的赔偿和非医疗事故的赔偿两种。基于医疗事故的赔偿案件，适用《医疗事故处理条例》相关规定，而对于非医疗事故的赔偿则适用的是《民法通则》和《最高人民法院关于审理人身损害赔偿案件适用法律若干问题的解释》（以下简称《人身损害赔偿解释》）等规定。在《侵权责任法》出台后，医疗纠纷赔偿标准开始统一，不再区分医疗事故和非医疗事故。

我国《侵权责任法》第16条规定：侵害他人造成人身损害的，应当赔偿医疗费、护理费、交通费等为治疗和康复支出的合理费用，以及因误工减少的收入。造成残疾的，还应当赔偿残疾生活辅助具费和残疾赔偿金。造成死亡的，还应当赔偿丧葬费和死亡赔偿金。本条是对人身损害赔偿的规定。人身损害赔偿是指行为人侵犯他人的生命健康权益致伤、致残、致死等，承担金钱赔偿责任的一种民事法律救济制度。建立完善且符合我国国情的人身损害赔偿制度对全面保护自然人的生命健康权益具有重要意义。《民法通则》第119条规定了人身损害赔偿制度的基本内容，根据该规定，侵害公民身体造成伤害的，应当赔偿医疗费、因误工减少的收入、残废者生活补助费等费用；造成死亡的，并应当支付丧葬费、死者生前扶养的人必要的生活费等费用。《消费者权益保护法》《产品质量法》等法律以及相关司法解释在《民法通则》的基础上对人身损害赔偿制度作了补充。《侵权责任法》第16条在《民法通则》等法律规定的基础上，总结近20多年来的司法实践经验，对人身损害赔偿的范围作了较为完善的规定。

不过应当注意的是，《侵权责任法》所规定的赔偿项目与《医疗事故处理条例》所规定的项目有所不同，例如《侵权责任法》取消了被抚养人的生活费一项，但是其实在立法中该部分赔偿项目已经被残疾赔偿金和死亡赔偿金吸收，对于当事人来说该部分并没有损失。

（一）基本赔偿项目

1. 医疗费

医疗费指患者因医疗损害的发生而支出的医疗费用，包括已经实际发生的医疗费用和今后确定要发生的医疗费，即预期医疗费。医疗费数额应当根据医疗机构出具的医药费、检查费、治疗费、住院费等收据凭证，结合病例和诊断证明等相关证据确定。

医疗费的范围包括六个方面：①挂号费，包括普通门诊的挂号费和专家门诊的挂号费。②药品和医疗用品费，购买医疗所需药品的费用，包括西药费、中药费和医疗用品费。根据相关法律规定，医疗费用的赔偿一般应以所在地治疗医院的诊断证明和医药费、住院费的单据为凭。应经过医务部门批准，未获批准擅自另找医院治疗的费用，一般不予赔偿。③治疗费，包括打针、换药、针灸、理疗、手术、化学疗法、激光疗法、骨折固定、骨牵引、矫形、消除疤痕、整容等项费用。④住院费，包括床位费、医疗机构的护理费和其他在住院期间收取的费用，一般以医院出具的单据为准。⑤检查费，一般是指治疗所需的各种医疗检查费用（X光透视费、血液检查费、彩超费、CT费用、B超费等）。⑥其他费用，如器官移植费、聘请专家费等。

注意：医疗费的具体数额一般按一审法庭辩论终结前实际发生的费用确定。根据医疗证明或者鉴定结论确定在将来必然发生的医疗费，可以与已经发生的医疗费一并予以计算和赔偿，所以医疗费既包括已经发生的医疗费，也包括将来确定要产生的医疗费。但是医疗费不包括患者治疗原发疾病的费用。

后续医疗费也是其中应当赔偿的部分，但是该部分费用的确定需要患者进行证明，在司法实践中，后续治疗费的计算一般有以下几种方式：①按照以往发生费用的平均数计算。这是一种简单的计算方式，但是在实践中因为疾病发展的方式、住院治疗等因素的影响，这种计算方法往往不科学。②专门的鉴定机构就治疗费用进行评估，这种由专业的鉴定机构进行评估的方式可信性较高，也能够较为接近现实，最重要的是医患双方对此认可的可能性较高。③根据医疗机构的诊断证明或者医生建议计算。④其他的方法如医疗机构与患者私下的和解，但是该种方式容易产生纠纷。

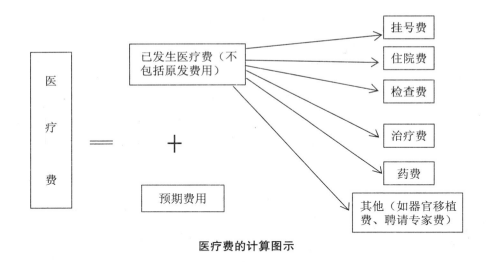

医疗费的计算图示

关于医疗费用的赔偿方式，《医疗事故处理条例》和《侵权责任法》相差不大，该公式均可适用。但是应当注意的问题是：需要凭据支付，在医疗费用的赔偿过程中，具体赔偿数额既不是由患者一方说了算，也不是由医疗机构一方说了算，而是必须有相应的事实根据，即损失的事实根据。

2. 护理费

护理费是指患者在因医疗损害接受治疗期间确需专人护理而发生的相关费用，从医学角度来说，应当称之为陪护费更为准确。赔偿护理费的前提是，受害人受到损害，生活不能自理或者不能完全自理，需要有人进行护理。这种情况应当有医疗单位或法医的证明。证明需要陪护的，予以赔偿；没有必要的，则不予赔偿。审判实践中，护理费一般根据护理人员的收入状况和护理人数、护理期限确定。护理人员有收入的，原则上参照其因误工而减少的收入计算；没有收入或雇佣专门护工的，原则上参照当地护工从事同等级别护理的劳务报酬标准计算。护理期限原则上应计算至受害人恢复自理能力时止。受害人因残疾不能恢复自理能力的，可以根据其年龄、健康状况等因素确定合理的护理期限。护理人员原则上为一人，但医疗机构或者鉴定机构有明确意见的，可以参照其确定护理人员的人数。根据《人身损害赔偿解释》的相关规定，护理期限应当计算至受害人恢复生活自理能力时止。受害人因残疾不能恢复自理生活能力的，可以根据其年龄、健康状况等因素确定合理的期限，但最长不得超过20年。

护理费计算图示

注意：（1）上述计算公式原则上是在一个人的情况下，如果有两个人，两个人的收入相同的则乘以人数即可，如果收入不同的，则根据上述公式计算出每个人应得的护理费相加即可。

（2）在医疗事故赔偿中，该点有些不同，医疗事故陪护人员的收入是按照医疗事故发生地上一年度职工的平均工资计算。在护理费这一项上，医疗事故赔偿标准更有利于维护患者方的利益。但是在有的案件不构成医疗事故的情况下，只能适用上述规定。

3. 误工费

误工费在《侵权责任法》上称为"因误工减少的收入"，是指受害人由于受到伤害，无法从事正常工作或者劳动而失去或者减少的工作、劳动收入。受害人受到伤害但并未残疾或者死亡的，因误工减少的收入就是受害人从受到损害时起到恢复正常能参加工作、劳动时止这段时间内的损失。误工的时间根据受害人接受治疗的医疗机构出具的证明确定。受害人有固定收入的，误工费按照实际减少的收入计算。受害人无固定收入的，按照其最近三年的平均收入计算，受害人不能举证证明其最近三年的平均收入状况的，可以参照受诉法院所在地相同或者相近行业上一年度职工的平均工资计算。

在具体计算时应当考虑的是误工费是患者本人因为医疗行为造成的损伤后果而减少的收入，不是患者近亲属因为陪护患者治疗而发生的误工损失，应当注意区别患者误工费与近亲属陪护费。

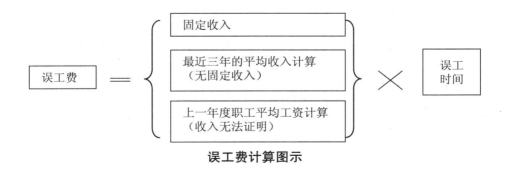

误工费计算图示

4. 交通费

交通费是指受害人及其必要的陪护人员因受害人就医或者转院所实际发生

的用于交通的费用。赔偿交通费数额应当根据实际支出确定，以交通费的正式票证收据为准，票证收据记载的时间、地点、人数要与实际救治的时间、地点、人数相一致。对不合理的支出，不应当赔偿，但确定的标准不宜过于严格。例如，对没有就近治疗，但是选择的医院是合理、必要的，其交通费也应当赔偿。交通费一般应当以当地普通交通工具为限，因病情需要而使用出租车或者其他交通工具支出的交通费用，超出或者过高部分，法院一般不予支持。

5. 住院伙食补助费

住院伙食补助费是指患者因发生医疗事故而在医疗机构住院治疗时，医方应支付给患者的膳食补助费用。住院伙食补助费参照当地国家机关一般工作人员的出差伙食补助标准予以确定。受害人确有必要到外地进行治疗，因客观原因不能住院，受害人本人及其陪护人员实际发生的住宿费和伙食费，其合理部分应当得到赔偿。

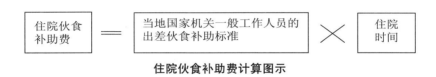

住院伙食补助费计算图示

6. 营养费

营养费是指患者因医疗过失造成人身损害需要补充营养物质而发生的费用，其目的是增强患者的体质，以使其尽快或者尽可能恢复至健康状态。在司法实践中，医患双方因营养费而发生争议的情况并不多见，该项费用因在整个赔偿中的数额较小而容易被双方忽略。

（二）其他赔偿项目

在医疗纠纷中，基本赔偿项目是都会发生的，但是类似残疾赔偿金或者死亡赔偿金这些只是有可能发生，只有在发生特定的情况时才会出现。

1. 残疾生活辅助具费

残疾生活辅助具费是指受害人因残疾而造成身体功能全部或者部分丧失后需要配制补偿功能的残疾辅助器具的费用。残疾生活辅助器具主要包括假肢及其零部件、假眼、助听器、盲人阅读器、助视器、矫形器等。实践中，赔偿这个项目存在的问题是残疾生活辅助具的费用过高，例如赔偿假肢费用，有的采用外国高级假肢，并且按照工程师的一个证言就确定高额的安装费用，造成赔偿数额过高，赔偿不合理。在司法实践中，计算残疾生活辅助具费一般按普通适用器具的合理费用标准计算。伤情有特殊情况的，可以参照辅助具配制机构的意见确定相应的合理费用标准。辅助具的更换周期参照配制机构的意见确定。

2. 残疾赔偿金

残疾赔偿金是受害人残疾后所特有的一个赔偿项目。对于残疾赔偿金，虽说我国的《消费者权益保护法》《国家赔偿法》《产品质量法》等法律和一些司法解释已作了明确规定，但理论界和实务界对其性质和赔偿标准仍有较大争论。有的认为该项赔偿具有补偿性，有的认为该项赔偿具有精神抚慰的作用。其赔偿数额与赔偿权利人的残疾等级或者劳动能力的丧失程度密切相关。

3. 丧葬费

丧葬费是指患者因医疗事故或者医疗过失死亡，其家属因安葬患者而支出的各项费用。

4. 死亡赔偿金

人身损害死亡赔偿制度是指自然人因生命权受侵害而死亡，侵权人承担金钱赔偿责任的一种民事法律救济制度。对死亡赔偿的范围，《民法通则》第119条规定，除应当赔偿医疗费、因误工减少的收入等费用外，还应当支付丧葬费、死者生前扶养的人必要的生活费等费用。《消费者权益保护法》第42条、《产品质量法》第44条和《国家赔偿法》第27条规定，因侵权行为造成他人死亡的，除赔偿医疗费、护理费等费用外，应当支付丧葬费、人身损害死亡赔偿金以及由死者生前扶养的人所必需的生活费等费用。上述三部法律，均采取在丧葬费和被扶养人生活费以外，同时给付死亡赔偿金的模式。《人身损害赔偿解释》中规定，受害人死亡的，赔偿义务人除应当根据抢救治疗情况赔偿医疗费、护理费、营养费等相关费用外，还应当赔偿丧葬费、被扶养人生活费、死亡补偿费以及受害人亲属办理丧葬事宜支出的交通费、住宿费和误工损失等其他合理费用。司法解释对死亡赔偿项目的列举，比法律明确列举的赔偿项目要更多一些。《侵权责任法》规定除应当赔偿医疗费、护理费、交通费等合理费用，还应当赔偿丧葬费和死亡赔偿金。

但是对于死亡赔偿金数额的确定却没有明确规定，考虑到各地、个人的状况不同，目前由法律对死亡赔偿金的标准作统一、具体的规定较为困难，《侵权责任法》暂不规定为好，宜由法官在司法实践中，根据案件的具体情况，综合考虑各种因素后，确定死亡赔偿金的数额。但是，为了便于解决纠纷，使受害人及时有效地获得赔偿，对因同一侵权行为造成多人死亡的情况，《侵权责任法》第17条明确规定，可以以相同数额确定死亡赔偿金。在医疗纠纷中因为同一个医疗行为导致多个患者受到损害的情形并不多见。

5. 精神损害抚慰金

精神损害抚慰金是指患者因承受医疗过失所导致的精神创伤而应获得的以货币方式支付的精神补偿，是医疗机构承担医疗事故民事责任的一种重要方式。精神损害赔偿是受害人因人格利益或身份利益受到损害或者遭受精神痛苦而获得的金钱赔偿。规定精神损害赔偿有利于保护受害人的利益。侵害他人人身权益可以请求精神损害赔偿。根据《最高人民法院关于确定民事侵权精神损害赔偿责任若干问题的解释》的规定，精神损害赔偿的范围是侵害他人人身权益，侵害财产权益不在精神损害赔偿的范围之内。人身权益包括生命权、健康权、姓名权、名誉权、肖像权、隐私权、监护权等，侵权人侵害了他人的人身权益的，被侵权人可以请求精神损害赔偿。

对于精神损害赔偿的主体，根据《最高人民法院关于确定民事侵权精神损害赔偿责任若干问题的解释》，自然人因侵权行为致死，或者自然人死亡后其人格或者遗体遭受侵害，死者的配偶、父母和子女向人民法院起诉请求赔偿精神损害的，列其配偶、父母和子女为原告；没有配偶、父母和子女的，可以由其他近亲属提起诉讼，列其他近亲属为原告。一般情况下，在医疗纠纷中，患者本人是精神损害的请求权的主体，但是当患者死亡时，其近亲属在诉讼中可以被列为原告。

应当注意的是精神损害赔偿只是承担精神损害民事责任的一种方式，只有当侵权人承担其他形式的民事责任不足以弥补受害人精神损害时，方可考虑采取金钱赔偿的方式。

二、纠纷解决机制

正所谓有权利即有救济，如果没有救济，那么权利便不是真正意义上的权利。纠纷是人类社会的常态，为了妥善的解决纠纷，维护社会秩序，人类社会在发展中形成了一套纠纷解决机制。我国目前来说，在医疗纠纷中可选择的救济方式有很多。

救济方式包括：调解，和解，诉讼，仲裁，在刑事领域中的刑事附带民事赔偿。

私力救济：私力救济是指在没有第三方以中立名义介入纠纷解决的情况下，当事人依靠自身或者私人力量，解决纠纷，实现权利。私力救济的特征是无中立的第三方介入，纠纷解决过程非程序化，解决途径依靠自身或者私人力量。私力救济是一种依据双方自身的武力、权威、说服等方式解决纠纷的方式，一般表现为强制或者交涉。强制多表现为一方凭借自己的力量强行使对方服从以解决纠纷。这种情况下容易产生纠纷，如医闹或者现实中出现的杀害医生的案件，国家一般会对此种情况做出限制。另一种就是平等的交涉，多表现为和解。

（一）和解

和解是指当事人以平等协商、相互妥协的方式和平解决纠纷。和解的主要特征有：高度自治性，即和解是依照纠纷双方主体自身力量解决纠纷，没有第三者协助或主持解决纠纷，和解的过程和结果均取决于纠纷双方主体的意思自治；非规范性，即和解的过程和结果不受也无须受到规范（尤其是法律规范）的严格制约，即不必严格依据程序规范进行，也不必严格依据实体规范达成和解协议。通常情况下，和解协议具有民事契约的性质和效力，但是不具有强制执行力。

这种方式在医患纠纷中属于传统的纠纷解决方式，这种方式的便利、快捷和零成本一度使其成为医患矛盾化干戈为玉帛，重新构筑融洽和谐的医患关系的最佳选择。但是随着医患矛盾越来越复杂，加之此种方式对双方当事人的约束力不够（双方达成的协议一般不能直接作为证据使用），因此选择此种方式有很大的局限性。其局限性表现在：①自行和解结果的公平性无法保证。相对于患者而言，医方掌握着患方的诊疗记录，拥有丰富的医学知识，占有大量的社会资源。患者一般对医学专业领域了解较少，与院方沟通存在一定的不对等性。协商过程中，患者往往不能了解真实的状况而使双方显失公平。②和解谈判可能会激化双方的矛盾。患者在医疗过程中面对不利于己方的医疗结果往往情绪波动较大，在协商过程中极有可能出现情绪失控的状况，不利于当事人客观地看待纠纷和理性地处理纠纷。涉及赔偿金额较大时，纠纷就会久拖不决，更容易激化矛盾，致事态升级，很有可能会造成恶性事件。③自行和解容易造成监管的缺失。《医疗事故处理条例》中明确规定了卫生行政部门有权对医患案件的协商和和解进行监管，行政监督一方面有利于纠正医疗机构及其医务人员的过错行为，另一方面有利于行政管理机关发现医院管理方面的漏洞，及时查漏补缺。但是在自行和解的方式下，监管缺失，一些医疗机构可以采取高额赔偿的方式掩盖医疗质量问题，这是社会公众所不愿看到的。

（二）调解

调解是第三方在争议的双方当事人之间沟通信息，摆事实讲道理，以此来促成其相互谅解、相互妥协的解决纠纷的活动。

与和解不同的是，调解主体是第三方，作为独立的第三方个人或者团体对当事人双方进行调解。调解与和解都不带有司法的强制性，当事人达成的合意完全依靠当事人内在的诚实信用，当事人很可能会出现违反和解或者调解协议的情况。从调解的理论来看，调解较为简单，不需要太多理论的支撑。

《医疗事故处理条例》第38条规定："发生医疗事故争议，当事人申请卫生行政部门处理的，由医疗机构所在地的县级人民政府卫生行政部门受理。医疗机构所在地是直辖市的，由医疗机构所在地的区、县人民政府卫生行政部门受理。有下列情形之一的，县级人民政府卫生行政部门应当自接到医疗机构的报告或者当事人提出医疗事故争议处理申请之日起7日内移送上一级人民政府卫生行政部门处理：（一）患者死亡；（二）可能为二级以上的医疗事故；（三）国务院卫生行政部门和省、自治区、直辖市人民政府卫生行政部门规定的其他情形。"很多人将此认定为行政调解，并认为医疗事故领域的行政调整只是针对医疗事故赔偿调解，并且对此调解可以提出异议并进行诉讼。

另外还有相关民间组织的调解，但是对这些调解机构来说，经费的短缺在现实中仍旧是其面临的主要困难。调解同和解一样，不具有强制性，当事人可以针对调解提出不同的意见。

（三）仲裁

与诉讼纠纷相比，仲裁具有四个特点：①自愿性。仲裁解决争议以当事人在民事纠纷发生前或者发生后自愿订立仲裁条款或者达成仲裁协议为前提。有效的仲裁协议具有妨诉抗辩的效力，阻断人民法院对该争议的管辖权。②民间性。民商事仲裁由作为民间机构的仲裁委员会进行。③自治性。在仲裁程序中，当事人双方具有高度的自治性，可以选择仲裁员、约定仲裁规则、协商仲裁地点、选择适用的实体法、约定仲裁庭审理方式等。④合法性。仲裁的民间性和自治性并不能完全排除仲裁应当遵守的当事人选定或者法律规定必须适用的仲裁程序法和民事实体法的适用，尤其不得排除适用强制执行法规范；仲裁一裁终局，仲裁裁决也具有执行力；除具有相反的证据加以推翻外，生效仲裁确认的事实为免证事实。

医事仲裁是仲裁的一种，通过仲裁的方式解决医疗方面的纠纷。医事仲裁具有自治性、专业性、灵活性、快捷性、经济性和独立性等特征。仲裁的社会作用是代替诉讼，分流纠纷，化解冲突，解决纠纷。医事仲裁委员会是依法经过司法行政机关登记、独立从事医疗纠纷仲裁的机构，其人员一般由临床医学、法医学以及法律专业人士组成。医事仲裁与普通仲裁一样采用的是一裁终局的制度。当事人对仲裁裁决不服的，应当在收到仲裁裁决书之日起15日内向人民法院起诉，期满不起诉的，裁决书即发生法律效力，与调解、和解纠纷解决机制不同的是仲裁裁决具有强制执行的效力。

在医疗纠纷中，当事人双方申请仲裁应当满足一定的条件。根据《仲裁法》

第 4 条规定："当事人采用仲裁方式解决纠纷，应当双方自愿，达成仲裁协议。没有仲裁协议，一方申请仲裁的，仲裁委员会不予受理。"在申请仲裁之前，双方必须要有仲裁协议。在当事人没有对仲裁达成协议时，通常情况下仲裁委员会不会受理，当事人之间没有仲裁协议而被仲裁裁决的，当事人可以向仲裁委员会所在地的中级人民法院申请撤销裁决。在医疗纠纷中，医患双方可以在医疗合同中约定仲裁事项，也可以在医疗纠纷发生后通过协议另行约定仲裁事项。

仲裁协议包括的内容，仲裁协议包括合同中订立的仲裁条款和以其他书面方式在纠纷发生前或者纠纷发生后达成的请求仲裁的协议。仲裁协议应当具有下列内容：①请求仲裁的意思表示；②仲裁事项；③选定的仲裁委员会。有下列情形之一的，仲裁协议无效：①约定的仲裁事项超出法律规定的仲裁范围的；②无民事行为能力人或者限制民事行为能力人订立的仲裁协议；③一方采取胁迫手段，迫使对方订立仲裁协议的。

仲裁申请书是当事人向仲裁机构申请仲裁递交的书面材料。仲裁申请书应当载明下列事项：①当事人的姓名、性别、年龄、职业、工作单位和住所，法人或者其他组织的名称、住所和法定代表人或者主要负责人的姓名、职务；②仲裁请求和所根据的事实、理由；③证据和证据来源、证人姓名和住所。

（四）诉讼

诉讼作为救济手段属于公力救济。公力救济是指国家设置的，通过国家公权力强制性解决纠纷的机制。

因为医疗纠纷多发生在民事领域，因此这里主要是对民事诉讼程序的介绍。

民事诉讼是指法院在当事人和全体诉讼参与人的参加下，依法审理和解决民事纠纷的活动，以及由这些活动所产生的各种诉讼关系。

民事诉讼作为解决民事纠纷的一种独特的方式，与解决民事纠纷的其他方式相比，具有自身特殊之处，与行政诉讼、刑事诉讼也不同。其特点是：①诉讼对象的特定性。民事诉讼解决的是有关民事权利义务的争议。②当事人处分权利的自由性。民事诉讼反映民事主体之间的权益之争，民事主体不论在实体上还是在程序上，都有依法处分其权利的自由。③双方当事人在诉讼对抗上的特殊性。诉讼意味着双方之间的对抗，这与其他解决纠纷的方式是不同的，在和解与调解中追求的是谅解与妥协。在不同的诉讼中，主体的地位不同，诉讼目的不同，对抗的方式也不同。民事诉讼是以依法协调民事权利义务关系为基础的，双方当事人在实体和程序上的地位是平等的，诉讼的目的是为了维护自己的民事权益。这就决定了民事诉讼当事人在诉讼对抗上的平等性。④与私力救济相区别，民事诉讼属于公力救济。民事诉讼因而具有救济的终局性。

再有，在行政领域，有行政复议和行政诉讼等手段解决医疗纠纷。行政复议是指行政相对人认为行政机关的行政行为侵犯了其合法权益，依法向行政复议机关提出复查该行政行为的申请，行政复议机关依照法定程序对被申请的行政行为进行合法性、适当性审查，并作出行政复议决定的一种法律制度。在医疗纠纷中，很多患者会错把医疗损害鉴定作为行政机关的行政行为，从而提起行政复议，要求行政机关撤销鉴定。医疗鉴定不属于行政机关做出的行政行为，因此无法就因鉴定引起的纠纷向行政机关申请行政复议。行政复议不能直接解决患者方的行政赔偿问题。

三、诉讼程序的运用

（一）民事诉讼

民事诉讼中当事人的诉讼行为开始的标志是向法院起诉。起诉是指公民、法人或者其他组织认为自己所享有或者依法由自己管理、支配的民事权益受到他人侵害，或者与他人发生争议，以自己的名义向人民法院请求依法审判解决权利义务关系纠纷的诉讼行为。就法律性质而言，起诉是公民、法人或者其他组织诉诸司法，请求解决民事权利义务法律关系争议的具体诉讼行为，是其行使处分权的具体体现。从程序上来说，起诉是公民的一项基本权利，当事人可以选择或者放弃这种纠纷解决方式，人民法院不得依据职权启动民事诉讼程序。然而，即使公民、法人或者其他组织向人民法院提起诉讼，诉讼程序的启动也应当取决于其起诉是否符合法律规定的条件。

1. 起诉

起诉的条件：第一，原告是与本案有直接利害关系的公民、法人或者其他组织。与本案有利害关系是指作为原告的公民、法人或者其他组织应当与发生争议的民事法律关系具有法律上的利害关系。在医疗纠纷中，患者与医疗机构之间因为医疗行为产生的纠纷例如侵权即属于这里的利害关系，或者医疗机构起诉患者未缴纳住院费、诊疗费等。这里医院是以自己的名义起诉或者应诉，医疗机构就属于这里所说的法人或者其他组织。以黄梅青诉南宁市西乡塘区西乡塘卫生院医疗事故损害赔偿案〔1〕为例，黄梅青作为患者与该卫生院因为赔偿问题发生争议，因此将南宁市西乡塘区西乡塘卫生院起诉至人民法院。

第二，有明确的被告。所谓明确的被告是指原告起诉的对象应该特定化、

――――――――

〔1〕 该案是一起因为医疗纠纷引起的赔偿案件，其中黄梅青为患者，经过广西壮族自治区南宁市西乡塘区人民法院判决，判决书编号为（2006）西民一初字第236号。

具体化，以便于法院明确对方当事人。这就要求被告的称谓、被告的基本情况（年龄、民族、籍贯、住所、联系方式、职务、工作单位等）必须明确，而在医疗纠纷中，患者起诉医疗机构的，医疗机构常常是独立的法人机构。这便要求患者应当明确法人的名称、住所、法定代表人的姓名和职务等基本情况。在填写法人名称时，一定要用全称，而不能用简称。在黄梅青这个案例中，南宁市西乡塘区西乡塘卫生院是一个独立的法人，能够以自己独立的财产承担民事责任。南宁市西乡塘区西乡塘卫生院是一个标准的称谓，不能使用卫生院、西乡卫生院或者南宁某卫生院等不明确的词语或是简称。

第三，有具体的诉讼请求和事实、理由。具体的诉讼请求是原告基于诉争的民事法律关系而通过人民法院向相对方提出的具体实体权利主张或者要求。事实就是原告提出的具体诉讼请求所依据的与被告之间存在的引起民事法律关系发生、变更、消灭的事实以及由此而引起具体民事纠纷的事实。理由是指原告提出的据以支撑其具体诉讼请求的证据材料与法律依据。如果原告所提出的具体诉讼请求缺乏事实、理由的支撑，则难以得到人民法院的支持。

还是以黄梅青诉南宁市西乡塘区西乡塘卫生院医疗事故损害赔偿案[1]为例，原告提出的事实部分如下：2005年5月2日，原告到被告处住院待产。由于被告严重不负责任，接产医生违反操作规程，未采取合理的分娩方案，造成子宫破裂、产后大出血，事后又未及时进行抢救，导致原告终生残疾，生活完全不能自理，经鉴定构成一级伤残。故原告诉至法院，要求被告赔偿原告医疗费200 206.82元、误工费43 000元、残疾生活补助费193 371元、精神损害抚慰金19 337元、护理费271 580元、被扶养人生活费17 160元、陪护费5658元、住院伙食补助费4500元、残疾用具费5670元、鉴定费3700元，以上十项共计764 182.82元。这样的事实较为清楚，一般事实部分用陈述的语言说明，给法官呈现一种较为清晰的事实概况，同时尽量少用怀疑或者猜测的语言。在本案中原告要求被告赔偿医疗费、误工费、残疾生活补助费、陪护费等费用属于具体的诉讼请求。

事实部分需要理由的支撑，法律所认可的事实通常都是由证据证明的事实，因此原告在事实部分提出后，必须有充足的理由予以支撑。因此在本案中，原告的理由部分为：原告提交的医院病历、诊断证明书、广西壮族自治区高级人民法院法医学鉴定书、医疗费票据等，证明被告的医疗过错造成原告损失。这

---

[1] 该案是一起因为医疗纠纷引起的赔偿案件，其中黄梅青为患者，经过广西壮族自治区南宁市西乡塘区人民法院判决，判决书编号为（2006）西民一初字第236号。

样事实和理由部分就完整了。值得注意的是原告在起诉书中指出的事实是原告结合现有的证据条件做出的自我判断,法官通常会依据自身的法律知识通过专业的判断认定案件的事实。

第四,属于人民法院受理民事诉讼的范围和受诉人民法院管辖。属于人民法院受理民事诉讼的范围是指原告提出的双方当事人之间的争议事项必须属于人民法院行使审判权的职权范围。根据我国《民事诉讼法》第3条的规定,人民法院主管的民事案件的范围即人民法院受理公民之间、法人之间、其他组织之间以及他们相互之间因财产关系和人身关系提起的民事诉讼。

民事诉讼的主体包括公民、法人和其他组织。这里的公民指具有中华人民共和国国籍的自然人。随着改革开放的不断深入和我国社会主义市场经济快速发展,越来越多的外国人和无国籍人在我国参加民事诉讼活动,《民事诉讼法》也适用于这些在我国参加民事诉讼的外国人、无国籍人。这里的法人是指具有民事权利能力和民事行为能力,依法独立享有民事权利和承担民事义务的组织。法人包括企业法人、机关、事业单位和社会团体法人。其他组织,是指尚不具备法人资格的独立的社会组织。

公民、法人和其他组织提起民事诉讼的范围为因财产关系和人身关系而产生的纠纷。财产关系,是指基于物质财富而形成的相互关系,包括基于债权、物权、知识产权而形成的相互关系等。人身关系,是指人们基于人格和身份而形成的相互关系,如姓名权、名誉权以及有关婚姻、收养、继承等家庭关系。

根据《民事诉讼法》第121条的规定,起诉状应当记明下列情况:①当事人的基本情况,其中包括原告的姓名、性别、年龄、民族、职业、工作单位、住所和联系方式,被告的姓名、性别、工作单位、住所等能够确定其身份的信息。当事人是法人或者其他组织的,应当记明法人或者其他组织的名称、住所和法定代表人或者主要负责人的姓名、职务和联系方式。上述基本情况应当按原告、被告的顺序分别列出。这有助于受诉人民法院审核、认定双方当事人的诉讼主体资格,并在当事人合格的基础上对案件进行审理和作出裁判。②诉讼请求和所依据的事实和理由,诉讼请求是起诉状中的重要内容,其既是原告起诉必须符合的法定条件之一,也是起诉状必须记明的法定事项。原告应当在起诉状中记明诉讼请求,明确提出自己对实体权利的主张,以便受诉人民法院明确其在诉讼上的要求以及通过诉讼所要达到的目的。诉讼请求应力求明确,切忌含糊不清,模棱两可。在记明诉讼请求的同时,应当记明提出诉讼请求的客观基础,这样才能使受诉人民法院明确其起诉的事实依据和具体原因,并在此基础上对案件进行依法审理和作出判决。事实部分应实事求是,陈述力求确切,理由部分应作出有理有据的论证。③证据和证据来源。当事人对自己提出的主张，有责任提供证据。因此，原告提出的诉讼请求是否合理，所提出的事实是否存在，应当有证据加以证明，原告在提出证据的同时，应当提供证据的来源，以便人民法院核实，如果申请证人参加，则应记载证人的姓名、住所，以便人民法院调查。

2. 上诉

上诉是指当事人不服第一审人民法院所做的尚未生效的裁判，在法定期间内请求上一级人民法院对上诉请求进行审理，并要求撤销或者变更一审裁判的诉讼行为。我国《民事诉讼法》第164条规定："当事人不服地方人民法院第一审判决的，有权在判决书送达之日起十五日内向上一级人民法院提起上诉。当事人不服地方人民法院第一审裁定的，有权在裁定书送达之日起十日内向上一级人民法院提起上诉。"

在医疗纠纷中，针对上诉需要了解以下方面：①享有上诉权的人，一般都能自己提起上诉，但有时享有上诉权的人没有诉讼行为能力，这时应由其法定代理人代为提起上诉或者由指定代理人提起上诉，例如在医疗中患者可能会因为医疗行为暂时处于昏迷状态或者成为精神病人，这时候便应当由其法定代理人代为提起上诉。②如果上诉人为法人或者其他组织，则由其法定代表人或者主要负责人提起上诉。同样，被上诉人如为法人或者其他组织，则应由法定代表人或者主要负责人应诉。在医患关系中，医疗机构一方如果提起上诉，那么由其法定代表人（通常是医院的院长）来代为提起上诉。当患者提起上诉后也由该负责人来应诉。③被委托的诉讼代理人如果提起上诉，必须经过被代理人的特别授权，才能以被代理人的名义提起上诉。因此，诉讼代理人不得擅作主张提起上诉，如果擅作主张提起上诉，其上诉行为属无效行为，不产生上诉的法律效果。如在诉讼中，当事人一方可能会聘请律师，律师作为诉讼代理人原则上不享有上诉权，但是当事人会在委托合同中载明委托事项，诉讼代理人在出庭应诉的过程中，一般须说明其授权事项。如果诉讼代理人未经委托人同意，擅自上诉，那么该行为无效。④第一审人民法院收到上诉状后，应当对上诉人资格、被上诉人资格进行审查。对于无上诉权的人提起的上诉，法院应作出裁定予以驳回；对不符合条件的被上诉人提起的上诉，应通知上诉人更换符合条件的被上诉人，如果上诉人坚持不变更，人民法院应当作出裁定驳回上诉。

对判决提起上诉的期限为15日，对裁定提起上诉的期限为10日。上诉期的确定基于两点考虑：其一，确保当事人诉权的行使，使其有充分的时间考虑是否提起上诉，其目的是确保实体权利的实现。其二，有利于维护社会经济秩序，尽早确定当事人之间的民事法律关系。

规定对判决的上诉期限为 15 天，比对裁定的上诉期限长，是因为判决解决民事案件的实体性问题，关系到当事人双方的实体权利义务，影响较大；规定对裁定的上诉期限为 10 天，比对判决的上诉期限短，是因为裁定解决程序性问题，不涉及当事人双方 5 实体权利义务，影响较小。

当事人在法定期限内未提起上诉，判决和裁定即发生法律效力。当事人如果认为生效的判决或者裁定有错误，只能申请再审。当事人如果在法定期限内提起上诉，则必然引起第二审程序。因此，如何确定法定期限，如何进行计算，虽是技术问题，但十分重要，因为时间差一点，权利可能便会丧失。对判决、裁定不服的，上诉期限从送达之日起计算。

需要明确的是，上诉期限应以每个有上诉权的诉讼参加人各自收到判决书、裁定书的时间分别计算，任何一方均可在自己的上诉期内上诉，只有在所有有上诉权的诉讼参加人的上诉期限都届满而没有提起上诉的情况下，判决和裁定才发生法律效力。因此，在其他有上诉权的诉讼参加人的上诉期限未满之时，一方诉讼参加人的上诉期限虽已满，判决、裁定对其亦不生效。

当事人上诉的一个重要的条件是必须提交上诉状。《民事诉讼法》第 165 条规定上诉应当递交上诉状。上诉状的内容应当包括：①当事人的姓名，法人的名称及其法定代表人的姓名或者其他组织的名称及其主要负责人的姓名；②原审人民法院名称、案件的编号和案由；③上诉的请求和理由。上诉状是当事人对第一审未生效裁判表示不服，并请求上一级人民法院变更或者撤销第一审裁判的法律诉讼文书，也是第二审人民法院接受当事人上诉并审理案件的直接依据。上诉的请求和理由为上诉状中的主要内容，因为，上诉的请求是上诉人所要达到的目的，即要求上级人民法院撤销或者改变原裁判，以维护自己合法权益。必须说明的是，请求改判还是撤销原判决、裁定，必须同时将理由叙述清楚，是认为认定事实不清还是适用法律不当，还是两者兼有。同时，上诉人可以提出在一审程序中未提供的事实、理由和证据。

上诉人要提出上诉必须提出上诉状，不能口头提出。这与起诉不同，起诉可以口头提出。当事人在一审法院宣告判决、裁定时，当庭表示不服要上诉的，法庭应记入法庭笔录，承认其上诉的意思表示，但不能以此代替上诉状的提出，当事人仍应在法定上诉期内向人民法院提出上诉状，这样才能引起上诉审程序。即使当事人当庭声明不上诉，在法定上诉期内仍然有上诉权。

3. 再审

（1）再审的概念。再审申请是指民事诉讼中的当事人，认为已经发生法律效力的判决、裁定确有错误或者认为已经发生法律效力的调解书违反自愿原则或者内容违法，依法提请上一级人民法院对该案再行审理的行为。《民事诉讼法》第 199 条规定："当事人对已经发生法律效力的判决、裁定，认为有错误的，可以向上一级人民法院申请再审；当事人一方人数众多或者当事人双方为公民的案件，也可以向原审人民法院申请再审。当事人申请再审的，不停止判决、裁定的执行。"根据本条的规定，当事人对判决、裁定申请再审的条件之一是判决、裁定已经发生法律效力。发生法律效力的判决、裁定主要是指当事人超过上诉期而没有上诉的第一审和第二审的判决、裁定。如果第一审程序或者第二审程序还在进行中，判决、裁定还没有发生法律效力，当事人就不可以申请再审。

本条规定的当事人申请再审的条件是认为生效判决、裁定有错误。我国再审程序可以说采取了"宽进严出"的做法。所谓"宽进"，即只要当事人认为判决、裁定有错误即有权申请再审。所谓"严出"，是指对于当事人的申请，受理的人民法院经过审查以后，认为有《民事诉讼法》第 200 条规定的再审事由的，才能作出裁定，决定再审。采取"宽进严出"的做法，一方面可以切实保护当事人申请再审的权利，缓解其担忧司法不公的焦虑，倡导依法维权，维护社会秩序，促进社会和谐；另一方面体现了尊重判决、裁定已经发生的法律效力，维护司法权威。发生法律效力的判决、裁定具有稳定性。如果生效判决、裁定的稳定性总是被打破，不但会使判决、裁定所调整的权利义务关系处于前途未卜的状态，降低当事人对司法权威的信赖，长远来看，司法威信降低，还有可能导致社会公信力下降，不利于社会主义建设事业的顺利进行。因此，审判监督程序作为一种纠错程序，维护法律的公平与正义，需要兼顾稳定与效率。

（2）当事人向哪一级人民法院申请再审？第一，向上一级人民法院申请再审是一般原则，只要当事人向上一级法院提出再审申请，就是选择了上一级人民法院；第二，向原审人民法院申请再审是例外规定，只能在当事人一方人数众多或者当事人双方为公民的案件中才可以作为当事人的选择之一，其他案件还是要向上一级人民法院申请再审；第三，允许当事人在上一级人民法院和原审人民法院之中选择其一申请再审，但这并不意味着可以多头申诉、重复申请。如果当事人已经向原审人民法院提出再审申请，就不应当再向上一级人民法院提出，反之亦然。

申请再审与执行程序的关系。当事人申请再审的，不停止判决、裁定的执行。根据《民事诉讼法》第 204 条的规定，人民法院对再审申请的审查期间为三个月。在作出是否进入再审程序的裁定前，不停止该判决、裁定的执行。一旦裁定进入再审程序，依照《民事诉讼法》第 206 条的规定，对于追索赡养费、扶养费、抚育费、抚恤金、医疗费用、劳动报酬等案件，决定再审的人民法院可以不中止执行；而对于其他案件，决定再审的人民法院裁定中止原判决、裁定的执行。

（3）人民法院应当再审的事由。当事人申请符合以下条件的，人民法院应当进行再审：

第一，有新的证据，足以推翻原判决、裁定的。所谓新证据，主要指在过去诉讼过程中没有发现的证据，而该证据又足以推翻原判决、裁定，因此当事人可以申请再审。

第二，原判决、裁定认定的基本事实缺乏证据证明的。保证案件审理正确的前提是查明案件事实，而查明案件事实是需要证据加以证明的。当事人对自己提出的主张有责任提供证据，否则将承担不利的诉讼后果。如果当事人不能提出证据证明自己所提出的诉讼请求有客观依据，或者所提供的证据不足以证明自己的诉讼请求符合客观事实，法官就支持了当事人的诉讼请求，这个判决就属于缺乏证据的判决。《民事诉讼法》第 64 条第 3 款明确要求人民法院应当按照法定程序全面地、客观地审查核实证据。全面地收集证据是保证案件正确审理的前提条件。因此，"判决、裁定认定的基本事实缺乏证据证明"违反了《民事诉讼法》对法院审理案件的基本要求，也就足以构成再审的条件。

第三，原判决、裁定认定事实的主要证据是伪造的。伪造证据的行为属于严重妨害民事诉讼的行为，理应受到法律规定的惩罚。《民事诉讼法》第 111 条对此有专门规定。审理案件的法官如果没有发现证据材料的虚假性，还把它作为认定事实的根据，对这样的判决、裁定应当进行再审。在医疗纠纷案件中，有个别的医疗机构可能会伪造病人的病例，这种伪造病例的行为就属于伪造证据，伪造证据的行为严重干扰了法官对事实的认定工作。

第四，原判决、裁定认定事实的主要证据未经质证的。按照《民事诉讼法》的规定，无论是公开审理还是不公开审理的案件，证据都必须在法庭上出示，并由当事人互相质证。只有经过质证，才能查明证据的真伪，才能去伪存真。质证是查证证据是否属实的必要手段，按照《民事诉讼法》第 63 条的规定，证据只有查证属实之后，才能作为认定事实的根据。因此，未经质证的证据不能作为认定事实的根据。判决、裁定认定事实的主要证据未经质证的，就是进入再审程序的原因之一。没经过质证的证据可能是真实的，但法律设立质证规则的目的是从程序上保证查明证据的真实性，违反了程序就有可能导致认定事实方面的错误，程序的价值就在于此，因此，规定的程序必须要遵守，程序的价值必须被尊重。

第五，对审理案件需要的主要证据，当事人因客观原因不能自行收集，书面申请人民法院调查收集，人民法院未调查收集的。《民事诉讼法》第64条第2款规定："当事人及其诉讼代理人因客观原因不能自行收集的证据，或者人民法院认为审理案件需要的证据，人民法院应当调查收集。"某些案件中的证据，当事人因客观原因是不能自行收集到的，而且这些证据往往对于正确审理案件是至关重要的，一旦取得，将成为案件的主要证据。例如，在医疗纠纷中通常会涉及的病人的病历。病历通常由医疗机构进行保管，在一些案件中，医疗机构会因为各种原因拒不提供病历，这时候患者可以申请人民法院调查收集证据。根据《民事诉讼法》第129条的规定，审判人员在审理前的准备工作中，必须认真审核诉讼材料，调查收集必要的证据。如果人民法院没有调查收集主要证据，就支持或者驳回了当事人的诉讼请求，则该判决、裁定缺乏证据证明，可能导致判决、裁定的实体错误，因此可以作为再审的原因之一。

另外需要理解的是"对审理案件需要的主要证据"。一个案件涉及的证据可能有许多，但对认定案件事实起决定性作用的证据可能只是其中的一部分。如果事无巨细，都要求法院去调查收集，不仅会浪费司法资源，而且也无助于案件审理，因此，只有人民法院没有调查收集"主要证据"，从而影响正确认定当事人权利义务的，才能作为应当再审的情形。

第六，原判决、裁定适用法律确有错误的。当事人认为原判决、裁定适用法律有错误的，可以申请再审，但原判决、裁定在适用法律方面是否真的存在错误，则需要法院通过审查予以确认。通过审查，如果原判决、裁定适用法律确有错误的，应当予以再审。需要指出的是，"适用法律错误"中的"法律"，主要是调整当事人发生争议的权利义务关系的民商事法律。"适用法律错误"中的"适用错误"包括不同情形，例如，在医疗纠纷案件中，明明应当适用《侵权责任法》，却适用了《民法通则》确定民事责任明显违背当事人约定或者法律规定的；适用已经失效或尚未施行的法律的；违反法律溯及力规定的；违反法律适用规则的；明显违背立法本意的。把判决、裁定适用法律错误作为应当再审的情形之一，可以督促审判人员更加全面、准确、及时地掌握法律规定的内容，做到法律规定与案件实际情况的正确结合，提高司法水平，切实体现司法对当事人合法权益的维护。

第七，审判组织的组成不合法或者依法应当回避的审判人员没有回避的。按照《民事诉讼法》规定，第一审普通程序由审判员、陪审员组成合议庭或者由审判员组成合议庭，合议庭的组成人员必须是单数。如果第一审普通程序没有组成合议庭而采用独任审判，该案判决生效后，当事人可以对此案申请再审。人民法院对再审申请经过审查以后，查证属实的，应当裁定进行再审。

《民事诉讼法》第 44 条明确规定了审判人员回避本案审理工作的情形。在法律规定的情形下，即使当事人没有提出回避申请，审判人员也应当主动回避，否则即使作出了发生法律效力的判决、裁定，也会面临再审。例如，在某一民事案件中，审判人员是当事人的近亲属。在对方当事人不知底细，没有申请该审判人员回避的情况下，该审判人员没有主动回避，而是继续审理了此案。在该案的判决生效后，对方当事人获知这一情况，就可以据此申请再审。人民法院对再审申请进行审查后，一旦确认确有其事，就要裁定进入再审程序。

第八，无诉讼行为能力人未经法定代理人代为诉讼，或者应当参加诉讼的当事人因不能归责于本人或者其诉讼代理人的事由未参加诉讼的。《民事诉讼法》第 57 条规定，无诉讼行为能力人由其监护人作为法定代理人代为诉讼。法定代理制度是为了维护无诉讼行为能力人的合法权益，主要是维护未成年人或者精神病人的合法权益。如果某一案件的当事人是无诉讼行为能力人，法官在未查明的情况下没有通知其法定代理人代为诉讼就进行了审理，在判决、裁定被作出并发生法律效力以后，该无诉讼行为能力的当事人有权通过法定代理人申请再审。人民法院经过审查发现情况属实的，应当裁定再审。从国外的规定来看，多数大陆法系国家的民事诉讼法对此项再审事由都有规定。

《民事诉讼法》第 132 条规定："必须共同进行诉讼的当事人没有参加诉讼的，人民法院应当通知其参加诉讼。"如果人民法院没有尽到第 132 条规定的通知义务，就有可能导致应当参加诉讼的当事人对诉讼无从知晓，更无法参加诉讼并维护其合法权益。这样的情况包括：人民法院应当通知却未作通知；人民法院虽然发出了通知，却有其他当事人从中隐匿、破坏甚至勾结其他人制造通知已经被收到的假象等。应当参加诉讼的当事人没有参加诉讼会直接造成诉讼主体缺失，即使已经作出了发生法律效力的判决、裁定，实际上也没有对相应权利义务关系做出正确判断，因此有必要通过再审来纠正。

需要注意的是，如果人民法院按照第 132 条的规定作出了通知，而接收通知的当事人因为其自身或者其诉讼代理人的故意或者过失，没有按照通知要求在诉讼中出现并主张自身权利的，就要为自己的不当行为承担责任，不能以自己没有参加为借口申请人民法院进行再审。

第九，违反法律规定，剥夺当事人辩论权利的。《民事诉讼法》把保护当事人的辩论权作为基本原则之一，其第 12 条规定："人民法院审理民事案件时，当事人有权进行辩论。"为此，《民事诉讼法》在第一审普通程序和第二审程序中都规定了辩论程序。在案件审理过程中，剥夺当事人辩论权利一般有以下情形：①在案件审理前的准备阶段，没有告知被告进行书面答辩。被告提出答辩状是被告行使辩论权利的体现。《民事诉讼法》第125条规定，人民法院应当在立案之日起5日内将起诉状副本发送被告，被告应当在收到之日起15日内提出答辩状。被告不提出答辩状的，不影响人民法院审理。是否提交答辩状是当事人的诉讼权利，但如果法院没有告知被告进行书面答辩，则属于剥夺了被告的答辩权利。②人民法院在开庭审理阶段没有经过辩论程序，而是在法庭调查之后，径行作出了判决。

　　第十，未经传票传唤，缺席判决的。《民事诉讼法》第136条规定，人民法院审理民事案件，应当在开庭三日前通知当事人和其他诉讼参与人。如果在第一审普通程序和第二审程序中，人民法院没有在开庭三日前通知当事人参加庭审，特别是未以传票的形式通知被告出庭应诉就作出了缺席判决，则被告可以申请对此案进行再审，接受再审申请的人民法院经查证属实的，应当裁定进行再审。因为《民事诉讼法》第144条明确规定，只有在被告经传票传唤，无正当理由拒不到庭，或者未经法庭许可中途退庭这两种情况下，人民法院才能缺席判决。在第一审普通程序或者在第二审程序中，如果法院没有给被告送达传票，或者仅仅以电话等形式简单联系被告，即使在被告未到庭的情况下，法院也不宜作出缺席判决。如果法院违反法定条件，随意作出缺席判决，就属于严重违反法定程序，属于应当再审的情形之一。

　　第十一，原判决、裁定遗漏或者超出诉讼请求的。按照《民事诉讼法》的规定，当事人提起民事诉讼必须有具体的诉讼请求和事实、理由，并且在起诉状中予以列明。当事人对自己的诉讼请求有责任提供证据。人民法院应当根据当事人提供的证据和法院调查收集的证据，判断当事人所提供的事实是否为客观事实，以作出是否支持当事人诉讼请求的判决。如果人民法院没有对当事人提出的某项诉讼请求进行法庭调查和法庭辩论，在判决、裁定中遗漏了当事人的这一诉讼请求就草草结案，将构成审判工作的重大失误，当事人有权利对这一判决、裁定申请再审，人民法院经查证属实之后，也应当进行再审。

　　当事人的处分原则是《民事诉讼法》的基本原则之一。依照《民事诉讼法》第13条第2款的规定，当事人有权在法律规定的范围内处分自己的民事权利和诉讼权利。因此，原告提出以及不提出哪些诉讼请求，是原告处分自己民事权利和诉讼权利的体现；被告是否反诉（是指原告起诉后，被告于同一诉讼程序中起诉原告），也是被告处分自己民事权利和诉讼权利的体现。原则上人民法院应当在当事人提出的诉讼请求的范围内审理案件，不能超出当事人的诉讼请求作出判决、裁定。如果判决、裁定超出诉讼请求的，当事人有权申请再审，人民法院查证属实后，也应当裁定进行再审。尊重当事人的处分原则不仅是人民法院审理民事案件的一个原则，也是仲裁机构仲裁民事案件的准则。依照我国《民事诉讼法》和《仲裁法》的规定，如果仲裁裁决的事项不属于仲裁协议的范围或者仲裁委员会无权仲裁的，人民法院可以裁定不予执行，当事人可以向仲裁委员会所在地的中级人民法院申请撤销该仲裁裁决。有一点需要明确的是：人民法院或者仲裁机构在当事人明确提出的请求之外认定合同无效，不属于超出当事人的诉讼请求，而是体现了国家对违反法律强制性规定以及公序良俗的合同的干预。

第十二，据以作出原判决、裁定的法律文书被撤销或者变更的。有些民事案件是以另一民事案件的审理结果作为依据而作出判决的。如果另一个民事案件的判决、裁定后来依照法定程序被撤销或者变更了，则之前以这些判决、裁定作为依据所做的判决、裁定也应当相应地被撤销或者变更。

有些民事案件的判决、裁定是以其他的法律文书为依据作出的。如果据以作出判决、裁定的其他法律文书后来被撤销或者变更，那么，已经发生法律效力的判决、裁定也应当相应地被撤销或者变更。例如，某一民事案件是依据原告提供的经过公证的法律文书判决的。按照我国《公证法》第 36 条的规定，经公证的民事法律行为、有法律意义的事实和文书，应当作为认定事实的根据。法院根据公证书证明的法律关系，判决支持了原告的诉讼请求。在该判决生效后，被告认为该公证书存在错误，向出具该公证书的公证机构提出复查，公证机构经过复查，发现公证的内容违法或者与事实不符，撤销了该公证书。被告可以据此向法院申请对该案进行再审，人民法院经查证属实以后，应当裁定对该案进行再审。而在医疗纠纷案件中，有些案件需要医疗事故技术鉴定或者司法鉴定，如果判决生效后发现医疗事故技术鉴定或者司法鉴定存在错误而被有关部门撤销，那么当事人可以申请再审。

第十三，审判人员在审理该案件时有贪污受贿、徇私舞弊、枉法裁判行为的。《民事诉讼法》第 43 条明确规定，审判人员应当依法秉公办案，不得接受当事人及其诉讼代理人请客送礼。审判人员有贪污受贿、徇私舞弊、枉法裁判行为的，应当追究法律责任；构成犯罪的，依法追究刑事责任。因此，当事人认为审判人员在审理该案件时有贪污受贿、徇私舞弊或者枉法裁判行为的，可以申请再审；人民法院在审查过程中查证属实的，应当裁定再审。从国外的规定来看，很多国家或地区都规定了此项再审事由。

（二）证据相关问题

这里所说的证据是指在民事诉讼中的证据，但是在仲裁领域中可以参照适用。民事诉讼证据是指在民事诉讼中用以证明案件事实的各种依据。证据是人民法院查明案件事实真相的手段，认定案件事实的依据，是当事人维护自己民事权益的合法武器。对进入诉讼的当事人来说，要得到人民法院的支持，获得有利于自己的判决，就必须用证据说话，例如患者想要获得住院期间所花费的交通费就需要提供相应的出租车、公交车或者其他能够证明该项费用的材料。证据也是人民法院裁判得以为当事人所信服的重要原因，法院的裁判认定的事实是证据所反映的事实，一个无事实依据、无充分证据支持的裁判文书是不会为当事人信服的，即不具有公信力。

证据的特性：①客观性，是指作为民事证据的事实材料必须是客观存在的，这就要求当事人在举证时必须向人民法院提供真实的证据，不得伪造、篡改证据；要求当事人如实作证，不得做伪证；要求鉴定人提供科学、客观的鉴定意见。②关联性，又称为民事证据的相关性，即存在直接的联系或间接的联系。直接的联系是指事实材料所反映出的事实本身就是待证事实的组成部分，间接的联系是指事实材料所反映出的事实能够间接证明某一待证事实。如在医疗纠纷中，当事人提供的病历资料往往是待证事实的一部分（在不同的案件中同一证据所起的作用往往会不相同），能够证明患者与医院之间发生了医疗关系，而申请进行的司法鉴定往往能够直接说明医疗机构的过错，二者均具有关联性。③民事证据的合法性是指作为民事案件的定案依据的事实材料必须符合法定的存在形式，即证据的存在形式必须合法，所有的证据必须具有法律规定的特定形式要件；证据的取得合法，当事人和代理人收集证据的时候所用的手段必须符合法律的规定；证据的提交和认定程序必须合法。

1. 证据的种类

根据我国《民事诉讼法》的规定，我国的法定证据种类如下：

（1）当事人的陈述，是指案件的当事人向人民法院就争议的民事法律关系发生、变更或者消灭的事实所做的陈述。由于民事纠纷是在当事人之间进行的，所以，他们最了解争议的事实。对于人民法院来说，当事人的陈述是查明案件事实的重要线索，应当给予重视。但是，双方当事人在案件中处于对立地位，他们之间存在利害冲突，可能会夸大、缩小甚至歪曲事实。所以，人民法院对于当事人的陈述应当客观地对待，注意其是否有片面和虚假的成分，既不可盲目轻信，也不能忽视其作用。只有把当事人的陈述和案件的其他证据结合起来，综合研究审查，才能确定其是否可以作为认定案件事实的根据。但是值得注意的是当事人在庭审中以承认对方当事人所主张的事实的方式做了不利于己方的陈述，该陈述一般具有免除对方当事人证明责任的效力。例如在诉讼中，患者方主张医院可能在救助时间上存在延迟，医院如果认可了上述事实，那么就会免除患者一方的证明责任。

（2）书证，是指以文字、符号所记录或表示的，以证明待证事实的文书，如合同、书信、文件、票据等。书证是民事诉讼中普遍并大量应用的一种证据。在医疗纠纷中，患者的病历即属于书证。

（3）物证，是指用物品的外形、特征、质量等说明待证事实的一部或全部的物品，如质量不合格的家具、被汽车撞坏的自行车等。在因为医疗器械导致的损害纠纷中，医疗器械便是物证。物证具有不可替代性，它能够最直接和最直观地反映事实的真实面目。物证与书证的区别在于：书证是以其表达的思想内容来证明案件事实；而物证是以其自身的存在及其物理特征来证明案件事实；法律上对某些书证有特殊的要求而对物证却没有特殊的要求。

（4）视听资料，是指用录音、录像的方法记录下来的有关案件事实的材料，如用录音机录制的当事人的谈话、用摄像机拍摄的人物形象及其活动等。视听资料是随着科学技术的发展进入证据领域的。视听资料必须存在于一定的载体之中，科学技术的发展也使得视听资料易于保存。例如在医患纠纷中 X 光片就是民事证据中的视听资料。视听资料与书证的最大区别在于其不是以文字和符号来表达思想内容，而是通过录音、录像等形象、动态的方式表达思想内容。视听资料与物证的区别在于前者是以自身存在及物理特征来证明案件事实，而视听资料是以具有思想内容的声音、图像来证明案件事实。

（5）电子数据，是指由电子手段或者类似手段生成的传送、接收或储存的信息，如与案件事实有关的电子邮件、网上聊天记录、电子签名、网络访问记录等电子形式的证据。这是 2012 年修改《民事诉讼法》新增加的证据种类。

我国电子数据证据的立法情况。我国法律已经对电子数据证据问题作了一些规定。比如，2004 年通过，2015 年修订的《电子签名法》是我国第一部针对电子商务的立法，明确了电子签名的法律效力、认证等问题，特别是对数据电文的书面形式、原件形式、保存要求、可采性和证明力等问题作了具体规定，对保障电子交易安全、解决电子交易纠纷具有重要作用，但由于其是关于电子签名的专门法律，适用面有限。又如，1999 年通过的《合同法》第 11 条规定："书面形式是指合同书、信件和数据电文（包括电报、电传、传真、电子数据交换和电子邮件）等可以有形地表现所载内容的形式。"2012 年新修改的《民事诉讼法》也已经明确规定电子数据为证据种类之一。原《民事诉讼法》中没有关于电子数据证据的明确规定，但一些学者和司法部门对"视听资料"作扩大化解释，把电子数据证据涵盖其中，以解决实际问题。如《最高人民法院关于民事诉讼证据的若干规定》中规定："调查人员调查收集计算机数据或者录音、录像等视听资料的，应当要求被调查人提供有关资料的原始载体。"

司法实践中关于电子数据证据存在的一些问题。电子数据证据与传统证据有很大不同，因此在司法实践处理时遇到不少障碍和困难：一是电子数据证据的法律定位。大陆法系国家一般在法律中没有明确规定证据的种类，而是规定允许采用任何有关的、能证明案件真实情况的证据。我国有所不同，原《民事诉讼法》中具体列举了七类证据，但没有明确规定电子数据证据，因此，对于电子数据证据的法律定位问题争论激烈，影响力较大的就有视听资料说、书证说、分类划入说、混合证据说和独立证据说等多种观点。司法实践中，特定证据的法律定位决定了其运用规则，对证据的采纳和采信意义重大。立法上的不明确和理论界的争论对电子数据证据的证明价值有较大影响，导致其在司法实践中的运用受到限制，相应的电子数据证据在不同案件中的证明力存在差异。

二是电子数据证据的调查取证。作为现代信息技术的产物，电子数据证据具有明显的特殊性。它通常的形式是存储在各种电子介质上，其本身难以为人们所直接认识，且容易篡改，其调查取证存在困难。比如，如何对计算机现场进行勘查，网络证据如何收集，如何对电子数据进行扣押或者保全，如何对取得的数据进行备份等。特别是在民事案件中，由于缺乏法定程序，当事人调查收集的电子数据证据经常难以得到法官的认可，实践中不少当事人采取公证的形式，但费用较高，其证明力也存在争议。

三是电子数据证据的质证。在证据提交法庭质证的环节中，要求提交原件、原物是我国民事诉讼的一项传统规则，判断电子数据证据的原始性质是又一难题。《电子签名法》仅对数据电文的原件要求作了规定，还有诸多电子数据证据缺乏关于出示原件、原物的举证规则。比如，是存储在计算机硬盘、光盘中的不可直接阅读的数据信息是原件，还是显示在计算机显示器上、存储在存储介质中或者计算机打印输出的数据信息是原件？保存在发件人处的电子数据是原件，还是保存在收件人处或者第三人处的电子数据是原件？如何判断电子数据证据在传递、保管的各个环节是否发生过潜在的实质性变化？

四是电子数据证据的认证。电子数据证据一般都具有较高的技术含量，在认定其可靠性上存在很大难度，需要综合考虑多种因素。比如，需要判断电子数据证据生成的软件、命令程序、操作系统、网络状况是否稳定可靠，电子数据证据生成时的设备状态、客观环境是否稳定，计算机操作者的操作方法与电子数据证据收集、提取和保存的手段和程序对电子信息可靠性的影响以及被篡改、破坏的可能性等。这也说明了电子数据极其脆弱，对电子数据进行截收、删节、剪接、远程控制或者近程操作，一般用户都难以发觉。

（6）证人证言，是指证人以口头或书面方式向人民法院所做的对案件事实的陈述。证人所做的陈述，既可以是亲耳听到、看到的，也可以是从其他人、其他地方间接得知的。由于民事纠纷的产生和变化总会被某些人直接或间接地了解，所以，证人证言在民事诉讼中被广泛应用。人民法院认定证人证言，可以通过对证人的智力状况、品德、知识、经验、法律意识和专业技能等的综合分析做出判断。

（7）鉴定意见，是指具备资格的鉴定人对民事案件中出现的专门性问题，经鉴别和判断后做出的书面意见，如医学鉴定、指纹鉴定、产品质量鉴定、文书鉴定、会计鉴定等。由于鉴定意见是运用专业知识做出的鉴别和判断，所以，其具有科学性和较强的证明力，往往成为审查和鉴别其他证据的重要手段。原《民事诉讼法》使用了"鉴定结论"的表述，2012 年修改《民事诉讼法》将"鉴定结论"修改为"鉴定意见"。这主要是考虑用"鉴定意见"的表述更为科学、准确，更符合鉴定活动的本质特征。鉴定意见作为鉴定人个人的认识和判断，表达的只是鉴定人个人的意见，对整个案件来说，鉴定意见只是诸多证据中的一种证据，审判人员应当结合案件的全部证据，加以综合审查判断，从而正确认定案件事实，做出正确判决，而不是被动地将"结论"作为定案依据。2005 年 2 月第十届全国人民代表大会常务委员会第十四次会议通过的《全国人民代表大会常务委员会关于司法鉴定管理问题的决定》（已于 2015 年 4 月 24 日第十二届全国人民代表大会常务委员会第十四会议修正）和 2012 年 8 月第十一届全国人民代表大会常务委员会第二十八次会议通过的《全国人民代表大会常务委员会关于修改〈中华人民共和国民事诉讼法〉的决定》中也都已经将"鉴定结论"修改为"鉴定意见"。

（8）勘验笔录，是指人民法院对能够证明案件事实的现场或者不能、不便拿到人民法院的物证，就地进行分析、检验、勘查后做出的记录，它是客观事物的书面反映，是保全原始证据的一种证据形式。比如，一些相邻关系纠纷、房屋产权纠纷、农村宅基地界址纠纷等，往往需要审判人员亲自了解现场情况，并将勘验情况制成笔录。

《民事诉讼法》第 63 条第 1 款所提到的证据，只是可以用于证明案件事实的材料，其内容是否真实还需要查证。因此，第 63 条第 2 款明确规定："证据必须查证属实，才能作为认定事实的根据。"证据的查证应当通过法定程序进行，主要是指证据应当在法庭上出示，并由当事人互相质证。当事人在法庭上出示各自证据，互相质证，开展辩论，直接对抗，更有利于发现事实真相。人民法院通过质证等法定程序审查这些证据的真实性和合法性，同时，也对各种证据之间的相互联系以及它们与待证事实的关系进行审查。只有经过人民法院认真、细致地调查和分析，查证属实后，这些证据才能作为认定事实的根据。未查证属实的证据，不得作为认定事实的根据。

2. 证据的搜集

搜集证据是当事人的一项权利，也是当事人的一项义务。《民事诉讼法》第49条第1款规定："当事人有权委托代理人，提出回避申请，收集、提供证据，进行辩论，请求调解，提起上诉，申请执行。"当事人为维护自己的民事权利，使人民法院作出有利于自己的判决，有权向有关单位和个人收集证据，并将收集到的证据提供给法院，以证明自己的诉讼请求合理合法，反驳对方的诉讼请求。

但是在某些情况下，民事诉讼当事人及其诉讼代理人调查收集证据的手段和权限有限，有些证据无法自行获得，但是为了案件能够顺利解决，做到以事实为根据，在以下情况，人民法院应当主动收集证据：①当事人及诉讼代理人因客观原因不能自行收集的证据。比如，某些案件的真实情况需要做出勘验笔录的，当事人一般无法提供与此有关的证据，人民法院应当主动收集。又如，涉及土地、房产、公安、档案等方面的证据，根据国家有关规定，有些情况下公民个人不能收集，必须要由人民法院调取。此外，当事人年迈体弱，且未委托诉讼代理人，提供证据确有困难的，人民法院可以主动收集。②人民法院认为审理案件需要的证据。民事案件比较复杂，有时仅靠当事人提供的证据不足以认定事实，所以，只要人民法院认为需要，即可主动收集证据。例如，某案件的原、被告提供的证据内容完全相反，但双方均表示自己提供的证据是真实的，那么，在这种情况下，人民法院就可以主动收集证据，以掌握真实的第一手材料。

当事人申请调查收集证据应当符合法定的程序：提出申请的人必须是当事人本人或者其诉讼代理人；应当提交书面申请；申请书应当载明被调查人的姓名或者单位名称、住所地等基本情况，所要调查收集证据的内容、需要由人民法院调查收集的原因及其要证明的事实；在期限上不得迟于举证期限届满前7日。

3. 证明责任

证明是指当事人为使法官确认某一事实所进行的运用证据的活动。在具体的诉讼中，并非所有的案件事实都需要借助证据来认定，需要认定的往往只是其中一部分案件事实。证明责任是指当事人对自己提出的事实主张有责任提供证据进行证明，当作为裁判基础的法律事实在诉讼中处于真伪不明的状态时，负有举证证明义务的当事人应当承担败诉的风险。我国《民事诉讼法》第 64 条第 1 款规定："当事人对自己提出的主张，有责任提供证据。"

民事诉讼是因当事人之间权利义务的争议引起的，原告起诉是为了维护自己的民事权益，被告或者第三人提出新的主张，也是为了维护自己的权益。从整个民事案件来看，当事人对发生纠纷的事实最为了解，他们更有能力提出维护自己权益的有力证据。因此，原告对自己诉讼请求所依据的事实，被告对自己答辩或反诉所根据的事实，第三人对自己提出的请求等，都应当提出证据，也就是说，当事人各自不同的主张，都应当由提出这一主张的当事人提出证据，加以证明。当事人对自己提出的诉讼请求所依据的事实或者反驳对方诉讼请求所依据的事实有责任提供证据加以证明。没有证据或者证据不足以证明当事人的事实主张的，由负有举证责任的当事人承担不利后果。人民法院应当向当事人说明举证的要求及法律后果，促使当事人在合理期限内积极、全面、正确、诚实地完成举证。

但是这仅仅是在一般情况下的证明责任，我国法律也考虑到了某些类型案件和特殊情况下证明责任的分配问题，即证明责任的倒置。证明责任的倒置是相对于证明责任正置一般原则而言的特殊原则。它是法律出于维护法政策或者法秩序的需要，特别设置的让相对方承担证明责任的例外规定，即法律直接规定当事人对直接提出的诉讼请求或者反驳对方的诉讼请求所依据的事实不承担证明责任，而由否认的当事人承担相反事实的证明责任。在《侵权责任法》出台后，我国对医疗机构部分行为采取过错推定：违反法律、行政法规、规章以及其他有关诊疗规范的规定的；隐匿或者拒绝提供与纠纷有关的病历资料的；伪造、篡改或者销毁病历资料的。之所以这样设计主要是考虑到在现实生活中，医患双方之间的信息不完全对等，患者一方可能由于缺乏医学知识而无法找出医疗诊断行为的过错，上述规定将医疗行为是否有过错由医疗机构自身反证证明，这在一定程度上有效地弥补了患方举证能力的缺陷。

（三）审理程序

第一审诉讼程序包括普通程序和简易程序。

1. 第一审普通程序

我国《民事诉讼法》第 134 条规定："人民法院审理民事案件，除涉及国家秘密、个人隐私或者法律另有规定的以外，应当公开进行。离婚案件，涉及商业秘密的案件，当事人申请不公开审理的，可以不公开审理。"公开审理是我国民事诉讼的一项基本原则，对于维护司法公正、保护当事人的合法权益具有极其重要的意义。根据本条规定，除法律有特别规定外，所有民事案件的审理一律公开进行。

公开审理包括两个内容：一是对群众公开，指民事案件的审判过程，包括审理过程和宣告判决的过程都允许群众旁听，法院应当在开庭审理前将审理案件的日期予以公告，以便群众旁听；二是对社会公开，指允许新闻记者对庭审过程作采访，并允许其对审理过程作报道，将案件向社会披露。公开审理案件，便于群众监督人民法院的审判活动，增强审判人员依法办案的自觉性，提高审判质量；也有利于当事人更好地行使诉讼权利，维护自己的合法权益，从而有助于纠纷的公正解决；同时，公开审理可以扩大法制宣传，教育公民、法人和其他组织自觉遵守法律。在医疗纠纷案件中，如果涉及医患双方个人隐私的，属于法定的不公开审理的事项，法院一般都会予以注意。个人隐私，是指个人不愿意为别人知晓和干预的私人生活，保护个人隐私权主要包括使私人生活安宁不受他人非法干扰，使私人信息保密不受他人非法搜集、刺探和公开等。

庭审程序：

（1）审理开始。在这个阶段一般由审判长宣布开庭，核对当事人的身份，告知当事人的诉讼权利等。在这个阶段中当事人享有的一项重要的权利是申请回避。审判人员有下列情形之一的，应当自行回避，当事人有权用口头或者书面方式申请他们回避：①是本案当事人或者当事人、诉讼代理人近亲属的；②与本案有利害关系的；③与本案当事人、诉讼代理人有其他关系，可能影响对案件公正审理的。审判人员接受当事人、诉讼代理人请客送礼，或者违反规定会见当事人、诉讼代理人的，当事人有权要求他们回避。

（2）法庭调查。该阶段包括当事人的陈述和举证质证。

（3）法庭辩论。辩论权是法律赋予当事人的一项重要的诉讼权利。根据辩论原则的要求，未经法庭质证和辩论的证据不能作为人民法院认定案件事实的根据。

（4）评议宣判。该阶段是在法庭辩论终结后，由审判长宣布休庭，合议庭进行合议的活动。

2. 简易程序

简易程序是第一审程序的一种，人民法院只有在审理第一审民事案件时，才能适用简易程序，简易程序一般适用于案件事实清楚、权利义务关系明确、争议不大的简单民事案件。一般情况下，在医疗纠纷案件中适用简易程序审理的可能性不大。医疗纠纷的专业性和情况的复杂性使得医疗纠纷案件中医患双方的争议与分歧较大，做到事实清楚较为困难。

3. 第二审程序

第二审程序是指民事诉讼当事人不服地方各级人民法院未生效的第一审判决、裁定，在法定期间内向上一级人民法院提起上诉，上一级人民法院对案件进行审理所适用的程序。第二审人民法院对上诉案件审理完毕，可以视情况做出维持原判、驳回上诉的裁定，也可以依法改判；一审判决确有错误的，应当裁定撤销原判、发回重审；原审人民法院对发回重审的案件做出判决后，当事人提起上诉的，人民法院不得再次发回重审。

4. 审判监督程序

审判监督程序又称为再审程序，是指为了纠正已经发生法律效力的裁判中的错误，对案件再次进行审理的程序。审判监督程序的审理对象是已经发生法律效力的判决、裁定或者调解书。审判监督程序的审理理由是生效的法律文书确有错误。设立审判监督的目的就是纠正生效法律文书中可能存在的错误，确保案件的质量。审判监督程序没有完整独立的审判程序，审判监督程序启动后，应当依法分别适用第一审程序或第二审程序审理案件。除了本章第一节提到的当事人申请再审能够启动该程序外，法院自身提起再审和检察机关抗诉也可以启动再审。

（四）其他问题

1. 民事判决和裁定的区别

民事判决是指人民法院在审理民事案件和非诉讼案件终结之时，依据事实和法律对双方当事人之间的民事争议或者当事人提出的非讼事件做出的权威性判定。民事裁定是指人民法院在审理民事案件和执行过程中对程序问题以及个别实体问题所作的权威性判定。根据我国《民事诉讼法》相关规定，裁定适用于下列范围：不予受理；对管辖权有异议的；驳回起诉；保全和先予执行；准许或者不准许撤诉；中止或者终结诉讼；补正判决书中的笔误；中止或者终结执行；撤销或者不予执行仲裁裁决；不予执行公证机关赋予强制执行效力的债权文书；其他需要裁定解决的事项。

通过裁定适用的范围可以看出裁定多用于处理程序性问题，而民事判决多是解决实体争议；裁定在审判阶段和执行阶段均可以适用，但是判决只能在审判阶段适用；一审判决除了最高人民法院的一审案件和非讼案件外都可以上诉，而一审裁定除了不予受理、对管辖权有异议和驳回起诉的民事裁定外，其他民事裁定均不可以上诉。

2. 诉讼调解

诉讼调解也称司法调解，是在人民法院审判组织的主持或者确认下，双方当事人就民事争议通过平等协商，自愿达成协议解决纠纷的诉讼制度。诉讼调解是人民法院按照《民事诉讼法》和相关司法解释规定的程序进行的一种诉讼活动，它是法院审结案件的一种方式，调解一旦达成并为当事人接受，便具备了法律上的效力，它同行政机关、仲裁机关和人民调解委员会等进行调解有区别，这几种调解方式属于诉讼外的调解，一般不产生强制执行力。通过人民法院制作的生效调解书，与人民法院的生效判决具有同等法律效力，如果在医疗纠纷中，医患双方通过法院达成调解，并经法院制作了调解书，医疗机构如果不履行上述调解事项，患者一方可以申请人民法院强制执行，如果患者一方不遵守义务，医疗机构也可申请人民法院强制执行。

法院调解必须遵循当事人自愿原则。自愿原则，是指在民事诉讼过程中，人民法院对民事案件进行调解的前提必须是双方当事人自愿，不能有丝毫的勉强。一方面，调解的提出和进行必须是双方当事人的意愿。当事人的真实意思表示的形式应当是明示行为而不能是默示行为。当事人是发生争议的民事权益主体，在法律规定的范围内，当事人有权决定是否以调解的方式解决他们的纠纷。人民法院只有在双方当事人自愿接受调解的前提下，才能主持双方当事人进行调解，当事人一方坚持不愿调解的，人民法院不能强迫或变相强迫其进行调解，应当进入诉讼程序及时作出判决。人民法院根据案件的情况依职权主动提出调解的，必须征得双方当事人的同意，否则调解也不能进行。另一方面，调解达成的协议内容必须反映双方当事人的真实意思。调解协议的内容直接涉及双方当事人的民事权利义务，应当由当事人按自己的意愿进行处分。人民法院只能根据法律进行一定的说服教育工作，引导他们以和解的方式解决纠纷，不能将自己对案件的处理意见强加给当事人。调解协议的内容，必须是双方当事人自愿协商的结果。

法院对民事案件进行调解必须在查明案件事实、分清责任的基础上进行。查明事实和分清是非，是法院调解的基础，这也是"以事实为根据，以法律为准绳"原则在调解中的贯彻实施，这一原则既是调解工作进行的前提，也是调解顺利开展的根本保证。法院调解不是简单的当事人的处分权的运用，还有法院的审判权的行使。审判权要求审判人员在主持调解过程中必须查明案件基本事实，分清双方争议的是非曲直，明确当事人各自的责任，然后确定双方当事人的权利义务。只有基本的事实清楚，是非分明后，双方达成的协议才能让当事人自觉地履行。

3. 诉讼时效

诉讼时效是指权利人在一定的时间内不行使请求权即丧失请求法院保护的权利，超过诉讼时效起诉的，将丧失胜诉权，人民法院不再予以保护。在现实中，很多患者也是因为错过诉讼时效而导致不能维护自己的合法权益。

诉讼时效适用于请求权，而在医疗纠纷中，医疗机构往往因为不当医疗行为造成对患者的侵权，这时候患者享有的便是损害赔偿请求权。根据我国法律的规定，诉讼时效的期间一般为两年。但是法律规定人身受到损害的诉讼时效为1年，因而在医疗纠纷中，适用的诉讼时效期间为1年。诉讼时效的起算时间是从当事人知道或者应当知道之日起计算，最长的诉讼时效期间为20年。例如，某位患者因为生病进行手术，主刀医生由于疏忽将一小块纱布遗忘在患者体内，但是患者在做完手术后并没有什么反应。直到两年后，患者感觉到腹部疼痛到医院就医才发现医生遗留在患者体内的纱布。患者因此将医疗机构起诉至法院。在此例子中，从医生将纱布遗留在患者体内的时刻起，医疗机构对患者的侵权行为就已经发生了，但是到了两年后患者才发现，患者之前不知道也不可能知道体内还遗留了纱布，患者知道或者应当知道的时间是两年后患者因为疼痛检查发现这一情况时，因此诉讼时效便从知道或者应当知道之日起计算。但是患者知道或者应当知道的时间最长是20年。还是以此为例，如果患者过了20年后才发现体内遗留的纱布，这样患者便不再受诉讼时效的保护了。

诉讼时效的中止、中断和延长。诉讼时效的中断是指诉讼时效进行过程中，因法定事由的发生，推翻了诉讼时效存在的基础，因此使已经进行的期间全归于无效，诉讼时效重新计算。诉讼时效中断产生的效果是诉讼时效的重新计算。诉讼时效中断的事由：提起诉讼，如患者因为医疗机构侵权向人民法院提起了诉讼；权利人主张权利，如患者向医院提出赔偿请求，要求其履行赔偿义务；义务人承认权利人权利的存在，表示要履行义务。诉讼时效中断后很可能再次发生中断的情形。如医院与患者达成赔偿协议，表示要履行赔偿义务，这是诉讼时效的中断，但是医院并没有履行，患者再次要求其履行或者向人民法院起诉的，在这种情况下还会发生诉讼时效中断的效果。

诉讼时效的中止是指在诉讼时效期间，因为发生了一定的法定事由使得权利人不能行使请求权，从而暂时停止计算诉讼时效期间，待阻碍时效进行的法定事由消除后，继续进行诉讼时效的计算。关于诉讼时效中止的事由，主要包括以下几种：①不可抗力，不可抗力是指不能预见、不能避免和不能克服的客观情况，如战争、地震等；②权利人是无民事行为能力人或者限制民事行为能力人但没有法定代理人，或者法定代理人死亡、丧失代理权，或者法定代理人本人丧失行为能力的；③继承开始后未确立继承人或者遗产管理人的。诉讼时效的中止一般只能发生在诉讼时效最后的 6 个月期限内。

诉讼时效的延长是指诉讼时效期间届满后，权利人基于某种正当理由，要求人民法院根据具体情况延长诉讼时效期间，人民法院经过调查确认后决定延长诉讼时效的制度。

第二篇

经典案例

第三章
因违反基本医疗义务而产生的医疗纠纷

一、医生因为违反告知义务而产生的责任

1. 医院未尽告知义务，儿童要求医院进行赔偿

▋案情介绍

　　本案是一个再审的案件，可见此案件的复杂程度。雷某某因与被告 X 市儿童医院（以下简称儿童医院）医疗损害赔偿纠纷一案，向 X 市 Y 区人民法院提起诉讼。案件的大致情况是原告雷某某出生后不久即发现心脏有杂音，2002 年 5 月 28 日被儿童医院诊断为"先心 vsd"，门诊随诊。随后医院医生在进行诊断后告知了患者雷某某的父亲，并进行了相应的手术，但是在术后雷某某被诊断为心肌传导受损，原告便随后前往北京进行治疗，原告与被告因此发生纠纷，原告认为，被告没有正确履行告知义务，误导原告选择介入手术，并在术中发生挫伤，术后也不进行规范护理，造成原告损伤，被告应对此承担全部赔偿责任。请求法院依法判决被告赔偿原告各项损失共计人民币 10 万元，赔偿精神损害抚慰金 10 万元，并承担原告今后继续治疗的费用及全部诉讼费用。

　　被告儿童医院辩称：被告对原告的疾病诊断正确，该病有手术适应症，被告术前已向原告家长告知手术风险，被告的手术操作符合规范，不存在过失。术后原告未按医嘱进行专科复诊，以致未能及时发现原告的心率失常，故请求驳回原告的诉讼请求。

　　经当事人申请，法院依次委托南京市医学会、江苏省医学会进行医疗事故鉴定，南京市医学会的鉴定认为：本案病例不构成医疗事故。术后发生的束支传导阻滞属于手术并发症，术前医方已履行告知义务。医方在术后未复查心电图与并发症的发生无因果关系。江苏省医学会的鉴定认为：本案病例不属于医

疗事故。医方在术后未及时行心电图检查且在患者心肌酶谱偏高的情况下准予出院存在不足，但与并发症的发生不存在因果关系。依原告的申请，原审一审法院委托南京医科大学法医司法鉴定所对原告的病情进行伤残鉴定，鉴定结论是：原告为心功能不全一级，构成七级伤残。

▌分析

该案历时较长，经过了一审、二审和再审的程序，其中核心的问题是在进行手术时和术后医生是否尽到了自己的告知义务，而在判决书中法院均认可医院并没有尽到告知义务，并在"请北京的专家前来给患儿做手术"的事实中存在欺骗，最终法院认为患方在没有充分知情的情况下选择了医院介绍的治疗方案，丧失了可能正确选择的机会。而当时针对患者的病情，该治疗方案并不是唯一或较好的选择。患方当时如对自身病情有充分了解，且知道可暂缓实施介入治疗，则其当时选择不做手术的可能性应会更大些。因此，医疗机构的欺骗和误导，是导致患方更偏向于选择并最终实施医生推荐的介入治疗的重要因素，与患者损害后果之间的因果关系无法排除。

对于雷某某的损害后果，儿童医院应承担与其过错程度相当的赔偿责任，对于在当时的技术条件下，介入治疗方案难以避免的一定比例的手术并发症的风险后果，则应由医患双方共同分担。依据《最高人民法院关于审理人身损害赔偿案件适用法律若干问题的解释》的规定，儿童医院应对雷某某术后又去外地医院就诊发生的交通费、住宿费及残疾赔偿金、精神损失抚慰金依法予以赔偿。具体金额不再赘述。

患者在医院进行诊疗过程中，医院除对患者进行术前常规告知之外，还应向患者全面、客观、真实地告知其病情是否有立即手术的充分必要性，及采用尚处于推广阶段的新医疗技术的风险性，使患者做出同意接受该医疗行为的决定是建立在其真实及自愿的选择基础之上的。如医院违反该充分告知义务，在告知过程中存在倾向性引导，致使患者在未充分了解自身病情和认知风险的情况下选择手术，并产生损害后果，医院对此应当承担相应的过错责任。

在医生未尽到告知义务的情况下，作为患者自身一定要严格按照之前自己所签订的合同文本，正确看待自己的权利，像本案中患者一样维权，其中医方称"聘请北京的专家"而在实际诊疗活动中并未发生，因此需要予以注意。另外本案中的医疗损害经过在诉讼过程中委托的鉴定机构的鉴定，其并不属于医疗事故。虽然此行为不属于医疗事故，但是属于侵权行为，发生了医疗损害，因此医疗机构还是要基于侵权行为承担民事责任。医生在未尽到告知义务时，患者有权要求其因为告知义务的缺失而承担与其过错相适应的责任。

2. 医生诊疗时发现其他病情未履行告知义务情况下的责任

█ 案情介绍

年过五十的北碚的低保人员朱某，身患高血压、冠心病、胃出血等，需长期住院治疗。2007 年 11 月的某一天晚上，朱某突然不适，后被医生诊断为上呼吸道感染、胃炎、胃出血。经医治两日后朱某仍感身体不适，头疼乏力，于是继续在医院输液治疗。当天晚上，社区领导到医院探望朱某并赠送了一笔慰问金，同时还承诺由社区报销部分医疗费用。

在社区领导离开病房后不到十分钟，朱某的病情突然加重，出现严重的头昏、乏力、心慌、胸闷等不适症状，虽经及时抢救仍医治无效，于当晚死亡。尸检结果为：主动脉破裂、出血导致急性心包填塞死亡。事后，朱某家属认为医院存在过错，于是将医院起诉到重庆市北碚区人民法院。

█ 分析

这起案件起因于医方对基本的告知义务的违反，法院在审理后根据事实做出了准确的判断，将此案认定为医务人员没有尽到告知义务，使患者维护了自身的合法权益。本案也给医务人员敲响了警钟：告知义务看似微小，但是发挥的作用巨大，医务人员在诊疗活动中应当尽到自己应有的告知义务。法院审理后认为，朱某的死亡，首先是因为自身疾病，其次是因受外界因素影响而出现情绪激动，最后导致主动脉血管破裂死亡。因此，朱某自身应负主要责任。医院在对朱某进行治疗时，已经发现朱某患有高血压、冠心病，但没有告知朱某应控制情绪等注意事项，而且，治疗中医院一直没有给朱某用降压药，应属用药不够规范。所以，医院应该承担降压不力的责任。法院以医院没有尽到告知义务等为由，判决医院赔偿 9 万余元。

案例 1 中的医生履行了告知义务，但是由于其告知不详尽而与患者产生了矛盾；本案中朱某的死亡是医生并没有履行告知义务，就患者来说，对于自身出现的症状，朱某是没有错误的，本案中医生应当为自己没有履行告知义务而承担全部责任。因此，在实践中，医生的告知义务看似很微小，却可能导致医方因为患者自身的原因而承担相应的责任。

3. 新生婴儿残疾，医院因未履行告知义务而承担责任

▍案情介绍

原告佟某、吕某夫妇，在吕某怀孕后，为保障胎儿健康选择了去被告医院进行系统孕期检查，原告先后九次到被告医院进行产前系统检查和保健，均被告知胎儿一切正常，但产后却发现出生婴儿左手缺失，构成先天缺陷。原告佟某、吕某夫妇以被告医院在多次检查中未切实履行注意义务和告知义务，侵犯了自己知情权和生育选择权，增加了家庭的经济负担，并遭受巨大精神痛苦为由，起诉至 Q 市 W 区人民法院，请求法院判令被告医院赔偿孕期检查费、残疾辅助器具费及修理费、鉴定费、精神损害抚慰金等共计 482 167.35 元。

庭审中，被告医院辩称，其诊断行为与原告胎儿的先天缺陷没有因果关系，原告的诉求没有事实和法律依据，不应予以认同。

▍分析

这是一起夫妻在怀孕后积极进行孕中检查排畸，但是医院未尽告知义务被判赔偿的典型案例。现实中很多夫妻在怀孕过程中会进行孕检，一方面观察胎儿的健康状况，另一对一些风险做到预防，实现优生优育的目的，案例中明确地显示出该夫妻曾经先后九次到该医院进行检查，均被告知胎儿发育良好，显然医生存在重大失误。法院经审理认为被告医院作为专门的医疗机构，应为孕妇提供全面的诊疗服务，而被告在对吕某进行产前检查时，在排畸期未进行排畸检查，未对孕妇进行提醒和告知，也未对胎儿健康状况进行全面的检查。本案的实质是被告是否对患方进行了必要的检查，而非医学上能否检查出来的问题。故此认为，被告医院未尽到充分的注意义务，存在过错，其行为致使原告夫妇丧失了对胎儿健康状况的知情权和选择权，已侵犯了原告的民事权益。而原告夫妇未能对胎儿的健康给予高度关注并按期进行排畸检查，以致在最佳时期未进行排畸检查，其二人对残疾儿的出生也负有责任，故应减轻被告的赔偿责任。法院因此判决医院在其过错的范围内对该夫妻进行了赔偿。

总的来说，医生对患者履行告知义务是十分必要的。而告知义务分为一般告知义务和特殊告知义务。医务人员在诊疗活动中应当向患者说明病情和医疗措施，这是一般的告知义务。特殊的告知义务是指患者在需要实施手术、特殊检查、特殊治疗时，医务人员应当及时向患者说明医疗风险、替代的医疗方案等情况。此告知的目的在于使得患者了解自己的病情，并在了解医疗措施的基

础上选择合适的治疗方案。对于一些不宜向患者直接说明的情况或向患者直接说明会使患者产生严重的心理负担而影响治疗的，医务人员应当向患者的近亲属说明，并取得其书面同意。提醒读者注意的是医务人员向患者的近亲属说明用词是"应当"，这里的含义是必须，医务人员没有选择的权利。这里所说的特殊治疗和特殊检查指的是《医疗机构管理条例实施细则》中规定的下列情形：①有一定危险性，可能产生不良后果的检查和治疗；②由于患者的体质或者病情危笃，可能对患者产生不良后果和危险的检查和治疗；③临床实验性检查和治疗；④收费可能对患者造成较大经济负担的检查和治疗。

　　而医生未履行告知义务可能会发生在医疗过程中的任何一个阶段，患者在进行维权时，如果医生未尽到上述义务，便可要求其就未履行告知义务这一过错承担相应的责任。鉴于农村基础医疗设施的薄弱和医生的短缺，对于乡村医生的告知义务，相关法律也做出了特别说明，在《乡村医生从业管理条例》中规定乡村医生应当尽到的告知义务是：如实向患者或者其家属介绍病情，对超出一般医疗服务范围或者限于医疗条件和技术水平不能诊治的病人，应当及时转诊；情况紧急不能转诊的，应当先行抢救并及时向有条件的医疗卫生机构求助。

4. 医疗机构无医疗过错，因病历记载相应操作不符合规范被要求承担责任

▌案情介绍

　　2010 年 2 月、2011 年 3 月两原告（李某某、陈某某）亲属陈某某的母亲两次因高血压病、冠心病住 B 市东方医院，经对症治疗后好转出院。2012 年 5 月 4 日，其再次因"反复心前区不适 12 年"入住被告 B 市东方医院。入院查体：P73 次/分，BP150/70 mmHg；神清，精神可，心界不大，心律齐。心电图：窦性心律，ST－T 改变。入院诊断：冠心病，不稳定性心绞痛，心功能 Ⅱ 级，高血压病，颈椎病。经过入院后完善检查，给予拜阿司匹林 0.1 qN、曲美他嗪 20 mgtid，疏血通 6 ml、舒血宁 20 ml 静滴 qd，以及压氏达、奥美拉唑等治疗。5 月 5 日凝血功能：凝血酶原时间 15 秒、国际标准化比率 1.14，纤维蛋白原 2.92 g/L，部分活化凝血活酶时间 37.2 秒，凝血酶时间 13.5 秒。头颅 CT：大脑皮层下动脉硬化性脑病，老年性脑萎缩。5 月 6 日陈母诉胸痛仍时有发作，较前发作次数有减少。5 月 7 日陈母 5 时起床有头晕、继视物模糊症状。查：BPl40/80 mmHg，神清，言语利，应答切题，双眼右向凝视，左侧偏盲，颈软，四肢肌力、肌张力珂，双巴氏征阴性。查头颅 CT 示：右枕叶区脑出血（量约 20ml 左右）。

当日 10 时转神经内科，诊断：脑出血、冠心病等，予甘露醇、甘油果糖、欣康 100 ml 等静脉滴注，曲美他嗪 20 mgtid、消心痛 5 mgtid 等治疗，停拜阿司匹林。被医院告知病重。

5 月 8 日陈母早晨起床后发现有发热的症状，最高 38.5 ℃，并伴有头痛、前额痛，并且上述疼痛的症状较为剧烈，经过医院医生的检查，医生出具的诊断书记载：左侧双眼偏盲，左半身痛觉有减退，左巴士征阳性。复查头颅 CT：右枕叶区脑出血，与前片比较出血量略有增多，周围水肿带增多，局部脑沟受压变窄，右侧侧脑室后角受压。这时医生建议停用欣康、消心痛，并用头孢三嗪药物防止出现感染、辅用地塞米松 5 mg 静滴。5 月 9 日陈母无发热，头痛明显减轻。

5 月 10 日 17 时 30 分病程记录：输甘油果糖组液有恶心，非喷射性呕吐胃内容物，未见血性液，否认头痛。复查头颅 CT：右侧枕叶区见一高密度血肿灶；较前片（2012 年 5 月 8 日）示双侧额叶见散在出血，右枕叶血肿灶未见明显增多。再告病重，予立即止血治疗。

5 月 11 日 0 时 30 分病程记录：陈母自三小时余前出现恶心、呕吐、躁动明显，予以"非那根、鲁米那"等药物应用后陈母安静两小时左右又躁动不安。复查头颅 CT：较前片示双侧额叶、左颞叶出血量增多。予甘露醇、安定等治疗。后陈母处于浅昏迷状态。复查凝血功能：凝血酶原时间 14.3 秒、国际标准化比率 1.12，纤维蛋白原 3.42 g/L，部分活化凝血活酶时间 33.3 秒，凝血酶时间 13.6 秒。考虑多支血管病变，告病危。予甘露醇、速尿、头孢他啶、沐舒坦等治疗。

5 月 13 日陈母浅昏迷，T39.0 ℃，加用左氧氟沙星。5 月 14 日陈母仍浅昏迷，呕吐出咖啡色液多次，量 <100 ml，隐血试验阳性，予去甲肾上腺素、云南白药粉、达喜鼻饲，再告病危。查血肌酐 140 umol/L，尿素 15.73 mmol/L，停左氧氟沙星，停甘露醇改白蛋白、甘油果糖脱水，停速尿。5 月 15 日陈母 T39.0 ℃，血白细胞 12.37×109/L，之后医院采用停去甲肾上腺素口服，加用脑保护剂，加用泰能抗感染的方案。

5 月 16 日 12 时陈母出现高热，最高 39.7 ℃，予消炎痛栓应用效差；呼吸 30～40 次/分，血压 90/50 mmHg，予多巴胺静滴。5 月 17 日陈母病情恶化，中度昏迷，血压 105/65 mmHg，呼吸 38 次/分，SPO295%。血 Na+160.1 mmol/L，Cl-127.8 mmol/L，肌酐 306 umol/L，多巴胺持续泵入。后陈母深昏迷，SPO281%，血压 97/56 mmHg，瞳孔扩大，光反应消失，给予肾上腺素等应用无效。向家属交代病情，于 5 月 17 日 23 时 55 分出院。此后陈母死亡。

　　原告二人认为被告违反了医疗合同，实施的医疗行为存在过错，将其起诉至人民法院，要求医院承担医疗费、护理费、住院伙食补助费、死亡赔偿金、丧葬费、精神损失费等各项损失合计40万元。被告B市东方医院辩称：①原告目前尚未提供有效证据证明其与受害人的关系，不能证明原告具备相应的主体资格。②医疗行为具有很强的专业性，原告方随机选择、法院委托的有权鉴定机构的鉴定结论已明确被告的诊疗行为无过错，患者死亡与被告诊疗行为无关，故被告不应承担赔偿责任。

　　关于本案的鉴定，鉴定机构是由人民法院进行委托的，经鉴定确认医方医疗机构及医务人员没有违反《执业医师法》《医疗机构管理条例》；医方医务人员已尽到相应的诊疗义务；药物的用法及用量符合规范；医方医务人员在紧急情况下，也已尽到合理的诊疗义务。患者系多发性脑出血，出血量不断增大，预后差，属于当时当地医疗水平难以诊疗的情形。但是医院的病历书写不规范，主要体现在：①出院记录中，把出院诊断"脑出血（多发）、类淀粉样变性、冠心病……颈椎病"写入入院诊断一栏，存在不足。②病历记录字迹潦草，存在不足。③病历记录中，缺少心内科上级医师查房记录，转神经内科后，缺少病危抢救记录、危重病例讨论记录，存在不足。鉴定的结论性意见为医疗机构的医疗行为不存在过错。

▋分析

　　鉴定意见在医疗纠纷中事实的认定上起了主要的作用，鉴定的结论是医疗机构不存在过错。从鉴定意见上看，医疗机构除了病历的记录方面有瑕疵外，其他方面看不出其有过错，而且对于医生有没有履行告知义务貌似也很难做出明确的证明。但是在本案中，病历的书写不规范可以证明该医疗机构在细节的处理上并不是很到位。而医生的告知义务、用药的副作用恰恰是在此细节上体现的。

　　因此法院在判决书中认为，公民享有生命健康权。患者如因诊疗活动受到损害，医疗机构及医务人员有过错的，应由医疗机构承担赔偿责任。本案中经双方申请做了医疗事故鉴定，虽最终认定医方的诊疗行为不存在过错，但从被告病案记载等材料中可看出被告在诊疗过程中存在缺少抢救记录、用药未能注意副作用、与原告沟通不够深入等不足之处。另根据苏州市医学会的鉴定结论，可确认患者最终因"多发性脑出血"死亡，其病情属于当时当地医疗水平难以诊疗的情形，故不能确定被告诊疗行为与原告损害后果之间的因果关系及原因力大小。但根据病历及鉴定结论显示，被告的医疗行为存在以下不足之处：

①病历缺少心内科上级医师查房记录，转神经内科后，缺少病危抢救记录、危重病例讨论记录，故对于本次医疗损害存在相当程度上的影响；②出院记录中把出院诊断"脑出血（多发）、类淀粉样变性、冠心病……颈椎病"写入入院诊断一栏，且病历记录字迹潦草，存在两处不足；③在患者脑出血加重的情况下，被告仍然使用鲁米那、非那根，不利于患者颅内出血的变化状况的改善，故该院酌定被告对原告的损失承担35%的赔偿责任。

本案是一起较为典型的医疗机构在医疗行为无过错的情况下承担相应责任的案件。此案中确定医疗机构没有正确履行其附随的义务：如对病情的及时观察和告知，用药的副作用等这些较为细小的事务。这些事实的确定都是通过病历的记录来反映的。因此，病历在医疗纠纷中对患者证明医生是否认真履行职责，是否在紧急的情况下尽到了自己的义务有很大的作用，病历都由医院保管，患者可以在医疗纠纷发生时要求查阅病历、复印病历。

本案中重要的一点是认识医疗过错，医疗过错是否产生主要看医生有没有违反操作规范。一般情况下只要医生遵守了操作规范便不会产生医疗过错，医疗过错是医生过失行为引起的，也有人因此将其称为医疗过失。通过本案例可以看到司法鉴定结果上认定的医疗过错和法院最终判决认定的医疗过错的范围仍不太一致，法院在判决中认定医疗过错的范围要大于鉴定意见中的医疗过错。在本案中法院将被告病案记载等材料中可看出的被告在诊疗过程中存在缺少抢救记录、用药未能注意副作用、与原告沟通不够深入等不足之处也认定为医疗过错，这也是因为在医患关系中，医疗机构一方一般较为强势，对医疗机构实行严格的过错认定，有利于医疗机构规范自己的行为，也有利于维护患者的权利。

5. 医院诊疗符合规范，但是未履行告知义务情况下的责任

▌案情介绍

原告张某某从建筑工地的脚手架上摔下，被送到S省S市人民医院接受治疗，入院症状为：腰部疼痛，双下肢活动障碍，无恶心呕吐现象。经腰椎CT检查及X线检查，拟诊为"胸12骨折伴截瘫"。因当时S省S市人民医院骨科没有病床，急诊给予留置导尿、镇痛后，转到S省S市人民医院的协作医院S市黄光医院观察治疗（S市黄光医院没有相应的骨伤治疗条件）。3日后，原告张某某由S市黄光医院转回S省S市人民医院骨科接受治疗。入院后经体征检查，初步诊断为：①胸12腰1脊椎爆裂骨折——脱位伴完全性截瘫；②胸11—12肋骨骨折；③右侧腰1—5横突骨折。S省S市人民医院给予了留置导尿、脱水剂、

激素等治疗。此后，在化验检查中发现血钾含量低，给予了补钾治疗。经术前准备，在家属签字同意后，S省S市人民医院在全身麻醉情况下为原告张某某实施了胸12、腰1后路切开复位、椎管减压、植骨、钢板内固定手术。术后给予抗炎、补液、输血等治疗。

原告张某某出院后，脐平面以下深浅感觉消失，双下肢肌力为0—，经鉴定为二级伤残。原告张某某向当地卫生行政部门提出医疗事故处理申请。卫生行政部门委托当地医学会进行医疗事故技术鉴定，鉴定结论为：S省S市人民医院手术的指征明确，手术方式正确，脊椎损伤愈后，由脊椎损伤的原始程度起主导作用，与手术时间的早晚无直接因果关系，不属于医疗事故。但S省S市人民医院未将原告张某某病情的严重性和愈后向患者完全交代清楚。原告张某某对鉴定结论不服，向卫生行政部门提出再次鉴定申请。卫生行政部门委托省医学会进行再次鉴定。省医学会作出的鉴定结论认为：①根据首诊医师病历记载及CT检查，可以确诊原告张某某患有脊椎骨折伴脊椎损伤。S省S市人民医院将原告张某某转到不具备此病医疗条件的医疗机构，违反了首诊医师负责制，同时也不利于对原告张某某的治疗，属于医疗过失行为。原告张某某住院治疗后，S省S市人民医院择期手术及手术方案是恰当的，未违反医疗常规。②脊椎损伤有原发性损伤及继发性损伤。原告张某某到S省S市人民医院急诊时，未做脊椎核磁共振扫描检查，脊椎原发损伤程度不明确，但根据首诊病历记载及CT检查可以判断脊椎原发损伤是非常严重的。原告张某某当日检查提睾反射存在，目前提睾反射未引出，有可能存在继发性脊椎损伤。脊椎一旦损伤无法修复，手术治疗仅起清除血肿、解除压迫、骨折固定等作用。原告张某某目前截瘫主要是由原发损伤所致，转院过程中可能发生的继发性损伤属于轻微医疗责任。

原告张某某向当地人民法院提起诉讼，认为：自己摔伤后即到S省S市人民医院治疗，S省S市人民医院没有及时做手术，延误对自己的治疗，造成自己终身残疾，要求S省S市人民医院赔偿误工费、护理费、残疾生活补助费、残疾用具费、住院伙食补助费、被扶养人生活费、精神损害抚慰金等共计20万元。

S省S市人民医院辩称，该院在收治原告张某某入院后，即对原告张某某的生命体征进行了各种检查，原告张某某的残疾不是该院的医疗行为所引起的。当时因病床不够才临时将原告张某某转到S市黄光医院，但有病床后及时将其转回治疗，并择期手术，手术不存在延误的问题。原告张某某手术的指征明确，手术方式正确。因此，该院在对原告张某某的治疗中不存在过错，请求人民法院依法判决驳回原告张某某的诉讼请求。

▌分析

本案是一起较为明确的医疗机构未按照要求履行告知义务和在没有征得患者同意的情况下做出转院诊疗的案件，从鉴定结果来看，医疗机构在治疗的过程中并没有过错，即不构成医疗事故，因此其直接实施的医疗行为并未对患者造成侵害，其过错存在二医院对患者的病情和手术后的风险的告知上。并且医院以没有床位为由将张某某转至 S 省 S 市人民医院的协作医院 S 市黄光医院观察治疗（S 市黄光医院没有相应的骨伤治疗条件），这时候患者和患者家属对于转至 S 市黄光医院观察治疗的相应情况并不是很清楚，也不知道该医院不具备相应的医疗条件（该医院不具备相应的医疗条件是通过鉴定得出的），医院本应对患者就此情况进行充分的说明。

S 省 S 市人民法院经审理认为，根据两级医学会的鉴定结论，原告张某某目前截瘫主要是由原发损伤所致，与手术时间的早晚无直接因果关系，转院过程中可能发生的继发性损伤属于轻微医疗责任。S 省 S 市人民医院手术的指征明确，手术方式正确，本案不属于医疗事故。因此，原告张某某所受的人身损害后果的主要责任应当由原告张某某自行承担。S 省 S 市人民医院未将原告张某某病情的严重性和手术后的风险向患者完全交代清楚。在没有治疗条件的情况下，未依法履行其转诊义务，即及时将原告张某某转到或者劝导其转到有治疗条件的其他医院，而是将原告张某某转到没有治疗条件的协作医院观察治疗，使原告张某某丧失了及时治疗的条件和时机，并且在转院的过程中有可能造成继发性损伤，但被告却违反职业道德未预见此种情况的发生，因此，S 省 S 市人民医院的行为违反了相关的医疗法律、法规的规定，主观上具有过错，应当对原告张某某的人身损害承担次要责任。

法院确认了此案件不构成医疗事故，但是认为 S 省 S 市人民医院在对患者的病情说明上、转院过程中存在违法之处，医院也应当因此承当相应的责任。医疗机构在自身的医疗条件不能对患者进行救治时，应当如实告知患者或者患者家属，尊重患者的自主决定权，并做好相应的病历记录，将患者转至有医疗条件的医疗机构进行救治，在此基础上做好转院的注意义务，如果医疗机构未尽到相应的义务，并因此给患者造成损害的，应当承担相应的赔偿责任。

6. 医疗机构采用医疗方法未告知医疗风险，是否需要承担责任

▌案情介绍

2007 年 8 月 19 日，李某某在民房建筑活动中从房屋上摔下，全身多处受

伤，便去耿集医院就诊，耿集医院及时为其进行了检查，经 X 线摄片未发现左手腕骨骼异常，胸部经彩超检查亦未发现明显异常，诊断为全身多处复合性外伤，建议住院进一步检查治疗，遭到李某某及其家人拒绝，李某某之子在门诊病历上签字认可拒绝住院。当天夜里，李某某左手腕肿胀明显加剧，即在村卫生室用药治疗，一个星期后没有好转。李某某认为骨骼没有受伤，即放弃了进一步检查和治疗。一个月后，李某某仍感左手腕肿胀疼痛，于是到矿二院进行CR 检查，被诊断为左手月骨掌侧脱位，住院手术治疗，住院 11 天，支付医疗费 3460.88 元。李某某认为，由于耿集医院的错误诊断，延误了治疗时机，致使其额外支出。请求人民法院判决耿集医院赔偿医疗费、误工费等各项损失9998 元。

▌分析

看似简单的案情，其中的关系并不是那么简单。李某某在房屋摔下后即到医院进行检查，但是经过 X 射线的检查并未发现其骨骼有异常，医生的诊断结果为建议进一步住院治疗，李某某表示反对，并由其子签字拒绝。在这其中，医院仅仅出具了建议进一步住院治疗的意见，并未对李某某的病情进行详细说明。医院是否尽到了告知义务，患者拒绝接受住院治疗本身是否存在过失，医院对李某某的诊断行为是否属于误诊，这是本案中李某某要求医院承担赔偿责任需要解决的问题。

一审法院经审理认为：首先，医院虽然认可 X 线摄片没有发现问题，但由于医院受现有的医疗条件和现有的医学技术水平等客观条件的限制，且为了明确诊断，避免误诊和漏诊，建议原告进一步住院观察治疗，应该认为其尽到了一般的、常规的医疗职责。故不能以此要求耿集医院承担民事赔偿责任。其次，一般情况下，门诊治疗即意味着初步诊断、初步治疗，当患者感觉有其他病变症状或加重症状的时候，应再次到门诊诊断治疗或到上一级医院进行检查治疗，但原告没有这样做。原告延误治疗的主要原因是其自身不按照医嘱住院观察治疗和不适当地放松警觉，是原告对自己利益的维护照顾有所疏忽，损害主要是其自身行为存在过失造成。故原告对延误治疗应负主要责任。当医生要求原告住院观察的时候，原告及其家人存在抵触情绪，认为医院要求住院的目的只是为了盈利。在这种极不信任的背景下，医院对患者就有了相对于一般病人更加谨慎的告知和说明义务，应耐心告诉患者应当注意的事项，使患者了解到可能发生的后果，这样，患者即便仍不信任医院也会警觉，原告的延误治疗在更大程度上就可能避免。所以，耿集医院对原告的告知释明方式还存在疏漏，与公众和医疗职业规范对医院的要求还有一定的差距，即原告的延误治疗与耿集医院的门诊诊疗行为有一定的因果关系，耿集医院对原告的损失应承担一定的赔偿责任，按 35% 比例赔偿为宜。

在本案中，法院的判决对以上问题做出了回答。一般认为，门诊仅仅是对病情的初步判断，在门诊治疗过程中，医疗机构对患者的病情说明是必要的，其应当对患者的病情、可能出现的情况做详细的说明，使得患者能够充分认知，并对患者的疑问进行解答，防止出现类似本案中，患者及患者家属对病情的严重性出现错误认识的情况。关于本案是否为误诊，法院也做出了较为详细的说明：医院认可 X 线摄片反映原告左手腕骨骼没有异常，但由于医院受现有的医疗条件和现有的医学技术水平等客观条件的限制，且为了明确诊断，避免误诊和漏诊，建议原告进一步住院观察治疗，应该认为尽到了一般的、常规的医疗职责。这就是说医院对其病情的初步诊断不属于误诊，属于正常情况下的判断。医院只是在告知病情时使得李某某对自己的病情产生了误解，仅仅建议李某某住院治疗，并未说明理由，李某某出现延误治疗的情况与医院未尽到告知义务之间有一定的因果关系，因此，医院应当承担相应的赔偿责任。

7. 患者的知情同意权与医生的告知义务的关系

▌案情介绍

2012 年 5 月 22 日 9 点 25 分许，冯某某因车祸受伤，C 市第六人民医院接急救电话，9 点 35 分 C 市第六人民医院的 120 急诊救护车赶到事故现场，120 返回医院时间为 10 时 3 分。到院后，冯某某主要症状：入院前 2 小时，冯某某车祸受伤，伤后即感头部、左小腿疼痛，并流血，即时伴口干心慌，无昏迷，无恶心、呕吐，无胸闷及呼吸困难，无腹胀、腹痛，无四肢抽搐，急诊 C 市第六人民医院处。C 市第六人民医院为冯某某进行了 CT 检查（PID0199127），10 时 39 分冯某某入院接受治疗，10 时 40 分李雷副主任医师代主治医师查房，认为，患者冯某某因车祸致头部，左侧小腿疼痛流血 2 小时，查体温 36.4℃，脉搏 159 次/分，呼吸 22 次/分，血压 104/44 mmhg。发育正常，营养一般，神志淡漠，口唇干燥，吐词不清，被动卧位，检查合作。全身皮肤无黄染，面色苍白，外周动脉脉搏微弱。专科情况：左侧额部左侧眼睑广泛皮肤软组织撕脱伤伴活动性出血。左侧膝关节下部，小腿严重毁损，皮肤肌肉神经血管丧失正常解剖结构。创面污染严重。胫腓骨近端暴露，胫骨近端多段骨折并累计胫骨平台关节面。近端创面活动性出血，小腿远端血运差，足背动脉胫后动脉未扪及搏动。足趾无循环，肢端皮温较对侧冰凉。右侧下肢各关节活动可，感觉血运正常。

CT：头胸腹脊柱未见异常。随后进行了 X 片等项检查，在确定病情后，遂对患者实施手术。10 点 50 分对患者进行了生化全套、输血全套、凝血全套等治疗，10 点 57 分行全麻醉。冯某某手术中麻醉平稳、麻醉效果好，术中止血彻底，术中止血基本满意。10 点 59 分冯某某有病危现象，C 市第六人民医院采取了持续氧气吸入、输入复方氯化钠、心电监测、血氧饱和度监测等措施之后，定血型，准备行左侧大腿下段截肢术，11 点 30 分再次麻醉，11 点 55 分开始行左侧大腿下段截肢术，并在手术过程中进行补血。5 点 45 分手术结束，术后处理继续补输血液纠正休克，预防感染对症治疗。术后冯某某于当日 17 时 13 分回病房，实施一级护理。

C 市第六人民医院在为冯某某行大腿下段截肢术前，冯某某在麻醉知情同意书上签字，在急诊左侧小腿毁损伤止血、清创缝合手术中，当日 10 点 59 分冯某某有病危现象时，C 市第六人民医院认为冯某某病危，无法保肢，为保证冯某某生命安全，需行左侧大腿下段截肢术。但当时冯某某意识淡漠，家属尚未赶到医院，C 市第六人民医院向冯某某单位车辆队长吴涛交代冯某某病情后，请吴涛进手术室了解情况后，由吴涛签署手术同意书及病危病重通知书。冯某某父亲冯胜学于当天 19 点左右赶到医院，在医院的手术知情同意书、病危病重通知书、病员知情同意书（沟通记录）上补签了字。

C 市第六人民医院申请进行医疗事故或医疗损害的鉴定，原审法院委托具备鉴定资质的 C 市医学会对 C 市第六人民医院的诊疗行为与冯某某的损害后果是否存在因果关系进行了鉴定，C 市医学会作出结论性意见：①本例不存在对患者人身的医疗损害；②C 市第六人民医院在医疗过程活动中虽存在医疗过错（这里的过错是指医方的医疗文书存在多处不规范），但医方的上述过错与患者左下肢因车祸严重损毁不能保留导致截肢之间无因果关系；③本例中 C 市第六人民医院对患者的人身医疗损害结果不承担责任。

▌分析

鉴定机构认为本案中医疗机构文书的不规范与最终患者截肢的结果之间无因果关系，本案中医方要不要对此承担责任？第一审法院认为，根据《侵权责任法》第 54 条之规定，患者在诊疗活动中受到损害，医疗机构及其医务人员有过错的，由医疗机构承担赔偿责任。根据该条规定，只有患者的损害事实与医疗机构及其医务人员的过错诊疗行为之间存在因果关系，医疗机构才承担医疗损害赔偿责任，否则，医疗机构不承担医疗损害赔偿责任。该案中，C 市第六人民医院的医疗诊疗行为有无过错，与冯某某的人身损害后果之间是否存在因果关系，是该案的争议焦点。第一审法院采纳了鉴定机构的鉴定结果，认为上述医疗机构并不构成侵权，没有对原告的权利造成损害。

一审之后原告不服，患者在诉讼中指出医疗机构在对其进行处理的过程中并未在医疗、护理过程中尽到告知及保障患者决定权的义务，并认为医疗机构未提交手术同意书及手术审批意见书，且患者手术前签署麻醉知情同意书时并未被告知进行截肢，只是进行清创手术。因此患者主张医院未履行法定的告知义务，剥夺了患者的知情权。

患者因医院未履行告知义务侵犯了其知情同意权要求医疗机构承担损害赔偿责任。患者的知情同意权是指患者在具有独立判断能力的情况下，有权充分接受和理解各种与其疾病相关的医疗信息，并在此基础上对医疗人员制定的诊疗计划决定取舍。因此与患者的知情同意权相对应的便是医生的告知义务，医疗机构及其医务人员在对患者的诊疗过程中负有告知义务，如果告知不详或者告知不尽的，患者多半会以医疗机构侵犯其知情同意权为由提起诉讼。

第二审人民法院肯定了一审法院医疗机构对出现的损害结果不承担责任的看法，并就医疗机构是否拖延做出分析：医疗机构在21分钟内完成对冯某某伤情基本情况、严重程度的判断，并据此尽快进行了手术治疗，属于医疗机构受理急诊危重病人的合理诊断期间，冯某某关于拖延治疗的上诉主张与事实不符，不予支持。就上诉人主张其伤情仅为左下肢，医疗机构从大腿部位截肢，存在诊疗过错的主张，依照C市医学会出具的医疗损害鉴定意见书的认定：根据MESS评分，有左下肢截肢手术指征。该患者左下肢严重损伤，无保留肢体条件，医方行左下肢截肢手术，挽救了患者的生命。法院认为，医疗机构实施的左下肢截肢术的诊断、诊疗行为过程均符合诊疗常规，即医疗机构实施的左下肢截肢术，具体的截肢部位，并非上诉人所认为的仅为左下肢受伤的肢体，医疗机构依照诊疗常规所做的截肢手术，鉴定意见已经认定不存在过错，且上诉人也未提交相应的证据证实医疗机构截肢手术存在过错，因此不予支持。

对患者的知情同意权做出分析：根据《侵权责任法》第55条"医务人员在诊疗活动中应当向患者说明病情和医疗措施。需要实施手术、特殊检查、特殊治疗的，医务人员应当及时向患者说明医疗风险、替代医疗方案等情况，并取得其书面同意；不宜向患者说明的，应当向患者的近亲属说明，并取得其书面同意。医务人员未尽到前款义务，造成患者损害的，医疗机构应当承担赔偿责任"之规定，是否侵犯患者知情同意权，应当以是否向患者说明了病情和医疗措施，是否说明医疗风险、替代医疗方案等情况为判断标准。就本案的实际情况而言，冯某某因交通事故受伤入院，病情极为危重，存在大量失血并危及生命的情形，且从事故发生到送至医院，已经超过半个小时，在冯某某的病情逐步发展、意识逐渐模糊的情形下显然不适宜由其自行签署涉及知情权的相关文书，且在当时可能截肢的情形下，也不适宜直接向冯某某告知，根据《医疗事故处理条例》第 33 条"有下列情形之一的，不属于医疗事故：（一）在紧急情况下为抢救垂危患者生命而采取紧急医学措施造成不良后果的……"之规定，被上诉人在紧急抢救冯某某生命时实施的手术，客观上抢救了冯某某的生命，被上诉人在患者意识不清、患者家属不在现场的情形下所采取的抢救生命的救治措施，不以必须征得其本人或者家属的同意为前提，冯某某目前所受之伤属于因交通事故所遭受的原发性损伤，被上诉人的诊治行为符合诊疗常规，并未侵犯患者的知情权，也不存在因被上诉人未履行告知说明义务而导致相应的损害后果的情形，故对于上诉人主张的被上诉人未履行说明告知义务，侵犯了上诉人的知情权的上诉主张，依法不予支持。

从二审法院的判决来看，说理更为清楚、明确，在表述上于法有据。这里提出了医生可以不履行知情同意权的例外情形：在紧急情况下，为了抢救患者生命，并且患者意识不清、家属不在现场时，采取的抢救生命的救治措施，不必征得家属的同意。因此在本案中，在冯某某因为受到伤害，生命受到威胁的情况下，同时其意识不清，家属不在场，这时的医疗行为符合法律的规定，不视为对患者知情同意权的侵犯。

二、医院医生未合理诊疗产生的纠纷

1. 麻醉用药不符合规范导致患者损害

▎案情介绍

原告高某因与被告 X 市人民医院（以下简称 X 医院）医疗损害赔偿纠纷一案，向 X 市人民法院提起诉讼。2012 年 7 月 24 日，原告高某因下腹部包块，月经量增多入住被告 X 医院，经被告检查诊断为子宫肌瘤，于同年 7 月 27 日行子宫切除术。原告高某在该院住院治疗 9 天，于同年 8 月 1 日出院。术后，原告出现左下肢疼痛、无力、足下垂、步态不稳等症状，再次前往被告处复查就诊，其间，上述症状一直未缓解。同年 9 月 11 日，原告入住 Z 市医学院附属医院，经检查诊断为：左侧胫神经、腓总神经损伤。在该院住院治疗 6 天，支付医疗费 4425.14 元。同年 9 月 21 日，原告入住 Z 市中心医院，经检查诊断为腓总神经损伤，在该院住院 10 天，支付医疗费 10 149.51 元。此间，原告在其他医院门诊治疗支付医疗费 4248.16 元。

被告 X 医院辩称：其对原告的诊疗行为符合医疗规范，不存在医疗过错，原告的损伤与其诊疗行为无关，故其不承担赔偿责任，请求法院驳回原告的诉讼请求。

审理中经原告申请，法院委托 Z 医学会对原告高某目前患有的左侧胫神经、腓总神经损伤与被告 X 医院进行的子宫全切术过程中实施的腰硬联合麻醉穿刺之间有无因果关系、被告 X 医院是否具有过错进行医疗鉴定。2013 年 12 月 12 日 Z 医学会出具的专家会诊意见为：患者高某目前左下肢功能障碍与医方的过错医疗行为有一定的因果关系，其原因力为次要因素。患者的伤残等级为八级。后原告高某不服该鉴定结论，申请 X 市所属 X 省医学会重新鉴定，2014 年 8 月 22 日，X 省医学会出具医疗损害鉴定书，该鉴定书认为，原告高某在被告处就诊前，自身有腰椎间盘突出病史，且呈逐渐加重的趋势，原告目前的状况与其脊髓解剖生理的变化有关，原告实施椎管麻醉后更容易发生脊髓神经损害的并发症，因此，原告目前的状况与其自身因素有一定的因果关系。医疗鉴定结论最终认定："患者构成八级伤残，医方诊疗行为中存在的过错与患者目前的状况之间有一定的因果关系，其原因力为同等因素。"

X 省医学会医疗损害鉴定书中记载：根据现场调查，患者反映在实施麻醉过程中出现两次穿刺异感，医方没有按照中华医学会麻醉分会颁布的《椎管内麻醉快捷指南》的意见放弃该麻醉方法，而坚持继续实施椎管内麻醉。8 月 1 日出院前，患者提出左下肢"麻木不适"，管床医生请麻醉医生会诊。患者术后 5 天仍出现左下肢"麻木不适"，作为麻醉医生理应想到有"低位脊神经损伤"的可能，应仔细检查，甚至应该申请内科等相关科室会诊，以明确有否脊神经损伤的可能，对诊断难以明确的拟诊患者，医方应该留住患者进一步作肌电图及 MRI 等有关检查，以明确病因，及时治疗，争取较好的预后。但麻醉科会诊医生仅在出院记录中给患者开了甲钴胺和 vb1 的处方及骨科随诊的医嘱，在出院记录中，没有会诊内容，对患者左下肢"麻木不适"原因未说明，为什么要服用甲钴胺及骨科门诊随诊的理由和重要性也未阐明。

▌分析

本案中高某人身伤害的造成是基于医院的两个原因：一方面是医院在检查的过程中对患者的既往病史，对将要进行的医疗行为所产生的风险估计不足；另外一方面是医院在对患者进行麻醉时存在相应的过错，患者在实施麻醉过程中出现两次异感，而医院却没采取正当的医疗措施，并且在患者出院时并未对患者出现的症状进行认真对待，导致患者出现上述损害。

医疗机构及其医务人员在实施诊疗行为前，应当根据诊疗方案可能给患者带来的医疗风险进行相应的询问与告知，未尽到相应的询问或者告知义务的应当承担相应的责任。

而在本案中最为重要的是因医务人员诊疗行为不符合国家医疗行业协会等机构确定的常规诊疗操作规范，给患者造成损害；或依照当下医疗水平，应当发现而未能发现患者症状病因，未能及时开展对症救治，延误诊疗，造成患者损害的，医疗机构应当承担相应的赔偿责任。《侵权责任法》第54条规定："患者在诊疗活动中受到损害，医疗机构及其医务人员有过错的，由医疗机构承担赔偿责任。"第57条规定："医务人员在诊疗活动中未尽到与当时的医疗水平相应的诊疗义务，造成患者损害的，医疗机构应当承担赔偿责任。"这里的合理诊疗义务不仅要求医疗机构和医务人员在诊疗活动中遵守法律、法规，遵守技术操作规范，更重要的是遵守医生的职业道德，在本案中高某在出院后出现的状况，作为医务人员本应高度注意。可见医生的合理诊疗义务不仅仅是遵守法律、法规。

法院认为：公民身体健康权受法律保护。行为人侵害公民身体健康的，应当承担相应的民事责任。法院将此认定为属于医院因未履行相应的职责的侵权责任。

首先，高某在到X医院就诊前，曾患有腰椎间盘突出疾病，麻醉医生手术前探访患者高某时，没有仔细询问有关病史，遗漏了高某曾患有椎间盘突出疾病的情况，导致医方对诊疗行为可能引发的医疗风险预见和防控不足，未针对椎管内麻醉可能发生的低位脊髓损伤并发症尽到足够的注意义务并采取应有的防范措施，给高某造成人身损害，根据《侵权责任法》相关规定，医院应当承担相应的赔偿责任。故X医院在进行麻醉及相关诊疗行为中存在过错，即未充分履行相应的询问检查和告知义务，导致对诊疗行为可能引发的医疗风险预见和防控不足，造成高某的人身损害。其次，X省医学会医疗损害鉴定书中记载显示，高某反映在实施麻醉过程中其出现两次穿刺异感但X医院没有按照中华医学会麻醉分会颁布的《椎管内麻醉快捷指南》的意见放弃该麻醉方法，而坚持继续实施椎管内麻醉，该诊疗行为违反了中华医学会麻醉分会确定的常规诊疗规范，故X医院在实施诊疗过程中也存在过错。最后，高某在手术后提出左下肢"麻木不适"，管床医生请麻醉医生会诊时，麻醉科会诊医生仅在出院记录中给高某开了甲钴胺和vb1的处方及骨科随诊的医嘱，在出院记录中，没有会诊内容，对患者左下肢"麻木不适"原因未说明，为什么要服用甲钴胺及骨科门诊随诊的理由和重要性也未阐明。一审法院认为，在高某手术后的恢复阶段，

X 医院没有对高某出现的病症认真对待，导致未能发现高某症状病因，未能及时开展对症救治，延误患者病症的诊疗，医方的上述行为属于没有尽到与当下医疗水平相应的诊疗注意义务，对因此给患者造成的损害应承担赔偿责任。

2. 医生误诊的情况下，医疗机构的责任

案情介绍

22 岁的徐某经过其所在的 Y 区某三级甲等医院诊断，被告知患上了淋巴癌。据医生表示，徐某的病情已经呈现出恶化的状态，最多只能有几个月的存活时间。徐某便在该医院进行治疗，治疗期间，徐某共接受 9 次化疗。化疗过程产生的副作用使得徐某不堪忍受，并且徐某的身体也出现了严重的反应，不能正常走路。但是就这样下去，徐某存活了下来，被认为是奇迹的发生。5 年之后，徐某因为左耳淋巴结肿大到该医院检查，医生仍然定性为淋巴癌，且属于中度恶性。同年 10 月 9 日，徐某因左颈淋巴结肿大接受医院另外一个科室的医生进行治疗，检查的结果是不支持原有的诊断，建议转省城大医院进行会诊。之后，徐某便来到大医院，该院的专家诊断得出的结论是徐某并没有患上淋巴癌，而是类风湿性关节炎。回到家后，林某将误诊医院起诉至人民法院，要求进行赔偿。同时该院委托北京肿瘤医院诊断，排除了林某患有淋巴癌的可能。

分析

法院经过审理认为该医院作为一家三级甲等医院，对于类风湿性关节炎有准确的确诊能力。主治医师在未经过确诊的情况下，就认定徐某患上了淋巴瘤，此为一处过失；在徐某接受化疗期间，医院未重视其病情，仍然继续化疗，导致其损失和伤害继续扩大，法院因此认定医院存在过失，医院对误诊有过错，判决赔偿徐某各项损失 12 万余元，其中精神损失费为 5 万元。

在本案例中，医疗机构没有尽到医疗注意义务导致徐某承受本不必要的化疗之苦。本案中该医院没有尽到诊疗义务，属于医疗过失，法院在判决中也十分明确地指出了该医院作为一家三级甲等医院，对于类风湿性关节炎有准确的确诊能力。这也是本案确定医疗损害责任的关键所在。在目前的情况下，各个地区医疗条件有所不同，经济条件相对落后地区的医疗机构在资金、技术、设备、人才等方面都落后于经济较为发达的地区的医疗机构，这也是现实生活中很多人愿意到北京、上海等一线的大城市看病、治病的原因。同一地区的不同医疗机构其医疗条件也不尽相同，综合性大医院往往资金雄厚、设施齐全、技术先进。因此判断医务人员是否尽到了合理的诊疗义务，还要考虑不同地区，

不同医疗机构之间医疗条件的差异。本案中，法院合理地考虑了该项因素，该医院作为三甲医院是一个综合性的医院，考虑其在地区内医疗技术、设备应该较好，对类风湿性关节炎这类疾病有确诊的能力，因此认定该医院未尽医疗注意义务而误诊是合理的，医院也应因此承担相应的赔偿责任。《侵权责任法》第57条规定了医疗机构的过失责任，并在58条将医疗机构违反法律、行政法规、规章以及其他有关诊疗规范的规定实施的医疗行为认为医疗机构存在过错。

3. 未能及时转诊，妇幼保健院需承担责任

▌案情介绍

　　原告卢某某与原告罗某某系夫妻关系。2012年10月22日8时50分，原告卢某某以剖宫产术后7年，停经39+4周，发现血糖高22天为因至被告L市妇幼保健院妇产科就诊。经被告诊断，原告为：G6P139+4周妊娠；疤痕子宫；妊娠期糖尿病。故被告建议原告急诊剖宫产终止妊娠，并告知婴儿出生后需转儿科治疗。12时10分至13时10分，被告对原告卢某某采取剖宫产手术。刺破胎膜时，见羊水Ⅲ°混浊，量约600ml，12时25分头位助娩一男婴。Apgar评分（1分钟-5分钟-10分钟）为7分（呼吸、肌张力、皮肤颜色各扣1分）-9分（呼吸扣1分）-9分（呼吸扣1分）。13时10分，原告之子因产后气促半小时转至被告儿科病区治疗。患儿出生3小时后，因羊水Ⅲ°混浊，生后气促3小时转至福建省L市第一医院新生儿科治疗，入院诊断：新生儿胎粪吸入综合征；新生儿窒息。经诊断治疗，患儿病情仍危重，在气管插管多功能呼吸机辅助呼吸下，患儿仍呼吸困难、气促，肤色紫绀。2012年10月23日，家属要求出院，出院诊断：新生儿胎粪吸入综合征；新生儿窒息；Ⅰ型呼吸衰竭；代谢性酸中毒；肾损害。2012年10月23日，患儿因呼吸衰竭死亡。原告之子在L市妇幼保健院住院治疗期间花费医疗费739.76元，在福建省L市第一医院住院治疗期间花费医疗费14 582.43元。2012年12月13日，经X区卫生局委托，L市医学会对本案病例进行鉴定，认定本案病例属于一级甲等医疗事故，医方承担次要责任。原、被告对上述鉴定均不服，由L市X区卫生局委托福建省医学会对本案病例进行重新鉴定，鉴定认定本病例属于一级甲等医疗事故，医方承担次要责任。原、被告双方对患儿死亡赔偿事宜终未达成一致意见。另查明，2011年8月29日，原告因搬迁，户口由L市X区红坊镇紫安村罗厝五路32号移至L市X区西陂镇条围村。原告卢某某、罗某某诉请法院判令被告赔偿原告医疗费、死亡赔偿金、丧葬费、误工费、交通费（处理后事和医疗事故鉴定）及精神损害抚慰金30 000元，共计271 748.00元。

▌分析

该案件经历了二诉。虽然二审法院维持了一审判决，但是两级法院的意见值得一看。

第一审法院的判决认为，行为人因过错侵害他人民事权益，应当承担侵权责任。患者在诊疗活动中受到损害，医疗机构及其医务人员有过错的，由医疗机构承担赔偿责任。根据福建省医学会司法鉴定意见，患儿出生后病情危重，L市妇幼保健院对病情认识不足，未及时转诊，与患儿的不良预后存在一定的因果关系，应承担次要责任。因此，根据被告L市妇幼保健院的过错程度，确定被告L市妇幼保健院对原告之子的死亡承担30%的赔偿责任。关于原告所主张的各项费用，作如下认定：①医疗费：原告之子在L市妇幼保健院住院治疗期间花费医疗费739.76元，在福建省L市第一医院住院治疗期间花费医疗费14 582.43元，共计花费医疗费15 322.19元。②死亡赔偿金：按X区上一年度城镇居民人均可支配收入标准，按20年计算为561 100元（28 055元/年×20年）。③丧葬费：按X区上一年度职工月平均工资标准，以6个月总额计算为22 489元（44979元/年÷2）。④误工费：虽然原告未提供相应的证据予以证明，但结合原告处理患儿后事的实际情况，并参照X区相同或相近行业上一年度职工平均工资，本院酌定误工费为1230元（123元/天×5天×2人）。⑤交通费：虽然原告未提供交通票据予以证明，但结合本案实际情况，交通费确属必需，酌情认定为100元（10元/天×5天×2人）。⑥精神损害抚慰金：原告之子在本案纠纷中死亡，给两原告精神上造成一定的痛苦，给予一定的精神损害抚慰金是必要的。结合当地平均生活水平及各方当事人的过错程度，酌定为15 000元。综上，原告因本案纠纷所受损失为：医疗费15 322.19元、死亡赔偿金561 100元、丧葬费22 489元、误工费1230元、交通费100元，合计600 241.19元。被告L市妇幼保健院应赔偿原告卢某某、罗某某上述经济损失的30%，即180 072.36元及精神损害抚慰金15 000元，合计195 072.36元。依照《侵权责任法》第6条第1款、第16条、第22条、第54条，《最高人民法院关于审理人身损害赔偿案件适用法律若干问题的解释》第17条、第18条、第19条，第20条、第22条、第27条、第29条，《最高人民法院关于确定民事侵权精神损害赔偿责任若干问题的解释》第8条第2款、第10条之规定，判决如下：①被告L市妇幼保健院应于本判决生效之日起十日内赔偿原告卢某某、罗某某195 072.36元。②驳回原告卢某某、罗某某的其他诉讼请求。本案案件受理费5380元，由原告卢某某、罗某某负担1000元，被告L市妇幼保健院负担4380元。

一审宣判后，原审被告 L 市妇幼保健院不服判决，提起上诉。上诉人上诉称，上诉人对原审原告之子的诊疗符合诊疗规范，不存在过错，死亡系其在母体内先天缺陷所致，相关医疗事故鉴定结论明显缺乏事实依据，不能作为认定上诉人侵权的相应依据。请求二审法院依法改判驳回原审原告的全部诉讼请求。

二审法院认为，行为人因过错侵害他人民事权益，应当承担侵权责任。患者在诊疗活动中受到损害，医疗机构及其医务人员有过错的，由医疗机构承担赔偿责任。上诉人主张福建省医学会司法鉴定意见缺乏事实依据，不能作为认定上诉人侵权的依据，但未能提供相应证据予以证实，该上诉理由不予采信。上诉人主张婴儿死亡系其在母体内先天缺陷所致，但没有提供相应证据予以证实，纯属推测，该上诉理由不予采信。原判认定事实清楚，证据确实充分，审判程序合法，依法应予维持。

本案的焦点在于妇幼保健院在自己的医疗行为中有无过错，而认定其有无过错的关键是妇幼保健院是否对患者尽到了应尽的义务。本案中判决所说较为明确，一审法院的判决认定了双方的责任，对各项费用的计算也较为明确，二审法院认为妇幼保健院缺乏充足的证据支持其请求，因此驳回了其请求。

这里需要明确的是医院的转诊义务。根据《医疗机构管理条例》的相关规定，医疗机构对危重病人应当立即抢救。对由于设备或者技术条件不足不能诊治的病人，应当及时转诊。《卫生部关于进一步加强急诊抢救工作的补充规定》做出了明确指示："抢救急、危、重病人，在病情稳定前不许转院。因首诊医院病床、设备和技术方面条件所限，需要转院而病情又允许转院的患者，必须由首诊医院同有关方面联系获允，对病情记录、途中注意事项、护送等都要做好交代和妥善安排。"转诊义务是医疗机构将其专业领域之外的患者或者超出诊疗能力的患者及时转送到有治疗条件的其他医疗机构的义务，它是以医院确实存在技术或者条件的局限为前提，以完成对患者的基本诊治、建议与协助患者转诊为主要内容的法定义务。例如上述案例中的妇幼保健院，其对于出生婴儿发生这种严重疾病是无助的，超出了其诊疗的范围，应该在查明情况后立即转院，确保对婴儿的救助。现实中情况复杂多变，有的是因为未尽到合理的注意义务，对患者出现的病情估计不足，而没有及时转诊；有的是对患者的病情做出了估计，但是在转诊的过程中未对患者的病情加以控制，导致患者出现意外。总之，医疗机构如果没有履行自己的转诊义务而使患者延误治疗造成了损害后果，要根据自己的过错承担相应的责任。

4. 医院未做皮试引发的医疗损害案

▌案情介绍

2012 年 12 月 2 日，原告康某某以停经 9 + 月，下肢阵痛 5 小时为由到伊川县中医院住院，住院时胎动良好，经过医院的初步诊断属于足月临产；但是术前小结记载：康某某入院后完善相关检查，据专科检查和 B 超协诊，估计胎儿偏大，向病人及家属交代病情，病人及家属同意剖宫产术结束分娩，将术中术后可能发生的意外情况向家属讲明，其表示明白，自愿手术并签字。同日上午，康某某在腰硬联合麻醉下行剖宫产术，产下一名男婴，外观无畸形（新生儿阿氏评 10 分），麻醉实施较为成功，手术顺利。随后母婴二人被推进病房并按剖宫产儿护理常规护理：Ⅱ级护理；母婴同室；按需哺乳；青霉素针 20 万单位 imBid；维生素 K1 针 3mgimqd。康某某护理记录显示：11 时 20 分康某某带液返回病房，婴儿面色红润，哭声响亮，四肢活动自如，嘱其头偏向一侧，注意保暖；12 时 40 分嘱其注意保暖，头偏向一侧，母婴同床；13 时 05 分婴儿出现全身苍白、口唇青紫、无呼吸、心率 20 ~ 30 次/分，即给予抢救、人工呼吸、胸外心脏按压、通知儿科。新生儿抢救记录记载：13 时 05 分婴儿出现全身苍白、口唇青紫、无呼吸、心率 20 ~ 30 次/分，即给予抢救、人工呼吸、胸外心脏按压、通知儿科医生，置于辐射台上，保暖、给氧、肌注肾素 0.1，呼吸面罩复苏，5 分钟后听心率 10 ~ 20 次/分，继给予肾素 0.1 肌注，急需抢救，10 分钟后呼吸无恢复，心跳停止，继续抢救 1 小时，仍无呼吸、心跳，告知病人家属，抢救无效，停止抢救。死亡诊断：新生儿窒息死亡。新生儿死亡时间为当日 14 时 15 分。陈某某、康某某支付医疗费 2007 元。后因双方未就赔偿问题达成协议，陈某某、康某某提起诉讼，要求伊川县中医院赔偿陈某某、康某某医疗费、误工费、护理费、住院伙食补助费、死亡赔偿金、丧葬费、鉴定费、交通费、精神抚慰金等共计 496 491.3 元。诉讼中，陈某某、康某某提出司法鉴定申请：①伊川县中医院的诊疗行为有无过错；②医疗过错行为与损害结果是否存在因果关系及过错参与程度。

中国科协司法鉴定中心作出司法鉴定意见书，对上述情况做了以下说明：第一，医方的诊疗行为存在过失，表现有：①病历记录不规范。本例为选择性剖腹产，病例中未见新生儿出生后必要的监护数据，如：皮肤颜色、哭声、活力、呼吸、心率等。②给患儿注射青霉素前未做皮试，青霉素皮试为诊疗常规，但未见患儿肌注青霉素后是否有临床异常反应等记录。③当患儿病危时，抢救措施有欠缺，表现为：呼吸支持力度不够，未做气管插管，肾上腺素给药途径不规范（仅为肌肉注射，应静脉推注，或者气管内给药）。肾上腺素使用不规范：正确的用法应为1:1000肾上腺素稀释十倍，按每公斤体重0.1～0.3ml/次，可重复三次静脉推注或气管内给药。④病历中未见尸检告知书。第二，患儿为猝死，但未行尸检，确切死因不明，送检资料中，未见孕妇产前系统检查资料，加之患儿出生后的病历资料极少，尤其是无法知悉患儿突然病危的原因，因此患儿临床死亡原因亦无法分析认定。鉴定意见为：被鉴定人康某某之子的死亡原因不明，伊川县中医院的诊疗行为存在过失，该过失与康某某之子死亡之间是否存在因果关系及过错参与程度无法评定。另查明：陈某某、康某某系夫妻关系，死者系陈某某、康某某之子。康某某为非农业家庭户口，陈某某为农业家庭户口。

▌分析

本案中发生了婴儿死亡的事件，根据鉴定报告，婴儿的死亡原因并不明确，死亡的因果关系无法评定。这里婴儿死亡的原因仅为事实上不明确，在法律上的因果关系可否基于此来认定？医生的医疗过失即没有给婴儿做皮试，该结果如何确定？由于婴儿没有送去进行尸检，导致婴儿最终死亡的原因不能确定。本案例作为一个多方面的原因共同导致婴儿死亡的案件，如何确定医疗机构的责任成为本案关键所在。在医生的其他诊疗规范合规的情况下，没有给婴儿做皮试，显然是医疗机构最大的医疗过失行为，但是因为没有做尸检，导致最终的死亡原因无法查清。

而原审法院在认定案件中，案件的事实认定得非常清楚，但是原审法院在做出判决时认为：康某某以停经9＋月，下肢阵痛5小时等原因到伊川县中医院妇产科住院治疗，就康某某之子的诊疗后果而言，对康某某的诊疗行为及其分娩后对其子的诊疗行为是一个连续、整体的诊疗活动。中国科协司法鉴定中的司法鉴定意见书符合本案的实际情况，对伊川县中医院在诊疗过程中存在的过失分析准确，对该鉴定意见本院予以采信。依据《侵权责任法》第54条的规定，患者在诊疗活动中受到损害，医疗机构及其医务人员有过错的，由医疗机构承担赔偿责任。根据司法鉴定意见书认定伊川县中医院在诊疗过程中存在以下过失：①病历记录不规范（病例显示婴儿第二天死亡，病历第12页却记载给新生儿进行疫苗注射、点眼等诊疗行为，显然该病历涉嫌伪造）。②给患儿注射青霉素前未做皮试，青霉素皮试为诊疗常规，但未见患儿肌注青霉素后是否有临床异常反应等记录。③当患儿病危时，抢救措施有欠缺，表现为：呼吸支持力度不够，未做气管插管，肾上腺素给药途径不规范（仅为肌肉注射，应静脉推注，或者气管内给药）。肾上腺素使用不规范：正确的用法应为 1∶1000 肾上腺素稀释十倍，按每公斤体重 0.1～0.3ml/次，可重复三次静脉推注或气管内给药。④病历中未见尸检告知书。故伊川县中医院应当对陈某某、康某某承担相应赔偿责任。而陈某某、康某某在诉讼中亦未提供康某某产前孕期系统检查资料，亦在客观上造成了其子死亡原因无法查明，伊川县中医院的诊疗中的过失行为与陈某某、康某某之子死亡的结果之间是否存在因果关系及过错参与程度无法评定的结果，且在婴儿死亡后，作为成年家属并未向医院及时提出权利主张，亦未及时要求进行尸检，导致不利后果的产生，原告亦应当承担相应责任。本院综合本案全部情况，确定由陈某某、康某某与伊川县中医院分别承担 50% 的责任。

但是在一审宣判后，陈某某、康某某提出了上诉，他们认为婴儿在出生后一切正常，是因为伊川县中医院在没有给康某某的男婴实施皮试实验的情况下进行青霉素胳膊肌肉注射，康某某的男婴在出现危急情况时，伊川县中医院抢救措施有欠缺，违规使用肾上腺素，最终导致康某某婴儿死亡。其抱走婴儿尸体是医院没有履行相应的告知义务所致，因此医院应该承担相应的责任。

第二审法院认可了一审法院查清的事实，认为：①患者在诊疗活动中受到损害，医疗机构及其医务人员有过错的，由医疗机构承担赔偿责任。康某某在伊川县中医院剖宫产一男婴，后婴儿突发全身苍白、口唇青紫、无呼吸等，经紧急抢救无效死亡，经中国科协司法鉴定中心鉴定，伊川县中医院的医疗行为存在过失，故对康某某之子死亡所造成的损失，伊川县中医院应当承担相应赔偿责任。②关于上诉人陈某某、康某某和伊川县中医院上诉提出的对康某某之子死亡责任的承担问题，中国科协司法鉴定中心出具的司法鉴定意见书中载明伊川县中医院的诊疗行为存在过失，且在康某某之子死亡后，伊川县中医院未履行告知其家属申请尸检的义务，在病历中也未提供尸检告知书，应当承担相应赔偿责任；而陈某某、康某某作为成年家属，在和医院发生医疗纠纷后没有提出权利主张，将婴儿尸体直接抱走，致使错过尸检时期，也存在一定过错；因未进行尸检，康某某之子的确切死亡原因不明，伊川县中医院的诊疗过失与康某某之子死亡之间的因果关系及过错参与度无法评定，法院依据一二审法院审理查明的事实，结合相关证据材料，确定由伊川县中医院承担 60% 的主要责任，由陈某某、康某某承担 40% 的次要责任。

二审法院第一条理由便指出了医院存在过错的医疗行为。纵观全案可以发现，医疗机构的过失主要就是医院在对新生婴儿注射青霉素时没有进行皮试，虽然最终因为后续原因没有查明婴儿真正死亡的原因，但是根据《侵权责任法》

相关条文规定，医疗机构由于诊疗不符合规范的，推定医疗机构有过错。在本案中，由于婴儿的死亡原因无法证明，医院找不到相应的证据证明其存在过失的医疗行为即没有给婴儿做皮试的行为与婴儿的死亡结果没有关系，因此认定医疗机构的医疗过失与婴儿的死亡之间存在因果关系，因此医疗机构应承担责任。并且在本案中可以看到，医疗机构承担了60%的责任，家属承担了40%的责任，这在二审法院的第二条理由中已经详细列明，即陈某某、康某某二人在医疗纠纷后没有向医院提出权利主张，将婴儿直接抱走的行为导致错过尸检日期，存在一定的过错，因此其二人应对其过错承担一定的责任。

现实中案件的发生并不是单一的原因，往往是多种因素共同作用的结果，本案即是如此，因此在发生医疗纠纷时，一定要先冷静下来，积极与医疗机构交涉，以免出现上述案例中因为自己的过错使得维权困难的局面。

5. 医疗过程中"医疗不足"是否属于医疗过错

■ 案情介绍

2004年7月22日19时，周某某在无明显诱因的情况下出现脐周持续性疼痛，在进入医院治疗前2小时转至右下腹痛，且疼痛有所加剧，没有恶心、呕吐，怕寒冷、发热等症状，23日凌晨2时由于疼痛难忍便到D市长安医院求治。D市长安医院的值班医生询问了周某某的病情，并给周某某进行了体格检查，诊断：慢性阑尾炎急性发作。7月23日凌晨2时50分，D市长安医院给周某某行阑尾切除手术。D市长安医院的医生在手术过程中发现周某某腹腔内有广泛粘连的症状，空肠多个憩室，阑尾长6cm，阑尾呈现出慢性炎症改变，腔内有粪石一枚，在这种情况下医生施行肠粘边松解＋阑尾、空肠憩室切除＋肠端吻合术。7月31日21时，手术切口全层裂开，并有多量肠液溢出，D市长安医院会诊后考虑可能发生肠瘘，且肠瘘位置较高，因医院条件所限，经周某某同意后，23时转至D市人民医院住院治疗。8月2日，再以"1. 回肠近端肠瘘；2. 肺部感染；3. 肝功能损害"为由转入中山大学附属第一医院住院至10月19日治愈出院。周某某在D市长安医院治疗支付医药费251.1元和押金10 000元，在D市人民医院支付转院费308元和医药费1697.93元，在中山大学第一附属医院支付医药费67 366.93元和膳食费795.7元，支付交通费305元。

周某某在痊愈后回家正常劳作时，仍能感到疼痛，因此将D市长安医院诉至法院。周某某认为被告应消除原告的病痛，使原告恢复健康；相反，被告在诊断有误及不当手术的情况下，严重侵害了原告的身体健康，给原告造成了巨大的经济损失。对此，被告应负全部责任。D市长安医院的过错主要表现如下：

①对原因不明的复发性腹痛患者，应做钡餐检查、腹腔镜检查，但被告没做；②在未确诊的情况下，即行手术；③手术应先解决阑尾炎的主要矛盾，憩室暂缓切除，被告却同时行阑尾炎切除和小肠憩室切除手术；④对手术同时解决多种问题会增加并发症出现概率的情况估计不足；⑤手术中，未经原告同意，擅自延长手术切口，擅自行空肠憩室切除术；⑥手术并未将原告的阑尾、空肠憩室切除，乃无效手术。周某某要求长安医院承担医疗费、住院伙食补助费、交通费、住宿费、鉴定费等各项费用。

长安医院辩称，原告承认被告不构成医疗事故，但"存在不足"，又承认能"从事正常的体力劳动"，根据《最高人民法院关于民事诉讼证据的若干规定》第1条、第2条、第8条之规定，人民法院应当确认被告不构成医疗事故，依法也无须赔偿。也就是说，原告对自己的具体诉讼请求所依据的医疗事故损害事实应当提供证据加以证明，没有证据或者证据不足以证明的，应当承担不利的法律后果，至于所谓的"不足"，与医疗事故损害无关，属于医疗技术管理和临床经验范畴，鉴定人无权鉴定"足"与"不足"。综上所述，原告要求被告赔偿理据不足，请求驳回原告的诉讼请求。

根据医患双方共同委托，医疗事故鉴定报告认定：医院在实施上述对周某某的治疗行为时符合规范，但是个别专家认为 D 市长安医院进行急诊阑尾切除术时发现周某某存在广泛性肠粘连、多发性小肠憩室炎等症状时，立即同时进行广泛肠粘连松解＋小肠憩室切除＋阑尾切除＋肠端吻合术等综合复杂的肠道手术，虽然在临床上是允许的，但对术后并发症出现的概率增高这一情况估计不足。

周某某又向 D 省医学会申请再次鉴定。2006 年 3 月 14 日，D 省医学会作出医疗事故技术鉴定书，分析意见为：①未发现 D 市长安医院在对周某某的诊疗过程中存在违反医疗卫生管理法律、行政法规、部门规章和诊疗护理规范、常规的行为。②D 市长安医院对周某某诊断为慢性阑尾炎急性发作并行手术切除，其医疗行为符合诊疗常规，术后病理检查亦符合阑尾炎诊断。术中发现腹腔粘连严重，分离粘连后又切除小肠憩室，是在病人家属同意下进行的，术后发生肠瘘，属手术并发症。但医方存在不足，手术宜先解决患者阑尾炎主要矛盾，憩室暂缓切除。因为手术若同时解决多种问题会增加并发症出现的概率。医方的医疗不足行为与患者的损害后果无因果关系。③本案不构成医疗事故，医方无责任。结论认为：本案例不属于医疗事故。

▌分析

在本次事件中，对于医疗不足能不能产生赔偿，属不属于医疗过错，应不应该由医疗机构承担责任，原被告双方的认识存在偏差，医院方面认为本次医疗行为的不足属于医疗技术管理和临床经验范畴，并认为鉴定人无权做出"足"或者"不足"的判断，因此医院并不认为周某某要求赔偿合理。因此医疗行为的"足"与"不足"成了案件认定的焦点问题，并且即使最终确认医院的医疗行为存在不足之处，其行为是否属于医疗过错，对此第一审和第二审法院的认识不同。

第一审法院认为：根据双方共同委托的鉴定机构出具的鉴定结果，鉴定机构认定被告的诊疗没有违反医疗卫生管理法律、行政法规、部门规章和医疗护理常规、规范。可见，被告主观上不存在过错。对于被告未能在术前诊断出原告还患有肠粘连、小肠憩室，鉴定机构认为是由于二病缺乏典型的临床症状、体征及相关的病例，是当前医学上存在的术前难以作出鉴别的客观现象，并非医务人员主观技术错误所造成。对于原告术后产生的肠瘘，是被告同时施行综合复杂的肠道手术出现的并发症，D 省医学会认为被告存在不足，宜先解决患者阑尾炎主要矛盾，憩室暂缓切除，因为手术若同时解决多种问题会增加出现并发症的概率，但没有指出被告的做法是否符合诊疗护理规范和常规，而 D 市医学会个别专家在指出被告对术后并发症出现的概率增高这一情况估计不足的同时又指出被告的做法在临床上是允许的。因此，法院认为：既然被告的做法在临床上是允许的，那么被告并未违反诊疗护理规范和常规，被告主观上并无过错。原告称被告未经原告同意，擅自延长手术切口，擅自行空肠憩室切除术，但 D 市医学会和 D 省医学会的医疗事故鉴定书中均指出被告施行手术是经原告家属同意的，医疗事故鉴定书的内容是依据医患双方的陈述而记载下来的，具有一定的客观真实性，在原告无相反证据予以反驳的情况下，法院予以采信，对于原告称被告施行手术未经原告方同意的主张，不予确认，认定被告施行手术是经原告家属同意的。

一审法院认为被告在医疗行为上的不足并不能被认定为医疗过错，法院认为被告虽然对情况估计不足，但是在临床上是被允许的，因此被告对于原告损害后果的发生主观上不存在过错，被告无须承担赔偿责任。在本案中被告做出了同意补偿原告 15 000 元的意思表示，法院在综合考虑了原告继续治疗花费了巨额的医疗费，生活困难等因素，对上述行为做出认可。这里出现的一个概念是被告对原告的补偿。补偿与赔偿不同，赔偿多是因为自己的损害行为给他人造成了权利上的损害；补偿是当事人是没有过错的，他人造成的损害后果不是由行为人的过错引起的，但是和行为人有一定关系，行为人基于公平原则或者公序良俗而做出的金钱上的意思表示。

二审法院在查清事实的基础上向 D 省医学会发出询问函，要求专家解释三个问题：①鉴定结论认定的"医疗不足"是否属于医疗过错？②患者周某某的损害后果是否属于术后并发症，这一损害后果产生的原因是什么？③鉴定结论认定 D 市长安医院的医疗不足会增加并发症出现的概率，又认为医疗不足与患者的损害后果无因果关系，这是否有矛盾之处？但 D 省医学会未作解释，专家未答复。

二审法院认为医疗行为有无过错，其举证责任在医院，根据医学学理资料认为：无症状的憩室无须治疗，有症状者又与腹部其他疾患同存时，先治疗后者。如果症状确系憩室所致者，则采用内科综合治疗，包括调节饮食，制酸解痉，体位引流。除非有难以控制的并发症或癌变，一般不考虑手术。尤其是憩室周围解剖位置复杂时，手术更应慎重。D 市长安医院虽然在手术时将周某某的病情、医疗措施、医疗风险等告知其家属，但根据《医疗事故处理条例》第11条的规定仍负有"避免对患者产生不利后果"的义务。两级医学会的医疗事故鉴定结论在认定不构成医疗事故的同时，认为 D 市长安医院在进行急诊阑尾切除术时，应先解决周某某阑尾炎主要矛盾，憩室暂缓切除，因为若同时进行广泛肠粘连松解 + 小肠憩室切除 + 阑尾切除 + 肠端吻合术等综合复杂的肠道手术来解决多种问题，虽然在临床上是允许的，但会增加出现并发症的概率。这样的分析意见表明了 D 市长安医院对周某某的治疗范围过宽过大，手术过度，医疗行为本身就存在过错，而且明显地就是由于医生主观上的判断错误而决定同时实施多种手术致出现并发症的损害后果。并认为医学是一门在探索中不断发展的学科，对任何一种手术的施行都没有固定的模式可以一成不变地套用，仍需医生根据个案的实际情况做出决定，但做出的决定又必须考虑手术的风险及后果（如有无可能引起并发症，或者术后并发症的概率是否会增高）。

二审法院认定了医疗机构在医疗行为上存在过错，基于两点理由：第一，举证责任的分配。医疗行为有无过错的举证责任是由医疗机构来承担的，在本案中即 D 市东方医院对此承担举证责任，而对于究竟属不属于医疗过错，法院在给鉴定机构发函询问的过程中，鉴定机构并未答复，从法理上讲，医疗行为是否存在过错，处于一个不清楚的状态。在待证事实不清楚的情况下，自然应当由医疗机构承担举证责任。第二，在本案中，二审法院又从医学学理资料上予以认证，从此角度证明 D 市长安医院对周某某的治疗范围过宽过大，手术过度，医疗行为本身就存在过错。二审法院的分析更有道理，从证据和学理上予以认证。因此在这种情况下，医院仍然会承担相应的责任。从本案中可以看出，在实际情况中，认定医疗过错往往较为复杂，需要结合整个医疗行为的具体情况，做具体的分析判断。

6. 医疗机构未尽到与医疗水平相适应的诊疗义务是否需要承担责任

▋案情介绍

2005 年 6 月 29 日下午，刘×、马×之子（患者）因"头痛、头晕、恶心"到北京×医院就诊。医院经过头部 CT 检查初步诊断为蛛网膜下腔出血，当日晚 10 时收住入院。2005 年 7 月 2 日上午 8 时，医院对患者进行 CT 复查，复查结果与 2005 年 6 月 29 日的 CT 片对比，蛛网膜下腔出血的病情没有变化和发展，但患者的症状有明显的加重，院方没有对患者做进一步的检查和治疗。2005 年 7 月 3 日晚上 9 时，医院给患者进行了脑血管造影检查，确诊为蛛网膜下腔出血、脑膜血管畸形。2005 年 7 月 4 日上午 9 时，患者的主治医生携带患者于医院拍的三份 CT 片及脑血管造影片到北京另一医院进行会诊，会诊医院依据提供的三份 CT 片及脑血管造影片很快就确诊患者所患疾病为静脉窦血栓。当日中午 12 时 30 分患者转入会诊医院。2005 年 7 月 8 日，患者因抢救无效死亡。

本案庭审中，原、被告双方均向法院提出了司法鉴定申请，法院委托鉴定机构对被告医院对患者的诊疗是否存在医疗过错、与其死亡是否存在因果关系进行鉴定。

鉴定意见书认为患者在 2005 年 6 月 29 日就诊于被告医院，以右侧头颈痛、头晕，伴恶心呕吐 2 天急诊入院。临床检查中未对患者进行眼底检查，是神经内科检查中的缺陷。根据当日头颅 CT 检查显示大脑纵裂池后方密度增高，临床可以考虑蛛网膜下腔出血，但需尽早进行检查（如：腰穿、脑血管造影等）以明确诊断其出血原因。被告医院于 2005 年 7 月 2 日复查头颅 CT，与 2005 年 6 月 29 日头颅 CT 片比较，病情的变化已经不能用"蛛网膜下腔出血"合理解释。2005 年 7 月 3 日上午 5 时，患者病情加重，出现意识模糊，躁动，小便失禁症状。当日 22 时行全脑血管造影术：可见静脉广泛淤血扩张，请其他医院会诊。但病历中未见会诊单。于 2005 年 7 月 4 日转入其他医院继续治疗。上述情况反映被告医院在检查方面不到位，对患者的病情重视程度不够，客观上导致了对患者所患疾病诊断的延迟，进而延误了治疗。

鉴定意见书最后认为，患者转入会诊医院后，进行积极地治疗，但终因脑出血、呼吸循环功能衰竭死亡。分析其死亡原因，与疾病发生隐匿、病情较重、进展迅速，以及未能采取及时有效的治疗有关。被告医院对患者所患疾病未能及时做出正确的判断，造成相应治疗有所延误，与患者死亡结果的发生有部分因果关系，参与度 D 级。

原告刘×、马×诉称：2005 年 6 月 29 日下午，刘×、马×之子（患者）因"头痛、头晕、恶心"到被告医院处就诊，2005 年 7 月 8 日，患者因抢救无效死亡。患者死亡后，原告多次与被告医院交涉，并提出具体索赔要求。2006 年 3 月 31 日，医院向原告出具一份"医院患者死亡案赔偿计算表"，总额 150 118.4 元。2006 年 5 月 24 日，医院拟定一份"协议书"交给原告，后因双方无法消除分歧，未能达成和解。

被告医院辩称：2005 年 6 月 29 日，患者因头痛、头晕、伴恶心、脱水等症状而入院治疗，医院同时注意到患者意识、瞳孔及生命体征变化。2005 年 7 月 3 日，患者病情突然加重，出现意识模糊状况。经行脑血管造影术并请其他医院专家会诊后，转至会诊医院治疗。对于被告的诊疗是否存在过错的问题，被告申请鉴定，如果鉴定结论证明被告不存在过错，则不同意原告的诉讼请求。

▌分析

在现有的医疗技术水平下，医疗机构有义务对患者的病情做出正确的诊断，并采取正确的医疗措施及相应的护理手段。医疗机构作为挽救患者健康的机构，在为患者进行诊疗的过程中，应当按照法律法规的要求，充分运用现有的医疗技术和本医疗机构的设备设施对患者的病情进行正确的诊断，在诊断的基础上及时采取合理的诊疗措施，如果医疗机构未尽到与现时的医疗水平相适应的诊疗义务，最终导致患者损害的，应当承当损害赔偿责任。

在本案中，患者由于出现"头痛、头晕、恶心"的症状，便到医院就诊，最终出现抢救无效死亡的结果，经过鉴定，医院并未对其病情做出正确的判断，因而造成治疗延误，这与患者的死亡结果之间存在一定的因果关系。但是医院的责任究竟有多大？

法院经审理认为，公民、法人由于过错侵害国家、集体的财产，侵害他人财产、人身的应当承担民事责任。受害人的近亲属有权利要求赔偿义务人赔偿财产损失和精神损失。被告医院对患者所患疾病未能及时做出正确的诊断，造成相应治疗有所延误，与患者死亡结果的发生有部分因果关系，被告医院应当承担相应的赔偿责任。原被告虽然均对鉴定意见书的结论及内容提出了各自的异议，但未提供充足反证，故法院对鉴定意见书的证明效力予以确认。根据鉴定结论，法院认为被告医院对患者的死亡应当承担的赔偿比例为 50%。

结合本案可以发现，如果医院尽到了与其诊疗水平相适应的诊疗义务，那么死亡结果可能不会发生。还有一种情况是医疗机构在诊疗过程中发现其现有技术条件或者医生水平不能够对患者的病情做出正确治疗时，应当对患者说明，必要的情况下转至有医疗条件的医疗机构进行治疗。

7. 医疗机构误诊，但是已经尽到合理的注意义务，是否需要赔偿

▋案情介绍

2002年9月16日，原告胡光因病入C市第六人民医院治疗，由于原告入院后的临床症状与狂犬病相似，第六人民医院即通知C市成华区疾病预防控制中心，经与该中心医生会诊，认为原告可能患狂犬病等疾病，建议原告监护人将原告转入C市传染病医院或华西医院传染科。当日中午，原告转入C市传染病医院医治，该医院经诊断认为原告可能患狂犬病（重型）或过敏性哮喘，并发出"病危通知书"，在该通知书中病状一栏注明：病危。在传染病医院治疗中，原告监护人要求转至华西医院治疗，并于当日14时由原告母亲签署"病人自动出院责任书"。原告入华西医院后被诊断为"癔症、狂犬病"，在华西医院住院治疗8天后出院。华西医院在"出院证明书"诊断一栏中写明原告所患疾病为"癔症、支气管哮喘"。在"出院后注意事项栏"中医生要原告到"省防疫站联系注射狂犬疫苗"，并"继续追踪咬人犬只，送防疫站检查"，若"病情变化及时就诊"。

原告在庭审中诉称：2002年9月16日，原告感到身体不适，到被告处治疗，被告在未认真检查的情况下，即诊断原告患狂犬病（重型），并下达"病危通知书"。原告家属对被告的诊断持怀疑态度，于当日到华西医大附属一医院（以下简称华西医院）就诊，经华西医院诊断，原告为"臆病"而非狂犬病。由于被告不负责任导致误诊，损害了原告的人身权利和财产权利，故请求法院判令被告赔偿原告的直接经济损失5000元（包括臆病医疗费、交通费、误工费、护理费），精神损失费50 000元。

被告辩称：原告入院时的临床症状与狂犬病的症状极为相似，且原告在入院前曾被狗咬伤，而原告与犬只均未注射狂犬疫苗。原告由C市第六人民医院转院过来之前，经第六人民医院与C市成华区疾病控制中心会诊，也同样作出原告患狂犬病的初步诊断。在对被告作出狂犬病初诊后，原告即又转入华西医院。由于被告没有足够的时间作进一步诊断，验证医生的诊断是否正确，而医生对入院病人的初诊是需要验证或修正的，因此，原告认为被告所做诊断系误诊的主张不能成立。被告按规定将原告的病情知原告的监护人，是在履行医务人员如实告知的义务。原告转入华西医院治疗的费用是正常的医疗支出，不是被告造成的。因此，原告要求被告赔偿直接经济损失费5000元和精神损失费50 000元没有法律依据，请求法院驳回原告的诉讼请求。

▋分析

医疗机构作为专业的服务机构，在现实生活中可能会出现误诊的情况，但是需要明确的是，误诊并不一定会构成医疗过错，也不一定会产生医疗损害赔偿。医疗机构在医疗过程中承担损害赔偿责任首先要有医疗行为；其次，医疗行为存在过错；再次，存在过错的医疗行为产生了损害后果；最后，损害后果和医疗行为之间存在因果关系。从医学角度来看，医疗技术一直处于发展变化之中，现有的医疗技术条件在面对纷繁复杂的病情时可能会出现误诊的情况，即在某些情况下，医生并不能保证完全正确地诊断出患者的病情。并且通过分析此案例可以发现，在原告转院至被告处进行治疗前已经在其他的医疗机构进行治疗，其他的医疗机构也做出了类似"狂犬病"的判断，之后原告又转至其他医疗机构进行治疗，在此种情况下，如果要求被告承担责任，需要考虑：被告的误诊行为是否存在过错，被告的误诊行为是否给原告造成了损害？

经过审理，法院认为，医生的诊断是一个循序渐进的过程，在这个过程中包含一系列的医疗活动，如问诊、体检，对获得的资料进行综合分析，推理判断。而且，医生的判断也需要验证，还可能因病员的病情发展或是变化进行修正。原告胡光入院后，被告根据原告入院前曾被狗咬伤，以及入院时的临床症状，结合原告被其他医院疑为狂犬病转院而来，判断原告患狂犬病，应认为是合理的判断。原告从华西医院出院时，医院仍然建议原告到防疫部门注射狂犬疫苗，并追踪咬人犬只，送防疫部门检查，说明该医院并未完全排除原告患狂犬病的可能性。而被告在相对较短的时间内综合所获信息做出与原告的临床症状相接近的判断，且因原告在较短时间内又转入其他医院，被告没有验证其判断和修正判断的机会，所以，不能认为被告判断没有合理性。医生合理的判断不应当受到指责。因此，原告诉称被告有误诊的主张不能成立。原告因被狗咬伤而患癔症入华西医院治疗，系正常的求医行为，其治疗费用应由原告自行负担。

在此案件中法院认为被告对原告的情况进行了合理的分析、诊断，其诊断是正常的诊断行为，并且结合原告从最后一家医院出院（华西医院）时医生的建议，判断华西医院也并未非除原告患有狂犬病的可能，因此认定被告虽未判断出病情，但是其诊疗符合规范，并不存在过错。其实就侵权责任来讲，本案中被告的行为不存在过错就已经排除了被告因此承担责任的可能。从损害结果上看，由于原告在被告处诊治的时间较短，医生的医疗行为也未给原告带来损害，因此在损害赔偿责任中，医疗行为与损害后果两大要素不具备，因此，医疗机构不应承担责任。这里不是为医疗机构的误诊行为辩护，但是如果误诊是因为医生没有遵守医疗操作规范造成的，并由此带来了损害后果，则医疗机构应当承担相应的损害赔偿责任。

三、因护理不当而出现的纠纷

1. 患者如厕出现损害，是否为医院的护理过失

▌案情介绍

朱某某因治疗泌尿系肿瘤，于 2010 年 11 月 15 日至 2011 年 1 月 29 日、2011 年 3 月 20 日至 2011 年 3 月 29 日期间两次在 H 医院住院治疗。2010 年 11 月 18 日，H 医院为朱某某行膀胱镜＋双侧输尿管镜检。2010 年 12 月 6 日，朱某某在透析过程中上厕所，护士随其到卫生间门口，并在其解大便时呼叫其名字。朱某某应答后晕倒，并将头部磕伤、颈椎损伤。朱某某的 2010 年 12 月 21 日颈椎 MRI 示脊髓型颈椎病。2010 年 12 月 28 日，H 医院为朱某某行膀胱镜检＋膀胱肿瘤电切术＋右侧输尿管镜检。2011 年 1 月 6 日，朱某某转入骨科，2011 年 1 月 18 日行颈椎病手术治疗。当日 23：00 出现明显胸闷、气促、呼吸困难、全身大汗、伴有咳粉红色痰症状。经抢救，体征恢复，1 月 29 日出院。2011 年 3 月 20 日，朱某某为进一步治疗肿瘤再次入院，其家属于 3 月 28 日表示暂不手术治疗，要求出院。朱某某于 2011 年 3 月 31 日出院。

2012 年 11 月 19 日，中日友好医院为朱某某出具诊断证明，载明：颈椎外伤术后、慢性肾功能不全、颈髓损伤。患者四肢肌力下降，伴麻木，需长期行康复治疗。

经朱某某申请，法院委托北京天平司法鉴定中心（以下简称天平中心）对 H 医院的医疗行为进行司法鉴定。该鉴定中心于 2012 年 10 月 15 日出具鉴定报告，其中分析说明部分显示：H 医院对朱某某的措施符合诊疗常规，且不存在延误治疗肿瘤的情况。H 医院在护理朱某某时存在未尽注意义务过失，该过失与颈椎损伤有一定的因果关系。鉴定意见为：H 医院在朱某某的诊疗过程中存在医疗过失（对病人的护理不到位），与被鉴定人颈部损伤存在一定程度的因果关系，划分等级为 C 级，参与度系数值为 20%～40%；H 医院无延误肿瘤治疗情况。经朱某某申请，原审法院还依法委托了北京中衡司法鉴定所（以下简称中衡所）对朱某某的伤残等级、护理期、营养期进行了鉴定，2013 年 4 月 19 日，该鉴定单位出具鉴定结论载明：被鉴定人朱某某的伤残等级属 8 级（赔偿指数 30%），其护理期截止至伤残评定前 1 日，营养期为 1 年。朱某某垫付过错鉴定的鉴定费 9150 元及伤残鉴定费 4350 元。

▌分析

该案经历了法院的二审，H 医院对朱某某肿瘤的治疗行为没有过错，只是对病人的护理不到位，故朱某某要求 H 医院承担其治疗肿瘤方面的赔偿责任的主张，法院不予支持。患者在医疗机构住院期间，医疗机构应当在其职责范围内保障患者的人身安全。朱某某在 H 医院透析过程中如厕，该医院应当知晓透析过程中患者的身体较之其他患者更为虚弱，对于透析过程中如厕的患者更应尽到全面的护理义务。虽然 H 医院已经尽到了一定的护理职责，但还是发生了朱某某摔伤的后果，可以说 H 医院的护理职责还不够完善，应当在鉴定结论确定的范围内承担其相应的赔偿责任。朱某某于 2011 年 12 月 6 日摔伤，此后发生的与治疗颈椎有关的费用及轮椅费应由 H 医院赔偿，其他赔偿项目酌情按照鉴定结论所确定的比例赔偿。朱某某主张的今后护理费、交通费，根据鉴定结论，法院不予支持。朱某某主张的今后继续治疗颈椎的费用，可待实际发生后另行主张。

H 医院的上诉意见为：原审判决采信的司法鉴定意见是错误的；即便认定我院存在护理过失，相应的责任等级也不应超过 B 级，至多按照 20% 的比例确定我院的赔偿比例，现原审判决对于医疗费部分和轮椅费判令我院全部承担，但对于其他费用判令我院按照 40% 承担，显然不能令人信服。故请求撤销原判，依法改判，驳回朱某某的原诉请求。

确定医疗机构是否应该向患者承担侵权责任，以医疗机构的医疗行为有无过错、与患者的损害后果有无因果关系为前提。司法鉴定是人民法院审理此类纠纷的重要证据。本病例由天平中心就 H 医院针对朱某某的医疗行为是否有过错及该行为与朱某某的损害后果之间是否存在因果关系等问题进行鉴定。天平中心出具了鉴定报告，且针对双方当事人的质疑进行了书面答复。双方虽对该鉴定报告仍持有异议，但都未提供足以推翻该鉴定报告的证据，法院对该鉴定报告的证明效力予以确认。根据该鉴定报告可以确认，H 医院对朱某某肿瘤的治疗没有过错，只是对其护理不到位，与朱某某颈部损伤存在一定程度的因果关系，责任参与度为 C 级。H 医院应当就此承担相应的赔偿责任。现朱某某要求 H 医院按照 80% 的比例对其全部经济损失予以赔偿，法院认为，一则鉴定报告并未认定 H 医院在其治疗肿瘤方面存在过错，朱某某治疗肿瘤产生的相关费用不应由 H 医院承担赔偿责任；二则朱某某要求的赔偿比例不仅远远高于鉴定报告给出的参考数值，且改变了主、次要责任的定性，缺乏合理依据，不能支持。H 医院认为原审判决确定的赔偿责任比例过高，亦缺乏证据支持，法院不予采信。

至于具体损失的确定，虽原审法院判令 H 医院承担朱某某治疗摔伤产生的全部医疗费及轮椅费，超出了朱某某的请求范围，但 H 医院在审理中对此表示认可，法院对此不持异议。对于朱某某主张的其他赔偿项目，原审法院按照本案实际情况、参考鉴定结论，确定了合理的损失并酌情确定了 H 医院应当赔偿的各项具体经济损失及精神抚慰金数额，属于人民法院依法行使裁判权范围，并无不当，予以维持。另，朱某某主张的颈椎摔伤后的后续治疗费，可待实际发生后另行主张。

2. 患者在医院自杀的情况下，医疗机构是否要承担责任

▌案情介绍

2013 年 5 月 1 日，宋某某因病入住高台县人民医院，经诊断其病情为：眩晕综合征；腔隙性脑梗死；腰椎间盘突出症，护理等级为二级护理。2013 年 5 月 7 日上午 7 时 35 分起至 12 时 10 分，被告工作人员多次查房时宋某某一直不在病房，遂打电话与原告裴某某联系，得知宋某某并未回家。14 时 35 分，宋某某哥哥发现宋某某已在高台县人民医院家属楼下死亡。经公安机关侦查，确定宋某某的死因为服毒自杀，自杀前无任何异常表现。2013 年 11 月 16 日，原告向法院提起诉讼，要求被告赔偿经济损失 50 000 元。

原告诉称，经公安机关工作人员勘察，宋某某死因确认为：服毒自杀。事发后，被告认可医护人员失职，并向原告裴某某支付 800 元生活费，承诺待原告将宋某某尸体安葬后，再行商谈赔偿事宜，后被告只同意赔偿 1000 余元丧葬费。

被告高台县人民医院辩称，宋某某因病到被告处住院，在住院期间离开医院服毒自杀属实，事发后被告并未认可医护人员失职，亦未给原告任何赔偿承诺，只有院长张某某因同情原告方而给付了 800 元的生活费。被告认为，被告的责任在于提供科学完善的医疗服务，对宋某某采取二级护理措施的目的是对宋某某进行生命体征观测，而不是对宋某某进行看管，限制宋某某活动自由，宋某某自杀是其对自己生命健康权的放弃，与被告的诊疗护理行为没有因果关系。即使被告在日常的管理和护理过程中存在某些瑕疵，也不是宋某某自杀身亡不可或缺的构成条件。综上，请求法院驳回原告的诉讼请求。

▌分析

本案中双方的主要争议是医疗机构是否对患者宋某某的死亡结果存在过错，

有没有护理上的过失。这个问题要结合医患双方在住院时签订的住院合同来看，医疗服务合同中关于双方权利义务关系一般都有明确的规定。

法院经过审理后认为，公民享有生命健康权。原告裴某某之妻宋某某因病到被告处住院治疗，双方形成医疗服务合同关系，被告的责任在于为患者提供完善的医疗服务，宋某某作为接受治疗的患者，也应当遵守医院的管理制度、配合治疗，但其在住院期间擅自离开医疗场所并以自杀方式结束自己的生命，其死亡的后果与被告的诊疗、护理没有必然的因果关系，故被告不承担赔偿责任。原告以被告护理不到位、死亡地点在医院内部要求赔偿损失的请求，因被告提供的是二级护理服务，从其提供的服务内容来看，只是为患者给予生活上的协助、病情观察和巡视，不包括对宋某某进行人身监护，医院更无权限制患者的人身自由，因此被告不存在护理过失。另外，宋某某的死亡地点在被告家属楼下，该地点已超出被告的医疗护理范围，被告无法对宋某某的过激行为进行防范和阻止。综上，原告的诉讼请求不能成立。

现实中，很多人尤其是患者并不是十分重视与医疗机构签署的医疗服务合同，一旦有纠纷就盲目地认为是医疗机构未尽到合理的诊疗或者护理的义务，而在本案中恰恰反映的是双方在医疗服务合同中明确写明了护理的内容，因此医疗机构只要证明尽到了合理的护理义务即可。因此提醒患者注意的是，一定要结合患者自身的状况选择合适的护理，例如如果是精神上有疾病的，应当与医院签订对患者人身有监护的合同，通过医疗服务合同规范双方的权利义务。医疗服务合同也是维权时的重要依据。患者在签订医疗服务合同时，对于不明确的地方一定要求医院予以解释，对医疗机构的权利义务的相关规定一定要仔细阅读。

3. 未尽到护理职责导致新生婴儿窒息，医院被判承担责任

▌案情介绍

2013 年 3 月 9 日 18 时 30 分，原告龚某某因临产入住被告建始县高坪镇中心卫生院妇产科，同日 21 时 04 分，原告龚某某顺娩一健康男婴王毛毛。二原告支付医疗费用 658.90 元。2013 年 3 月 12 日凌晨 3 时许，王毛毛哭闹，原告龚某某找来护士，护士给王毛毛喂完牛奶，检查尿片后，重新对王毛毛进行包裹，然后将王毛毛放在床上，并用被子覆盖。二原告睡在该病房的另一张床上。当日凌晨 5 时许，原告龚某某发现王毛毛面色青紫，立即寻找值班医生抢救，经抢救无效，王毛毛于当日凌晨 6 时许死亡。之后原、被告发生纠纷，原告将其住院病历拿走，因需鉴定，当日下午原告将住院病历还回。2013 年 4 月 18 日，

恩施施南法医司法鉴定所做出恩施施南法医司法鉴定所（2013）病鉴字第 4 号司法鉴定意见书，鉴定意见为：王毛毛符合因柔软物体覆盖口鼻孔，阻断了气体交换，导致全身组织器官缺氧窒息而死亡。被告建始县高坪镇中心卫生院支出鉴定费用 8000.00 元。2013 年 7 月 8 日，二原告诉至法院，要求被告建始县高坪镇中心卫生院赔偿死亡赔偿金 157 040.00 元、医疗费 826.00 元、丧葬费 17 589.50 元、精神抚慰金 20 000.00 元，共计 195 455.50 元。

▍分析

本案例事实看似简单，但是核心的问题在于护士是否出现了失职，此时婴儿的亲生父母是否有监护责任？

法院经过审理后认为，医疗机构在对患者进行诊疗过程中，包括医疗护理行为中，是否存在违反医疗、护理规范的行为，其医疗护理中的过错行为与医疗损害后果之间是否存在因果关系，是医疗机构承担民事赔偿责任的前提。而医疗机构应当在其过错和因果关系范围内，根据医疗过错参与度确定医疗损害主体的赔偿责任范围和比例。原告龚某某在被告处住院分娩，在分娩后的住院期间，原告龚某某及新生儿王毛毛均应享受到医疗护理，同时二原告亦应尽到对王毛毛的监护责任。虽然经司法鉴定确定了王毛毛的死因为柔软物体覆盖口鼻孔，阻断了气体交换，导致全身组织器官缺氧窒息而死亡，但是王毛毛的死亡原因是怎么造成的现已不能查明，双方当事人也未能充分举证证明各自尽到了责任和义务，不能排除双方在此次事故中存在过错的可能。本案事故的发生实为医患双方对新生儿的护理过失造成。在母婴同室且有陪护家属同室的情况下，对婴儿的日常护理和观察的主要责任仍在父母和陪护家属。医院护士在凌晨 3 时许将王毛毛护理好之后到原告龚某某发现王毛毛生理状态不正常期间，王毛毛的父母及陪护家属没有对其进行任何观察和护理，造成刚出生的婴儿在 3 小时左右的时间内无人管理，是本次事故发生的主要原因。被告未尽到对二原告指导护理婴儿和对陪护人员监管指导的责任，与事故的发生有一定的因果关系，酌定被告承担 40% 的次要责任。

孕妇在医院生下婴儿后，婴儿的父母是婴儿的法定监护人，并对婴儿负有法定的监护职责，医疗机构及其专业的医护人员也有监护婴儿的职责。医院在未尽到护理职责时应当承担责任，相反，当由于患者的原因导致发生相应损害时，患者也应对自己的行为承担责任。

4. 精神病患者在治疗期间致他人损害的，医疗机构是否承担责任

▌案情介绍

原告魏×因患精神病到精神病医院治疗。杨××同样为精神病患者，入住该精神病医院与魏×相邻的诊室。杨××之兄杨×对杨××进行陪护。在住院治疗期间，被告杨××用筷子捅魏×右鼻孔，魏×当即倒地，昏迷不醒，抢救脱离危险后转入综合病房治疗，此后魏×向法院起诉。诉讼期间，法院法医鉴定称：魏×右手功能丧失，右下肢功能障碍，正在恢复过程中，生活不能完全自理，并且由于其残疾无法劳动，无经济来源，其79岁的母亲无人赡养，未成年女儿无人抚养。

之后为了解决纠纷，该地区医疗事故鉴定委员会对此事件进行鉴定，委员会认为魏×与杨××同为精神病人，魏×被杨××致伤事件发生在精神病医院同一病房，发生在两名患者护理治疗期间，精神病人的特殊体质、特定地点、特定时间构成的这起事件，属于医疗纠纷。医院根据患者杨××的临床表现，诊断为躁狂症，给予一级护理、留人陪护，施予约束，采用科眠灵、卡马西平等药物治疗，其诊断正确，护理防范措施积极得当，治疗合理。当伤害事件发生时，医院护理人员在岗，为病人发药，医院工作人员没有失职、脱岗行为，且事件发生后医院即对魏×进行抢救治疗，其行为是及时、正确、积极的。

原告诉称：原告在精神病医院住院期间，因精神病医院未尽到监护责任，致使原告被精神病人杨××用筷子捅伤，造成终身残疾，故要求精神病医院赔偿医疗费、生活补助费、误工费等经济损失70 000元。

被告辩称：原告起诉医院理由不当，医院对此事没有一点责任，故不承担赔偿责任，并请求法院将医院为原告垫付的3000元治疗费追回。

▌分析

此案例是精神病患者在住院期间，因自己的行为造成他人人身伤害的案件。根据《侵权责任法》的规定，精神病人造成他人损害的，其监管人应当在监管不力的范围内承担责任。不能辨认自己行为的精神病人为无民事行为能力人，无民事行为能力人的行为，由监护人承担责任。监护人尽到监护责任的，可以适当减轻民事责任。

问题在于住院期间医疗机构是否需要对精神病人承担相应的照顾义务？精神病人在住院期间造成他人损害的，医院应当承担怎样的责任？

原审法院认为：魏×与杨××均为精神病患者，均为无民事行为能力人，

二人在住院期间，精神病医院对他们负有监护责任，其对没有尽到监护职责造成的后果应负主要责任，被告杨×作为杨××的陪护人，未能看好杨××也有一定的责任，故将杨××、杨×追加为共同被告。魏×因致残住院治疗期间的治疗费、陪人护理费、生活补助费、误工减少的收入等共计15 000余元。根据责任的大小、负担能力，由精神病院及杨×承担责任，具体的责任不再列出。

一审判决后，原告和精神病医院均不服，上诉至中级人民法院。

中级人民法院在查明的事实中特意强调以下事实：魏×因患精神病于2009年4月1日住进精神病医院治疗，入院时医嘱载明：一级护理，留陪人；杨××入院时医嘱载明：一级护理，留陪人。

因此中级人民法院认为：上诉人魏×与被上诉人杨××患有精神病，均为无民事行为能力人，在精神病院住院期间精神病医院对其二人均负有监护责任。魏×遭到杨××侵害致残，精神病医院未尽其监护责任，故应当负责事故的主要责任。同时杨×作为陪护人未能协助医院做好病人安全防范工作，也应承担一定的赔偿责任。原审判决由精神病医院及杨×按各自责任大小负担该治疗费、必要的生活补助费、护理费及来往车费以及出院后因伤致残的生活补助费并无不当。

从法院的判决意见中可以发现，中级人民法院即二审法院对事实的分析更加详细，将医院未尽到监护责任的事实明确地指出，因为二位病人需要的是一级护理，医院在此存在过失。

精神病人在医疗机构接受治疗期间，实施侵害其他病人的行为，造成了其他病人受伤致残的后果。上述损害后果系由精神病的陪护人未及时制止，医疗机构及医护人员未做好安全防范工作所致。精神病患者在医疗机构治疗期间，其陪护人员及医疗机构对其均负有监护责任，其陪护人及医疗机构未尽到监护责任，导致精神病患者伤人事件发生的，陪护人及医疗机构应承担责任，在各自的过错范围内赔偿受害者的损失。

5. 医院实习生护理不当导致患者损害，责任如何承担

▌案情介绍

患者李某某因患急性肺炎到当地的一家医院进行治疗，值班医生对李某某的病情进行诊断后对其进行输液治疗。在治疗的过程中，值班医生因为有事离开，离开之前叮嘱其实习学生按时换药。当第一瓶药液输完后，家属便找到该学生要求进行下一瓶的输液，该实习学生便对李某某进行换药。在换药过程中，由于该实习学生的疏忽，错将药物拿错，因而导致患者在输液过程中出现不良

反应，经抢救无效死亡。

▌分析

在本案中由于实习学生并不具备专业医护人员的资格，因此本案并不能构成医疗事故，但是因为医生的疏忽造成了患者的死亡结果，医院应当按照《侵权责任法》第 54 条和第 57 条的规定承担责任，即患者在诊疗活动中受到损害，医疗机构及其医务人员有过错的，由医疗机构承担赔偿责任；医务人员在诊疗活动中未尽到与当时的医疗水平相应的诊疗义务，造成患者损害的，医疗机构应当承担赔偿责任。此案例也反映了医院在对患者造成损害时并不一定构成医疗事故。

第四章
因手术引发的相关纠纷情形分析

一、术前准备阶段产生的纠纷

1. 术前未告知手术风险，医疗机构应当承担什么责任

▌ 案情介绍

原告雷某某出生后不久即发现心脏有杂音，随后家人前往医院就诊，被儿童医院诊断为"先心 vsd"，门诊随诊。2003 年 4 月 11 日雷某某门诊病历记载："b 超：vsd、8mm；建议：手术治疗（住院）。"雷某某父母同意住院治疗，手术前被告医院向原告家属告知病情并签订介入治疗同意书。被告医院对原告在全麻＋局麻下行左、右心导管术＋vsd 堵闭术。在进行手术后，雷某某返回病房，之后原告进行了生化检。经过在医院的病房的调整后，雷某某出院，出院医嘱：（1）心脏专科随访；（2）肠溶阿司匹林 25 mgtid。

2003 年 5 月 27 日，雷某某经心脏超声心动图提示：vsd 封堵术后少量残漏。11 月 7 日经心脏超声提示：先天性心脏病室间隔缺损封堵术后室间隔消失。2004 年 5 月 27 日，心电图检查报告显示：雷某某"窦性心律不齐，心电显著左偏，左束支前分支阻滞，不完全性右束支阻滞"。2004 年 6 月 3 日，心脏超声心动图显示："vsd 封堵术术后，心内结构恢复正常。"2004 年 7 月 20 日、26 日，雷某某到首都医科大学附属北京医院就诊，被诊断为"左束支前分支阻滞，不完全性右束支阻滞"。原告在北京就医的交通费为 1416 元，住宿费 360 元。

原审一审期间，经当事人申请，法院依次委托南京市医学会、江苏省医学会进行医疗事故鉴定，南京市医学会的鉴定认为：本案病例不构成医疗事故。术后发生的束支传导阻滞属于手术并发症，术前医方已履行告知义务。医方在术后未复查心电图与并发症的发生无因果关系。江苏省医学会的鉴定认为：本

案病例不属于医疗事故。医方在术后未及时行心电图检查且在患者心肌酶谱偏高的情况下给予出院存在不足，但与并发症的发生不存在因果关系。

依原告的申请，原审一审法院委托南京医科大学法医司法鉴定所对原告的病情进行伤残鉴定，鉴定结论是：原告为心功能不全一级，构成七级伤残。

原告认为，原告所患病症不一定非经手术治疗，有自行好转的可能。原告认为，被告没有正确履行告知义务，误导原告选择介入手术，并在术中发生挫伤，术后也不进行规范护理，造成原告损伤，被告应对此承担全部赔偿责任。被告儿童医院辩称：被告对原告的疾病诊断正确，该病有手术适应证，被告术前已向原告家长告知手术风险，被告的手术操作符合规范，不存在过失。术后原告未按医嘱进行专科复诊，以致未能及时发现原告心律失常，故请求驳回原告的诉讼请求。

▍分析

本案例现实中的情况较为复杂，经历了一审、二审、再审一审、再审二审，最终由再审二审法院调解结案。

本案系因医疗行为引起的侵权诉讼，依据相关法律规定，雷某某应对其主张存在损害后果的事实承担举证责任；儿童医院应就医疗行为无过错且与损害后果之间无因果关系承担举证责任。本案中主要的争议点在于医疗机构对采取的手术治疗措施是否向患者进行了充分的说明，对于本案中损害结果应该如何认定以及被告医疗行为有无过错等事实的认定是确定医院是否承担损害赔偿责任的关键。

对此法院认为：首先，关于损害后果，原审期间经原审原告申请并经原审被告同意，两级法院先后委托了两个不同的法医鉴定机构对雷某某的伤残情况进行了法医学鉴定，结论均为"七级残疾"。再审期间，儿童医院要求对雷某某的伤残情况重新进行鉴定，但其对原审司法鉴定程序的合法性和结论的正确性均不能提供任何抗辩证据，故法院对该请求不予支持，对雷某某构成七级伤残的鉴定结论予以认定。另雷某某术后因到外地医院就诊花费的交通费、住宿费共计1776元，应作为损失予以认定。

其次，关于原审被告医疗行为有无过错的问题：①儿童医院在雷某某术后未及时进行心电图检查，在其心肌酶偏高的情况下，未采取任何措施即给予出院，该行为不符合vsd介入治疗术后护理规范，法院未尽必要注意义务，具有过错。②依据我国《医疗事故处理条例》第11条规定，患者的病情、医疗措施及风险是医疗机构必须向患方如实告知的内容，除此，还需解答患方的疑惑，并在此基础上对患方加以正确引导。结合本案查明的情况，2003 年 vsd 介入治疗在我国临床医学中尚处于开始推广阶段，该技术既具有先进性和高端性，同时对医患双方而言均具有高风险性，这就要求医疗机构不仅自身要恪尽谨慎、注意义务，同时在对患者的告知中也要客观、真实、充分、详细。但本案查明的事实证明，儿童医院对患者仅进行了术前常规告知并存在诱使，对该病况手术是否有充分必要及利弊、该新型技术的整体状况、儿童医院施行该技术的水平和条件、手术的适应证和禁忌证、手术并发症的防治措施等情况，均无证据证明已向患者予以告知。据此可以认定，儿童医院在本次医疗活动中，未能根据医疗行为的特征和需要，对患者进行全面、客观、充分的告知，使患方对本次医疗行为的选择建立在真实、自愿的基础上，结合院方在"北京专家"问题上欺骗的故意，儿童医院在整个告知过程中存在偏向性诱使，具有过错。

对于患方提出的医疗机构存在漏诊的主张，因再审期间院方对诊断所做的陈述符合医疗诊断常理，且患方提交的证据中也有材料证明其"室缺"是"继发性"的，故依据现有证据不能认定院方存在漏诊。

最后，关于儿童医院的过错与损害后果之间因果关系的判断，应由医疗机构对不存在因果关系承担举证责任。原审期间，鉴定机构出具的医疗事故鉴定书对因果关系的结论无任何论证及依据，故法院对鉴定报告做出的因果关系结论不予采信。目前，患方向法院提交的相关医学资料已表明，vsd 介入治疗术后及时行心电图检测并结合抗感染治疗，是术后避免和降低并发症的必要措施之一。儿童医院在发现雷某某心肌酶谱不正常的情况下，如能谨慎对待并做出相应的对症处理，在医学上也存在目前损害后果不发生的可能性。据此可以认定，儿童医院术后未尽必要注意义务的行为与患者损害后果之间存在相当程度因果关系的可能性，儿童医院并无证据推翻这种可能性，故儿童医院的这一过错与患者损害后果之间存在因果关系。

关于被告医院在术前告知过程中的过错与原告风险伤害后果之间的因果关系，由于院方未能向患方全面告知其病况，患者不知其有膜部瘤形成，也不知其"室缺"尚有自然闭合的可能性，加之院方有"请北京专家做手术"的虚假承诺，使患方在没有充分知情的情况下选择了 vsd 介入治疗方案，丧失了可能正确选择的机会。而针对当时患者的病情，vsd 介入治疗并不是唯一或更好的选择。患方当时如对自身病情有充分了解，且知道可暂缓实施介入治疗，则其当时选择不做手术的可能性应会更大些。因此，医疗机构的欺骗和误导是导致患方更偏向于选择并最终实施 vsd 介入治疗的重要因素，与患者损害后果之间的因果关系无法排除。

对于雷某某的损害后果，儿童医院应承担与其过错程度相当的赔偿责任，对于 vsd 介入治疗在当时的技术条件下，难以避免的一定比例的手术并发症的风险后果，则应由医患双方共同分担。依据《最高人民法院关于审理人身损害赔偿案件适用法律若干问题的解释》的规定，儿童医院应对雷某某术后又去外地医院就诊发生的交通费、住宿费及残疾赔偿金、精神损害抚慰金依法予以赔偿。

注意：医院在对患者进行术前常规告知之外，还应向患者全面、客观、真实地告知该患者的病情是否有立即手术的充分必要性，及采用尚处于推广阶段的新医疗技术的风险性，使患者作出同意接受该医疗行为的决定是建立在其真实及自愿的选择基础之上的。如医院违反该充分告知义务，在告知过程中存在倾向性引导，致使患者在未充分了解自身病情和认知风险的情况下选择手术，并产生损害后果，医院对此应当承担相应的过错责任。

2. 术前准备不充分的情况下医疗机构的责任

▌案情介绍

郑某某因乘坐三轮车受到颠簸，出现腰部不适症状，遂前往 L 三医院就诊。L 三医院接诊后，诊断为"T12 椎体压缩性骨折"，遂于当日 16 时许为郑某某行 T12 椎体骨折内固定＋椎管减压手术。术后，郑某某出现双下肢截瘫。半个月后，郑某某转入 C 市一医院住院治疗，被诊断为"T12 椎体骨折内固定术后并截瘫"，随后在医院行脊椎后路伤口探查血肿清除术。术后，郑某某的双下肢截瘫仍无好转，遂转入 L 三医院后续治疗。之后郑某某将上述两医院起诉至人民法院，认为医院医疗行为导致其双腿瘫痪，因此要求其承当相应的赔偿责任。

法院根据当事人选定的鉴定机构，依法委托了 H 省人民医院司法鉴定中心进行鉴定。该鉴定中心出具的司法鉴定意见书的主要内容是：1. 被鉴定人郑某某在 L 三医院诊治过程中，医方在术前对该损伤程度预见不够，术前准备工作不充分，存在医疗过失行为。2. C 市一医院在诊治过程中不存在医疗过失行为；之后该中心在补充的鉴定意见中指出，因郑某某的损害后果已不可逆，故 C 市一医院是否存在贻误治疗时机情形难以评价。3. L 三医院医疗过失行为与本例不良后果（截瘫）存在一定的因果关系，医方医疗行为参与度为 60%～70%（仅供参考）。4. 伤残程度评定为贰级伤残，需要长期护理，属于大部分护理依赖。

▌分析

本案的焦点在于医院是否有这方面的注意义务，即对于手术可能导致瘫痪的风险的认识，以及在认识到此种风险后是否在手术前做了充分的准备。

L 三医院对郑某某进行手术前准备不充分,明知该手术可能导致截瘫,但术后未对郑某某的肌力进行检测,发现郑某某的双下肢肌力 0 级时,明知可能是血肿压迫所致,但未及时采取有效措施,以致郑某某的双下肢截瘫,L 三医院存在过错,且其过错与郑某某的双下肢截瘫后果存在因果联系。依照《侵权责任法》第 54 条之规定,L 三医院对郑某某因截瘫导致的损失应承担赔偿责任。因郑某某的双下肢截瘫后果系其自身疾病严重及 L 三医院存在医疗过错共同所致,且经鉴定,L 三医院的过错参与度为 60%~70%,原审法院认定 L 三医院承担 65% 的赔偿责任并无不当。L 三医院依法应赔偿郑某某各项损失585 329.29 元(900 506.6 元×65%),扣减郑某某尚欠的医药费 25 969.75 元,还应支付 559 359.54 元。C 市一医院对郑某某的诊疗行为不存在过错,不应对郑某某的损害承担责任。L 三医院关于 C 市一医院存在贻误治疗时机的过错、应承担相应责任的上诉请求,因其没有提交相应的证据予以证明,法院不予支持。

法院认为,郑某某在 L 三医院行手术治疗后身体出现截瘫损害,且经鉴定,郑某某的该损失后果与 L 三医院的医疗过失行为存在因果关系,因此 L 三医院应当对郑某某的身体损害承担医疗损害赔偿责任。C 市一医院在诊疗过程中无医疗过失行为,故不应当对郑某某的身体损害承担赔偿责任。

3. 患者拒绝签署手术同意书,医疗机构有无责任

▌案情介绍

患者李某某因"受凉后出现咳嗽、咳黄痰伴咯血 10 天,呼吸困难 1 周,端坐呼吸三天",便到距离家较近的诊所就诊,接诊护士当时发现病人病情很重,立即劝其到大医院就诊。随后李某某在其丈夫的陪同下,前往某大医院接受治疗。医院接诊后初步诊断为"重症肺炎,心功能不全,肺栓塞,孕 36 周"。在住院期间,患者出现病情加重的情况,主治医师查房认为,根据患者目前病史、症状,化验结果未归,目前初步诊断:急性心功能衰竭,重症肺炎,孕足月,妊娠期高血压,患者病情危重,抗心衰、抗感染治疗的同时应立即剖宫产结束分娩,以减轻孕妇循环负担,立即向患者及家属交代患者目前病情危重,随时可能危及母胎生命,应立即剖宫产终止妊娠,挽救母儿生命,并联系麻醉科做好病房急诊剖宫产准备。患者此时出现昏迷状况,家属拒绝在手术同意书上签字,医院当面告知:目前考虑重症肺炎肺部感染诱发急性心衰,不终止妊娠,可能出现猝死,危及母儿生命,现在的治疗原则是抗心衰、抗感染同时积极终

止妊娠。患者家属签字："拒绝剖腹产生孩子，后果自负。"主任医师到场看过病人认为病情危重，胎儿已死亡，仍应积极剖宫取胎，减轻孕妇的心肺负荷，改善孕妇状况，并反复向家属交代病情，继续劝说家属签手术同意书。但家属始终没在手术同意书上签字，最终李某某死亡。之后李某某的父母将医院诉至法院，认为医院僵硬地套用《医疗机构管理条例》第33条的规定，只有家属签字才能手术。医院的诊疗、急救措施存在明显过失。要求医院承担赔偿责任。

经双方委托进行司法鉴定，鉴定机构出具的意见书认为患者李某某住院后，医院对其给予了强心、利尿、扩血管、面罩给氧、心电监护、抗感染等处置，在患者缺氧状况无明显改善的情况下，医方调整了给氧方式，并给予多科会诊。临床决策不存在违反医疗原则的情况。但医方的诊疗过程中存在一定不足，如动脉血气分析不够及时、气管插管机械通气相对较晚等。根据病历记载，患者入院后很快进入谵妄状态，医方向送其入院的"相关人"进行必要的告知无不当。患者李某某最终预后（死亡）与其病情危重、复杂、疑难，病情进展迅速，临床处理难度较大等综合因素密切相关，同时医患双方在临床决策上存在较大差异、患方依从性较差等因素也对临床诊疗过程及最终结果产生一定影响。医院存在的不足与患者李某某的最终预后无明确因果关系。

▌分析

医院在收入患者治疗的情况下，在将要进行手术时，患者方是否必须要签署手术同意书，不签的后果如何？根据我国《医疗机构管理条例》的相关规定，医疗机构施行手术、特殊检查或者特殊治疗时，必须征得患者同意，并应当取得其家属或者关系人同意并签字；无法取得患者意见时，应当取得家属或者关系人同意并签字；无法取得患者意见又无家属或者关系人在场，或者遇到其他特殊情况时，经治医师应当提出医疗处置方案，在取得医疗机构负责人或者被授权负责人员的批准后实施。因此当患者不能签字时，患者的家属对究竟是否进行手术享有选择权。法院在判决书中也对此做出了说明。

人民法院经审理认为，医疗机构承担医疗侵权损害赔偿责任的条件有三项：①有损害后果；②医疗机构的医疗行为存在过错；③过错医疗行为与损害后果之间有因果关系。根据《最高人民法院关于民事诉讼证据的若干规定》，医疗机构须就其不存在医疗过错及其医疗过错与损害后果之间不存在因果关系承担举证责任。本案中，李某某经医院诊治后死亡，二原告作为其家属，主张医院存在医疗过错，造成了李某某死亡的后果。医院作为医疗机构，依法应当就医疗行为与损害后果之间不存在因果关系及不存在医疗过错承担举证责任。医院就此申请进行医疗事故技术鉴定，鉴定意见认为医院在对患者李某某的诊疗过程中存在一定不足，但患者李某某的死亡主要与其病情危重、病情进展快、综合情况复杂有关，医方的不足与患者的死亡无明确因果关系。患者李某某神志清醒时，并未对陪同其就医的肖某某的关系人身份表示异议，故医院无法、也没有能力对其作为李某某家属的身份进行核实。需要说明的是，患者入院时自身病情危重，患方依从性又较差，医院履行了医疗方面法律法规的要求，而患方却不予配合，这些因素均是造成患者最终死亡的原因。因医院的医疗行为与患者的死亡后果之间没有因果关系，故不构成侵权，不应承担赔偿责任。二原告据此提出的各项赔偿请求，均缺乏法律依据，难以支持。医院表示愿意给予患者家属经济帮助，考虑到本案的实际情况，法院亦认为可由医院给付二原告适当的经济补偿，具体数额由法院酌定。

医疗过程是存在风险性和不确定性的，所以医疗损害赔偿案件不同于一般意义的侵权案件。《最高人民法院关于民事诉讼证据的若干规定》第4条第1款第8项规定："因医疗行为引起的侵权诉讼，由医疗机构就医疗行为与损害结果之间不存在因果关系及不存在医疗过错承担举证责任。"医疗机构承担医疗侵权损害赔偿责任的条件之一就是医疗行为与损害后果之间存在因果关系。如果医疗机构能够举证证明医疗行为与损害后果之间不存在因果关系，医疗机构就不承担责任。据此，医院在治疗过程中存在不足，但医方的不足与患者死亡并无明确的因果关系的，不承担医疗损害赔偿责任。本案中医方同意对患者家属给予经济帮助，不是出于医院承担的赔偿责任，而是根据民法上的公共秩序与善良风俗对患者家属做出经济帮助。

4. 患者自身疾病与医疗机构共同作用导致了损害责任，医疗机构是否需要承担赔偿责任

▌案情介绍

瞿某某因摔伤到 Q 市第二人民医院住院治疗，经诊断为右胫腓骨粉碎性骨折、右肘部软组织挫伤、特发性脊柱炎。Q 市第二人民医院在实施右胫腓骨骨折切复钢板内固定手术过程中，先采用连硬腰麻麻醉方式，后因腰麻失败，再行全身麻醉。术后几天瞿某某感右下肢乏力，手术后在病房休养一个星期后，瞿某某出院。因感到下肢乏力，瞿某某前往多家医院进行治疗。之后瞿某某便将该医院起诉至人民法院称手术后其身体感到严重不适，背部胀痛持续四五天，左、右腿均出现无力和活动不能的症状。在该医院住院治疗无明显改善，经建

议转到其他医院继续治疗，但至今仍无明显改善，现其双腿均感觉乏力无法站立和行走。经过委托鉴定，不能排除 Q 市第二人民医院的腰麻穿刺手术作为引发因素的可能性，故 Q 市第二人民医院应承担全部责任。

在审理过程中，依瞿某某申请，法院委托相关具有资质的鉴定机构进行鉴定，鉴定结果显示该医院对患者的病情诊断正确，但是在麻醉方式选择实施中存在不妥，不能排除腰麻穿刺对患者胸椎结核迟发性瘫痪为诱发因素，医方医疗行为对患者右下肢功能障碍的参与度约为 10% 左右。Q 市第二人民医院在原审答辩称：经过鉴定，手术腰麻失败不会导致瞿某某上神经元损伤，瞿某某下肢功能障碍是因其本身胸椎管狭窄症导致，医院的整个治疗过程符合诊疗规范。医院的医疗行为只是导致瞿某某右下肢功能障碍的可能诱因。

▌分析

医疗损害赔偿责任中的因果关系是指存在于医疗过失行为与医疗损害后果之间的引起与被引起的关系，该因果关系是医方承担医疗损害赔偿责任的重要条件。在患方自身身体因素与医疗过失行为竞合的状态下，患方的损害后果系由患方的原发性疾病与医方医疗过失行为共同导致，因此，应根据医疗过失行为与原发性疾病在导致患方最后的损害后果中的原因力来确定医方应承担的责任比例。在本案中经过法院委托的司法鉴定机关对上述情况做出了鉴定结果。

在本案例中患者的体质也是造成损害发生的原因之一。瞿某某为严重的脊柱侧弯后凸畸形，一般情况下不选择腰麻方式，因为成功率低下。医方腰麻失败后再改用全麻方式，增加病人痛苦。腰麻失败情况是指未能有效注入麻醉药物，穿刺过程中患者并无下肢不适症状，腰麻穿刺（失败）不会导致上神经元损伤，但不能完全排除腰麻穿刺对瞿某某胸椎结核迟发性瘫痪为诱发因素。鉴定意见 10% 的责任认定也表明瞿某某的右下肢功能障碍主要是由其自身的原发性疾病所致，医方的医疗过失行为仅仅与瞿某某自身因素存在竞合的可能，该可能性仅为不能排除诱发因素。法院根据鉴定机构确定的医方过失的参与度，认定 Q 市第二人民医院对瞿某某的损失承担 10% 的责任。

在医疗损害责任中，因果关系作为医疗侵权的一个重要的构成要件，患者在现实的维权中一定要注意既要考虑损害的事实，又要考虑损害事实和医疗行为之间的因果关系，当二者之间不具备因果关系时，可能就不是医疗行为带来的侵权，而在本案例中，正是患者自身行为与医疗行为之间竞合的情况。但是因果关系往往并不好进行判断，现实中因果关系的判断多是由专业权威的鉴定机构来做出，法院往往在此基础上，结合案件的事实做出判断。

5. 麻醉出现失败情形，医生实施手术造成损伤需承担责任

▍案情介绍

2006年12月22日，原告戚某某骑摩托车摔伤后到被告医院住院治疗，被诊断为右胫骨平台骨折，经医院行切开复位内固定术，于2007年4月出院。2008年4月16日，原告戚某某又到该医院住院，做右胫骨骨折内固定钢板取出手术，同月18日上午9时，医院在硬外膜麻醉下，给戚某某行右胫骨骨折内固定钢板取出术时，因硬外膜麻醉失败，在改为局部麻醉后仍然失败的情况下继续手术，造成戚某某右腘动脉和静脉损伤。事情发生后，医院未将戚某某右腘动脉被割断的情况及时告知其和家属，进行移植血管吻合，该手术失败后，戚某某于同月19日被医院转往中国人民解放军第四军医大学西京医院（下称西京医院）住院治疗。经诊断为右胫骨骨折内固定取出术后血管损伤，该院急行手术医疗时，切开探查发现戚某某右下肢因长时间缺血已导致右大腿以下肌肉深度坏死，遂将戚某某右下肢截肢。事故发生后，医院支付了戚某某在西京医院治疗期间的医疗费、误工费、住院伙食补助费和营养补助费等。2008年6月，戚某某和医院协商后，由医院出资338 000元为戚某某装配了德国奥托博克C－LEG智能仿生大腿假肢。2008年10月23日，双方委托司法鉴定机构进行鉴定，司法鉴定机构出具了司法鉴定意见书，鉴定意见为，伤者戚某某右下肢股骨中下段以远缺失，其伤残等级评定为四级伤残；劳动能力丧失程度评定为完全丧失劳动能力。2009年1月12日，该所又做出了新的司法鉴定意见书，鉴定意见为：伤者戚某某右下肢损伤，其护理依赖程度评定为部分护理依赖。后戚某某与医院就具体赔偿事宜协商无果，诉至法院。后经过鉴定此医疗事故的等级为三级丙等医疗事故。

▍分析

公民的生命健康权和其他合法权益受法律保护。戚某某因车祸后在医院住院行钢板固定取出术时，双方建立了医患关系，医院作为提供医疗服务的一方，应负有治愈患者并保证患者人身安全、肢体及器官完整的义务和责任。医院在给戚某某行右胫骨骨折内固定取出术时失败，造成戚某某右患肢膝上被截肢的后果，其行为经医疗事故技术鉴定，属于三级丙等医疗事故，医方承担完全责任。因此，医院对其医疗行为给戚某某造成的人身损害，应承担全部赔偿责任，但具体赔偿项目和赔偿标准，应依据法律规定计算。

根据《医疗事故分级标准（试行）》的规定，三级丙等医疗事故是：器官

大部分缺损或畸形，有轻度功能障碍，可能存在一般医疗依赖，生活能自理。例如造成患者下列情形之一的：①不完全性失用、失写、失读、失认之一者，伴有神经系统客观检查阳性所见；②全身瘢痕面积 50%～59%；③双侧中度周围性面瘫，临床判定不能恢复；④双眼球结构损伤，较好眼闪光视觉诱发电位（VEP）>140 ms（毫秒），矫正视力 0.01～0.3，视野半径 <20°；⑤双耳经客观检查证实听力损失大于 56 dbHL（分贝）；⑥喉保护功能丧失，饮食时呛咳并易发生误吸，临床判定不能恢复；⑦颈颏粘连，影响部分活动；⑧肺叶缺失伴轻度功能障碍；⑨持续性心功能不全，心功能二级；⑩胃缺损 1/2 伴轻度功能障碍；⑪肝缺损 1/4 伴轻度功能障碍；⑫慢性轻度中毒性肝病伴轻度功能障碍；⑬胆道损伤，需行胆肠吻合术；⑭胰缺损 1/3 伴轻度功能障碍；⑮小肠缺损 1/2 伴轻度功能障碍；⑯结肠大部分缺损；⑰永久性膀胱造瘘；⑱未育妇女单侧乳腺缺失；⑲未育妇女单侧卵巢缺失；⑳育龄已育妇女双侧输卵管缺失；㉑育龄已育妇女子宫缺失或部分缺损；㉒阴道狭窄不能通过二横指；㉓颈部或腰部活动度丧失 50% 以上；㉔腕、肘、肩、踝、膝、髋关节之一丧失功能 50% 以上；㉕截瘫或偏瘫，肌力 Ⅳ 级（四级），临床判定不能恢复；㉖单肢两个大关节（肩、肘、腕、髋、膝、踝）功能部分丧失，能行关节置换；㉗一侧肘上缺失或肘、腕、手功能部分丧失，可以手术重建功能或装配假肢；㉘一手缺失或功能部分丧失，另一手功能丧失 50% 以上，可以手术重建功能或装配假肢；㉙一手腕上缺失，另一手拇指缺失，可以手术重建功能或装配假肢；㉚利手全肌瘫，肌力 Ⅳ 级（四级），临床判定不能恢复；㉛单手部分肌瘫，肌力 Ⅲ 级（三级），临床判定不能恢复；㉜除拇指外 3 指缺失或功能完全丧失；㉝双下肢长度相差 4 cm 以上；㉞双侧膝关节或者髋关节功能部分丧失，可以行关节置换；㉟单侧下肢膝上缺失，可以装配假肢；㊱双足部分肌瘫，肌力 Ⅲ 级（三级），临床判定不能恢复；㊲单足全肌瘫，肌力 Ⅲ 级（三级），临床判定不能恢复。

二、医生实施手术引发的纠纷

1. 医院违反手术同意书实施了其他的方案，是否构成侵权

▌案情介绍

2010 年 6 月 14 日，原告发现右乳绿豆大小的包块、乳头溢液到被告处就诊，并于同年 6 月 27 日准备手术治疗，原告在被告的《手术知情同意书》上明确签署"同意手术、要求保乳"的意见。但被告在实施手术时，将原告右乳全部切除，致原告伤残。原告的病情诊断为低级别导管内原位癌，完全可以实施

保乳，被告的诊疗行为侵犯了原告的合法权益，故诉至法院，请求判令：被告赔偿原告医疗费 14 824.5 元、伤残赔偿金 57 468 元、误工费 20 736 元、营养费 2560 元、护理费 6400 元、住院伙食补助费 6400 元、交通费 1462 元、鉴定费 2200 元、继续治疗费（行硅胶假体乳房再造术）6 万元、被抚养人生活费 9533 元、精神损害赔偿金 8 万元，合计 261 583.5 元。

被告辩称：被告对原告的诊疗行为，符合原告病情和诊疗规范，并无过错，请求法院驳回原告诉讼请求。

经审理查明：2010 年 6 月 27 日，原告刘某因"右乳包块一月余"入住被告宜昌市第一人民医院，经检查：右乳晕外下可触及约 0.8cm×0.5cm 肿块、压痛，压迫后可见乳头渗液。次日，宜昌市第一人民医院分析认为可能为肿瘤，行术前准备，拟进行手术治疗。

同年 6 月 29 日，刘某签署《手术知情同意书》时明确表示"同意手术、要求保乳。"次日，刘某在全身麻醉的情况下，行乳房切除手术，病检报告为右乳导管内原位癌。宜昌市第一人民医院在向患者家属交代病情后行右乳腺癌改良根治术，术后对症支持治疗至 11 月 1 日出院。为此，刘某住院 128 天，花去医疗费 14 824.5 元。期间，刘某以宜昌市第一人民医院侵权为由，向法院提起诉讼。

诉讼中，刘某、宜昌市第一人民医院分别申请了司法鉴定。经湖北同济法医学司法鉴定中心鉴定出具同济司法鉴定中心（2010）法医临床 0784 号司法鉴定意见书：刘某伤残程度为九级，后期治疗费（行硅胶假体乳房再造术）6 万元。宜昌市医学会出具宜昌医鉴（2011）3 号医疗事故技术鉴定书：患者导管内癌，邻近乳晕，保乳存在风险，医方切除右乳符合操作规范，患者右乳缺失是因疾病乳腺癌所致，本病例不属于医疗事故。但医方的过失为：切除右乳与患者术前意愿冲突，无家属谈话记录及签字。宜昌市第一人民医院垫付 2000 元鉴定费。

▌分析

手术知情同意书不仅规范患者的同意权，也是医生在手术前对患者履行告知义务的重要体现。在术前确定的手术方案，一般不应随意修改，否则就会违背患者的意愿。本案中原告因右乳患恶性肿瘤（乳腺癌）到被告处就诊，被告同意救治，并采取了诊疗措施，双方形成医疗服务合同民事法律关系。在诊疗过程中，医方违背患者的意愿，采取了有利于患者的医疗方案，对此，原告选择侵权法律关系并无不当。法院认为，在本案中，医方是否构成侵权、侵权结果的确定两个问题是案件争议的焦点。

1. 关于被告是否构成侵权问题。本案中,原告患有危及生命的严重疾病,是不争的事实,医方向患者提出的救治方案,原告有知情权、同意权和自主决定权。原告的意愿是"同意手术,要求保乳",意思表达确定无误,即原告的价值取向是追求美丽,放弃追求健康的生命。原告依法享有这种处分权,其意愿符合法律规定。

作为医方,被告应该充分尊重患者的这种知情权、同意权和自主决定权,不得擅自更改和违背患者的意愿。在具体的救治过程中,虽然被告切除右乳符合操作规范,但采取了违背患者意愿的救治措施,操作过程中存在明确过错,即"切除右乳与患者术前意愿冲突,无家属谈话记录及签字"。由此,被告侵权事实成立,过错明显,依法应该承担相应的民事责任。

2. 关于原告的损害结果确定问题。被告在对原告疾病诊疗过程中虽然存在明显的过错,给患者造成了伤害,但被告的诊疗方案符合相关诊疗规范,即被告的诊疗行为并不构成医疗事故,被告的侵权仅限于特定的对象、特定的时间和特定的条件给原告的美丽造成了损害,即造成了精神损害,侵犯了原告的精神健康权,致原告精神焦虑、忧愁和苦闷,原告请求的其他损失与被告的侵权行为没有因果关系,是其自身疾病造成的,法院依法不予支持。

由本案也可以看出,在此类案件中,医生的行为既要符合医疗操作规范,也要尊重患者的意愿。即使医生遵循了操作规范,也不能违背患者的意愿。在违背患者意愿的情况下实施的手术行为也属于侵权行为,医院应当承当相应的责任。

2. 医院在无手术指征的情形下对患者进行手术,是否构成侵权

▌案情介绍

原告有一部三桥六轮汽车。原告欲将一块大理石以 800 元的价格出售给周某某。当日下午,原告无证驾驶车送石头,同在驾驶室的有吴某某之弟吴某、周某某及街邻余某某。车行至半路时,由没有驾驶证的周某某驾驶。车行至一个村庄附近时,因与一辆客车会车时打方向过急,该车翻倒在公路上。原告的手臂被挤在车门下,后将原告拉出发现其已骨折,遂送至某镇中心卫生院治疗。接诊医生丁某某(脑外科医生)看过伤情后认为需截肢,遂对原告左手臂 1/3 处进行截肢,原告在该院治疗两个月。因截肢后伤口不能愈合,遂转院至南召县人民医院治疗,并在一个星期后做了残端修复手术,治疗一个月后出院。原告在某镇中心卫生院的医疗费由周某某支付,在县医院的医疗费用 4441.12 元

由原告支付。后原告以左上肢伤势未达到截肢程度，且未经家属同意，术后提前拆线造成创面感染，导致再次手术截肢等理由与某镇中心卫生院发生纠纷。该县医疗事故鉴定委员会鉴定为不属医疗事故。原告又申请南阳市医疗事故鉴定委员会重新鉴定，该会鉴定结论为不属医疗事故，但指出被告卫生院在做截肢手术前未履行审批手续及签订手术协议，违背有关规定，应进行整顿，并对当事人严肃处理。

另外法院经过调查，根据《急症骨科学》的论述，急症截肢手术的目的仅限于挽救患者生命，避免延误造成截肢水平面的上升。早期截肢的绝对适应证为：①并发动脉损伤的开放性骨折或关节脱位并胫后神经断裂。②并发动脉损伤的开放性骨折或开放性关节脱位合并大量软组织缺损，严重污染，严重粉碎和多段骨折或大量骨缺损进而严重影响功能。另外，审理中法院对原告的伤情及提交的用药情况进行了鉴定和审查，其伤情为重伤，部分丧失劳动能力，所提交的4441.12元医疗费用中38元属不合理用药。还查明原告有一生于1990年7月的男孩，其爱人为农民。另据患者所在市肢体康复中心介绍，该中心经营的假肢分为装饰、机械、肌电三种类型，机械性能假肢价格在3100元～3700元一支；肌电为41 000元一支，设计使用年限为4年～5年，原告需6支。

▌分析

一审人民法院认为：原告将自己的车辆交给无驾驶证的人驾驶，对损害后果的发生负有一定责任。被告周某某无证驾驶他人车辆，发生事故后虽已承担部分费用，但对原告还应承担相应的赔偿责任。某镇中心卫生院在治疗原告伤情时过于自信，缺乏责任心，在没有与有关人员会诊，履行有关批准手续，征得家属同意，且无确切手术指征的情况下行截肢术，侵害了原告的健康权，应承担主要赔偿责任。

二审人民法院认为：吴某某将汽车交给没有驾驶证的周某某驾驶导致发生交通事故，对该损害的发生吴某某、周某某均负有一定责任。在吴某某受伤后被送至某镇中心卫生院诊疗过程中，值班医生做了初诊，在事后补写的病历记录中诊断为"开放性粉碎性骨折，软组织撕脱性缺损，多发性擦伤"，在诉讼中即为一方当事人陈述，无其他证据相印证，且与对方当事人的陈述不尽一致；又根据《急症骨科学》的论述来看，即使依据初诊医生的如此诊断也难以对症，再根据权威著作《黄家驷外科学》"截肢术"的论述，其适应证为"严重创伤、肢体极其严重的碾挫伤，使皮肤、肌肉、神经、血管以及骨骼处于无法修补的状态"来看，某镇中心卫生院初诊吴某某的伤情未达到"皮肤、肌肉、神经、血管、骨骼"处于无法修补的状态。且在手术时未进行会诊、与家属签订手术协议，在此情况下为原告行截肢手术，侵害了吴某某本人健康权，被告对原告所造成的损害后果负有主要赔偿责任。原审依据有关规定确定其赔偿的医疗费、护理费、误工费、生活补助费、假肢费、被扶养人的生活费均符合事实，处理是适当的。上诉人上诉称不是医疗事故不负赔偿责任无法律依据，上诉人称假肢费用等不实但未提供相反证据，故其上诉理由不能成立。最终法院驳回上诉，维持原判。

本案发生的时间较早，在《侵权责任法》实施之前，但根据现在《侵权责任法》相关条文的规定即可认定医院的错误。本案也是一个不构成医疗事故的案例，但是法院根据医生实施医疗行为时未进行会诊，且未与家属签订手术协议等事实，并根据较为专业的《急症骨科学》《黄家驷外科学》权威著作认定医疗机构的医疗行为存在过错，最终判决医疗机构承担责任。

3. 医生对手术估计不足，导致手术出现失误的责任

▌案情介绍

原告高某某因患子宫腺肌症到被告某大学医学院附属医院治疗，行子宫全切除术后，出现右侧输尿管梗阻伴右肾积水。后原告转至长海医院治疗，发现输尿管右侧壁及腹侧壁有缝合丝线。经原告申请，法院委托司法鉴定科学技术研究所司法鉴定中心对被告的医疗行为是否存在过错、与原告的损害后果之间是否存在因果关系、参与度是多少进行了司法鉴定。鉴定机构认为：被告某大学医学院附属医院对原告高某某的"子宫腺肌症"诊断成立，具有手术指征，对原告施行"全子宫切除术"符合诊疗常规。根据长海医院输尿管镜检查证实，原告高某某右侧输尿管下段被多重结扎，表明被告医院手术操作存在不当，术中误扎（或缝扎）右侧输尿管下段，其在医疗行为中未尽到高度注意义务及危险后果回避义务，存在过错。原告高某某输尿管下段梗阻发生于手术之后，且梗阻部位与缝线结扎部位基本一致，输尿管梗阻符合输尿管下段缝扎所致状况，并导致了其后发生的右肾积水。故原告术后发生的输尿管下段梗阻及右肾积水与被告医院的诊疗过错之间存在因果关系，参与度拟为80%～90%。该鉴定花费鉴定费8600元。

本案在审理过程中，经原告申请，法院委托青岛正源司法鉴定所对原告的伤残等级进行了司法鉴定，鉴定机构认为：原告高某某右输尿管下段梗阻伴右肾积水，右侧输尿管膀胱再植术，右侧输尿管行走异常，右肾积气、排尿障碍。此损伤参照中华人民共和国国家标准（GB/T16180－2006）《劳动能力鉴定—职

工工伤与职业病致残等级》5.7 条之规定，综合评定属七级伤残；原告高某某输尿管梗阻（右侧），输尿管膀胱再植术后，符合上述标准 5.9 条之规定，属九级伤残。该鉴定花费鉴定费 1500 元。

▊分析

本案例是医院在手术过程中，对将要实施的手术不能充分估计，因此给患者造成损害，应当认定医院存在过错。在本案中，原告因"子宫腺肌症"到被告医院住院治疗，被告医院对原告诊断明确、手术指征正确。但在术中未充分认识到因原告自身子宫体积较大、可能压迫输尿管使其走形变异的情况，以及因此给手术视野的暴露所造成的影响，对手术的复杂性及出现的困难局面估计不足，未在充分保护输尿管的情况下实施手术，致使原告术后出现右侧输尿管梗阻、肾积水的损害后果。被告医院的医疗行为存在过错，与原告的损害后果之间存在因果关系，其应当向原告承担赔偿责任。法院参考鉴定意见书的鉴定意见，酌情认定被告承担 80% 的过错责任比例。

根据我国《侵权责任法》的相关规定，患者在医疗活动中受到损害，医疗机构及其医务人员有过错的，由医疗机构承担赔偿责任。

4. 医生在手术中错误摘除患者正常的器官的责任

▊案情介绍

王某某于 1997 年 3 月 20 日因病入住某医院外科。同年 4 月 4 日，该医院对王某某做"剖腹探查及乙状结肠造口还纳术"。术中，王某某的右卵巢被切除。尔后，医院不慎将其切除的右卵巢标本丢失。王某某出院后感觉身体不适，便到该医院做检查，医院为王某某作 B 超检查发现："左附件囊块、无右卵巢存在"。嗣后，王某某与医院为右卵巢被切除事项进行赔偿协商未果。随后，王某某到北京肿瘤医院检查，于同月 21 日入住该院，入院诊断为"乙状结肠癌术后左卵巢转移"。同年 11 月 6 日，肿瘤医院对王某某进行剖腹探查、左卵巢及囊肿切除术。之后王某某将医院起诉至法院，要求其承担赔偿责任。2003 年 9 月，根据王某某的申请，法院委托专门的机构进行鉴定。2004 年 2 月，鉴定机构做出法医学鉴定书，该鉴定书的意见为：①医院应对擅自切除王某某右侧卵巢并遗失卵巢标本的过错承担责任。②北京肿瘤医院应对王某某双侧卵巢缺失后全身雌激素水平下降，导致生理机能紊乱这一不良后果承担主要责任。③王某某可每半年进行一次内分泌检查，激素替代疗法可进行到 50～55 岁，所用药品以安全性较高，副作用较小的利维爱为首选。

▌分析

本案例是医院在实施手术的过程因为自己的失误，而错误实施了诊疗行为造成患者人身伤害的案件。

公民的生命健康权受法律保护。原告王某某因病分别到某医院和肿瘤医院就医，其双侧卵巢被某医院、肿瘤医院各切除一个，导致三级伤残。根据鉴定结论，二被告对此均负有责任，对王某某所受到的损害均应承担相应的赔偿责任。鉴于王某某所受到的损害系多因一果的侵权行为所致，且肿瘤医院所负的医疗注意义务要比某医院大，故王某某受到的损害应由肿瘤医院承担主要责任，某医院承担次要责任。且某医院、肿瘤医院的赔偿责任独立，不承担连带责任。公民享有生命健康权，公民的人身权利受法律保护，侵害公民人身权利造成损害的，赔偿权利人有权要求赔偿义务人赔偿相关损失。

5. 手术未达到预期的治疗效果，医疗风险由谁承担

▌案情介绍

2007 年 3 月 27 日，原告因"腰骶部酸痛不适一年余"至被告 LB 医院治疗。经初步诊断：骶管囊肿。同年 3 月 28 日，被告 LB 医院请外院神经外科医师会诊后对原告行"骶 1 椎管内囊肿切除术"，术后病理检验报告显示：符合骶管囊肿。同年 4 月 8 日，原告出院。

3 个月后，原告因术后身体不适，至被告附属医院就诊，经过检查，医生认为属于管内囊肿术后复发。随后原告因"双侧大腿疼痛四月余"再次至被告附属医院治疗，并由附属医院收住入院。入院诊断：骶管囊肿。经治疗后，原告于 8 月 21 日出院。9 月 27 日，原告又因"腰椎疼痛八年加重半年"再次至被告附属医院住院治疗，仍诊断为：骶管囊肿。9 月 29 日，被告附属医院对原告行"骶管囊肿部分切除＋马尾神经根松解移位术"。术后，被告附属医院对原告对症支持治疗。10 月 8 日，病理检验报告显示：（骶骨）纤维囊壁样组织，符合囊肿。10 月 14 日原告出院。出院后，原告因身体仍有不适，先后又辗转至多家医院进行了治疗，但并未减轻其症状。原告认为被告 LB 医院和附属医院在对其诊疗过程中存在医疗过错行为，手术不成功因而导致其目前症状加重。为此，原告于 2008 年 7 月向法院提起诉讼。

原告起诉后，向法院提出司法鉴定申请，要求鉴定两被告是否存在医疗过错行为、其是否构成伤残等级及后续治疗费用数额。2008 年 9 月，原告申请撤回要求进行司法鉴定的申请。此后，两被告为证明其对原告实施治疗过程中不

存在过错，分别向法院提出申请，要求进行医疗事故技术鉴定。

随后，医院所在市医学会做出鉴定，结论为：系骶管囊肿就诊，两医疗机构诊断明确，两次手术前均无手术禁忌证，手术方式选择正确，术后处理符合医疗规范。两医疗机构在诊疗过程中无医疗过失行为。患者术后出现症状加重的情形，为该类手术难以避免的并发症。第一次手术前医方与患者沟通不够全面，存在不足，但与患者目前症状无因果关系。不属于医疗事故。

原告对医院所在市医学会的上述鉴定结论不服，于是向法院提出了要求再次进行医疗事故技术鉴定的申请。之后根据申请，省医学会作出鉴定，结论为：患者系骶管囊肿就诊，有临床表现和影像学诊断依据，两家医疗机构诊断明确，患者无手术禁忌证，手术方式正确，在诊疗过程中无医疗过失行为。患者目前表现的症状加重，为该手术难以避免的并发症。医方第一次手术前与患者沟通不够到位，存在不足，但与患者目前症状无因果关系。不属于医疗事故。

▋ 分析

原告在诉讼中申请了两次司法鉴定，从鉴定的结果来看，被告医院在诊疗活动中并未出现不符合诊疗规范的行为，在这种情况下，患者（原告）出现目前的症状，其结果应由谁来承担？手术未达到治疗的效果，是否意味着手术不成功？

在医患关系中，如果出现了损害赔偿，在我国《侵权责任法》中规定的是过错推定，即由医院证明其实施的诊疗行为不存在过错。原告认为两被告在不具备手术指征和手术等级、违反医疗规范的情况下对其实施手术，导致手术失败，两被告均存在医疗过错行为，应当承担赔偿责任。根据《最高人民法院关于民事诉讼证据的若干规定》中关于举证责任承担的相关规定，两被告应就其医疗行为不存在过错、医疗行为与损害结果之间不存在因果关系承担举证责任。为此，两被告依法向法院提出申请，要求进行医疗事故技术鉴定。经省、市两级医学会鉴定，其结论均认定两家医疗机构诊断明确，患者无手术禁忌证，手术方式正确，在诊疗过程中无医疗过失行为。上述鉴定结论，经双方当事人质证，具备证据的客观性、合法性和关联性，应当作为本案定案的依据。原告主张两被告在对其实施治疗过程中存在过错行为，导致其受到人身伤害缺乏事实依据，法院对其主张不予采信；其要求两被告赔偿其损失的请求于法无据，不予支持。但省、市医学会的鉴定结论同时明确表明：LB 医院在第一次手术前与患者沟通不够到位，存在不足，但与患者目前的症状无因果关系。根据该结论可以认定，被告 LB 医院在对原告治疗过程中未将患者的病情、医疗措施、医疗风险等充分告知患者，故被告 LB 医院存在侵犯原告部分知情权的情形，被告 LB 医院应酌情赔偿原告一定的经济损失。

原告认为其之后就医的医院均诊断手术失败，两级医学会的鉴定不应采信。法院认为手术失败意指手术不成功，其既可能是患者本身病情所致，也可能是医院诊疗过程中存在过错所致，故不能以手术失败简单推论 LB 医院、附属医院在诊疗过程中存在过错，亦不能以此简单否定两鉴定结论。原告又认为医学会鉴定人员未到庭接受质询，故医学会的鉴定不应采信。医学会所做出的鉴定结论为书证，鉴定人员不出庭作证不影响医疗事故技术鉴定书的证据效力。

关于风险的承担。众所周知，基于现有认识水平和医疗技术，医疗中的风险不可避免。根据权利、义务对等原则，患者既应是医学的受益者，也应是医疗风险的承担者，不应由医疗机构承担医疗风险。患者在面临医疗风险时，会根据自身情况做出相应选择。在风险很大、病情轻微的情况下，患者往往不会选择手术；相反，如果病情严重，即使具有相当风险，患者亦会选择手术。因此医院作为专业的诊治机构，其医师具有丰富的医学知识，应当充分告知患者的病情、医疗措施、医疗风险，以便患者自行判断是否愿意承担相应的医疗风险。本案中，LB 医院、附属医院在诊疗过程中无过失行为，且省医学会认为"患者目前表现的症状加重，为该手术难以避免的并发症"，故可以认定原告目前的损害结果系手术风险所致，LB 医院、附属医院就其诊疗过程不应承担责任。但 LB 医院在与原告的沟通中存在一定过错，未充分告知原告手术中存在的风险，使原告失去了全面权衡利弊、决定手术与否的机会。换言之，如果 LB 医院充分尽到告知义务，原告就有可能基于风险的考虑而不进行手术，从而不会发生损害结果，因此 LB 医院应就此过错给予原告适当赔偿。法院注意到原告手术症状明显，LB 医院也告知了术后可能出现复发、马尾综合征等情况，仅是存在"与患者沟通不够到位"的不足，过错较轻。退一步而言，即使 LB 医院详尽告知了原告手术风险，在当时的情况下，原告仍极有可能选择手术，故 LB 医院所承担的责任不宜过重。

6. 医院在对病变器官实施手术的过程中切除了其他问题器官是否承担责任

▌案情介绍

1999 年 5 月谷某某因患卵巢囊肿、子宫肌瘤，在 B 医院做 B 超、内诊检查，诊断为子宫肌瘤、左侧卵巢囊肿。同年 5 月 21 日 B 医院对谷某某实施手术，将谷某某右侧卵巢切除并行子宫次全切术。省医疗事故技术鉴定委员会确认 B 医院对该患者右侧正常附件切除无依据，已构成二级乙等医疗事故。经省高级人民法院法医学鉴定谷某某伤残八级。

原告诉称：我因患卵巢囊肿和子宫肌瘤，术前的 8 次 B 超检查和多次人工探查及内检，均一致诊断为子宫肌瘤，左侧卵巢囊肿，手术医生在此基础上制定了切除子宫肌瘤和左侧卵巢切除术的决定方案。次日在施行手术的过程中，术者对原告做了子宫次全切和右侧卵巢切除。4 个月后原告仍感不适，当到医院复检时发现左侧病变的卵巢依然存在着，而右侧无病的卵巢却被切除了。

被告辩称：对原告的子宫肌瘤进行次全切，根据手术中的亲眼所见施行的右侧卵巢囊肿切除属正常医疗行为，不存在失职或过失问题，而是对患者肌体负责。谷某某手术后 4 个月时间有规律的月经，反映出卵巢无功能障碍发生，更谈不上对其他一些病症的直接或间接的影响。

一审法院查明下列事实：根据原告的术前多次检查均确定为左侧卵巢囊肿（是单侧病变），但术中将右侧切除，无证据证实切下的是病变器官，属不正常医疗行为。术前未向原告履行告知义务，即切除原告右侧卵巢，致使原告误以为摘除的是左侧卵巢，当原告出院后感觉症状不见好转时到医院复检才知患病器官并未切除，已构成对原告身心健康的侵害。经两次医疗事故技术鉴定委员会鉴定确认，被告的过错行为已构成二级乙等医疗事故。本院在审理过程中经本院司法活体伤残鉴定和省高级人民法院司法活体伤残鉴定确定为八级伤残，本院予以确认。

▌分析

《医疗机构管理条例》第 33 条规定："医疗机构施行手术，特殊检查或者特殊治疗时，必须征得患者同意，并应当取得其家属或者关系人同意并签字；……无法取得患者意见又无家属或者关系人在场，或者遇到其他特殊情况时，经治医师应当提出医疗处置方案，在取得医疗机构负责人或者被授权负责人员的批准后实施。"《医疗事故处理条例》第 11 条规定："在医疗活动中，医疗机构及其医务人员应当将患者的病情、医疗措施、医疗风险等如实告知患者，及时解答其咨询；但是，应当避免对患者产生不利后果。"医院在根据术前多次检查确定对病变器官实施手术的过程中，对亲眼所见的病变器官进行了切除手术，但医院并没提出证据证明该切除的器官存在病变，即使存在病变，医院也应向患者说明，告知治疗的方案，由患者决定是否实施手术，因此，医院在未尽到告知义务的情况下，擅自实施手术属于一种侵权行为，应该承担相应的民事责任，造成精神损害的予以相应赔偿。

因此医院在实施诊疗活动时，应当严格依据相应的合同，在手术实施过程中，应当严格依据医疗操作规范，不能在手术中随意变更手术方案，或者擅自实施手术。如果出现上述情况，造成损害的，应当由医疗机构承当相应的责任。

三、术后处置不当产生的纠纷

1. 患者未依照医务人员的告知进行康复训练出现并发症

▌案情介绍

原告卢某某因车祸致左大腿肿痛畸形、活动受限1小时，于2006年6月23日到被告医院骨科就诊，经过一系列检查诊断后，发现卢某某系左股骨下段粉碎性骨折。原告住院进行治疗，被告予以抗炎、止血、消肿以及左下肢胫骨结节骨牵引等治疗。因被告拟对原告行切复内固定术，被告医生向原告说明：①内固定植入物系金属材料，具有最终疲劳断裂的特性，术后可能发生植入物的断裂、松动致手术失败的情形；②植入物进入人体后，处于一个始终变化的酸、碱生理体液环境中，可能会导致植入物腐蚀，加快内固定植入物断裂，极个别会发生过敏反应，导致植入物螺钉松动，同样导致手术失败；③内固定植入物进行内固定术后，不能够承受相当于正常健康骨骼的负载，在骨未愈合时增加负载会导致植入物断裂、松动而导致手术失败；并告知原告在采取内固定术后应严格按照医嘱进行功能锻炼，不能擅自下地负重行走，以免影响骨折愈合，出院后至少每月一次来医院接受检查和医生指导。次日被告为原告行左股骨骨折切复内固定术，术中见原告左股骨中下段粉碎性骨折，被告予以拔牵引解剖复位，取12孔股骨限制钢板固定。同年经复查，原告左侧股骨下段骨折钢板内固定术后，骨痂形成欠明显，无明显移位及软组织异常。7月12日被告对原告的切口拆线，行左下肢长腿管型石膏固定，后原告出院，出院时被告医生告知原告继续休息4个月，半月内门诊复查。

随后原告在另外一医院拆除了左下肢长腿管型固定石膏，同月原告因肿胀疼痛到新昌县张氏骨伤医院就诊，服中药治疗。原告因为疼痛再次去某骨伤医院就诊，经检查：左膝屈曲受限，左股骨下段骨折未见骨痂形成，对位对线号，继续服中药治疗。过了一段时间，原告仍未康复，便到某人民医院就诊，经检查左股骨内固定物松动，考虑左股骨陈旧性骨折、左膝关节僵直、一枚螺钉断裂，之后原告在医院又接受治疗。

原告治愈出院后认为是被告的医疗行为导致了患者左股骨内一枚螺钉断裂

而重新手术的后果，为此向法院提起诉讼，法院在审理过程中经被告申请，委托所在市医学会对该医疗事件进行鉴定，该市医学会作出医疗事故技术鉴定书，认为被告医院对患者的诊疗符合医疗常规，对疾病预后、可能出现的并发症等告知到位，患者后来内固定断裂，是骨不连所致的手术并发症，从患者提供的X片显示，因患者石膏已拆除，骨不连可能与过早拆除石膏有关，本病例不属于医疗事故。

▎分析

此案例是患者在手术完成后，未听从医生的嘱托，也未进行相应的复查导致的结果，在这种情况下，医疗机构是否需要承担责任？

人民法院认为：被告在对原告行左股骨骨折切复内固定术前，明确告知原告内固定植入物进行内固定术后，不能够承受相当于正常健康骨骼的负载，在骨未愈合时增加负载会导致植入物断裂、松动而导致手术失败的后果，不能擅自下地负重行走，以免影响骨折愈合等内容，而原告却在术后不到两个月的时间内拆除了左下肢长腿管型固定石膏，加重了患肢的负担，因此原告左下肢内固定断裂是骨不连所致的手术并发症，并非是被告的不当医疗行为所致，故原告主张被告的医疗过失行为造成其严重经济损失的理由不能成立，据此原告要求被告赔偿医疗费、误工费、护理费、精神抚慰金的请求不应予以支持。因此卢某某的诉讼请求被法院驳回。

医务人员按照医疗卫生方面的法律法规、诊疗规范对患者进行治疗，且诊断病情正确，治疗措施得当；在治疗过程中为防止患者受到不必要的伤害始终保持谨慎、勤勉的态度；术前的治疗方法、治疗会取得的效果、存在的风险、可能产生的并发症及后遗症、患者在治疗期间的注意事项等情况均如实告知了患者，应认定医院及其医务人员无医疗过错，对患者遭受的人身损害，医疗机构不承担赔偿责任。患者的损害结果完全是由个人不遵守医生嘱托造成，医生的治疗行为与患者的损害结果无关，医疗机构无须承担损害赔偿责任。

2. 手术出现并发症，患者要求赔偿是否合理

▎案情介绍

林某某因交通事故受伤后于2008年9月17日被送到中山二院治疗，入院诊断为左尺骨冠状突粉碎性骨折。入院后，因林某某需行手术，中山二院在手术前以书面的形式告知其手术的风险。对此，林某某分别在《手术同意书》《麻醉知情同意书》上签名。其中《手术同意书》上记载："医师已向患者或家属

（或患者单位同志）详细介绍了有关手术的必要性、危险性、手术中能发生的各种情况（包括由于术中具体情况需要临时改变手术方案）、可能发生麻醉或术后的并发症及意外等。备注：……5、异位骨化致左肘功能障碍……"中山二院于2008年9月24日在臂丛神经麻醉下对林某某行左尺骨冠状突骨折切开复位、螺钉内固定术，术后辅以长臂石膏托外固定。后林某某于2008年11月5日出院。出院后林某某因左手麻木、乏力，多次在广州中医药大学附属骨伤科医院和中山大学附属第二医院进行门诊治疗。2009年3月10日，林某某因左手麻木、左肘畸形再次到被告处就诊，诊断为左肘关节内骨折术后并发症，在手部需要进行相应的矫正手术。

本案在审理过程中，原审法院根据中山二院的申请委托广州市医学会对中山二院的医疗行为是否构成医疗事故进行鉴定。鉴定结论为：中山二院的诊断正确；林某某有手术适应证，无手术禁忌证；中山二院的手术切口选择恰当，行左尺骨冠状突骨折切开复位、螺钉内固定术符合关节内骨折复位的相关标准和要求；术后林某某左肘关节功能恢复效果尚可；整个医疗过程符合临床诊疗规范。林某某所诉的损害后果与中山二院的医疗行为及上述医疗不足之间不存在因果关系。

■ 分析

本案是一起手术后出现并发症的案例。一般认为如果医疗机构在手术过程中确实存在不足，是该不足增加了并发症产生的概率，则医疗机构应当承担责任。

本案争议的问题：首先，关于术前告知手术风险的问题，根据《医疗事故处理条例》第11条"在医疗活动中，医疗机构及其医务人员应当将患者的病情、医疗措施、医疗风险等如实告知患者，及时解答其咨询"及《医疗机构管理条例实施细则》第62条"医疗机构应当尊重患者对自己的病情的诊断、治疗的知情权利，在实施手术、特殊检查、特殊治疗时，应当向患者作必要的解释"之规定，中山二院在术前负有向林某某说明病情和医疗措施及如实说明医疗风险并作必要解释说明的义务。现林某某诉称中山二院手术前没有将可能造成肘内翻及左正中神经受损的手术后遗症的风险告知原告，而中山二院称其以《手术同意书》的形式告知手术风险，并称其中"功能性障碍"包括肘内翻及左正中神经受损。鉴于医学领域内的问题具有高度专业性和技术性，中山二院相对于林某某占有专业优势，其在履行说明义务时应以林某某能够理解的方式进行。在本案中，林某某虽然在《手术同意书》上签名，但在中山二院未能充分履行说明义务的情况下，林某某称其在术前对手术可能会造成肘内翻及左正中神经受损的后果并不知情，因此医院在此有过失。

其次，中山二院的医疗行为与林某某左肘畸形之间是否存在因果关系以及中山二院对此是否存在过错。本案经广州市医学会做出医疗事故技术鉴定，其分析意见认为中山二院诊断正确，患者有手术适应证，无手术禁忌证，手术切口选择恰当，手术符合关节内骨折复位的标准和要求。同时指出，林某某左肘内翻畸形的成因由多方面因素引起，包括切口疤痕挛缩牵拉、左肘左尺骨冠状突粉碎性骨折对左肘关节侧副韧带、关节囊的损伤、左肘关节周围异位骨化以及左肘左尺骨冠状突粉碎性骨折解剖复位困难、遗留关节倾斜等。由此可见，林某某的左肘畸形是其原发损伤即交通事故所导致，与中山二院的医疗行为之间并无因果关系，中山二院对此没有过错。

在本案中，由于医院在医疗过程中符合规范，虽出现手术并发症，但通过分析事实可以发现，医院的医疗行为与患者损害之间并不具有因果关系，因此医院不应对此承担责任。因此患者在维权时一定要注意，在某些情况下，虽然医疗机构的行为符合诊疗规范，但是其在实施诊疗行为的过程中确实存在采取措施不当的情形，如果该不当的行为增加了患者出现并发症的概率，那么医疗机构应对此承担责任。其实判断医疗机构是否承担相应的责任，大多数的情况下是判断医疗行为是否构成侵权。

第五章
医疗鉴定与医疗事故相关案例分析及常见问题

1. 对鉴定结果不同意，是否可以再申请鉴定

▌案情介绍

原告方某某在工作时因左小腿被搅拌机绞伤，入住被告同安医院的外科一区治疗。经诊断，方某某的左胫腓骨开放性骨折，左小腿软组织严重挫裂伤。同日下午 1 时许，经方某某的亲属签字同意，同安医院为方某某施行"清创术十左胫骨钢板内固定术"及"左小腿石膏后托外固定术"。一个星期后，方某某要求出院，经劝阻无效，在方某某的亲属立下"自动出院，后果自负"的字据后，同安医院给其办理了离院手续。在出院当天原告方某某入住 M 医院的外科治疗。在住院期间，M 医院为方某某进行手术治疗，术中发现方某某的伤口内留有煤砂泥。

方某某从 M 医院出院后，再次入住被告同安医院的外科治疗。经诊断，方某某的左小腿重度开放性复合伤并感染、左胫腓骨骨折并骨髓炎。10 月 21 日，同安医院为方某某施行"扩创、骨折复位加外固定术、植骨术"中，见一约 5 cm×3 cm×0.3 cm 的死骨。术后，同安医院为方某某施行抗炎、引流等综合治疗，使伤口愈合，方某某休养数日后出院。

3 个月后，原告方某某因左小腿疼痛，再次入住被告同安医院治疗。经过医院检查发现方某某的左小腿畸形，外固定架松动，左小腿比右小腿短缩约 2.5 cm。经抗炎、输液治疗，去除外固定，改石膏管型固定，伤口换药后症状体征好转。在病情好转后，方某某自行离院。

在起诉过程中，经原告方某某申请，C 市同安区医疗事故鉴定委员会做出"不属于医疗事故"的鉴定结论。方某某不服，又向 C 市医疗事故技术鉴定委员会申请再次鉴定。2002 年 5 月 14 日，C 市医疗事故技术鉴定委员会鉴定后认

为：该患者急诊入院时，左小腿外伤严重，伤口严重污染，软组织绞裂，骨折端外露，髓腔有大量泥沙等污物，属ⅲ型a类开放性骨折，易发生术后感染，治疗其骨折应以外固定架方式为适当。结论是：不属于医疗事故。

经被告同安医院申请，法院委托C市中级人民法院司法技术鉴定处对原告方某某的医疗过程进行鉴定。该处出具的鉴定意见书认为：方某某左小腿外伤创面较大，局部肌肉组织毁损污染严重，胫腓骨开放性粉碎性骨折，断端髓腔泥沙填塞，是造成并发伤口感染及骨髓炎的内在因素，虽经医院清创内固定手术等治疗，但并发症仍不可避免地发生。第二次行清创植骨术后骨髓炎消失，但由于骨折断端融合使左下肢短缩，踝关节部分功能障碍。方某某的伤残后果系损伤及损伤后的并发症所致，与医疗行为之间无直接因果关系。方某某伤后出现的并发症，与其伤口污染严重有直接关系，即使当时对伤口清创更彻底些，也难以保证不并发感染和骨髓炎。同安医院对方某某伤后采取的治疗措施、治疗原则、治疗方式，符合医疗规范。

庭审中，经被告同安医院申请，法院准许骨科专家杨某某作为专家证人出庭作证。杨某某专家的意见是：原告方某某的伤情是ⅲ型a类开放性骨折，属于较重的骨折类型，客观上不可能彻底清创，发生骨髓炎并发症难以避免；导致方某某伤残的原因是骨髓炎引发骨头坏死，且方某某在第二次手术后又过度运动造成再次骨折，骨折处的骨头重叠了3 cm左右，手术植入的新骨只能加固，无法撑开重叠部分，所以不能恢复原有长度。

▋分析

从本案中可以看出原告在诉讼的过程中先后申请了两次鉴定，两次鉴定的结果均认为不属于医疗事故，而被告同样也申请了司法鉴定，鉴定的结果认为其对原告所采取的治疗措施符合诊疗规范。从中可以看出司法实践中允许进行多次鉴定，在现实中出现的情况是，一方自行委托的鉴定结果往往不会被对方认可。在本案中双方当事人对医疗行为的鉴定并没有进行共同的委托，而是各自申请进行鉴定。并且原被告双方鉴定的侧重不同，原告主要是希望通过鉴定确认被告的行为构成医疗事故。而医院申请鉴定主要是针对自身的诊疗行为，通过鉴定诊疗符合规范来确认被告不具有过错，从而排除自身的责任。最终三个鉴定的结果均有利于医院，因此在判决中排除了医疗机构的责任。

除了鉴定问题外，本案中还有在清创不成功与致使患者伤口感染并发骨髓炎确实存在事实上的因果关系，医院是否需要对此承担责任的问题。法院认为，原告方某某左小腿是ⅲ型a类开放性骨折，属于较重的骨折类型，而且外伤面积较大，局部肌肉组织毁损污染严重，胫腓骨骨折断端的髓腔有泥沙填塞，客观上不可能彻底清创，这是造成术后感染并发骨髓炎的直接原因。被告同安医院对方某某伤后采取的治疗措施、治疗原则、治疗方式是符合医疗规范的，不存在医疗过错。"两害相权取其轻，两利相权取其重"，是人们面临两难问题时理智的选择。保住这条腿，既是医院更是患者的期望，因此当同安医院预告手术后可能出现的并发症时，方某某及其亲属仍签字同意手术。当预料的风险出现后，方某某闭口不谈自己事先愿意承担这个风险的情况，只想以彻底清创是医院的职责为由追究医院的责任，这样的诉讼理由是不正当的。因此，法院在此案例中确认了有风险的医疗行为如果是在征得患者及其亲属同意后实施的，风险责任应由患者及其亲属承担，在案的证据也证实了医院在手术前将术后可能发生的风险，其中包括术后感染、骨髓炎等，告知给方某某及其亲属，并在征得他们同意的情况下才进行手术。

根据我国相关法律规定，当事人对人民法院委托的鉴定部门做出的鉴定结论有异议，可以申请重新鉴定，提出证据证明存在下列情形之一的，人民法院应予以准许：鉴定结论明显依据不足的；一方当事人自行委托有关部门做出的鉴定结论，另一方当事人对一方当事人有证据足以反驳并申请重新鉴定的。因此，申请鉴定的双方当事人对鉴定结论不服，或者有充分证据证明的，可以申请重新鉴定。

2. 医疗机构未进行医疗事故鉴定的情况下的赔偿责任

▌案情介绍

李某某因为其腰部疼痛不适到 C 市西南医院门诊进行治疗，经过医院诊断为腰椎间盘突发。之后李某某在医院骨科住院治疗，在医院对其进行手术之前并未发现患者有其他的体征，但是李某某在治疗过程中病情却逐渐加重，腹胀明显，且有右踝关节红、肿、热、痛炎性表现。7 月 26 日，病情持续加重，被诊断为双肺感染。短短的十天后，李某某经全院会诊后被转入感染科继续治疗，并下达病危通知。一个月后被医院诊断为：多器官功能障碍综合征。一周后，李某某经抢救无效死亡，死亡诊断为：多器官功能障碍综合征，脓毒血症，双肺肺炎，右踝软组织感染。

之后，李某某的家属将西南医院起诉至人民法院。在一审过程中，根据西南医院的申请，经双方当事人共同选定鉴定机构，人民法院委托 C 市法医学会司法鉴定所对西南医院在治疗过程中是否存在过错、医疗过错与医疗损害结果之间是否存在因果关系以及医疗过错行为在医疗损害后果中的责任程度进行司法鉴定。C市法医学会司法鉴定所做出针对本案的司法鉴定意见书，鉴定意见为：西南医院在对李某某的医疗行为中存在过错。其过错行为是导致患者死亡的间接因素。西南医院支付了鉴定费5000元。

在一审中，法院酌情确定西南医院承担30%责任，原告方自行承担70%责任。在一审后，原告方不服，并在二审中申请重新鉴定。人民法院委托司法鉴定科学技术研究所司法鉴定中心对西南医院在李某某的医疗行为中是否存在过错、医疗过错行为与损害后果之间是否存在因果关系、相关程度等进行鉴定。该司法中心的鉴定意见认为医院在医疗行为中存在一定的过错，过错的参与度为40%，因此二审法院认为一审责任划分不当，改判为医院承担40%的责任。

此后原告仍然不服，经过申诉，检察院向法院抗诉，法院对此案进行再审。再审法院认为不仅医院的医疗行为存在过错，其医疗行为也未进行医疗事故鉴定。

▌分析

解决医疗损害赔偿纠纷的争议，涉及专门医学知识，需要高度专业化的技术手段和丰富的临床实践，超越普通人的经验、学识，法院应当借助临床医学专家的鉴定结论作为判断基础，并对全部证据进行综合分析后再确定责任承担比例。根据现行法律规定，在涉及医疗损害责任的案件中，当事人可选择根据医疗事故鉴定确认民事赔偿责任，也可以选择通过医疗过错鉴定确认责任，两种类型的鉴定主体、鉴定程序存在一定的差别。

本案中一审和二审法院均未提及本案是否要进行医疗事故鉴定，最终再审法院认为西南医院的医疗行为未进行医疗事故鉴定。医院在此存在过错，因此法院经过再审审理认为，李某某死亡的原因系脓毒败血症继发全身多器官功能衰竭所致，主要与其个人体质和所患疾病有关；但西南医院在对前来就诊的患者李某某进行治疗的过程中，其医疗行为存在过错，并与患者死亡之间存在一定的因果关系，应当承担次要责任。二审判决根据鉴定机构的鉴定意见，结合本案实际情况，确定西南医院对李某某死亡造成的经济损失承担40%的赔偿责任。在本案中，西南医院的医疗行为并未进行医疗事故鉴定，李某某家属对西南医院的过错行为给李某某造成死亡的结果提起民事侵权诉讼，要求医院承担死亡赔偿金，符合《民法通则》的有关规定。

医疗鉴定分为医疗事故鉴定和医疗损害司法鉴定。医疗事故鉴定是在一定的条件下进行的。根据《医疗事故处理条例》的相关规定，医务人员在医疗活动中发生或者发现医疗事故、可能引起医疗事故的医疗过失行为或者发生医疗事故争议的，应当立即向所在科室负责人报告，科室负责人应当及时向本医疗机构负责医疗服务质量监控的部门或者专（兼）职人员报告；负责医疗服务质量监控的部门或者专（兼）职人员接到报告后，应当立即进行调查、核实，将有关情况如实向本医疗机构的负责人报告，并向患者通报、解释。在此种情况出现时，医院应当采取相对合理的处理措施。

医疗事故的鉴定方式及程序：卫生行政部门接到医疗机构关于重大医疗过失行为的报告或者医疗事故争议当事人要求处理医疗事故争议的申请后，对需要进行医疗事故技术鉴定的，应当交由负责医疗事故技术鉴定工作的医学会组织鉴定；医患双方协商解决医疗事故争议，需要进行医疗事故技术鉴定的，由双方当事人共同委托负责医疗事故技术鉴定工作的医学会组织鉴定。医疗事故鉴定从其性质上来说属于行政鉴定。

但是从《侵权责任法》实施之后，医疗机构最终是否承担责任以及责任程度的大小往往是法庭综合各种证据并结合法庭辩论最后裁定。医疗损害司法鉴定严格地按照侵权责任的构成要件进行，更能适应司法的需要，为医疗纠纷更进一步的区分出医疗行为有无过错、是否规范以及医疗机构在损害后果中的过错参与程度，因而在实践中采用医疗损害司法鉴定的越来越多。但是在符合医疗事故鉴定的相关条件时，仍应进行医疗事故鉴定。医疗事故鉴定是卫生行政管理部门对医疗纠纷进行行政调解，对医疗单位实施必要的行政管理、对发生医疗事故的医疗单位及其医务人员采取行政处罚或者行政处分的依据。

3. 医疗事故鉴定基于修改后的病例资料做出，其效力如何

▌案情介绍

2002 年 7 月 8 日，7 岁幼童许某到某眼科医院进行先天性白内障（右眼）外摘除术，术后发生角膜损伤等，右眼视力丧失。患方复印了全部病历，医院加盖公章并注明复印属实。依据医院提交的住院病历资料，Z 市医学会和省医学会先后作出了医疗事故技术鉴定书，均认为不构成医疗事故。在第二次鉴定过程中，患者发现医院提交的病历有修改现象，省医学会也确认病历有涂改，但认为医方的违规行为与患儿损害后果之间无因果关系。许某后到其他医院进行了角膜移植手术。2004 年 5 月 25 日，双方在派出所主持下签订了一份协议，由医院一次性支付补偿费 5 万元，许某保证不再向医院提出任何补偿要求。2009 年 4 月，许某开始出现右眼角膜内皮排斥，继发性青光眼，又开始接受排斥反应治疗。2009 年 5 月 11 日，经许某申请，省某司法鉴定中心做出法医临床鉴定意见书，结论为：许某先天性白内障手术后遗留视力障碍，术前残情相当

于九级，目前残情评定为六级。被鉴定人右眼出现排斥反应，需长期使用抗排斥反应的药物治疗，每年所需费用大约6000元左右。2009年7月8日，许某起诉，请求判令眼科医院赔偿医疗费等各项费用504 538元并承担本案诉讼费用。

▌分析

各级人民法院的审判情况：

一审期间，法院委托Z市医疗事故技术鉴定工作办公室对该医疗事件是否属于医疗事故进行重新鉴定，该办公室认为，经过修改和添加的病历属于不真实的病历资料，根据《医疗事故技术鉴定暂行办法》的有关规定，对原鉴定书不再重新鉴定，应按相关文件处理，并附有《卫生部关于医疗机构不配合医疗事故技术鉴定所应承担的责任的批复》。Z市一审法院认定构成医疗事故，判决医院赔偿各项费用41万余元。医院提出上诉后，Z市中级人民法院认为本案属医疗服务合同纠纷，裁定发回重审。一审法院重审仍认定构成医疗事故，将赔偿费用增加到48万余元。双方均提出上诉。Z市中级人民法院二审认为：由于本案的医疗事故鉴定是基于修改的病历资料做出的，结论不客观，无法确定本案是否为医疗事故，因此应按医疗服务合同纠纷来适用相关的法律，一审法院适用国务院《医疗事故处理条例》为适用法律不当，应当根据《民法通则》及《最高人民法院关于审理人身损害赔偿案件适用法律若干问题的解释》的相关规定，确定其损失。许某在进行眼部手术前为9级伤残，手术失败后其伤残等级为6级伤残，其因手术失败而加重了伤残等级与眼科医院的医疗行为之间有直接的因果关系，故眼科医院只应对其加重损害的行为承担相应的民事责任。二审判决将赔偿费调整为31万余元。许某申请再审。湖南省高级人民法院再审认为，医院修改和添加病历导致医疗事故技术鉴定不能进行，故应承担事故责任，二审法院将案由定为医疗服务合同纠纷不当，本案应属医疗事故损害赔偿纠纷，对各项费用的计算应适用《医疗事故处理条例》。原一、二审的差别在于二审改变了继续治疗费和残疾生活补助费的计算年限，对于继续治疗费，相关法律法规对计算多少年没有明确规定，二审根据司法实践定为计算20年不违反法律规定。对于残疾生活补助费的计算年限，根据《医疗事故处理条例》的规定最长年限为30年，二审综合本案情况酌定计算为20年，并无不妥。原二审虽定性错误，但处理适当，判决维持Z市中级人民法院二审判决。

最高人民检察院向最高人民法院提出抗诉。理由是：

第一，再审判决维持二审按照20年时间计算残疾生活补助费和继续治疗费的结果适用法律错误。关于残疾生活补助费，《医疗事故处理条例》规定自定残之月起最长赔偿 30 年，而《最高人民法院关于审理人身损害赔偿案件适用法律若干问题的解释》规定自定残之日起按 20 年计算。二审保护 20 年是错误定性、错误适用法律的结果，并非如再审所说是"酌定"的结果。根据《最高人民法院关于在审判执行工作中切实规范自由裁量权行使保障法律统一适用的指导意见》的规定，对于一审法院依法正当行使自由裁量权的结果，二审和再审不应无故予以变更。

第二，判决眼科医院只承担所谓加重伤残等级的责任没有根据。许某在术前是先天性白内障，通过手术治疗是有可能治愈的，其术前的病情和所谓伤残程度处于不确定状态。司法鉴定中心对许某术前的情况也只是给出了"相当于"九级的意见，判决据此认定许某术前就是九级伤残并判决眼科医院只承担所谓加重伤残等级的责任是错误的。

最高人民法院再审采纳了抗诉意见，认为：医院修改病历违反了卫生部相关规定，致使纠纷产生后无法查明事实。且《卫生部关于医疗机构不配合医疗事故技术鉴定所应承担的责任的批复》有明确规定，本案的医患纠纷推定为医疗事故并无不妥。各项费用的计算应适用《医疗事故处理条例》，考虑到本案受害人为未成年人，因此按照《医疗事故处理条例》中 30 年的最长年限计算，给予比较充分的保护更为合理。一审法院根据本案实际情况依法正当行使自由裁量权作出的认定，上级人民法院应当依法予以维持。许某在手术前只是相当于九级伤残，这与已经确定的九级伤残有本质的区别，因为许某的眼部疾病是完全可以治愈的，治愈后不存在任何残疾，本案恰恰是由于医院的医疗事故导致许某的六级伤残。因此，二审和再审改变一审，削减去九级伤残的赔偿部分适用法律错误。最高人民法院在重新核定了居民年平均生活费的标准后，再审改判医院赔偿许某 44 万余元。

本案中省医学会发现病历中有涂改的迹象，但是认为病历的涂改与患者的损害后果之间不存在因果关系。根据我国《医疗事故处理条例》第 28 条规定，当事人应当自收到医学会的通知之日起 10 日内提交有关医疗事故技术鉴定的材料、书面陈述及答辩。医疗机构提交的有关医疗事故技术鉴定的材料应当包括下列内容：①住院患者的病程记录、死亡病例讨论记录、疑难病例讨论记录、会诊意见、上级医师查房记录等病历资料原件；②住院患者的住院志、体温单、医嘱单、化验单（检验报告）、医学影像检查资料、特殊检查同意书、手术同意书、手术及麻醉记录单、病理资料、护理记录等病历资料原件；③抢救急危患者，在规定时间内补记的病历资料原件；④封存保留的输液、注射用物品和血液、药物等实物，或者依法具有检验资格的检验机构对这些物品、实物做出的检验报告；⑤与医疗事故技术鉴定有关的其他材料。

在医疗机构建有病历档案的门诊、急诊患者，其病历资料由医疗机构提供；没有在医疗机构建立病历档案的，由患者提供。

医患双方应当依照本条例的规定提交相关材料。医疗机构无正当理由未依照本条例的规定如实提供相关材料，导致医疗事故技术鉴定不能进行的，应当承担责任。

从上述规定可以看出，申请鉴定的材料必须为病历资料的原件，而省医学会在发现病历资料进行涂改后却认为其病历的涂改与损害结果之间不存在因果关系，这显然违反了法律的规定。对于鉴定结果，一审和二审法院均认为其进行了修改，但是一审法院经过审理认为其构成医疗事故，二审法院经过审理后认为病历资料进行修改从而造成了此案中无法对是否构成医疗事故进行认定。最高人民法院在再审中推定其构成医疗事故这一结论是正确的。从举证责任的角度来讲，医院应当承当举证不力的责任。因此在进行医疗事故的相关鉴定时，患者及患者家属一定要对医疗机构提交的相关的病历资料进行核实，防止医疗机构为了减轻自己的责任而对病历进行修改。此案例也表明，进行涂改的病历资料不能成为医疗事故鉴定的依据，因此医患双方在进行医疗事故鉴定时应本着诚实信用的原则，提交病历资料的原件。

4. 医疗事故鉴定能否撤销

■ 案情介绍

W 市卫计委于 2015 年 8 月 13 日做出温卫复决［2015］2 号不予受理行政复议申请决定书，认定：W 市医学会是依法成立的医学科学技术工作者和医学管理工作者的学术性、公益性、非营利性地方法人社团，其依据《医疗事故处理条例》组织医疗事故技术鉴定系运用医学等科学知识与技术对医疗事故争议所涉相关医学专业问题进行检验、鉴别、判断并提供鉴定意见的专业性技术评判过程，并非行政行为。温州市医学会组织医疗事故技术鉴定（包括鉴定过程中所涉鉴定费收取及其减免行为）是否侵犯申请人合法权益，不属于《中华人民共和国行政复议法》第 6 条所规定的行政复议范围。根据《中华人民共和国行政复议法》第 6 条、第 17 条第 1 款以及《中华人民共和国行政复议法实施条例》第 27 条、第 28 条第 5 项的规定，决定不受理陈某某要求撤销 W 市医学会于 2015 年 6 月 8 日作出的《关于"医疗事故技术鉴定费免缴申请书"的补充回复函》并责令 W 市医学会限期重新履行法定职责的行政复议申请。

原判认定：W 市医学会于 2015 年 6 月 8 日就原告陈某某提出的鉴定费免缴

申请做出《关于"医疗事故技术鉴定费免缴申请书"的补充回复函》，准予减免鉴定费 800 元整。原告不服，于 2015 年 8 月 6 日通过邮寄方式向被告 W 市卫计委申请行政复议，要求撤销该补充回复函并责令 W 市医学会在一定期限内重新履行法定职责。被告于 2015 年 8 月 7 日收到原告的申请后，经审查发现，原告在行政复议申请书中述称 W 市医学会于 2015 年 8 月 6 日做出《关于"医疗事故技术鉴定免缴申请书"的补充回复函》，但原告提交的补充回复函的落款时间为"2015 年 6 月 8 日"。被告于同日做出温卫复补〔2015〕1 号《行政复议申请补正通知书》，后送达原告，要求原告对上述事项予以补正。原告于 2015 年 8 月 11 日收到通知书后，于次日就其行政复议申请进行了补正。被告经复议审查，于 2015 年 8 月 13 日作出被诉复议决定，并于同月 15 日送达原告。原告不服，于 2015 年 8 月 24 日通过邮寄方式提起诉讼。

▌分析

原告申请鉴定的行为能否撤销，取决于被告的鉴定是否为具体行政行为。具体行政行为的性质究竟为何？我们如何进行确定？

根据《行政复议法》第 2 条的规定，公民、法人或者其他组织认为具体行政行为侵犯其合法权益，向行政机关提出行政复议申请，行政机关受理行政复议申请、做出行政复议决定，适用本法。本案中，W 市医学会是依法成立的医学科学技术工作者和医学管理工作者的学术性、公益性、非营利性地方法人社团，其依据《医疗事故处理条例》组织医疗事故技术鉴定系运用医学等科学知识与技术对医疗事故争议所涉相关医学专业问题进行检验、鉴别、判断并提供鉴定意见的专业性技术评判过程，不属于行政行为。缴纳鉴定费是 W 市医学会组织医疗事故技术鉴定的必要前提条件及必经程序，亦不属于行政行为。根据上述法律规定，W 市医学会做出的《关于"医疗事故技术鉴定费免缴申请书"的补充回复函》，不属于《行政复议法》第 6 条规定的行政复议受案范围。

《行政复议法》第 2 条规定："公民、法人或者其他组织认为具体行政行为侵犯其合法权益，向行政机关提出行政复议申请，行政机关受理行政复议申请、作出行政复议决定，适用本法。"第 6 条规定："有下列情形之一的，公民、法人或者其他组织可以依照本法申请行政复议：……（十一）认为行政机关的其他具体行政行为侵犯其合法权益的。"第 17 条第 1 款规定："行政复议机关收到行政复议申请后，应当在五日内进行审查，对不符合本法规定的行政复议申请，决定不予受理，并书面告知申请人；对符合本法规定，但是不属于本机关受理的行政复议申请，应当告知申请人向有关行政复议机关提出。"本案中，W 市医学会包括收取、减免鉴定费在内的组织医疗事故鉴定行为并非政府行政管理行为，不属于具体行政行为。因此，上诉人陈某某向被上诉人 W 市卫计委申请行政复议，请求撤销 W 市医学会做出的《关于"医疗事故技术鉴定费免缴申请书"的补充回复函》，不属于行政复议受案范围，被上诉人决定不予受理于法有据。原判驳回上诉人的诉讼请求，符合法律规定。

本案中出现了具体行政行为，医疗事故鉴定和医疗损害鉴定都属于鉴定的一部分，鉴定机构现在均为第三方独立的主体。

5. 医院对鉴定结论不认可怎么办

▌案情介绍

熊某某受聘于某医院心血管研究所任研究员、教授。熊某某因为腰部不适在该医院做检查，之后医院根据其病情为熊某某行腰椎管减压、椎弓根钉内固定、植骨融合术。手术后第六天熊某某出现头晕、恶心呕吐，以及呼吸困难、烦躁，血压测不出等状况，医院对其进行抢救治疗，并开胸及开腹探查，终因抢救治疗无效死亡。死亡医学证明书中载明的死亡原因为：急性肺栓塞。

熊某某的家属对医院提交的病历中医师刘某某的签名提出疑问，并申请鉴定。经法院委托某法庭科学技术鉴定研究所鉴定，结论为：检材中"刘某某"的签名与样本中"刘某某"的签名是同一人书写。对该鉴定意见，各方当事人均认可。

针对某医院在诊疗过程中是否存在医疗过错以及如存在医疗过错，该过错与熊某某死亡之间是否具有因果关系问题，王建国、管惠英申请鉴定，并同意以 A 鉴定中心鉴定意见中可以作为医疗评价的病历材料为基础进行司法过错鉴定。双方均同意选择某法庭科学技术鉴定研究所进行医疗过错鉴定。

经法院委托，某法庭科学技术鉴定研究所出具法医学鉴定意见书。鉴定结论认为：根据现有材料，未能发现其他可以导致熊某某死亡的因素，某医院存在的医疗过失（医院对病人出现的情况估计不足、抢救过于仓促、用药方面存在过失等原因）造成熊某某死亡，两者之间存在因果关系。该鉴定意见经庭审质证，患者家属对此鉴定结果表示认可；某医院对此不予认可，并对鉴定人就相关问题进行了质询，鉴定人予以答复，并表示对鉴定意见不做调整、补充。

▌分析

一审法院对医院是否存在过错进行了认定：根据委托鉴定机构做出的鉴定结论，某医院在对熊某某诊疗过程中存在医疗过失，造成熊某某为死亡，两者之间存在因果关系。某医院虽不认可该鉴定意见，但未提供充足证据否定该鉴定意见或证实该鉴定程序存在重大瑕疵。在医疗机构不认可鉴定意见又未提供有效证据的前提下，法院根据该鉴定意见做出判断，判令医疗机构在医疗过程中存在过失，应当承担侵权责任。

另外法院还对医疗过错与医疗风险的区别做出说明：医疗损害赔偿纠纷不同于一般意义的侵权案件，其原因在于医疗机构承担着治病救人、发展医学、造福人类的重大责任，医疗过程本身即存在一定的风险和不确定性，因此，产生医疗技术损害赔偿责任的原因只能是医疗机构或其医务人员在诊疗的过程中存在过错，医疗机构不应因其从事的医疗行为的风险或医疗行为的结果承担责任。

医疗损害赔偿纠纷不同于一般意义的侵权案件，因为医疗过程本身就存在一定的风险性和不确定性。《最高人民法院关于民事诉讼证据的若干规定》第4条第8项规定："因医疗行为引起的侵权诉讼，由医疗机构就医疗行为与损害结果之间不存在因果关系及不存在医疗过错承担举证责任。"如果医疗机构认为医疗行为与损害事实之间没有因果关系或其自身没有过错，可以举证证明自己的主张，推翻因果关系推定或过错推定，不承担责任。否则，因果关系推定或过错推定成立。故在医疗损害责任纠纷中，鉴定结论证明医院存在医疗过失并且与病人死亡存在因果关系，医院不认可又不能提供证据否定的，因果关系推定成立，医院应承担民事损害赔偿责任。

6. 医疗事故技术鉴定结论的正误是否属于卫生行政部门的审核范围

▌案情介绍

刘某某（女，25岁）因妊娠在丈夫的陪同下到B门诊部就诊，诊断结论为"左侧异位妊娠"。次日，刘某某到F区中医医院B超检查后，仍回到该门诊部治疗。之后刘某某转到F区第一医院进行住院治疗，在治疗过程中刘某某经抢救无效死亡。

2005年10月10日，刘某某的丈夫向该区卫生局提出医疗事故鉴定申请。卫生局受理后委托该区医学会组织医疗事故技术鉴定。该区医学会做出医疗事故技术鉴定书，认定刘某某的医疗事故争议属于一级甲等医疗事故，B门诊部、F区第一医院均有责任，B门诊部承担主要责任，F区第一医院承担轻微责任。卫生局收到医疗事故技术鉴定书后，对参加鉴定的人员资格和专业类别、鉴定程序进行了审核，认为该鉴定结论的做出过程符合国务院《医疗事故处理条例》的规定，遂根据《医疗事故处理条例》第41条、第42条和《医疗事故技术鉴定暂行办法》《卫生部关于对浙江省卫生厅在执行〈医疗事故处理条例〉过程中有关问题的批复》的规定，在规定的日期内对上述医疗事故技术鉴定做出确认的审核意见，并于同日将《医疗事故技术鉴定审核意见书》送达当事人。

原告王某某作为 B 门诊部负责人收到后对此《医疗事故技术鉴定审核意见书》不服，向卫生局申请再次鉴定。卫生局受理了原告的申请，并随后委托市医学会组织鉴定。市医学会做出了医疗事故技术鉴定书，认定刘某某病例属于一级甲等医疗事故；B 门诊部的医疗过失行为与患者的死亡结果有直接因果关系，同时与患者个体差异也有关系；故 B 门诊部在医疗事故损伤后果中应承担主要责任。F 区第一医院的医疗过失行为与患者死亡后果无因果关系，故不承担医疗事故责任。卫生局收到该鉴定报告并经审核后向当事人送达。B 门诊部负责人王某某不服，王某某提出鉴定程序有四处违法：第一，鉴定所依据的病历违法，因制作该病历的医生超出其执业类别行医。第二，鉴定所依据的病历经过添加、修改。第三，卫生局的工作人员参加了现场鉴定及专家组评判，是干扰鉴定独立进行的表现。第四，该区医学会未在法定期限内通知其鉴定的时间、地点及要求。王某某先后经过两次信访，之后向法院提起行政诉讼，要求法院撤销该鉴定意见。

▌分析

本案中争议的事实是鉴定结论是否违背了相关的程序，卫生局在医疗事故鉴定中的作用究竟是什么？

《医疗事故处理条例》第 41 条规定，卫生行政部门收到负责组织医疗事故技术鉴定工作的医学会出具的医疗事故技术鉴定书后，应当对参加鉴定的人员资格和专业类别、鉴定程序进行审核；必要时，可以组织调查，听取医疗事故争议双方当事人的意见。此条明确规定了卫生行政部门对医疗事故技术鉴定书的审核范围。同时，该条例第 39 条第 2 款规定，当事人对首次医疗事故技术鉴定结论有异议，申请再次鉴定的，卫生行政部门应当自收到申请之日起 7 日内交由省、自治区、直辖市地方医学会组织再次鉴定。可见，如果当事人认为鉴定结论错误，可通过申请再次鉴定的途径获得救济。

根据《医疗事故处理条例》第 41 条的规定，卫生局作为卫生行政部门，其在收到该区医学会出具的医疗事故技术鉴定书后，应当对参加鉴定的人员资格和专业类别、鉴定程序进行审核。因此，卫生行政部门对医疗事故技术鉴定书的审查范围仅限于参加鉴定的人员资格、专业类别和鉴定程序，并不包括对鉴定结论是否错误进行审核。

本案中，各方当事人对参加鉴定的人员资格和专业类别并无争议，争议的焦点在于鉴定程序是否合法。对此法院认为，关于医疗事故技术鉴定的程序，《医疗事故技术鉴定暂行办法》第 33 条作出了五项具体规定。同时，《医疗事故处理条例》第 30 条第 1 款规定："专家鉴定组应当认真审查双方当事人提交的材料，听取双方当事人的陈述及答辩并进行核实。"按照上述规定，鉴定所依据的病历是否违法及是否被添加、修改并非鉴定程序本身问题，其应当由专家鉴定组根据具体情况做出分析判断，而不属于卫生局所需审核的范围，亦不属于行政诉讼审查的范围。

关于王某某提出的鉴定程序中的第三点违法之处，因《医疗事故处理条例》及《医疗事故技术鉴定暂行办法》中均没有关于首次鉴定时委托单位不得旁听的禁止性规定，且王某某提交的证据不能证明卫生局参加了专家组评判，故其关于卫生局干扰鉴定独立进行的主张缺乏事实和法律依据，法院不予支持。

关于王某某提出的鉴定程序中的第四点违法之处，根据《医疗事故技术鉴定暂行办法》第 29 条第 1 款规定，"医学会应当在医疗事故技术鉴定 7 日前，将鉴定的时间、地点、要求等书面通知双方当事人。双方当事人应当按照通知的时间、地点、要求参加鉴定"。本案中，医学会虽未在规定期限内将鉴定的时间、地点、要求等书面通知王某某，但王某某已按时参加了鉴定会，其所享有的陈述、申辩权未受到实际影响。医学会未按照规定履行通知义务确属不当，法院予以指正。

《医疗事故处理条例》第 39 条第 2 款规定："当事人对首次医疗事故技术鉴定结论有异议，申请再次鉴定的，卫生行政部门应当自收到申请之日起 7 日内交由省、自治区、直辖市地方医学会组织再次鉴定。"同时，《医疗事故技术鉴定暂行办法》第 41 条规定："县级以上地方人民政府卫生行政部门对发生医疗事故的医疗机构和医务人员进行行政处理时，应当以最后的医疗事故技术鉴定结论作为处理依据。"按照上述规定，王某某如认为医学会做出的鉴定结论错误，可通过申请再次鉴定获得救济，卫生局对医疗事故技术鉴定书的审查范围仅限于参加鉴定的人员资格、专业类别和鉴定程序，并不包括对鉴定结论是否错误进行审核，故王某某要求撤销首次医疗事故技术鉴定结论的请求，不属于行政诉讼的审查范围。

因此，当事人如果在具体的个案中对鉴定结论不服，或者出现了其他的情况，可以提出对鉴定意见不认可而申请重新鉴定。鉴定机构作为一个独立的第三方机构出具鉴定意见，本身不是行政机关做出的行政行为，不具有行政诉讼的属性。此外如果对鉴定意见不服，还可以在庭审的举证、质证阶段针对不同意的部分提出充分的证据证明。

7. 经医疗事故鉴定不构成医疗事故时是否还应进行过错鉴定

▍案情介绍

患者董某以"排尿困难三年，加剧二周，无法排尿一天"为主诉就诊于被告门诊，被告门诊诊断董某为良性前列腺增生症并急性尿潴留症，于当日晚17时30分许将其收住外科治疗，由执业外科医师陈某负责对董某的诊治。董某住院后自述有三年高血压冠心病史，两年前曾因"高血压冠心病"到被告心血管科住院治疗；有一年"消化道溃疡"病史，曾入私人医院不规范治疗。住院当天，被告对其完善相关检查后，给予二级护理，半流质饮食，抗感染、输液、留置导尿等处理。在住院期间，被告结合董某的情况对董某给予血凝酶止血、奥美拉唑抑制胃酸等治疗处理。在采取上述治疗手段后，董某的病情有所稳定，未排黑便和呕血。其间，原告（患者董某家属）及董某本人曾要求行纤维胃镜检查，以明确上消化道出血的部位及原因；但被告主管医师考虑董某有高血压病史，担心该患者出血尚未停止、病情不稳定，胃镜检查可能出现因胃腔积血无法看清而导致操作过程损伤消化道血管导致大出血等情况，而未行纤维胃镜检查。在此之后，董某出现呕血症状，呕血呈鲜红色，被告门诊在采取措施后仍不能对董某的病情有所控制。其间原告要求急救行剖腹探查止血手术，并由原告龚某等签署了手术同意书，但被告认为董某病情凶险而不稳定，贸然实施剖腹探查止血手术，存在病人死在手术台上的医疗事故风险，故而未能手术，继续保守治疗。在保守治疗的过程中董某失血性休克，处于濒死状态，原告同意放弃抢救，办理自请出院。被告对董某的出院诊断为：①上消化道大出血并失血性休克；②良性前列腺增生症并急性尿潴留；③泌尿系感染；④高血压冠心病；⑤消化道溃疡。出院建议为门诊随访、继续抢救治疗。董某于出院当日即因失血性休克死亡。

董某死亡后，原告认为被告的医生医疗水平低劣和医德败坏，明知不为董某进行手术止血治疗会导致董某死亡，却故意拖延手术时机，放任董某病情发展直至死亡，负有医疗事故责任，而与被告及当地卫生行政部门交涉要求赔偿。F市卫生局委托F市医学会对董某治疗过程进行医疗事故技术鉴定。F市医学会做出《医疗事故技术鉴定书》，该鉴定书中的分析意见认为："急性上消化道大出血并休克的诊断是明确的，具体病因尚未明确；在诊疗过程中，胃镜检查和手术时机选择应视病情而定，医方没有违反诊疗常规，不构成医疗事故。"鉴定结论为："根据《医疗事故处理办法》第2条、第33条，本病例不属于医疗事故。"

之后，原告通过其委托的律师事务所委托 Z 司法鉴定所，要求对被告在对董某的诊疗行为中是否存在过错及其与董某出现上消化道大出血、失血性休克死亡是否存在因果关系的问题进行鉴定。该司法鉴定所在《Z 司法鉴定所书证审查意见书》中指出被告医院在为董某住院期间出现上消化道出血的诊疗行为中存在未及时进行明确出血灶的检查和延误治疗时机的情形，与董某出现上消化道大出血、失血性休克死亡存在因果关系。

被告医院则认为：对于未能挽救董某的生命，被告与其家属一样是悲痛的，但回顾整个医疗过程，被告的医护人员是尽心尽职的。本案董某的死亡经医学会鉴定不构成医疗事故，实质上认定被告无过错且与患者死亡无因果关系。原告指责被告的医师延误治疗时间，存在治疗过错并与董某死亡有因果关系是错误的，依法不能成立。本案原告对医疗事故鉴定结论有意见，对被判断不是医疗事故的医疗纠纷提起诉讼，不属于人民法院的受案范围。请求依法裁定驳回原告的起诉或者判决驳回原告的诉讼请求。

▌分析

医院能否以不存在医疗事故为由否认其医疗行为的过错？

《医疗事故处理条例》第 49 条规定，不属于医疗事故的，医疗机构不承担赔偿责任。但是，《最高人民法院关于参照〈医疗事故处理条例〉审理医疗纠纷民事案件的通知》规定，条例施行后发生的医疗事故引起的医疗赔偿纠纷，参照条例的有关规定办理；因医疗事故以外的原因引起的其他医疗赔偿纠纷，适用《民法通则》的规定。因此，《医疗事故处理条例》调整的仅是医疗事故造成的人身损害赔偿纠纷，而对不属于医疗事故的医疗行为造成的人身损害赔偿纠纷，应当适用《民法通则》的有关规定处理。《医疗事故处理条例》第 49 条的规定应当理解为，不构成医疗事故的，医疗机构不能按照条例的规定承担赔偿责任。但是，该条规定并没有免除其按照《民法通则》有关规定应当承担的侵权的民事赔偿责任。因此，患者在医疗过程中遭受人身损害的，医院不能以医疗行为不构成医疗事故为由拒绝承担赔偿责任。

现阶段审判部门在医疗损害赔偿案件中适用法律问题上采用"二元化"的模式，即医疗事故侵权损害赔偿纠纷适用《医疗事故处理条例》，一般医疗侵权损害赔偿纠纷适用《民法通则》《最高人民法院关于审理人身损害赔偿案件适用法律若干问题的解释》等。法律适用"二元化"，使得诊疗行为若经鉴定不构成医疗事故的情况下，仍要判断其是否构成一般医疗侵权。我们主张在审判实践中，即使经医疗事故鉴定不构成医疗事故，仍应对诊疗行为进行过错鉴定，以判断诊疗行为是否具有过错，及与损害后果之间是否具有因果关系。

法院认为，本案系因医疗行为引起的侵权诉讼，应当依法由医疗机构就医疗行为与损害结果之间不存在因果关系及不存在医疗过错承担举证责任。被告医院提供的医疗事故技术鉴定书虽然认定本案病例不属于医疗事故，但并不能证明被告不存在与董某死亡有因果关系的医疗过错。被告以医疗事故技术鉴定认定本案病例不属于医疗事故为由，否认其在说明中承认的事实，不符合诚实信用的原则，法院不予支持。Z司法鉴定所关于被告在董某住院期间出现上消化道出血的诊疗行为中存在未及时进行明确出血灶的检查和延误治疗时机的情形，与董某出现上消化道大出血、失血性休克死亡存在因果关系的书证审查意见，有董某的病历资料为依据，其分析意见符合相关医学理论和临床医疗实践，法院予以采信。被告不能举证证明其在对董某医疗行为中不存在与董某死亡有因果关系的医疗过错，故一审法院依法认定被告在对董某的医疗行为中存在过错，且该过错与董某死亡具有因果关系，是造成董某死亡的主要原因。同时，董某死亡与其本人的体质、病情等亦存在法律上的因果关系，是造成董某死亡的次要原因。

因此在本案中，被告医疗机构仍然需要为其过错承担责任，并且案例也表明，医疗机构的医疗行为在不构成医疗事故的情况下也可能会存在相应的过错。因此患者在申请医疗事故鉴定后，仍有必要对医疗行为再次进行鉴定，以此来确认医疗机构的医疗行为是否存在过错，也为维权提供依据。

医疗事故与医疗鉴定中其他常见问题：

1. 医疗事故鉴定中，鉴定专家是否需要保护患者的隐私权？

《医疗事故技术鉴定暂行办法》第26条规定："专家鉴定组应当认真审查双方当事人提交的材料，妥善保管鉴定材料，保护患者的隐私，保守有关秘密。"隐私权是一项人格权，是指自然人享有的与公共利益、群体利益无关的个人信息、私人活动不被非法知悉、利用和公开的人格权。在医疗活动中，患者不仅享有接受及时和全面诊疗的权利，还享有作为公民应当享有的人格权。医务人员对患者的隐私有保护的义务，如果泄露患者的隐私给患者造成伤害，应当承担相应的侵权责任。

2. 医疗事故鉴定中的回避指什么？

根据《医疗事故处理条例》第26条的规定，专家鉴定组成员有下列情形之一的应当回避，当事人可以以口头或者书面形式申请其回避：是医疗事故争议的当事人或者当事人的近亲属的；与医疗事故争议有利害关系的；与医疗事故争议当事人有其他关系，可能影响公正鉴定的。

根据《医疗事故处理条例》的规定，回避分为自行回避和申请回避两种，自行回避是专家组成员的一项基本义务。本条所规定的当事人或者当事人的近亲属是指发生医疗事故的双方，既包括医疗机构也包括患者。近亲属是指配偶，父母，子女，兄弟姐妹，祖父母，外祖父母，孙子女，外孙子女。医疗事故的利害关系是指医疗事故技术鉴定的结论可能直接或者间接损害专家组成员的经济利益、学术地位或者名誉声望，包括参加过引发医疗事故争议的医疗行为的会诊、医疗事故争议初级鉴定等。与医疗事故争议的当事人有其他关系，可能影响公正鉴定的。"其他关系"是指上述两种关系之外的其他较为亲近或者密切的关系。如上述近亲属以外的其他亲属、邻居、师生、同学、战友、过去的同事和上下级关系等。需要指出的是，不是所有这种关系都应当回避，必须是能够影响案件公正处理的，才应当回避。至于是否影响到案件公正进行，不能凭主观判断和推测，而是应当以事实为根据来分析、认定这些关系是否能够影响到鉴定的公正进行。

3. 对首次医疗事故鉴定的结果不满意，当事人申请再鉴定的程序究竟是如何进行的？

当事人对首次医疗事故技术鉴定不服的，可以自收到首次鉴定结论之日起15日内向医疗机构所在地的卫生行政部门申请再次鉴定。此处的当事人是指在医患关系中的当事人。值得注意的是，非法行医不属于医患关系，非法行医的主体并不是合格的医疗机构或者医生，其从事的诊疗活动本身就是违法的，依法要受到行政处罚或者刑事处罚。提出再次鉴定申请的条件：第一，必须是医疗事故争议当事人或者其法定代理人提出的；第二，必须是对地方医学会做出的首次鉴定不服所提出的，其"不服"的内容可包括事实的认定、法律法规的适用和鉴定的程序等事项；第三，必须是依照《医疗事故处理条例》和国务院卫生行政部门《医疗事故技术鉴定暂行办法》规定的期限；第四，是向送达首次医疗事故鉴定书的卫生行政部门提出申请；第五，提起所在省、自治区或者直辖市地方医学会组织再次鉴定的当事人或其法定代理人向医疗机构所在地卫生行政的医疗部门提交再次鉴定的申请书时，必须按照《医疗事故处理条例》的相关规定，提交医疗事故鉴定所需要的材料及负责首次医疗事故技术鉴定工作的医学会出具的首次医疗事故技术鉴定书。

4. 在患者出现死亡的情况下，尸体检验是如何进行的？

《医疗事故处理条例》第18条规定："患者死亡，医患双方不能确定死因或者对死因有异议的……由拒绝或者拖延的一方承担责任。"

尸体检验的进行时间：一般情况下尸检应在患者死亡后的48小时内进行，

这是由尸体现象所产生的一系列变化所决定的。根据解剖学原理，所谓尸体现象是指人死后，机体内各组织、器官和细胞的生命活动停止，在内外因素（如生物、物理、化学和细菌等）的作用下，发生一系列的化学、物理与形态方面的变化。在48小时内，尸体虽然发生了一定的变化，但是还不至于影响尸检结果的可靠性。如果超过了上述期限，尸体的组织细胞就会发生严重的自溶与腐败，使得尸检结果失去可靠性。因此，对于不能确定死因或者对死因有异议的，要尽早进行尸检，以充分发挥尸检结果在解决医疗事故争议中的重要作用。现实的案例中往往会存在这样的一些问题，如患者家属认为尸检是对死者的不尊重或者认为尸检违背了家乡的风俗而不进行尸检，在诉讼中，由于不进行尸检，法院往往不能判断究竟是否是医院的医疗行为造成了患者的死亡结果。因此可能会出现对患者不利的判决结果。医疗事故争议后，由于患者死亡原因不明或医患双方对死因有异议影响对医疗事故的判定时，医患双方均应当及时提出尸体检验的请求。否则，无论哪一方拒绝或者拖延尸检，影响对死因的正确判定的，责任将由拒绝或者拖延的一方承担。

当具备尸体存放条件时，可以存放7日，尸检的时间因此可以延长7日。尸体冻存条件是指能够持续低温冷冻保存，保持在零下20摄氏度至零下18摄氏度，这可以保证尸体在一定时间内不发生尸体腐败现象。但是在下列情形下，不能进行冷冻保存：死者生前患有胰腺炎、肠炎等感染性疾病的；死者生前做了开颅、开胸和剖腹探查手术的。

尸检机构：承担尸检任务的机构必须具备相应的条件，取得相应资格。如法定的司法鉴定机构、医疗机构病理科和医学院病例教研室、法医教研室等。从事尸检工作的人员也要具备相应的资格，如病理专业具有中级以上专业技术任职资格的医师、相当于中级以上专业技术任职资格的法医等。除司法鉴定机构外，卫生部制定的《医疗事故争议中尸检机构及专业技术人员资格认定办法》对承担尸检任务的机构和人员资格进行了明确的规定。具备了尸检资格的机构和人员都有进行尸检的义务。法医是具备尸检资格的人员，医患双方可以提出请法医参加尸检的要求。如果尸检双方都不能在当场，医患双方均可以委托代表观察尸检的全过程，对尸检进行监督。

是否进行尸检应当征得死者近亲属的同意并签字。尸检不属于医院的医疗行为，属于医疗争议发生后的处理程序。无论尸检是否征得家属同意，均不属于医疗过错，患者家属可以通过其他途径维权。

5. 医疗事故鉴定中，专家组是如何产生的？

专家鉴定组的产生方法是医患双方在医学会主持下，从其专家库中相关学科专业的专家中随机抽取产生。其程序要求有：①当事人抽取前，医学会应告知相关学科专业组中专家的姓名、专业、技术职务、工作单位。②当事人要求专家库成员回避有理由的，医学会应撤出该专家名单。③当事人对医学会随机编号的待取专家随机抽取相同数量的专家编号，并且随机抽取一个专家作为候补。当事人明示放弃抽取的，可由医学会抽取。专家经抽出，非正当理由当事人不得拒绝。④最后一名专家由医学会随机抽取。⑤抽取完毕，医学会应向双方当事人公布名单并记录在案。⑥鉴定组长由鉴定组成员推选，也可由争议涉及的主要学科专家中有最高技术职务任职资格者担任。

应注意，现有专家库成员不足时，医学会应向当事人说明并经其同意，方可从本省其他医学会专家库中抽取专家参加鉴定；本省专家库成员不足的，可从他省医学会专家库中抽取。专家组成员的人数和专业构成依规定为：①组成人数为 3 人以上单数。②专业构成上，事故争议涉及多学科专业的，其中主要学科专业的专家不少于鉴定组成员的 1/2；涉及死因、伤残等级鉴定的，应有两名法医参加鉴定，由双方当事人随机各抽取 1 名。

6. 医学会可以单方中止医疗事故技术鉴定吗？

《医疗事故技术鉴定暂行办法》第 16 条规定，有下列情形之一的，医学会中止组织医疗事故技术鉴定：①当事人未按规定提交有关医疗事故技术鉴定材料的；②提供的材料不真实的；③拒绝缴纳鉴定费的；④卫生部规定的其他情形。根据该法条可以明确地看出，当事人未按照规定提交以上资料时，医学会是可以中止对医疗事故的技术鉴定的。

医学会在受理医疗事故技术鉴定后会在受理之日起 5 日内通知医疗事故争议的双方当事人，其通知方式通常要求采用挂号邮寄或者直接送达签收的方式。当事人在收到医学会的通知之日起 10 日内提交有关医疗事故技术鉴定的材料。患者一方应当提交的资料：没有在医疗机构建立病历档案的门诊、急诊患者的病历资料由患者提供，患者死亡的，由法定代理人提供，但急危患者的抢救病历资料除外。此外患者还可以提供自己保存的原始病历资料；医疗机构复制的病历资料；如果进行尸检的，提供尸检报告；病例治疗的各项检验报告；其他与医疗事故技术鉴定相关的证据。

7. 医疗事故鉴定涉及多家医院，应当如何进行鉴定？

根据《医疗事故技术鉴定暂行办法》的相关规定，协商解决医疗事故争议涉及多个医疗机构的，应当由涉及的所有医疗机构与患者共同委托其中任何一所医疗机构所在地负责组织首次医疗事故技术鉴定工作的医学会进行医疗事故技术鉴定。医疗事故争议涉及多个医疗机构，当事人申请卫生行政部门处理的，只可以向其中一所医疗机构所在地卫生行政部门提出处理申请。

医疗事故鉴定的提起是医疗事故鉴定的启动程序。医疗事故鉴定的提起是在医疗事故争议出现后，由具有鉴定委托资格的一方向具有接受鉴定资格的一方提出鉴定要求的程序。医疗事故鉴定的提起涉及两个方面，即医疗事故具体由谁提起、向谁提起。医疗事故鉴定的提起者即委托方包括医方和患方两个方面；而被委托对象则是各级医学会。

在鉴定的委托中有以下几个注意事项：

一是医疗事故鉴定的直接委托。双方当事人协商解决医疗事故争议，需进行医疗事故技术鉴定的，应共同书面委托医疗机构所在地负责首次医疗事故技术鉴定工作的医学会进行医疗事故技术鉴定。如果当事人对首次鉴定结论不服，可以提出再次鉴定的申请。这样，除了交由卫生行政部门处理的第一次鉴定，患者和医院对鉴定机构有平等的选择权，不再由卫生行政部门指定。

二是医疗事故鉴定的间接委托。县级以上地方卫生行政部门接到医疗机构关于重大医疗过失行为的报告或者医疗事故争议当事人要求处理医疗事故争议的申请后，对需要进行医疗事故技术鉴定的，应当书面移交负责首次医疗事故技术鉴定工作的医学会组织鉴定。

三是医疗事故鉴定的协商委托。协商解决医疗事故争议涉及多个医疗机构的，应当由涉及的所有医疗机构与患者共同委托其中任何一所医疗机构所在地负责组织首次医疗事故技术鉴定工作的医学会进行医疗事故技术鉴定。医疗事故争议涉及多个医疗机构，当事人申请卫生行政部门处理的，只可以向其中一所医疗机构所在地卫生行政部门提出处理申请。

8. 医疗损害鉴定的范围是什么？

医疗损害鉴定不同于医疗事故鉴定，也称为司法鉴定，是在诉讼的过程中，为了查明案情，人民法院会依据职权或者根据双方当事人的申请，指派或委托具有专门知识的人，对专门的问题进行检验、鉴别和评定的活动。很多学者所认为的鉴定的双轨制就是指医疗事故鉴定和医疗损害鉴定二者并行的现实状况。

上文在案例中也提到过，医疗损害鉴定主要是针对医疗行为的过错进行判断，医疗行为这一专业的行为只能由专门的鉴定机构来完成判断。法院自身无法认定医疗行为有无过错，医疗损害鉴定的目的就在于帮助法官查清案件的事实。因此其范围为：医疗机构的诊疗行为有无过错；医疗机构是否尽到告知义务；医疗机构是否违反了诊疗规范实施不必要的检查；医疗过错行为与损害之间是否存在因果关系；医疗过错行为在损害结果中的责任程度；人体损伤残疾程度；其他专门性的问题。

第六章

医疗产品（血液、医疗器械等）责任纠纷相关案例

1. 不合理用药，医疗机构需赔偿患者经济损失[1]

▌案情介绍

原告张丰春因道路交通事故受伤在山东省泰安市中心医院住院治疗，入院伤情诊断为全身多处软组织伤。住院43天，住院期间花费医疗费16 747.64元、检查费4元，共计16 751.64元。原告出院后，以机动车交通事故责任为由将侵权人孔凡忠及中华联合保险泰安支公司诉至泰安市泰山区人民法院，要求赔偿其因交通事故所遭受的经济损失。在该案审理过程中，中华联合保险泰安支公司申请对原告住院期间的用药合理性进行审查，剔除与交通事故所致伤情无关的用药。泰安东岳司法鉴定所出具司法鉴定意见书认为：被鉴定人张丰春住院期间所用药物奥扎格雷钠适用症为治疗急性血栓性脑梗死和脑梗死所伴随的运动障碍，被鉴定人本次交通事故损伤诊断为全身多处软组织挫伤，因此奥扎格雷钠为本次损伤治疗中的不合理用药，应去除费用为7250.40元。原告对该鉴定结论提出异议，并申请司法鉴定人员杨丰强出庭接受质询，同时申请其主治医师娄彦华、王震出庭作证，原告主治医师亦未能明确证明药品奥扎格雷钠的使用与治疗原告伤情之间的合理性与必要性。法院对鉴定意见予以采纳，判决认定原告受伤住院治疗过程中因使用奥扎格雷钠所花费的7250.40元为不合理用药，应在赔偿范围内予以扣除。因此，原告诉至法院，要求被告泰安市中心医院赔偿其因不合理用药所受到的经济损失。

---

[1] 最高人民法院发布的四起典型案例之二：张丰春与泰安市中心医院医疗服务合同纠纷案，参见北大法宝网。

▌ 分析

患者与医院之间属于医疗服务合同，医疗机构应当严格依据医疗合同和相关的法律法规，本着救死扶伤、治病救人的精神为患者看病，合理用药。《药品管理法实施条例》第 27 条第 1 款规定："医疗机构向患者提供的药品应当与诊疗范围相适应，并凭执业医师或者执业助理医师的处方调配。"且药物本身具有毒性，医疗机构在用药时应尽高度的注意义务。本案中，医疗机构为了多收费对患者用了不相干的药物，没有导致严重的后果发生，因而只是根据医疗合同要求医疗机构承担相应的赔偿责任。

泰安市泰山区人民法院经审理认为，原告在被告处住院治疗，原、被告之间形成医疗服务合同关系，被告应当根据原告的病情使用药物并按照正确的方法、手段为原告提供医疗服务。根据泰安东岳司法鉴定所鉴定意见书以及民事判决书，足以认定原告张丰春因交通事故受伤住院期间所用药物奥扎格雷钠为不合理用药。药物奥扎格雷钠适用症为治疗急性血栓性脑梗死和脑梗死所伴随的运动障碍。原告陈述其并未有急性血栓性脑梗死及相关病史，在被告出具的住院病案中现病史、既往史部分亦未发现原告患有或曾经患有上述病症的记载。因此，被告泰安市中心医院未根据原告的病情为原告提供合理、恰当的医疗服务，原告因被告在治疗过程中不合理用药行为所造成的损失，应当由被告予以赔偿。法院判决泰安市中心医院赔偿原告张丰春经济损失共计 7750.40 元。被告已按判决履行完毕。

我国现阶段医疗纠纷日益增加，不仅影响到患者及家属的心理，也加重了医务人员的心理压力，降低了医疗单位和医务人员在社会上的声誉。在实践中确实存在部分医疗机构或医务人员为了追求经济利益，给患者开出价格较为昂贵或不必要的药物，加重了患者的经济负担。本案判令被告泰安市中心医院赔偿原告因被告不合理用药行为遭受的经济损失。本案提醒医疗机构，在为患者提供服务的过程中，应秉承"救死扶伤、治病救人"的宗旨，本着必要、合理的原则，为患者提供恰当的治疗方案，加强与患者及患者家属之间的沟通，充分尊重患者的知情权，以构建和谐的医患关系。

2. 医疗机构用药致使患者出现其他病情应承担损害赔偿责任

▌ 案情介绍

王某某因发热于 2013 年 4 月 9 日入被告 J 省人民医院消化二科住院治疗，入院诊断为发热待查。由于被告将"阿糖腺苷"误录入为"阿糖胞苷"，原告自4月10日至4月16日每日误用阿糖胞苷0.5g，共用7天，总剂量为3.5g。原告误用此药物过程中出现恶心、呕吐症状，原告身体左侧腋下和注射部位出现大小不等的瘀点和瘀斑。4月16日15时36分急检原告血常规，被告发现原告血小板和白细胞明显降低后请血液科会诊，遵照会诊意见被告采取了相应的治疗措施，至4月18日复检血常规时，原告的病症有所好转，被告建议原告转入血液科进一步诊治，后经被告同意，原告于4月18日转至J大学第一医院（以下简称吉某某院）继续治疗而出院。原告在被告处住院9天，产生医疗费用8173.40元。

原告认为其于2013年4月9日因发热就诊于J省人民医院，后因J省人民医院错误使用阿糖胞苷导致原告全血细胞减少、慢性肾功能不全加重、肾性贫血加重的不良后果，经司法鉴定，确定被告在为原告治疗中存在医疗过错，其医疗过错与原告的全血细胞减少、慢性肾功能不全加重、肾性贫血加重的不良后果存在因果关系。为求继续巩固治疗，原告后经过五次转院治疗，原告上述五次住院共计156天，均为Ⅱ级以上护理。原告在吉某某院四次住院期间共支付门诊医疗费6584.80元。原告因故在解放军总医院自付肾病后续治疗费655.00元；2013年11月至2014年8月在天津市中医院自付肾病后续治疗费17 432.07元。原告自行起诉前委任J省常春司法鉴定所进行司法鉴定，意见为：①J省人民医院在对王某某治疗过程中存在过错；②J省人民医院的医疗过错与王某某不良后果的发生存在因果关系；③J省人民医院的医疗过错在王某某的不良后果中责任程度为全部；④王某某由于医疗过错所延长的护理期限以156天为宜；⑤王某某的后续治疗费每月为4000.00元，后续治疗期为五年。

被告J省人民医院认为原告起诉没有事实和法律依据，被告对原告的诊断及治疗不存在任何过错，符合相关的医疗规定，无论是否存在用药错误，均不会导致原告所诉称的这种情况，因此不应承担任何责任。原告起诉的数额、标准也不符合相关法律规定，并且有些费用过高，综上，应驳回原告的全部诉求。原告所称的后果是原告本身的疾病所导致，与被告没有任何关系。

诉讼中被告对此鉴定意见不服，要求重新鉴定，由长春市中级人民法院委托J正达司法鉴定中心进行鉴定，意见为：①省医院对被鉴定人王某某连续7天使用阿糖胞苷属明显用药错误。②省医院用药错误与被鉴定人王某某全血细胞减少症、贫血程度加重、过敏性皮炎、左肺肺炎、低蛋白血症、高尿酸血症、胸腔及心包腔积液之间存在直接因果关系；省医院用药错误在导致上述不良后果中起完全作用，其参与度为100%。③省医院用药错误与被鉴定人王某某慢性肾功能不全临床表现急性加重之间存在明确的因果关系；是导致被鉴定人王某某慢性肾功能不全急性加重的主要危险因素，并起主要作用。④省医院住院病历和四次吉某某院住院病历内长期医嘱记录单记载的王某某护理级别及护理时间是合理的。⑤被鉴定人王某某目前处于慢性肾功能不全 - 肾衰期，可行继续治疗，但依据现有材料无法科学准确评估其继续治疗慢性肾功能不全之费用。

▌分析

本案是一起责任较为清楚的案例，在本案中进行了两次鉴定，但是鉴定结果均对医疗机构不利，医疗机构对患者使用的药物的确给患者带来了相应的损害结果。根据侵权责任理论，医疗机构因自身的医疗过错给患者造成人身损害的，应当承担相应的过错赔偿责任。本案件中，由于医生在用药时并没有注意到患者的身体状况、药物的特殊属性，缺乏高度注意义务，用药的行为与患者出现的病情之间具有因果关系，因此医疗机构应当承当相应的赔偿责任。

法院的判决认为：本案事实清楚，责任明确。阿糖胞苷为治疗急性白血病或恶性淋巴瘤抗癌药，其不良反应对骨髓有抑制作用，可使白细胞及血小板减少，严重者可发生再生障碍性贫血或巨幼细胞性贫血，且肝肾功能不全者慎用。原告入院诊断为发热待查，不是阿糖胞苷用药的适用症，被告在原告的治疗过程中却给静点7天阿糖胞苷总量3.5g，导致原告出现全血细胞减少、慢性肾功能不全加重、肾性贫血加重的不良后果。被告显然没有遵守医疗操作规范及履行谨慎注意义务，经两次鉴定，均认为被告存在医疗过错。被告应根据自己的过错承担相应的赔偿责任。

因为本案经过鉴定后事实清楚明确，医疗机构确实因为自己的过错给患者带来身体上的损害，因此承担相应的责任。但是现实中的情况往往比本案更复杂和困难，因此应当引起高度的注意，医院积极与医生进行沟通，医患双方相互信任和了解才能有效地预防此类事件的发生。

3. 因药物临床实验产生的纠纷

▌案情介绍

原告郭某患糖尿病6年，平时使用诺和灵等药物治疗。2005年9月7日，原告郭某因血糖波动到被告南京某医院就诊，门诊医师建议原告参加由被告江苏某生物制药公司申办的"50/50双时相低精糖蛋白锌重组人胰岛素"注射液ⅲ期临床试验。当日经被告医院筛选确认，原告郭某符合试验对象入选标准。同日郭某在知情同意书上签字。原告所签知情同意书是被告某医院预先印制好的格式文本，内容涉及试验目的、参加试验的自愿性、试验过程、期限、检查操作过程、信息保密、患者的收益和风险、费用等问题。但对于试验的风险和不适反应，仅列举了胰岛素可能出现的四种副作用；对于参加研究可能的收益，仅说明试验制剂及注射器和实验室检查免费。该药物试验的《药物临床研究方案》对于受试者入选标准、排除标准、别除和退出标准做出了规定，严重的泌尿生殖系统疾病为排除标准之一。

9月19日，原告郭某接受了被告医院的系列检查，其中原告尿常规检查蛋白2+，但被告医院未将这一情况告诉原告。2005年9月28日原告郭某开始进行试验治疗，于2005年12月30日结束。试验过程中原告曾向被告医院负责试验的医师诉说全身不适，但负责医师未做处理。试验治疗过程中由于原告血糖控制不理想，被告医院要求原告逐步加大试验用胰岛素剂量，直至试验治疗结束。试验结束后原告重新使用诺和灵治疗糖尿病。2006年1月6日原告因腰酸、眼睑轻度浮肿到被告医院就诊，实验室检查显示：尿素氮7mmol/l、肌酐115umol/l、尿酸478umol、24小时尿蛋白定量1850.2mg。2006年1月10日原告再次到被告医院就诊，病历记载：眼睑稍浮肿，双肾区有叩痛，双下肢轻度凹陷性浮肿，被诊断为"2型糖尿病，糖尿病肾病"。此后原告多次在被告医院和其他医院门诊检查治疗糖尿病和糖尿病肾病。

▌分析

本案涉及的一个概念就是药物临床试验。药物临床试验简单来讲就是一种人体实验，我国2003年颁布的《药物临床实验质量管理规范》附则规定临床试验的含义为任何在人体（病人或健康志愿者）进行药物的系统性研究，以证实或揭示试验药物的作用、不良反应及/或试验药物的吸收、分布、代谢和排泄，目的是确定试验药物的疗效与安全性。其第4条规定所有以人为对象的研究必须公正、尊重人格、力求使受试者最大程度受益和尽可能避免伤害，这也是《世界医学大会赫尔辛基宣言》的要求。

并且该规范对药物临床试验的所需条件进行了规定：首先，进行试验必须有科学的依据，在进行人体试验前，必须周密考虑该试验的目的及要解决的问题，应权衡对受试者和公众健康预期的受益及风险，预期的受益应超过可能出现的损害。选择临床试验方法必须符合科学和伦理要求。其次，临床试验用药品由申办者准备和提供。进行临床试验前，申办者必须提供试验药物的临床前研究资料，包括处方组成、制造工艺和质量检验结果。所提供的临床前资料必须符合进行相应各期临床试验的要求，同时还应提供试验药物已完成和其他地区正在进行与临床试验有关的有效性和安全性资料。最后，药物临床试验机构的设施与条件应满足安全有效地进行临床试验的需要。所有研究者都应具备承担该项临床试验的专业特长、资格和能力，并经过培训。临床试验开始前，研究者和申办者应就试验方案、试验的监察、稽查和标准操作规程以及试验中的职责分工等达成书面协议。

但是相对于试验者而言，大多数受试者为患者，患者更在乎的是其病情，多数患者对试验结果不是很关心。对于患者来说，其中最重要的权利便是其知情同意权，这里的知情同意是指向受试者告知一项试验的各方面情况后，受试者自愿确认其同意参加该项临床试验的过程，须以签名和注明日期的知情同意书作为文件证明。受试者在被告知后还要签署知情同意书，知情同意书是指每位受试者表示自愿参加某一试验的证明文件。研究者需向受试者说明试验性质、试验目的、可能的受益和风险、可供选用的其他治疗方法以及符合《赫尔辛基宣言》规定的受试者的权利和义务等，使受试者充分了解后表达其意愿。

签订知情同意书后，是否就意味着患者全部同意了该医疗方案？在一般情况下的确如此，知情同意书是患者知情同意意思的外部表示。但是患者基于自身的原因可能会误解医生的意思。在患者自己误解医生的意思的情况下，患者自身对此有一定的错误认识，因此应当对自己的过错承担责任，实践中因为患者自身原因而产生错误认识的情况较少，只要医生耐心解释，尽到了告知义务，患者一般都能认识到将要实施行为的风险。另一种情况是医生未尽到告知义务，则因为医生的过错使患者签订的医疗同意书应属无效。本案就是基于医生的医疗过失，使者签订了同意书，导致患者在药物临床试验中受到损害。

人民法院经审理认为，原告郭某是 2 型糖尿病（r2md）患者，血糖控制不佳，属于"50/50 双时相低精糖蛋白锌重组人胰岛素"注射液的临床试验人群，符合该药物的《临床研究方案》的入选标准。原告试验治疗前尿蛋白 2＋，根据病史可以诊断为糖尿病肾病，它是 2 型糖尿病常见的并发症，但医学上一般不认为原告此时的糖尿病肾病已达到了严重的程度，因此原告未达到《临床研究方案》的排除标准，所以原告郭某可以作为本案药物试验的对象，两被告对此不存在过失。

国家药品食品监督管理局制定的《药物临床试验质量管理规范》规定，药物试验治疗前必须向受试者详细说明并征得受试者的同意。被告在知情同意书中未说明试验药物ⅲ临床试验前期研究的基本情况、动物试验的药效和毒理研究结果；未说明如何根据试验对象的入选标准、排除标准来决定原告是试验对象；未说明原告参加试验大致的预期疗效；未说明试验制剂的质量保障；特别是未告知原告尿蛋白 2 + 的病情，以及在这种病情下，如果试验疗效不理想，对原告糖尿病及并发症的影响。而这些信息又足以影响原告权衡利弊做出决定，因此两被告在履行说明义务时存在过失，违反了药物临床试验的知情同意原则。

由于药物试验的自愿性，原告可随时根据试验过程中的情况，决定是继续参加还是退出试验，所以在试验过程中被告医院仍有根据试验进展情况进行说明的义务，在试验过程中应向原告说明血糖控制不佳对原告糖尿病肾病的影响，并提出建议，由原告决定是继续参加试验还是退出试验，这同样是知情同意原则的要求。但是被告医院在试验治疗过程中，除不断加大试验用药剂量外，未向原告进行任何说明，因此被告医院对此存在过失。

药物试验前，如两被告向原告充分说明药物试验相关情况及原告病情，特别是参加试验对原告肾脏可能带来的影响，原告选择不参加药物试验的可能性较大。试验治疗过程中如果被告医院向原告充分说明血糖控制不理想对原告糖尿病肾病可能带来的影响，原告也很有可能退出试验。因此原告同意并继续参加药物试验，是在被告未充分说明的情况下做出的决定，不产生同意的法律效果。

原告参加试验前，尿蛋白 2 + ，所以可以认定原告药物试验之前已处于糖尿病肾病的第四期。从试验后的 24 小时尿蛋白定量分析和原告的症状来看，可以认定原告仍处在糖尿病肾病的第四期。在医学上尚不足以认定原告肾脏损害加重，因此本案没有证据证明原告存在身体健康受侵害的损害后果。所以原告主张赔偿医疗费、残疾赔偿金的请求法院不予支持。尽管原告郭某不存在身体健康受侵害的损害后果，但是两被告未充分履行告知义务，侵害了原告郭某的自己决定权，因此原告主张赔偿精神抚慰金的请求应予以支持。

法官对本案中医疗机构如何构成过失有精彩的评析：本案原告在试验治疗前已在知情同意书上签字，从形式上而言，被告医院已履行了让受试者知情同意的义务。但是法律给行为人设定义务是为了保障相对人的权益，所以判断义务人是否履行了让受试者知情同意义务，既要看形式，但更重要的是从履行义务所要达到的目的是否实现来进行分析。由于药物试验的自愿性，本案原告有权决定是否参加药物临床试验，在试验治疗过程中，有权随时退出试验而无需任何理由。决定的实质就是综合各种因素权衡利弊的过程，而权衡利弊必须依据充分必要的药物临床试验的信息。由于信息的不对称，所以要求被告履行说明义务。不仅如此，被告说明的药物临床试验信息，必须充分且能为原告所理解，只有这样才能确保原告做出的决定是自己真实意思的表示，是有效的决定。因此即使被告与原告形式上签订了知情同意书，如果被告履行说明义务不充分，原告依据该信息不能做出真实的决定，被告的行为仍然违反知情同意原则，构成医疗过失。

如何判断医师说明的内容和程度是否达到了充分，这就涉及以谁为判断标准的问题。理论上分为合理医师说、合理患者说、具体患者说、折中说等几种学说。具体患者说是指医师应负的说明义务应就个别患者而定，凡依患者之年龄、人格、信念、心身状态，可以确知某种医疗资料与患者利益相结合，而为患者所重视的医疗资料，医师有预见的可能时，医师对该资料即具有说明义务。从设定知情同意原则的立法目的而言，应坚持具体患者说，只有这样才能切实保障每个具体的受试者的合法权益。本案在判断被告说明的内容和程度是否充分时，以《药物临床试验管理规范》第14条有关说明内容之一般规定，结合原告的具体病情来确定被告说明的内容与说明的程度，并以此作为标准。法官将知情同意书的内容与此标准相比较，从而判定被告医院没有提供原告郭某为权衡利弊所应当知晓的试验信息，其说明不充分，其行为构成医疗过失。

4. 医疗机构疏忽大意使用过期药物导致患者损害

▌案情介绍

何某某于2010年8月6日因为身体不适前往附近的卫生中心进行就医诊疗。该卫生中心在对其进行诊断后，便让其转至家中输液治疗，输液的任务是由该中心社区护士姜某某提供上门服务。何某某于8月7日至8月9日在家中进行输液，由本中心社区护士姜某某上门服务。由于姜某某本人工作疏忽，未进行仔细核对，输入过期注射液（浙江天瑞制药厂，5%葡萄糖注射液250ml，生产批号080731.1，生产日期2008.7.31，有效期至2010.6.30）。2010年8月13日，姜某某本人出具书面证明："2010年8月10日从患者何某某家里拿回5%葡萄糖水250ml一瓶（失效期2010年6月30日）后，已经被我销毁。"某卫生中心医务科在该证明上记载"情况属实"，并盖章确认。

主管该卫生中心的卫生局于2011年4月28日的回复记载：赵某某女士来信反映"母亲因便秘由某社区卫生服务中心上门输液，第三天出现发热，发现所输药物过期二个月，立即通知院方。事后将母亲送至九院，诊断为败血症。院方第一销毁证据；第二加病历；第三弄虚作假；第四院方到目前为止没有任何解释和处理意见，提出申请要求按医疗事故处理"一事，答复如下：我局立即与院方联系，了解情况，同时责成院方对相关人员严肃处理，加强管理，查找漏洞，建立健全机制，采取综合措施，杜绝此类事件再次发生。院方反馈对此事进行了专题讨论，决定辞退当事护士，并对相关责任人给予扣奖处罚。

同时该市药品监督管理局某分局的 2011 年 7 月 5 日投诉回复记载：某镇社区卫生服务中心违规使用过期药物，根据《中华人民共和国药品管理法》有关规定，我局已对某镇社区卫生服务中心使用过期药品一事进行了行政处罚。

在卫生中心住院治疗后，何某某辗转多家医院进行治疗。现何某某仍在住院治疗中。何某某在上述治疗期间，住院期间的各种花费巨大。何某某认为某卫生中心在对其诊治的过程中使用过期药物，造成其身体损害，故起诉要求某卫生中心赔偿医疗费、住院伙食补助费、营养费、护理费，医院护理费、交通费、精神损害抚慰金、残疾赔偿金、鉴定费、复印费、残疾辅助器具费（气垫床、成人尿片），另要求保留主张后续治疗的诉权。

法院委托某国际医学交流和发展中心司法鉴定所对何某某现有身体状况是否与注射过期药品存在因果关系，以及何某某伤残情况、休息、营养、护理期限进行鉴定，鉴定意见为：某卫生中心给被鉴定人何某某输入过期药品，存在明显医疗过错；该中心工作人员销毁有关过期药品，致使无法对输入过期药品和被鉴定人现状的因果关系进行完整分析和 100% 评定；被鉴定人何某某现有状况与注射过期药品之间存在因果关系，建议注射过期药品的参与度为 70%~80%；该司法鉴定所另出具说明，认为何某某目前状况不符合人身伤害伤残的定义，无法依据有关规定出具伤残的鉴定意见，故在上述鉴定意见中未对伤残内容进行表述。何某某支付鉴定费 3000 元。

何某某对伤残问题申请重新鉴定，法院委托某司法鉴定中心对何某某伤残情况进行评定。鉴定意见为：何某某目前身体状况属一级伤残。何某某既往有多种基础疾病，经过治疗症状有所控制缓解，但对其身体康复产生不利因素，加重其原有疾病情况，故输入过期药物事件对其伤残等级的参与度约为 30%~40%。何某某支付鉴定费 1500 元。

对上述鉴定意见，何某某认可某司法鉴定中心认为构成一级伤残的鉴定意见，但对其确认的参与度有异议，何某某认为，何某某虽有原发疾病，但原发疾病不足以导致何某某一级伤残的损害后果，何某某一级伤残的损害后果系败血症及伪膜性肠炎所致，某卫生中心应当承担全部责任。某卫生中心对上述鉴定意见无异议。

▋分析

本案是因为医疗机构（该卫生中心）自己的过错，在对患者治疗的过程中使用了过期药物的案例。《产品质量法》第 35 条规定："销售者不得销售国家明令淘汰并停止销售的产品和失效、变质的产品。"因为护士姜某某的疏忽，未进行详细检查，导致给患者用了过期的药物输液，因而产生了损害，医疗机构应当对该损害承担责任。《产品质量法》第42条规定："由于销售者的过错使产品存在缺陷，造成人身、他人财产损害的，销售者应当承担赔偿责任。销售者不能指明缺陷产品的生产者也不能指明缺陷产品的供货者的，销售者应当承担赔偿责任。"在本案中，显然是该卫生中心的责任。药物过期，依据相关法律和医疗操作规范，不应该再给患者使用，该卫生中心因为疏忽大意，给患者使用过期的药物，该损害与药品的生产者无关。

一审法院认为，公民的生命健康权受法律保护，该卫生中心接收何某某进行治疗，双方形成医患关系，卫生中心应当对何某某进行积极妥善的治疗。判定卫生中心承担医疗损害责任的前提是该卫生中心医疗违法行为与何某某人身损害后果之间具有因果关系。卫生中心为患者使用过期药物，在事发后销毁相关药物，存在明显过错，何某某因被注入过期药物导致其人身损害，经过相关鉴定已经确定，故卫生中心应当承担相应的赔偿责任。何某某虽然患有多种基础疾病，但在输入过期药物之前情况尚可，可在家接受诊疗服务，何某某在输入药物之后身体状况即恶化，根据何某某提供的病史资料，何某某之后长期、连续的住院治疗、门诊治疗与注入过期药物具有直接的关联性，故相关医疗费、护理费等应由卫生中心承担。何某某在第二次鉴定时身体状况已发生变化，构成一级伤残，根据鉴定意见，该情况主要是何某某自身疾病所致（高龄脑梗死后遗症期，冠心病，高血压病2级，右股骨骨折后，感染后等），其输入过期药物后出现发热、感染及败血症，经过治疗症状有所控制缓解，但对身体康复产生不利影响，加重原有疾病，故输入过期药物事件对何某某伤残等级的参与度约为30%～40%，何某某主张参与度为100%，但并未提供合理依据，法院对其主张不予采纳。法院根据鉴定意见，酌情确认卫生中心对何某某伤残等级有关项目的赔偿比例为40%。

二审法院认为，医疗损害赔偿责任的承担，以医疗过失以及过失与损害后果之间存在因果关系为基本条件。本案经相关鉴定机构鉴定，明确卫生中心给何某某输入过期药物存在明显医疗过错，输入过期药物对何某某伤残等级的参与度约为30%～40%，因此，原审法院综合考虑何某某输入过期药物前后的病情、治疗情况，确定由卫生中心对何某某主张的医疗费等合理损失承担全部责任，并无明显不当。同时，参照鉴定意见，确定由卫生中心对何某某主张的残疾赔偿金、精神损害抚慰金承担40%的赔偿责任，也无不当。综上，原审判决正确，予以维持。

在本案中，导致最终损害的原因是多发的，医疗机构仅就其过错导致的损害结果承担责任，在由多个原因导致损害结果的发生时，对于病情这种极为专业的判断，法院一般会参照专业的鉴定。

5. 注射疫苗的行为是否属于诊疗行为

▌案情介绍

2010 年 3 月 7 日，原告张某在被告开县某卫生院处接种了腮腺炎疫苗。负责为原告张某预防接种的钟雪翔系开县某卫生院的医务人员。原告接种腮腺炎疫苗不久后，出现挠头抓耳等症状，继而双耳听力障碍。2010 年 6 月 6 日，原告张某被送往重庆三峡医院检查，双侧脑干听神经无电活动。2010 年 6 月 7 日，经重庆大坪医院诊断，原告张某听力减退待诊。2010 年 6 月 9 日，原告张某被送往重庆医科大学儿童医院就诊，因原告双侧脑室后部周围及双侧额叶脑白质异常信号，考虑有局部髓鞘化延迟或障碍的可能。2010 年 6 月 12 日至 2010 年 6 月 15 日，原告张某在重庆三峡中心医院儿童分院住院治疗，脑电图检查为轻度异常。为进一步确诊，2010 年 6 月 24 日，原告张某被送往北京同仁医院就诊。2010 年 7 月 26 日，开县疾病预防控制中心专家会诊后认为，被告开县某卫生院的接种门诊为规范化门诊，因家长未及时向当地卫生部门报告，延误了查找病因的最佳时间，现在已无法判断发病与接种疫苗的关联性与时间依从性。2010 年 10 月 21 日，经重庆市万州区医学会预防接种异常反应鉴定工作办公室鉴定，原告张某双耳失聪的结果不属于预防接种的异常反应。2010 年 11 月 16 日，原告张某被送往中国人民解放军第三军医大学新桥医院住院治疗，诊断为脱髓鞘病、听力减退，2010 年 12 月 18 日出院。2011 年 11 月 21 日，经西南政法大学司法鉴定中心鉴定，张某因注射疫苗致使听力下降，目前仍然遗留双耳极度听觉障碍，构成 4 级伤残，原告张某目前听力丧失严重，植入电子耳蜗的指征不明确，目前没有续医费。2012 年 1 月 18 日，经重庆市法医学会司法鉴定所鉴定，被告开县某卫生院在对张某的医疗行为中存在过错，其过错行为是致患儿目前损害后果的主要因素。被告开县某卫生院对重庆市法医学会的司法鉴定意见书不服，申请鉴定人出庭接受质询，并垫支了鉴定人出庭费用 1900 元。

▌分析

关于本案，有两个问题值得研究。

第一，注射疫苗的行为是否为医疗行为。根据本书第一章有关医疗行为的表述，接种疫苗属于防疫型的医疗行为，本案中法院认为在我国司法实践中诊疗行为是指医疗机构及其医务人员借助其医学知识、专业技术、仪器设备及药物等手段，为患者提供紧急救治、检查、诊断、治疗、护理、保健、医疗美容以及为此服务的后勤和管理等维护患者生命健康所必需的活动的综合。在我国除了四种情形不属于诊疗行为外，其余均是诊疗行为，这四种情形是患者自伤自残、医院管理瑕疵、医生故意伤害、非法行医。本案被告开县某卫生院是取得了医疗机构执业许可证的医疗服务机构，为原告张某接种的医钟雪翔系开县某卫生院的医务人员，其接种行为属于预防保健的范围，原告张某注射的腮腺炎疫苗属于二类疫苗，属自费疫苗，由被告开县某卫生院在开县疾控中心购买疫苗后销售给原告，被告开县某卫生院收取的疫苗接种费包含疫苗的成本费、注射费及疫苗注射的利润，被告开县某卫生院为原告张某接种腮腺炎疫苗获取了利益，其行为属于诊疗活动的范畴。法院在认定注射疫苗是否是医疗行为时采取了排除的方法，先通过界定什么行为不是医疗行为，再通过本案中医疗机构实施的行为来判断，说理性较强，也很直白地界定了医疗行为的含义。

第二，被告开县某卫生院对原告张某的医疗行为是否存在过错？原、被告共同选定重庆市法医学会司法鉴定所进行了鉴定，该鉴定意见书客观真实地分析了被告为原告接种疫苗的过程、原告接种后的治疗过程、原告的伤害后果与被告行为的因果关系。重庆市法医学会司法鉴定所做出的被告开县某卫生院对原告张某的医疗行为中存在过错，其过错行为是导致原告目前损害后果的主要因素的鉴定结论合法有效。本案被告开县某卫生院的过错在于接种疫苗前无具体的检查记录，也无法证明接种前原告张某存在禁忌证情况和疫苗属于合格疫苗，被告开县某卫生院应对原告的损失承担主要赔偿责任。减毒的腮腺炎疫苗本身是一种活疫苗，有可能在机体功能低下的时候成为条件致病菌。接种腮腺炎疫苗存在一定的风险性，对于免疫功能低下的儿童，接种腮腺炎疫苗有患腮腺炎的风险，该风险不是被告开县某卫生院能够完全避免的，应适当减轻被告开县某卫生院的赔偿责任，而原告张某感染腮腺炎后未能在第一时间确诊治疗，延误了查找病因的最佳时机，也应适当减轻被告开县某卫生院的赔偿责任，综合考虑本案的实际情况，法院认为，被告某卫生院承担60%的赔偿责任为宜。

法院判决确定了赔偿数额，使得当事人的合法权益得到了保护。本案判决之后，被告不服，提出上述，但是二审法院认为一审法院认定事实清楚，最终维持了原审判决。

6. 医疗器械缺陷致患者损害

▌案情介绍

2007年9月11日，张某某因为工作时手外伤到当地医院住院治疗，医院进行诊断，对其实施石膏托外固定后自行要求出院。2008 年 1 月 1 日，张某某再次因为该部位受伤到被告处入院治疗，被诊断为右胫骨陈旧性粉碎性骨折伴不连。医院于 1 月 3 日对张某某施行了右胫骨陈旧性骨折切开复位金属接骨板内固定＋植骨术。经治疗后原告于 2 月 1 日出院，出院时，X 片显示骨折对位对线较好。出院医嘱及建议：门诊治疗、随访，休息 3 月；出院后 1 月、2 月、半年、1 年分别来院复查 X 片；1 年后骨折愈合后再次手术取金属接骨板。在当次手术中，医院为张某某植入苏州市某医械制造有限公司生产的型号为￥sq16（胫骨近端外侧）的金属接骨板，规格为右 9 孔。张某某出院后于 2008 年 3 月 6 日，7 月 10 日、28 日，11 月 11 日做 X 片检查。其中，前两次检查意见为右胫骨断端对位对线尚可，右胫腓骨断端处金属接骨板未见断裂，螺钉未见松动、脱落。而后两次的检查意见为右胫骨金属接骨板中下 1/3 处可见断裂，右腓骨金属接骨板未见异常。2009 年 3 月 14 日，张某某到四川大学华西医院行 DR 检查，其意见为右胫骨中上段及腓骨中段骨折线清晰，对位可，远折端向前成角，右胫骨内固定金属接骨板下份断裂。最终经过鉴定，认定张某某构成七级伤残。

张某某随后将当地医院起诉至法院，要求其为因金属接骨板断裂而造成的损害后果承担责任。

▌分析

根据《执业医师法》第 25 条的规定，医师应当使用经国家有关部门批准使用的药品、消毒药剂和医疗器械。可见使用符合质量要求的医疗器械是医院应尽的义务。医疗器械本身作为一个产品，其受《产品质量法》的约束。并且根据《侵权责任法》的相关规定，患者可以向医疗机构要求赔偿，也可以向医疗器械的生产者要求赔偿。医疗机构赔偿后可以向医疗器械的生产者追偿。

在本案中，医疗机构是否承担责任，关键在于医疗产品，即金属接骨板有无缺陷，并且需结合《侵权责任法》规定的侵权构成要件加以分析。

第一，产品的缺陷。判断产品是否存在缺陷，一是看产品是否存在危及人身、他人财产安全的不合理的危险；二是看产品是否符合有关保障人体健康和人身、财产安全的国家标准、行业标准。就本案而言，金属接骨板的设计用途是用于支持骨接合。在金属接骨板的正常使用期限内，使用者期望金属接骨板不发生断裂的情形，是对产品安全性的合理期待。被告在为原告植入金属接骨板后，该金属接骨板在正常使用期限内却出现了断裂，虽然金属接骨板断裂的原因有多种，但被告并未举证证明断裂是因原告自身使用不当所造成的，因而应当认定金属接骨板存在不合理的危险。被告医院虽然提供了生产者的相关产品质量认证文件，但认证文件属于企业产品质量体系的认证，并不能证明具体产品的质量符合相关标准。被告虽提出对金属接骨板进行质量鉴定，但因不具备鉴定条件，并且即使产品符合相关质量标准，也并不必然得出无缺陷的结论。因此，法院认定被告医院为原告植入的金属接骨板存在缺陷。

第二，产品缺陷与原告伤残之间的因果关系。由于医疗使用的产品技术含量高，在受害人证明因果关系时应当适用因果关系推定理论，即受害人只要证明使用了某产品后发生某种损害，且这种缺陷产品有造成损害的可能，即可推定因果关系成立。原告骨折虽与被告无关，但原告在被告处第二次住院时，被告为原告植入了金属接骨板，原告证明使用金属接骨板后发生了损害并致伤残七级，可以推定因果关系成立。被告未能提供证据推翻该推定，因此，法院认定金属接骨板的缺陷与原告的伤残之间存在因果关系。

在产品质量诉讼中，因产品存在缺陷造成他人人身、财产损害的，受害人可以向产品的生产者要求赔偿，也可以向产品的销售者要求赔偿。产品销售者在无过错的情况下，仍有义务替代生产者先行承担赔偿责任。医院在对被告实施手术过程中，使用他人生产的医疗器械的行为，属于销售行为，医院作为销售者有义务替代生产者先行承担赔偿责任。《产品质量法》第44条规定，因产品存在缺陷造成受害人人身伤害的，侵害人应当赔偿医疗费、治疗期间的护理费、因误工减少的收入等费用；造成残疾的，还应当支付残疾者生活自助具费、生活补助费、残疾赔偿金以及由其扶养的人所必需的生活费等费用；造成受害人死亡的，并应当支付丧葬费、死亡赔偿金以及由死者生前扶养的人所必需的生活费等费用。依据该规定，被告医院因使用有缺陷的金属接骨板，造成原告因金属接骨板断裂形成七级伤残，医院应赔偿原告的合理损失，包括医疗费、残疾赔偿金、误工费、被扶养人生活费、鉴定费等费用。

法院在判决时更多的是运用自己的法律知识进行专业的分析，目的是使当事人双方对待纷争能够有正确的认识。在发生类似的案例时，患者一方知道如何维护自己的合法权益，而医疗机构一方应该更多的反思自己是否尽到了义务，是否使用了合格的产品，对患者是否尽到了应有的义务。医疗器械的损害赔偿责任实际上有可选择性，在医疗器械出现问题时，患者既可以选择医疗器械的生产者要求赔偿，也可以选择医院要求赔偿。就患者一方来说，医疗机构作为与自己发生医疗关系的机构，在发生纠纷时选择医疗机构进行处理是适当的，但是不排除在实践中出现极其特殊的情况，反而找医疗器械的生产者更容易解决此问题。也就是说患者在进行损害赔偿的选择时尽量选择对解决问题最有益的赔偿主体。

7. 因违法药品广告诱使患者购药的责任

▌案情介绍

某肾脏病医院在报纸上登载了《治疗肾脏病尿毒症的新希望〈某肾脏病医院中医全息根治疗法〉》的广告，该广告对肾脏病、尿毒症的中医全息根治疗法的特点、疗效、临床应用、治疗方式等进行了介绍。王某某看到这则广告后，向某肾脏病医院进行了咨询，之后，某肾脏病医院对王某某的咨询用信件方式进行了回复，内容为其医院中医全息疗法能从根本上治疗肾脏病。2003 年 10 月至 2004 年 10 月，王某某向某肾脏病医院邮购 20 180 元的"东方生力散"、"东方肾病胶囊"和"GS 系列全息治疗仪"。王某某服用某肾脏病医院提供的药品和使用了治疗仪后，病情未得到改善。2005 年 2 月，王某某认为某肾脏病医院的广告宣传不实，向有关部门进行了反映，某肾脏病医院所在市工商行政管理局对王某某的反映进行了回复，内容为：该局已对被告违反《广告法》发布的医疗、内部制剂广告问题进行了立案调查处理，并责令其停止发布违法广告。王某某提起诉讼，要求某肾脏病医院双倍返还医疗费用 40 360 元。诉讼中，原告撤回对报刊单位的起诉。

▌分析

这是一起较早的案例，但是该案例反映了药品广告存在的问题。我国 2015 年修订的《中华人民共和国广告法》第 16 条规定，医疗、药品、医疗器械广告不得含有下列内容：①表示功效、安全性的断言或者保证；②说明治愈率或者有效率；③与其他药品、医疗器械的功效和安全性或者其他医疗机构比较；④利用广告代言人作推荐、证明；⑤法律、行政法规规定禁止的其他内容。

另外第 46 条规定，发布医疗、药品、医疗器械、农药、兽药和保健食品广告，以及法律、行政法规规定应当进行审查的其他广告，应当在发布前由有关部门（以下称广告审查机关）对广告内容进行审查；未经审查，不得发布。该规定主要考虑的是，这几类商品或者服务涉及一些特殊领域，专业性强，工商行政管理部门判断广告内容是否违法存在一定的困难，而且，此类广告所涉及的商品或者服务对消费者人身安全影响较大，在实践中较容易出现问题，一旦这类违法广告发布出去，可能造成严重的危害后果。因此，需要在发布前对广告内容进行审查，建立防范机制，尽量将涉及这几类商品或者服务的违法广告杜绝在发布之前。

上述特殊商品广告，未经审查，不得发布。如违反《广告法》规定，未经审查发布广告的，广告主须按照该法第 58 条承担相应的法律责任，广告经营者、广告发布者如明知、应知仍设计、制作、代理、发布的，也应当承担相应的法律责任。

《药品管理法》第 60 条第 1 款、第 2 款规定：药品广告的内容必须真实、合法，以国务院药品监督管理部门批准的说明书为准，不得含有虚假的内容。药品广告不得含有不科学的表示功效的断言或者保证；不得利用国家机关、医药科研单位、学术机构或者专家、学者、医师、患者的名义和形象作证明。

而在本案中，某肾脏病医院在报纸上登载的广告内容"从根本上治疗肾病"，显然是不科学的表述，而且当地的工商行政管理局也针对该问题做出了回应，指出了该广告违法，作为广告主的某肾脏病医院要承担相应的责任。但是该药物销售的行为能不能认定为医疗行为？一审法院认为，被告刊登的广告内容和出具给原告的信件中隐含了能够根治肾病的信息，误导了原告接受被告的治疗，使原告花费了不必要的医疗费。这种误导行为损害了原告的合法权益，应当承担民事责任。在肯定一审法院的基础上对该问题又做了解释说明，二审法院认为本案不是基于药品或者治疗仪导致人身伤害而产生的损害赔偿诉讼，而是基于违法广告误导了王某某，使其在信任某肾脏病医院能够根治肾病的情况下，购买该医院的药品或者治疗仪，经过治疗未达到广告所宣传的效果，从而造成经济损失的诉讼。因此某肾脏病医院应当承当患者的经济损失。

现实生活中，只出售药品不提供诊疗服务的经销商随处可见，有的医院也设有药品专卖部。未提供诊疗服务就出售的药品，算不算生活消费的商品？本案王某某邮购药品和治疗仪就属于此种情况。根据《药品管理法》的规定，药品是指用于预防、治疗、诊断人的疾病，有目的地调节人的生理机能并规定有适应症或者功能主治、用法和用量的物质。这一定义对于药品是否属于生活消费商品仍然不明确。《药品管理法》对药品经营作了明确规定，对药品广告也进行了严格规范，它要求广告的内容必须真实、合法，以国务院药品监督管理部门批准的说明书为准，不得含有虚假的内容。药品广告不得含有不科学的表示功效的断言或者保证。发布药品广告须经药品监督管理部门批准，并对其批准的广告进行检查，禁止违反《药品管理法》和《广告法》的情况发生。如前所述，《广告法》第 14 条已经对药品、医疗器械的广告做了限制性规定，《药品管理法》这一特别法再次对药品广告进行了规范，某肾脏病医院的广告虽然在《药品管理法》实施之前做出，但是，其所做的广告发布在《广告法》实施之后，《广告法》已足以约束其广告行为。但其无视该法律规定，仍发布虚假广告，误导消费者。该肾脏病医院存在欺诈行为是明显的，由此造成患者王某某购药的经济损失，应当承担相应的民事责任。

8. 医疗机构为患者植入不合格医疗器械的损害责任承担

▍案情介绍

2002 年 4 月 18 日，汪某某在 Q 人民医院接受胃癌切除术，因术后逐渐出现食道胃吻合口狭窄症状，于同年 9 月 6 日入住医院。2002 年 9 月 11 日，双方进行了术前谈话，患者家属要求置放永久性进口防返流支架，后要求改为可取性活动支架。17 日，医院为汪某某置入可取式的食道支架，同月 24 日取出该支架，同月 27 日汪某某出院。2002 年 11 月 8 日，汪某某因发生进食困难症状再次入住医院治疗，同月 12 弖，医院为其第二次置入食道支架，同月 21 日汪某某出院。2002 年 12 月 31 日，汪某某再次发生进食困难而入住医院，2003 年 1 月 14 日，医院为其施行胸腹联合手术，并取出置入的食道支架。2003 年 2 月 26 日汪某某出院。

2004 年 5 月 10 日，Q 人民医院诊断汪某某因部分食道及全胃切除术后重度营养不良、心肺功能不全。同月 20 日，汪某某死亡。汪某某在医院住院期间共花去医疗费 106 126.03 元，汪某某自付部分的费用为 28 481.54 元。经宁波市医学会及浙江省医学会鉴定，该病例不构成医疗事故，原审原告方为此支付了鉴定费 6000 元。

为证明所受到的损失，原告除提供了双方当事人无异议的医疗费单据、鉴定费收据外，还提供了汪某某的收入证明、差旅费报销单、交通费发票等证据以证明住院期间家属误工车旅费损失为 15 000 元。对此，医院质证后认为，这些证据均无其他材料印证其真实性或与本案有关。法院认为，原告提供汪某某的收入证明是请求支付住院期间家属的误工损失，但侵权行为的人身损害赔偿范围并不包括这一项，如果主张的是亲属作为护理人员的护理费，因原告已单独主张住院期间的护理费，因此，对汪某某误工损失不予认定。差旅费报销单及部分交通费发票无法反映与本案的关联性，法院不予认定。合理部分交通费法院予以认定，金额为 638 元。

原告在起诉书中指出汪某某在 Q 人民医院接受胃癌切除术，因术后逐渐出现食道胃吻合口狭窄症状，经原、被告协商一致，决定为汪某某置放进口防返流食道支架，以改善食道症状。之后经原告确认支架外观，并有原告在场的情况下，被告为汪某某置入食道支架，扩张 7 天后取出该支架。但取出后仅半个月时间，汪某某再次出现进食困难，并进行性加重，需再次置入支架，原、被告一致确认置入第一次手术时原告方要求的支架类型，即永久性进口防返流支架。之后在未经原告确认，也不允许原告在场的情况下，被告为汪某某第二次置入食道支架。之后患者出院，但是病情出现恶化，为了使患者能够进食维持生命，同时也为了求证支架的真伪，原告要求被告胸外科为汪某某施行风险极大的胸腹联合手术，并要求被告对切除的器官及支架作证据保全。但被告取出食道支架后，立即将管形支架剪开，意图销毁证据，但从剪开的支架上仍能辨别出该支架并非防返流支架，而是普通无膜支架。之后经宁波市药监局书面答复原告，被告的支架进货渠道、采购行为不规范，并且医院为汪某某第二次置入的食道支架系国产医疗器械，不属进口产品。2003 年 11 月 14 日，宁波市工商局海曙区分局也下达行政处罚决定书，认定医院为汪某某提供的食道支架均系以国产医疗器械冒充进口医疗器械，属于欺诈，并做出了行政处罚决定。原告还认为被告于 2002 年 11 月 12 日为汪某某置入的食道支架并非微创医疗器械（上海）有限公司（以下简称微创公司）的产品，而是三无产品，该产品无镀膜覆盖，也无防返流装置，被告至今也未能提供该产品的合法来源。综上所述，原告认为，被告违反约定，以国产医疗器械假冒进口医疗器械的行为已构成欺诈，而且被告于 2002 年 11 月 12 日为汪某某置入的食道支架系普通的无膜支架，该支架直接导致食道软组织挤入网内形成所谓的"肉芽"，且该支架质量低劣，没有达到保障人身安全的质量标准，以上两者都直接导致汪某某食道阻塞，并最终导致其死亡。被告的行为已构成欺诈，理应双倍赔偿原告的全部医疗费损失。由于该案进行了重审，经法院释明后，原告对本案的法律关系选择为医疗损害赔偿纠纷，但对诉讼请求未做变更，并要求适用《消费者权益保护法》。医疗机构在庭审答辩中对以上事实均做出了否定。

▌分析

本案患者一方的疑问主要在于：

第一，医院在第二次置入食道支架时是否履行了相关的告知义务，与第一次入支架的行为有何不同之处，医疗机构是否在第二次置入支架的行为上存在过失？法院认为第二次置入支架是在 2002 年 11 月 12 日，系第一次支架置入手术完成出院后再次入院时进行的，与第一次系两个不同的医疗服务合同。原告应举证证明第二个医疗服务合同中，双方曾对支架性质做出约定，现原告不能证明第二次置入支架时曾要求使用进口防返流（有膜）支架，故医院使用国产的永久性无膜支架并未违反双方的约定。但是，治疗行为具有一定的连续性。在第一次手术时原告曾明确要求置入永久性进口防返流（有膜）支架，在第一次置入可取性支架疗效不佳的情况下，医院作为专业的医疗机构，在 2002 年 11

月 12 日第二次置入支架时，未对两种食道支架的疗效及后果进行充分告知与说明，也未告知选择无膜支架的理由，侵犯了原告的知情权与选择权，存有过错。

通过法院的分析可以看出，法院是在事实证据的基础上予以认定，将第一次置入支架与第二次置入支架做出区分，从合同上说，法院将此认定为两个不同的相对独立的合同。因此在进行第二个支架置入时，作为患者的一方没有明确要求，而医疗机构并没有履行告知的义务，作为专业的医疗机构，这无疑侵犯了患者的知情权与选择权，属于医疗机构的过错。

第二，原告在起诉书中指出，被置入的支架属于以三无劣质无膜支架替代进口防返流支架，医疗机构在支架的选择是否有过错？在证明支架是否属于合格的支架这个问题上，法院认为医疗机构应为患者提供合格的医疗器械产品，故医疗机构应对涉案支架的来源是否合法承担举证责任。医疗机构认为 sidya6b03742 的食道支架系从春莒公司购入，提供了在涉案期间买进支架的发票 5 份，并确认讼争支架对应的为 2002 年 12 月 17 日编号为 02－17357112 的发票。但因发票上并未注明支架的规格与编号，且发票开具的时间与置入患者体内的时间不相符。医院提供的检察院对邵云华的调查笔录里并未直接涉及讼争支架的销售去向；而宁波药监局对徐益民的调查笔录里，虽然徐益民陈述编号为 sidya6b03742 的食道支架销往医院处，由于其属证人证言，且该陈述与上海微创公司提供的书证相左，故医院无法以此证明编号为 sidya6b03742 的食道支架从春莒公司购入的事实。但是患者方提供的证据更为有利。因此法院依据《医疗器械监督管理条例》第 26 条"医疗器械经营企业和医疗机构应当从取得《医疗器械生产企业许可证》的生产企业或者取得《医疗器械经营企业许可证》的经营企业购进合格的医疗器械，并验明产品合格证明"的规定，医院不能举证证明置入汪某某体内的讼争食道支架的合法来源，并提供产品的合格证明，存有过错。

第三，医疗机构置入国产支架却按照进口支架收费，其行为是否构成欺诈？

法院认为虽然双方当事人对支架性质未曾做出约定，但是，医院在实际使用国产无膜支架的情况下，却在费用结算清单上注明进口字样，并按进口产品收费，该事实使原告有理由相信使用的系进口产品。医院虽认为宁波市海曙工商分局行政处罚决定违法，但并未提起诉讼申请撤销或确认违法，因此，宁波市海曙工商分局的处罚决定也可以佐证医院对国产医疗器械收取进口价格的事实。况且，医院也未能说明产品的合法来源。因此，医院的行为有过错。同时，根据《浙江省实施〈中华人民共和国消费者权益保护法〉办法》第 26 条"医疗机构提供诊疗护理服务，因使用不合格药品、不合格医疗器械或者因违反医疗管理法律、法规、规章制度和诊疗护理规范及常规等诊疗护理过错造成患者人身伤害的，应当依法承担民事责任。构成医疗事故的，按照国家规定处理"的规定，可见医患纠纷在浙江省是受《消费者权益保护法》调整的。因此，依据《消费者权益保护法》第49条、第51条的规定，法院认定，医院的行为构成欺诈，原告可以主张医院赔偿其受到的损失。

第四，两份医疗事故鉴定书鉴定的结果显示，此诊疗行为不构成医疗事故，是否可据此认为医院过错与患者损害结果之间不存在因果关系？

法院在综合上述事实的基础上认为，该两份医疗事故鉴定书系原告申请鉴定的，在本案中也作为证据提供，因此，对该两份医疗事故鉴定书的真实性、合法性、关联性予以认定。但是，该两份鉴定是针对是否构成医疗事故的鉴定，是在置入的无膜支架推定合格的情形下做出的，在本院现认定置入患者的支架无合法来源，系不合格产品后，缺失了鉴定的前提和基础。况且，该两份鉴定中，虽然认定了"患者第二次放置支架后出现再梗阻，经多次病理活检及最终手术证实均为良性病变，狭窄原因考虑与肉芽生长过快有关"，但并没有对导致肉芽生长过快的原因做出分析。根据《最高人民法院关于民事诉讼证据若干问题的规定》的规定，因医疗行为引起的侵权诉讼，应由医疗机构就医疗行为与损害之间不存在因果关系承担举证责任。因此，医院以该两份鉴定书来证明过错行为与损害后果之间不存在因果关系，证据不足，应承担举证不能的不利后果。

相反，宁波市医学会的鉴定书明确认为"根据病情发展情况来看，当初选择有膜支架更合适"，可见，有膜支架能够更有效地抑制肉芽生长，更有可能取得良好的治疗效果。而医院作为专业的诊疗机构，在诊治过程中未对两种食道支架的疗效及后果进行充分告知与说明，让患者及家属行使选择权，并且实际置入的无膜支架来源不明，系不合格产品。因此，医院置入支架中的不当行为系导致肉芽生长过快的原因，或者至少在相当程度上是导致该后果的一个重要因素。患者最终死亡的原因也是营养不良，而不是癌症复发、其他疾病等原因。因此，医院给患者置入不合格的无膜支架与患者最终死亡之间存在相当因果关系。但考虑到即使置入合格的进口有膜支架也存在着肉芽生长的正常医疗风险，患者本身的病症、年龄也是导致其最终死亡的辅助因素，因此，法院认定医院置入不合格的无膜支架对患者死亡具有50%的原因。

法院认为鉴定是在推定支架合格的基础上进行的，这是一个重要的认定，本案中正是由于医院在未对患者进行充分告知的情况下为患者置入不合格的支架导致患者出现肉芽情况的风险增加。因此医院在此有过错。

最后法院认为，医院作为专业的医疗机构，未履行必要的告知义务，未让患者及家属行使选择权即为患者置入国产无膜支架，且对置入的无膜支架不能证明合法来源，不能提供产品的合格证书，并以进口价格收费，确有过错，并构成欺诈。对医院在医疗救治过程中置入不合格无膜支架的行为，患者拥有两个相互独立的请求权：一是根据《合同法》不当履行合同的规定请求降低医疗费或依据《消费者权益保护法》关于欺诈的规定请求双倍返还医疗费；二是人身损害赔偿请求权（死亡赔偿金、丧葬费等），该请求权当事人既可以根据医疗服务合同主张，也可以根据医疗侵权行为主张，形成违约之诉和侵权之诉的竞合，患者在庭审中选择医疗损害赔偿之诉，表明其已经选择侵权之诉。由于该两项请求权系同一违法行为（置入不合格的无膜支架）而产生的同一当事人的相互独立的请求权，为减少当事人的讼累，法院在本案中一并处理。

本案中还出现的情况是违约之诉和侵权之诉的竞合，患者选择的是侵权之诉，即案例中的医疗损害赔偿。本案中，患者的另一种身份便是消费者，医院作为专业的医疗服务机构是向患者提供医疗服务的。因此，患者在维权时须知：经营者在提供商品或者服务中，采取虚假、不正当手段欺骗、误导消费者，使消费者的合法权益受到损害的行为，是欺诈行为。作为专业的医疗机构，未履行必要的告知义务，为患者植入不合格医疗器械，侵犯了患者的知情选择权，并以进口价格收费，构成欺诈。医疗机构的欺诈行为与患者死亡结果之间具有因果关系，违反了医疗机构与患者的医疗服务合同约定，也侵犯了患者的生命健康权，形成违约之诉和侵权之诉的竞合。因此，在上述情况下，患者及患者家属可依据合同要求医疗机构承担违约责任，也可要求医疗机构承担医疗损害赔偿责任。

本案经历了一审、二审以及再审。本分析中出现的法院意见均为再审中的法院意见。

另，本案判案依据《医疗器械管理条例》已于 2014 年修订，原先的第 26 条改为第 32 条。

9. 医院对患者的用药方法得当，数量过大，对患者的死亡存在轻微过错的，应如何承担民事责任

▌案情介绍

姚某系吴某之妻，吴某洁系吴某与姚某所生之女。吴某之父母均已于 1995 年去世。

2009 年 8 月 5 日 16 时许，吴某因"血尿"至被告急诊外科就诊，被告给予立止血 1ku、拉氧头孢 1g 静点治疗，输入过程中吴某无不良反应，当日 19 时许，吴某突发持续性胸痛、出汗等症状，送急诊抢救室急救，经过相关科室会诊，诊断为急性心肌梗死、高血压病 3 级、慢性肾功能衰竭、陈旧性脑出血、痛风、血尿原因待查等疾病。治疗期间发现吴某还存在心功能不全、右肾占位、结石、肺感染等疾患，8 月 10 日转入 EICU 继续治疗，吴某在此期间病情反复加重，经抢救缓解，至 8 月 28 日 22 时 40 分，病情再次恶化，经抢救无效死亡。两原告认为被告对吴某的诊疗存在严重过错，如未询问过往病史、使用冠心病禁忌药物、心内科未予以收治等。故原告诉至法院要求判令被告赔偿吴某治疗期间支出的医疗费 94 905.43 元及其他相关损失。

案件审理过程中，依据被告的申请，法院依法委托北京市朝阳区医学会对本案进行了医疗事故鉴定。北京市朝阳区医学会于 2011 年 3 月 1 日做出了京朝医鉴字 [2011] 08 号医疗事故技术鉴定书，结论为：本病例不构成医疗事故。两原告对该鉴定结论不予认可，应两原告申请，法院依法委托北京市红十字会急诊抢救中心司法鉴定中心对本案进行司法鉴定。北京市红十字会急诊抢救中心司法鉴定中心于 2011 年 6 月 25 日作出了司鉴中心 [2011] 临鉴字第 739 号法医学鉴定意见书，鉴定意见为：被告医院在对吴某的医疗行为中存在过错，具有轻微责任，其过错参与度建议为 10%。双方对该鉴定报告的真实性没有异议。

▌分析

常言道，是药三分毒，这是有一定的道理的，药的使用一定要慎重。患者应在专业医生的医嘱下按时按量服用药物。医疗机构及其医务人员在确定药物的种类、使用方法、副作用的预防和应对措施时应当谨慎小心，尽到必要的注意义务。如果医疗机构及其医务人员在用药时不注意遵守相关规定，在药物的剂量上出现差错导致患者人身损害的，应当承担相应的责任。本案中正是医生未能履行充分的注意义务导致了患者损害。

对于此案，法院经审理后认为：医疗机构承担医疗侵权损害赔偿责任的前提条件是其医疗行为存在过错并与患者的损害后果有因果关系。本案中，虽然被告对吴某使用立止血的用法及数量适当，但用药过猛，未尽到必要的注意义务，存在一定过错。被告应承担相应的民事赔偿责任。因相关鉴定结论确认被告存在过错，具有轻微责任，建议过错参与度为 10%，故法院根据现有证据及本案的实际情况，依法确定被告承担民事赔偿责任的比例为 10%。

《侵权责任法》第 54 条规定："患者在诊疗活动中受到损害，医疗机构及其医务人员有过错的，由医疗机构承担医疗损害赔偿责任。"由于医疗行为具有高度专业性的特点，构成医疗损害赔偿责任，要求医疗违法行为与患者人身损害后果之间必须具有因果关系。因此，医院对患者的用药方法得当，数量过大，对患者的死亡存在轻微过错的，表明医院未尽到必要的注意义务，与患者的死亡存在一定的因果关系，应依据实际情况，按照责任比例要求医院承担民事责任。

10. 药品生产者在药品的说明书中，并未对可能产生的副作用进行详尽列举，造成损害的责任承担

▌案情介绍

原告朱某夫妇诉称：二原告之子朱某某曾长期服用异维 A 酸胶丸。被告公司生产的异维 A 酸胶丸说明书的"不良反应"第 2 条中仅说明该药有"精神症状、抑郁"，未指明有"自杀倾向"。被告公司在该药物说明书中故意隐瞒了该产品的重要不良反应（有自杀倾向）这一重要信息，严重欺骗了消费者。朱某某正是在不知情的情况下大量服用了该药物，从而产生轻生的念头。因此，被告在朱某某跳楼自杀事件中负有不可推卸的责任。

被告 Y 有限公司辩称：二原告称其子长期服用异维 A 酸胶丸，但未提供相应的证据证实。我公司关于异维 A 酸胶丸的说明书不存在故意隐瞒重要不良反应信息的情形，更不存在欺骗消费者的内容。《中国精神障碍分类与诊断标准》中载明，抑郁就包括反复出现想死的念头或自杀、自伤行为。二原告提供的美国异维 A 酸胶丸说明书不可以作为认定本案事实的依据。

被告系合法设立的主要生产软胶囊制剂的企业，经营范围为生产软胶囊剂、空心胶囊，从事货物进出口等。2005 年下半年，二原告之子朱某某因脸部长有"青春痘"，即从上海购买了一种名称为泰尔丝的药物（该药物的主要成分为异维 A 酸，又称异维 A 酸胶丸），后朱某某即开始服用该药物。2007 年 7 月，朱某某大学毕业后到宿迁市人民医院工作。2008 年 7 月 30 日，朱某某从宿迁市宿城区颐景华庭 3 号楼跳楼自杀，经抢救无效死亡。朱某某的父母即二原告在清理遗物时发现朱某某宿舍有半板未服用完的异维 A 酸胶丸。后二原告了解，该药物系被告公司生产的，该药品说明书的"不良反应"第 2 条中仅说明该药有"精神症状、抑郁"，未指明有"自杀倾向"。二原告认为被告避重就轻，隐瞒了该药物重要的副作用即"有伤害或自杀的想法"，遂要求其赔偿。

被告公司目前投入市场的异维 A 酸胶丸说明书的核准日期为 2006 年 10 月

18 日，该药物的说明书中载明该药物应在医师指导下使用。其适应证为适用于重度痤疮，尤其适用于结节囊肿型痤疮等。用法用量中载明该药品应在医生指导下使用。治疗 2～4 周后可根据临床效果及不良反应酌情调整剂量。6～8 周为一疗程，疗程之间可停药 8 周，停药后短期内可持续改善症状。不良反应中载明：精神症状、抑郁。并载明不良反应大多为可逆性，停药后可逐渐得到恢复。

《中国精神障碍分类与诊断标准》载明，抑郁发作的症状标准为：①兴趣丧失，无愉快感；②精力减退或疲乏感……③反复出现想死的念头或自杀、自伤行为……

法院经过调查发现，美国异维 A 酸胶丸药品的说明书中明确载明该药不良反应之一为有"自杀或自虐倾向"。

▍分析

药品生产商制作的药物说明书应该做到规范、清楚、全面，对可能产生的严重副作用应准确说明，从而对患者起到警醒、提示的作用。药品生产商违反上述提示说明义务，对患者产生未提示的副作用并造成人身伤害的后果，应承担相应的赔偿责任。患者明知所服药物为处方药，而未能规范用药导致人身伤害的，亦应承担相应责任。

公民生命健康权受法律保护，侵害公民的生命健康，应承担相应的民事责任。依据《药品管理法》的规定，药品包装必须按照规定印有或者贴有标签并附有说明书。标签或者说明书上必须注明药品的功能主治、用法、用量、禁忌、不良反应和注意事项等。同样，《消费者权益保护法》也规定经营者对有危害的商品有说明、警示的义务。所以，作为药品生产者，其不仅应当对该药品可能产生的副作用进行全面的阐述和列举，还应当针对这些副作用对患者进行提示和说明。如果药品生产者并未对可能产生的副作用进行详尽列举，则说明其没有尽到说明警示的义务，对因此造成的消费者人身损害，应当承担相应的赔偿责任。

法院经过审理后认为：公民生命健康权受法律保护，侵害公民生命健康，应承担相应的民事责任。本案中，二原告提供的证人冯杰和李永久均证明朱某某自 2005 年下半年起开始服用被告公司生产的异维 A 酸胶丸，且一直服用至大学毕业即 2007 年 7 月，因该二位证人系朱某某的大学同学，与朱某某接触较多，故其证言较具可信度，对该二位证人证言予以采信。庭审中，二原告提供的证人刘兴的调查笔录，因证人刘兴无正当理由未出庭作证，故其所做的调查笔录内容不能作为单独认定案件事实的依据。但该证人证言结合二原告提供的

2008 年购买异维 A 酸胶丸的票据、半板未服用完的异维 A 酸胶丸及说明书内容，足以证明死者朱某某生前一直服用被告公司生产的异维 A 酸胶丸。因死者生前长期服用该药，现死者无故自杀，而根据该药载明的副作用即"精神症状、抑郁"，法院认为无法排除死者系因长期服用该药而产生抑郁导致自杀的可能性。因被告公司生产的异维 A 酸胶丸说明书中对该药的副作用仅表述该药会导致"精神症状、抑郁"，而根据《中国精神障碍分类与诊断标准》载明的抑郁发作的症状标准，参照美国异维 A 酸胶丸的说明书，可以说明该药的副作用应包含自杀或自虐倾向，而被告的药品说明书中未明确载明该药有可能导致自杀或自虐的倾向，故法院认为，被告作为药品生产商，对该药品副作用比一般人更清楚，对副作用的表述应该规范、清楚、全面，尽可能列举出所有情形，从而对患者起到警醒、提示的作用，根据法院查明的事实，被告生产的该药的说明书中对可能产生的副作用未能详尽列举，对此被告存在过错，对朱某某的死亡应承担一定的责任。而未某某作为一名医生，又系成年人，明知该药为处方药，而未能规范用药，其应对自己死亡的后果承担主要责任，据此，法院确定被告承担责任的比例为 15%。二原告主张的死亡赔偿金及丧葬费，符合法律规定，予以支持。对二原告主张的交通费，无证据证明，不予支持。对二原告主张的精神抚慰金，法院根据被告的过错程度酌情支持 5000 元。

在医疗产品责任中，患者同时又是我们所说的消费者。《消费者权益保护法》第 11 条规定："消费者因购买、使用商品或者接受服务受到人身、财产损害的，享有依法获得赔偿的权利。"经营者应当保证其提供的商品或者服务符合保障人身、财产安全的要求。消费者因购买、使用商品或者接受服务受到人身、财产损害的，享有依法获得赔偿的权利。

消费者因购买、使用商品或者接受服务受到的人身损害包括：生命健康权、姓名权、肖像权、名誉权、隐私权的损害，也包括人身自由、人格尊严等人格权的损害。例如，消费者因购买、使用经营者提供的不符合质量要求的商品或者服务导致死亡、伤残；消费者在消费过程中遭到谩骂、侮辱；消费者的身体被搜查；消费者的个人秘密、个人信息被非法公开或者提供给他人，消费者的民族习惯没有得到尊重；等等。

11. 销售者以虚假宣传方式售药造成消费者损害，构成欺诈，应当依法承担"退一赔一"的责任

▌案情介绍

侯广周作为河南安阳"德国华格纳生物晶片"专卖店经营者，向群众散发

了盖有其本店印章的关于该产品的宣传页。糖尿病患者毕永振于 2006 年 10 月 7 日到侯广周经营的专卖店购买了华格纳生物晶片一块，价值 2390 元。毕永振佩戴该产品后停止服用治疗糖尿病的药品。2007 年 3 月，毕永振感到身体不适，经医院检查，查出其血糖升至 14 点，遂于 2007 年 3 月 13 日住院治疗，支付医疗费 19 167. 96 元，其中个人支付 2919. 24 元。2007 年 6 月 22 日，毕永振在观看了《今日说法》栏目关于对"德国华格纳生物晶片"利用虚假广告欺骗消费者等相关报道后到当地工商所投诉，工商所对被告经营的专卖店采取了暂扣有关资料和物品，责令专卖店退给消费者现款等行政措施。因调解不成，毕永振遂向河南省安阳市北关区人民法院起诉，要求侯广周返还购物款 2390 元，并给付加倍赔偿款 2390 元。

▌分析

消费者在选择商品或服务时，信息不对称是其受到损害的原因之一。尤其是在现代科技迅猛发展的情况下，产品科技化程度越来越高，这一矛盾就越发突出。还有的经营者有意隐瞒商品信息，欺骗消费者，甚至生产、销售假冒伪劣产品。为此，赋予消费者以知情权尤其必要。这项知情权，是消费者购买、使用商品或者接受服务的一项基础性权利，涉及消费者的安全权、选择权等能否最终实现的问题。在购买、使用商品或接受服务过程中只要是与正确的判断、选择、使用等有直接关联的情况与信息，消费者都有权知悉，经营者都应当提供。消费者有权根据商品或者服务的不同情况，要求经营者提供以下商品或者服务的情况和信息：一是商品或者服务的基本情况，包括商品的价格、产地、生产者、生产日期、有效期限、检验合格证明、使用方法说明书、售后服务或者服务的内容、费用等；二是商品的性质状况等基本情况，包括商品用途、性能、规格、等级、主要成分或者服务的规格等。

受诉法院经审理认为，经营者应当向消费者提供有关商品的真实信息，不得做引人误解的虚假宣传。消费者在购买商品时，其合法权益受到损害的，可以向销售者要求赔偿。本案中，侯广周向包括毕永振在内的不特定人群发放的宣传单足以欺骗、误导消费者，属虚假商品广告。其向毕永振提供的商品属于利用虚假广告销售的商品，该行为属于欺诈行为，且因此受到过工商部门查处。据此，侯广周应当按照毕永振的要求增加赔偿其受到的损失，增加赔偿的金额为毕永振购买商品价款的一倍。2010 年 12 月 31 日，受诉法院判决侯广周返还毕永振购物款 2390 元，给付毕永振加倍赔偿款 2390 元。

医疗产品责任是指医疗机构在诊疗的过程中使用有缺陷的药品、消毒药剂、医疗器械等医疗产品，或者输入不合格的血液，因此造成患者人身损害的，医疗机构或者医疗产品的生产者、血液提供机构所应当承当的侵权损害赔偿责任。医疗产品责任采用无过错责任原则。无过错责任原则并不是说对于医疗产品缺陷，生产者和销售者没有过错，而是在该类产品诉讼过程中，医疗产品的生产者或者销售者需要对此承当举证责任。在现代社会对医疗产品治疗的要求越来越具体、详细的情况下，如果医疗产品不符合规定的质量要求，则其生产者就具有过错，除非它是现有的科学技术无法发现的。确立这样原则的目的在于保护消费者或者使用者的权利。

第七章

医疗纠纷中关于损害赔偿计算的相关案例

1. 医疗事故纠纷中，计算医疗事故发生地上一年度职工平均工资以365天为基数是否正确

▋案情介绍

2004年11月13日，高某某因腹部疼痛到某卫生院诊治，经诊断为：双肾重度积水，双肾多发结石。高某某再到另一家医院做检查后于2004年11月20日到某卫生院诊治，诊断为：右肾多发结石，左输尿管中段结石，双肾重度积水。11月21日，某卫生院为高某某做左输尿管切开取石、右肾探查术。术中医生认为高某某右肾巨大、完全无功能，遂切除右肾。术后16小时高某某无尿，某卫生院将高某某转入该省人民医院抢救治疗。2004年12月24日，高某某、某卫生院就高某某的治疗和赔偿问题签订了一份协议书，双方约定：签订协议之日以前高某某在省人民医院的全部住院费由某卫生院承担，之后的治疗费由高某某承担，某卫生院一次性赔偿高某某146 000元；某卫生院付清上述款项后不再承担其他赔偿责任，高某某收到款项后不得再要求某卫生院承担其他赔偿责任，高某某对某卫生院的其他民事权利要求自愿放弃。协议签订后，2004年12月26日，某卫生院向高某某支付了约定的146 000元后，高某某从省人民医院出院。2004年12月30日，高某某再次到省人民医院住院治疗，并于2005年2月8日出院，此次住院用去住院费13 110.27元。之后，高某某一直在省人民医院门诊进行血液透析治疗，从2005年2月12日开始至2005年6月4日止门诊花费15 898.30元。2005年1月14日，高某某的伤情经某法医学鉴定中心鉴定，其结论为：高某某属三级伤残，劳动能力完全丧失，需要长期透析治疗维持生命，每年血液透析所需医疗费约60 000元人民币；高某某目前存在部分护理依赖，血液透析时需一人护理。高某某自行支付了伤残、劳动能力等鉴定费

3000 元。

2005 年 4 月 27 日，经某卫生院申请，原审法院委托 C 医学会进行鉴定，C 医学会出具医疗事故鉴定书，鉴定专家一致认为：某卫生院违反了诊疗常规，医疗行为存在过失，与高某某的损害存在因果关系，某卫生院应负主要责任。本次事故属于二级甲等医疗事故，某卫生院承担主要责任。同时对高某某的医疗护理学建议为继续血液透析或者肾移植治疗。2005 年 6 月 8 日，某法医学鉴定中心对高某某的伤情做出补充说明：本病例属于二级甲等医疗事故，参照《医疗事故分级标准（试行）》中的"本标准中医疗事故一级乙等至三级戊等对应伤残等级一至十级"的原则，高某某属二级甲等医疗事故，对应的伤残程度为二级伤残。诉讼中高某某坚持继续血液透析治疗，不愿意进行肾移植手术治疗。2004 年该市职工平均工资为 14 638 元，该市居民人均年消费性支出 6371. 1 元；该市国家机关一般工作人员出差伙食补助标准省内为 10 元/天，该市农村居民最低生活保障标准为每月 210 元。

本案经历了一审和二审，高某某的上诉理由是：①原审判决认定上诉人承担医疗事故损害 30% 的责任错误。应当由被上诉人承担全部医疗事故责任。②原审判决不支持上诉人续医期间必然发生的交通费、护理费错误。③原审判决对上诉人住院期间的误工费、陪护费计算错误。原劳动和社会保障部 2000 年 3 月 17 日劳社部发［2000］8 号《关于职工全年月平均工作时间和工资折算问题的通知》规定："根据《全国年节及纪念日放假办法》（国务院令第 270 号）规定，全体公民的节日假期由原来的 7 天改为 10 天。据此，职工全年月平均工作天数和工作时间分别调整为 20.92 天和 167.4 小时，职工的日工资和小时工资按此进行折算。"因此，误工费和陪护费的计算应当为：14 638 元/年 ÷ 12 月 ÷ 20. 92 天 = 58. 31 元/天，而原审判决主观地以 14 638 元/年 ÷ 365 天 = 40. 10 元/天，少计算误工费和陪护费共 3277. 80 元。④原审判决被上诉人分期支付续医费错误。

▌分析

本案争议焦点：①医疗事故责任比例划分是否正确；②上诉人续医期间必然发生的交通费、护理费是否属于责任范围；③上诉人住院期间的误工费、陪护费应当如何计算；④是否应当一次性支付高某某 43 年的续医费用。

第一，关于本次医疗事故的比例划分是否正确。一审法院认为某卫生院的医疗行为与高某某的损害结果存在因果关系，其医疗行为存在过失，应该承担损害赔偿的主要责任。某卫生院承担高某某损害 70% 的赔偿责任，高某某由于存在原发疾病应自行承担损害 30% 的责任。

二审法院则认为根据 C 医学会的鉴定结论，本次医疗事故是医方某卫生院违反诊疗常规的过失行为所致，其行为是直接导致本次医疗事故的根本原因，而上诉人高某某仅存在原发病。根据 C 医学会"本病例属于二级甲等医疗事故，医方承担主要责任"的医疗事故技术鉴定意见，原审判决患方高某某承担 30% 的责任过高，法院予以纠正。但高某某上诉认为应由某卫生院承担全部责任，与 C 医学会鉴定结论中"医方承担主要责任"的结论不符，法院不予全部支持。综合本案实际情况，法院决定对高某某医疗事故责任的划分，由某卫生院承担 80%，高某某承担 20%。二审法院在根据事实的基础上对责任重新进行了划分，适当降低了患者一方承担责任的比例。

第二，上诉人续医期间必然发生的交通费、护理费是否属于责任范围。一审法院认为高某某要求某卫生院支付续医期间的护理费、交通费，因《医疗事故处理条例》中没有相应的依据，其请求不予支持。二审法院经过审理后认为，由于高某某因医疗事故遭受人身损害，经鉴定确实需要继续进行血液透析和续医期间一人护理。因此，续医期间所发生的必要交通费和一人护理费，属于本次医疗事故的赔偿范围。原审判决不支持高某某续医期间的交通费、护理费不当，二审予以纠正。因高某某的住所地籍田镇到双流县的两个人民医院的交通费与其到该省人民医院的交通费相差不多，且高某某由于完全丧失肾功能，需要靠长期进行血液透析才能维持生命，其血液透析存在一定的特殊性，与一般有肾脏功能疾病的肾脏病人所做的血液透析存在一定的区别。二审法院在考虑了现实的情况后，从实际情况出发，对上述费用做出了支持的裁判。

第三，根据《医疗事故处理条例》第 50 条的规定，医疗事故赔偿项目有医疗费（包括续医费）、误工费、住院伙食补助费、陪护费、残疾生活补助费、被扶养人生活费、交通费、精神损害抚慰金等费用。根据相关规定，应当依据"医疗事故发生地上一年度职工平均工资"来计算护理费、误工费、陪护费。《劳动和社会保障部关于职工全年月平均工作时间和工资折算问题的通知》规定："根据《全国年节及纪念日放假办法》（国务院令第 513 号）规定，全体公民的节日假期由原来的 10 天增设为 11 天。据此，职工全年月平均工作天数和工作时间分别调整为 20.92 天和 167.4 小时，职工的日工资和小时工资按此进行折算"。由此，以 365 天平分"年度职工平均工资"，扩大了实际工作时间，降低了平均劳动报酬，也侵害了劳动者节假日休息的法定权利，故该算法是错误的。

二审法院在判决书中认为：原劳动和社会保障部 2000 年 3 月 17 日发布并实

施的《关于职工全年月平均工作时间和工资折算问题的通知》规定："根据《全国年节及纪念日放假办法》（国务院令第270号）规定，全体公民的节日假期由原来的7天改为10天。据此，职工全年月平均工作天数和工作时间分别调整为20.92天和167.4小时，职工的日工资和小时工资按此进行折算。"因此，对"职工的日工资"折算应当执行该规定，原审判决以该市职工年平均工资除以365天计算"日工资"，缺乏法律依据。高某某主张对其住院期间的误工费和护理费应当按照调整后的规定计算，原审判决少计算3277.80元的理由成立，法院予以支持。因此原告高某某关于误工费的计算方式正确，误工费和陪护费的计算应当为：14 638元/年÷12月÷20.92天＝58.31元/天，而原审判决主观地以14 638元/年÷365天＝40.10元/天，少计算误工费和陪护费共3277.80元。

第四，是否应当一次性支付高某某43年的续医费用。一审、二审法院在考虑了客观现实情况后均认为不应该一次性支付，现将二审法院的理由摘录如下：鉴于高某某完全丧失肾功能，必须通过长期血液透析治疗才能维持生命，其在省人民医院做血液透析治疗情况良好，因此，一审判决由某卫生院按年度支付续医费用，并没有限定年限，更有利于保障高某某的生命权利。且C医学会的医疗事故鉴定结论中也未明确高某某需进行血液透析的年限，因此，高某某要求计算43年续医费用并一次性支付，既缺乏依据，也不利于保障其自身权益。因此，对其上诉要求某卫生院一次性支付43年的续医费和续医交通费、护理费的主张不予支持。为保障高某某的生存权利，原审判决某卫生院一次性支付高某某的其他赔偿款，以及按年度支付高某某续医费用并无不当，应予维持。

另外本案中还需引起注意的是医患双方之间签署的和解协议。在事故发生后，高某某便与医疗机构签署了协议。患者在签署协议时一定要注意的是合同中造成对方人身伤害的免责条款无效。双方于2004年12月24日签订的协议书中约定有某卫生院不承担高某某继续治疗等费用的条款，该条款违反《合同法》的规定，应属无效条款，其余条款系当事人真实意思表示，没有损害国家、社会和他人的合法权益，应属有效。《民法通则》第106条第2款规定："公民、法人由于过错侵害国家的、集体的财产，侵害他人财产、人身的，应当承担民事责任。"因此，在医患纠纷中，在签订和解协议时，双方当事人都要遵守法律的约定，患者要结合自身的情况考虑是否要签署和解协议，如果签署和解协议后再出现纠纷就得不偿失了。

应注意，《关于职工全年月平均工作时间和工资折算问题的通知》已废止，新通知已于2008年发布。但案例发生于2005年，因此适用旧通知。

2. 医患双方关于赔偿标准的计算出现矛盾，如何处理

▋案情介绍

原告张某某为与被告中国人民解放军第一一三医院医疗损害责任纠纷一案，于2015年8月19日向法院提起诉讼，诉请：要求被告赔偿医疗费205 345.99元、残疾赔偿金397 395元、护理费13 334元、交通费16 070.20元、住宿费4190元、住院伙食补助费1820元、精神损害抚慰金50 000元，合计688 155.19元的60%，即412 893.11元。法院受理后，依法适用简易程序，于2016年1月14日公开开庭进行审理。在案件审理过程中，原告增加部分诉请，医疗费变更为209 993.31元、护理费变更为15 333元、住宿费变更为4264元、交通费变更为17 773元、住院伙食补助费变更为2060元。治疗经过：原告于2013年1月31日因"发现头皮多发肿块1年余"入住被告处，并于2月1日行头皮肿物切除术，2月6日再行头皮肿物扩大切除术，2月8日出院，共计住院8天。2014年12月26日，原告入住复旦大学附属华山医院，经诊断为黑色素瘤，于2014年12月29日行颅内黑色素瘤切除术，于2015年1月8日出院，共计住院13天。2015年1月16日，原告入住中国人民解放军空军总医院，经诊断为黑色素瘤脑内多发转移，肝功能异常，于2015年1月22日出院，共计住院6天。2015年1月22日，原告入住北京肿瘤医院，经诊断为头皮黑色素瘤术后T4N0M1 IV期脑转移术后复发γ刀治疗术后，于1月26日给予一线方案治疗，于2015年1月27日出院，共计住院5天。2015年3月5日，原告入住北京肿瘤医院，再行第二周期治疗，于3月9日出院，共计住院4天。2015年4月13日，原告入住北京肿瘤医院，再行第三周期治疗，于4月13日出院，共计住院1天。2015年5月13日，原告入住宁波市医疗中心李惠利医院进行化疗，于2015年5月14日出院，共计住院1天。2015年5月14日，原告入住宁波市医疗中心李惠利医院予以化疗，于2015年5月18日出院，共计住院4天。2015年6月16日，原告入住宁波市医疗中心李惠利医院进行化疗，于2015年6月20日出院，共计住院4天。

▋分析

法院认为，本案的争议焦点如下：

第一，因果关系的认定。经两次鉴定，鉴定机构均认为被告的诊疗行为与原告的损害后果间存在一定的因果关系，虽被告辩称其不存在过错，但未提供足以推翻鉴定结论的证据，法院对其辩称不予采纳，进而被告应当对原告的损

害后果承担相应的赔偿责任。

第二，赔偿依据及计算方式。

（1）关于医疗费用。原告主张及证据：2014年12月26日至2015年4月13日，原告共计住院5次，支出医疗费239 378.24元，其中报销金额为84 916.74元，民政局补贴46 339元，实际支出108 122.5元，另有未报销的票据及进口药物4834元美金，共计209 993.31元。为此，提供宁波市鄞州区临时救助申请（审批）表原件一份、结算单复印件五份、进口药物发票原件一份及医疗费票据原件一组。

经质证，被告对上述证据的真实性、合法性无异议，但对关联性有异议。审批表仅是原告的救助申请，并非实际支出。进口药物并未有医嘱，且该票据由进出口公司出具，并非发票。医疗费系用于治疗原告的原发疾病，与被告的诊疗行为无关，且部分票据系口腔用药，与本次医疗纠纷无涉。原告在被告处产生的医疗费用系用于治疗原发疾病，应当予以剔除。

因被告对上述证据无异议，法院予以确认。申请表与结算单相互对应，与原告陈述亦相符，原告自认已领取民政补贴46 339元，法院予以确认，原告5次住院自负部分为108 122.5元。进口药物因无医嘱，法院对关联性不予采纳。未经报销医疗费票据经核对，其中二份为复印费发票，另有一份2015年4月23日中国人民解放军医疗门诊收费票据重复，记载在原告名下的共计55 061.49元，包括2013年1月31日至2月8日在被告处就医的2447.11元。在庭审过程中，被告表示无须对医疗费用的合理性进行鉴定，故法院对上述费用的合理性均予以认定。

医疗费用是指患者因发生医疗事故造成人身损害后，接受医学上的检查、治疗与康复所必须支出的费用。本案中，原告首次入住被告处系接受原发疾病的诊治，故该期间的费用应予剔除。之后5次住院产生的医疗费用，原告自愿扣除医保报销及民政补贴部分，系其对私权利的处分，法院予以确认。因被告未申请对医疗费用的合理性进行鉴定，法院对上述费用均予以确认。经核对，医疗费用共计160 736.88元。

（2）关于残疾赔偿金。原告计算方式：44 155元/年×30年×30%＝397 395元。被告计算方式：44 155元/年×20年×30%＝264 930元。

法院认为，根据《医疗事故分级标准（试行）》的规定，原告的人身损害后果等级为三级丙等，其对应的伤残等级为八级。根据《最高人民法院关于审理人身损害赔偿案件适用法律若干问题的解释》第25条的规定，残疾赔偿金根据受害人丧失劳动能力程度或者伤残等级，按照受诉法院所在地上一年度城镇居民人均可支配收入或者农村居民人均纯收入标准，自定残之日起按20年计算。故本案中，原告的残疾赔偿金应当以被告的计算公式为准，原告主张以30年计算缺乏相应依据，法院不予支持。经核算，残疾赔偿金为264 930元。

（3）护理费。原告主张及证据：上述住院期间共计46天，按10 000元/月护理费标准计，共计15 333元。为此，提供收入证明原件一份。

法院认为，护理费如前述按149元/天计，原告住院期间共计46天，扣除在被告处治疗原发疾病住院期间8天，共计住院38天，护理费为5662元。

（4）交通费。原告主张及证据：交通费共计17 773元，提供交通费票据原件一组。经质证，被告对真实性、关联性有异议，部分票据连号，停车费亦非必要费用，机票费用过高。

法院认为，因上述证据系原件，法院对真实性予以认定。交通费票据的时间基本与原告就诊时间相吻合，原告主张的交通费包括机票及保险费用、火车票、停车费、客运及地铁费用、过路费，经核对，票据金额共计17 799元。

交通费是患者及其必要陪护人员因就医或者转院治疗所实际发生的费用。本案中，原告就诊医院多为外地，部分发票与就医地点、时间、人数及次数基本吻合，但部分停车费等无具体时间，且原告多采飞机作为交通工具，虽因病势急情有可原，但金额过高，法院酌情调整交通费为12 000元。

（5）住宿费。原告主张及证据：住宿费共计4264元，提供住宿费票据原件一组。被告认为住宿费并非必然产生费用。

法院认为，其中一份票据为复印费用，应予以剔除。编号为0094574的票据无相应单位盖章，对真实性、关联性不予认可。因被告未对票据真实性提出异议，故对其他票据的真实性予以认可。住宿费与原告就医时间吻合，根据盖有公章的票据记载，金额为3192元，法院予以支持。

（6）住院伙食补助费。原告计算方式：30元/天×17天＋50元/天×31天＝2060元。被告计算方式：30元/天×38天＝1140元。

法院认为，伙食费标准按50元/天计，共计住院38天，故费用为1900元。

（7）精神损害抚慰金。原告刚成年，本次医疗事故对其心理及生理活动造成了一定的不良影响，法院酌情支持精神损害抚慰金10 000元。

患者应当注意的事项：①患者在进行维权计算相应数额时应当以法律为参照，如在对残疾赔偿金进行计算时，患者方提出的30年没有法律依据，这样的计算方式肯定不会被对方认可，也不能被法院接受。②患者在进行维权的过程中一定要注意保存有关发票，如出租车、餐饮、住宿等与医疗活动相关的费用证明，实践中也存在个别患者为了多赢得赔偿而拿假发票代替的情况。③患者所提供的费用必须与医疗行为有关联，例如患者不能将治疗原发病的费用计算到医疗费用中，治疗原发病的医疗费用与医疗纠纷一般情况下无关联。

3. 对于医患纠纷引起的赔偿问题，应如何适用法律

▌案情介绍

2002年5月2日下午4点20分，原告黄某某到被告某卫生院住院待产。原告在顺利生下婴儿后有感染，后医院对新生儿进行必要的抢救，新生儿自主呼吸恢复。随后被告发现原告阴道流血多，被告立即对原告行按摩子宫、纱布填塞压迫、注射麦角新碱等。1时15分，该市急救医疗中心将原告送往该省妇幼保健院（以下简称区妇幼）。区妇幼即对原告予以抗休克同时进行剖腹探查术，术中发现双侧卵巢坏死，行子宫＋双侧附件切除术，且发现不完全子宫破裂。术后原告血压不稳定，仍昏迷，经治疗未见好转，于2002年5月4日转至该省人民医院治疗，治疗过程中，原告出现全身严重感染、急性肾功能衰竭、呼吸衰竭、严重高分解代谢、霉菌血症，经抢救，原告于2002年7月26日出院。出院诊断：肺部感染；急性呼吸窘迫综合征；产后出血；失血性休克；急性肾功能衰竭；多脏器功能不全；全子宫及双侧附件切除；霉菌血症。2003年2月10日至2003年3月8日，原告因言语欠清、活动不便在该省另外一家医院住院治疗，诊断为：缺血缺氧性脑病，经高压氧、神经营养治疗好转出院。2003年6月18日至2003年7月19日，原告以缺血缺氧性脑病在该省中医学院二附院住院，原告智能减低，双下肢肌力 iii 级，经神经营养、运动康复及中药治疗，双下肢肌力 iv 级出院。2004年7月8日，原告诉至法院，要求被告赔偿损失。被告向法院申请医疗事故技术鉴定，该市医学会认定该病例属于二级乙等医疗事故，医方承担轻微责任。原告不服，向省医学会申请再次鉴定，省医学会认定该病例属于二级乙等医疗事故，医方承担轻微责任。经该省高级人民法院法医室鉴定，认定原告的伤残等级为一级。

▌分析

虽然该案发生的时间较早，但本案是按照《医疗事故处理条例》相关规定进行计算的，对现在类似案例仍有借鉴意义。

关于赔偿适用法律及标准的问题。如构成医疗事故，应适用《医疗事故处理条例》计付赔偿；如不构成医疗事故，但医院的医疗行为存在过错或过失的，适用《最高人民法院关于审理人身损害赔偿案件适用法律若干问题的解释》计付赔偿。如《医疗事故处理条例》中关于护理费、死亡赔偿金等规定有欠缺时，

需参照《最高人民法院关于审理人身损害赔偿案件适用法律若干问题的解释》予以补充。在《侵权责任法》生效后，应当按照《侵权责任法》的相关规定进行处理。

关于本案赔偿责任的问题。原告在被告处住院分娩，被告应对原告产程中出现的各种情况认真细致地观察、及时适当地处理，但被告对原告产程观察、记录及处理存在不足，由此该市及该省医学会均认为这些不足与原告产程中子宫不完全破裂有一定的因果关系，认定该病例属于二级乙等医疗事故，被告承担轻微责任。两级医学会作为相关法律法规所规定的进行医疗事故鉴定的法定机构，其所做的鉴定结论程序合法，依据充分，科学、客观、公正。根据鉴定结论，被告承担轻微责任，被告应对原告的损失承担25%的民事赔偿责任。

关于赔偿项目及数额。被告对原告的诊疗构成二级乙等医疗事故，原告以医疗事故损害赔偿的诉因起诉被告索赔，应按照《医疗事故处理条例》的有关规定计算赔偿数额。

关于残疾生活补助费。原告主张按《道路交通事故受伤人员伤残评定标准》评定伤残等级，套用《医疗事故处理条例》的规定计付残疾生活补助费，不合法亦不合理，应按二级乙等医疗事故相对应的伤残等级计付残疾生活补助费。

关于出院后的护理费。《医疗事故处理条例》仅就患者住院期间的陪护费做了规定，但未就出院后的护理费做出规定，原告主张适用《最高人民法院关于审理人身损害赔偿案件适用法律若干问题的解释》计算该项赔偿，合法合理。原告主张按照《道路交通事故受伤人员伤残评定标准》认定的一级伤残等级赔偿护理费，符合《最高人民法院关于审理人身损害赔偿案件适用法律若干问题的解释》的规定，应按本地护工从事同等级别护理的劳务报酬标准计付。

关于医疗费、误工费、住院伙食补助费、陪护费等费用，应按《医疗事故处理条例》第50条第1款的规定计付。

值得注意的是，在《侵权责任法》生效后，赔偿项目发生了一些变化，但是在发生医疗事故时，患者可以通过《医疗事故处理条例》的规定要求医疗机构进行赔偿，也可以按照《侵权责任法》规定的损害赔偿责任要求医疗机构进行赔偿，但是二者总体上差别不大。

4. 医疗机构未将体检报告重要指标异常情况向受检者说明，导致受检者丧失确诊时机的，受检者能否要求精神损害赔偿

■ **案情介绍**

2009年8月，石某某至明基医院体检。一个月后，该院出具体检报告。在体检报告的肿瘤标志物栏内，甲胎蛋白的检测结果为阴性，CEA 指标的检测结果呈阳性。在总检结论中，明基医院的建议为：1. 胆囊息肉：建议定期（每半年左右）复查……2. 过敏性鼻炎；3. 窦性心动过缓；4. 血压高；5. 空腹血糖偏高。此后，石某某并未对身体进行任何检查或复查。2011 年 8 月 31 日，南京医科大学第二附属医院出具诊断证明书，确认石某某患肺癌。石某某因治疗肺癌支出医疗费 235 473 元。

原告石某某在起诉时认为该报告的"感染免疫"项目和"肿瘤标志物"项目的检查环节，被告只提供了检查结果，并未如其他的检查科目一样在检查结果后列明"参考值"，因此原告的行为存在过失，这直接导致了原告错过了在癌症早期就发现并治疗的最佳时机。原告除了要求被告赔礼道歉，并承担治疗疾病所花费的费用外，还要求被告支付原告方精神抚慰金。

▋分析

卫生部《健康体检管理暂行规定》第 14 条："医疗机构应当对完成健康体检的受检者出具健康体检报告。健康体检报告应当包括受检者一般信息、体格检查记录、实验室和医学影像检查报告、阳性体征和异常情况的记录、健康状况描述和有关建议等。"受检者进行体检的目的，在于及时发现自身可能存在的疾病或影响健康的异常因素，以便通过治疗延续身体健康或提高生命质量，这种期待利益属于法律保护的人格利益。自然人因人格权利遭受非法侵害，可以请求精神损害赔偿。因此，医疗机构未将体检报告重要指标异常情况向受检者说明，导致受检者丧失确诊时机的，受检者可以要求精神损害赔偿。

医疗机构未按规范向受检者出具健康体检报告，或未对重要指标异常情况做出明确提示和建议，导致受检者丧失及时确诊时机，应认定医疗机构的体检行为存在过失。医疗机构的过失行为侵害了受检者对保障自身健康和提高生存可能的期待利益，此种期待利益既是体检的目的又符合其精神需求。因而法院可以判决医疗机构给予受检者相应的精神损害赔偿。

人民法院一审审理认为：医疗机构及其医务人员在医疗活动中，必须严格遵守医疗卫生管理的法律、行政法规、部门规章和诊疗管理规范、常规，恪守医疗服务职业道德。石某某至明基医院体检，明基医院应按约定为石某某提供相应的诊疗服务。明基医院在为石某某进行体检时，已检测出 CEA 指标的检测结果呈阳性，明基医院虽在总检结论中作了相关建议，但建议的内容未能涉及该项检测结论，未能尽到应尽的告知义务，存在一定的过失。明基医院的过失，延误了石某某进一步检查的时机，使石某某遭受了精神上和身体上的痛苦，故石某某要求明基医院赔偿精神损害抚慰金 50 000 元，符合法律规定，法院予以支持。但是，由于石某某所患疾病并非由体检导致，患病事实与明基医院之间的过失行为并无直接因果关系，故其要求明基医院赔礼道歉、赔偿其相关的医疗费、交通费等主张，无法律依据，不予支持。明基医院抗辩认为石某某的诉讼已过诉讼时效，因石某某被查出患有肺癌是在 2011 年 8 月，其知道自己的权利受到侵害的时间未满一年，故对于明基医院的此项抗辩，不予采纳。

一审法院虽然明确说明了患者患病与医院之间不存在直接因果关系，但是并未明确指出理由。医患双方对判决结果都不满意，均提出上诉。

二审人民法院经过审理后认为，本案争议的焦点是：第一，明基医院为石某某进行体检的行为是否存在过失的问题。经审查，明基医院为石某某出具的健康体检报告中对 CEA 指标呈阳性在该体检报告总检结论中未做出专门提示，也未提示石某某就此做进一步检查。而卫生部《健康体检暂行规定》第 14 条规定，医疗机构应当对完成健康体检的受检者出具健康体检报告。健康体检报告应当包括受检者一般信息、体格检查记录、实验室和医学影像检查报告、阳性体征和异常情况的记录、健康状况描述和有关建议等。而"CEA 指标呈阳性"，应属于"阳性体征和异常情况"的重要内容，明基医院在本案中未做专门提示，且未按规定对此做出"有关建议"，显然与上述规定不符，故明基医院的体检行为存在过失。明基医院上诉主张其体检行为不存在过失，与事实不符，法院不予支持。

第二，石某某患肺癌不能早期发现并治愈与明基医院的上述过失行为之间是否具有因果关系的问题。因 CEA 指标与肺癌诊断之间的关联性系专门性的医学问题，依据《最高人民法院关于民事诉讼证据的若干规定》的规定，法院可以就案件的专门性问题向具有专门知识的人员咨询。二审中南京市中级人民法院就此问题咨询了部分医学专家，据专家介绍，CEA 指标不是诊断肺癌的特异性指标，只是一个参考指标，该指标升高的影响因素很多，体内炎症等非肿瘤因素都可能导致 CEA 指标升高。据此，石某某体检时 CEA 指标呈阳性，不能以此即推定其当时已患有肺癌。医学专家陈述的相关意见系依据其多年的临床实践与成熟经验作出，具有一定的参考价值。石某、杨某亦未能提出相应的证据推翻专家陈述的意见，故专家陈述的意见可作为本案判断因果关系的参考依据。而且，石某某于 2011 年 8 月被发现患有肺癌，距 2009 年 8 月在明基医院体检时已近两年，根据当前临床医学诊疗水平与经验及现有证据无法确定石某某患肺癌不能早期发现并治愈与明基医院的体检报告未就 CEA 指标阳性进行专门提示的过失行为之间具有因果关系。石某、杨某的该项上诉理由，依据不足，理由不充分，法院不予采纳。

第三，明基医院是否应承担赔偿责任及赔礼道歉的问题。上诉人主张明基医院赔礼道歉，并赔偿医疗费和交通费，因石某某患有肺癌不能早期发现并治愈与明基医院体检中的过失行为之间不具有因果关系，且石某某因治疗肺癌所支出的医疗费和交通费属于其治疗自身疾病所必须支出的费用，原审法院驳回原审原告的诉讼请求，符合法律规定。故对上诉人此项上诉请求，法院不予支持。但是，因石某某进行体检的目的在于及时发现自身可能存在的疾病或影响健康的异常因素，在现代医疗水平下接受适当治疗，以延续身体健康或提高生存的可能性。石某某在明基医院体检，即是期待通过体检实现上述目的，其此种对延续身体健康或提高生命质量的期待，是健康权和生命权保护的内在要求，具有人格利益，法律对于这种利益应予保护。石某某在体检时查出 CEA 指标呈阳性，但明基医院没有按照规范在体检结论中做出应有的提示和告知，该过失行为导致石某某当时丧失进一步检查的时机，侵害了石某某对延续自身健康和提高生存可能性的期待利益，实际是侵害了石某某的人格利益，依照《最高人民法院关于确定民事侵权精神损害赔偿责任若干问题的解释》的规定，自然人因人格权利遭受非法侵害，可以请求精神损害赔偿。原审法院据此判决明基医院赔偿石某某精神抚慰金 5 万元，符合上述司法解释的规定，明基医院主张原审法院判决其赔偿石某某精神损害抚慰金 5 万元没有法律依据的上诉理由，法院不予采纳。

根据《最高人民法院关于审理人身损害赔偿案件适用法律若干问题的解释》第 18 条第 2 款之规定，精神损害抚慰金的请求权不得让与或者继承。但赔偿义务人已经以书面方式承诺给予金钱赔偿，或者赔偿权利人已经向人民法院起诉的除外。本案中，石某某在二审审理期间死亡，但石某某已经向原审法院起诉，原审法院亦判决明基医院赔偿石某某精神抚慰金 5 万元，该 5 万元精神抚慰金可由石某某的继承人石某与杨某继承。

在医患纠纷中，常常会看到患者请求精神损害赔偿，但并不是所有的医疗纠纷患者一方都能得到精神损害赔偿。精神损害赔偿是受害人因人格利益或身份利益受到损害或者遭受精神痛苦而获得的金钱赔偿。在司法实践中，下列三种情况下才可以请求精神损害赔偿：①侵害他人人身权益可以请求精神损害赔偿。精神损害赔偿的范围是侵害他人人身权益，侵害财产权益不在精神损害赔偿的范围之内。《最高人民法院关于确定民事侵权精神损害赔偿责任若干问题的解释》第 1 条规定："自然人因下列人格权利遭受非法侵害，向人民法院起诉请求赔偿精神损害的，人民法院应当依法予以受理：（一）生命权、健康权、身体权；（二）姓名权、肖像权、名誉权、荣誉权；（三）人格尊严权、人身自由权。违反社会公共利益、社会公德侵害他人隐私或者其他人格利益，受害人以侵权为由向人民法院起诉请求赔偿精神损害的，人民法院应当依法予以受理。"②造成他人严重精神损害。并非只要侵害他人人身权益被侵权人就可以获得精神损害赔偿，"造成他人严重精神损害"才能够获得精神损害赔偿，"严重精神损害"是构成精神损害赔偿的法定条件。偶尔的痛苦和不高兴不能认为是严重精神损害。③被侵权人可以请求精神损害赔偿。

5. 医疗损害案件中的受害人退休后被聘用从事其他行业的，应否获得误工费赔偿

▌案情介绍

原告刘某某系国家工作人员，退休后在老家承包土地193亩种植林果，其所种植的果树经河南省内乡县价格认证中心鉴定，总价值为人民币792 467元。2007年5月15日，刘某某因患病入住人民医院治疗，在治疗过程中呈现持续植物人状态。2007年7月7日，原告在治疗无果的情况下，转入北京市大兴区中医院进一步救治。2007年9月7日，原告出院回家进行康复治疗。2008年6月17日，原告再次入住北京市大兴区中医院。2008年9月12日，原告出院后仍处于深度植物人状态。住院期间，原告先后花去医疗费用96 302.08元。该事故发生后，河南省南阳市医学会于2007年10月做出了南医鉴字（2007）062号医疗事故技术鉴定书，原告方不服，要求河南省医学会再次鉴定。2008年1月11日，河南省医学会做出河医鉴（2008）004号医疗事故技术鉴定书，内容为溶栓治疗适应证掌握过宽；治疗前未行必要检查；治疗方法不规范；未与患方签署治疗同意书。医方的过失行为与患者发生溶栓后多发性脑出血、持续植物状态有因果关系，医方承担主要责任。结论：此事故属于一级乙等医疗事故，医方承担主要责任。2008年6月19日，经北京市中天司法鉴定中心鉴定：刘某某的伤残等级为一级伤残，其护理依赖程度为完全护理依赖。为此，原告将人民医院诉至法院，请求判令赔偿其各项损失共计1 646 037元。

▌分析

本案例是一起退休后发生医疗侵权的案例，误工费如何计算成为本案的焦点，另一个焦点问题是患者一方能否要求赔偿果园的损失？果园的损失是否属于医疗纠纷中赔偿的范围？

误工费，是指赔偿义务人应当向赔偿权利人支付的受害人从遭受伤害到完全治愈这一期间（误工时间）内，因无法从事正常工作而实际减少的收入。误工费中的"工"，即社会劳动，包括在职人员的正常工作和退休人员退休后的有偿服务；"因误工减少的收入"，应理解为耽误一切劳动或工作而减少的收入，包括耽误退休人员所从事的正常有偿劳动而减少的收入。根据我国相关法律规定，受害人能否获得误工赔偿，与其是否退休、是否具有一定的固定收入并没有关系。事实上，只要医疗损害案件中的受害人有足够证据证明退休后被聘用从事其他行业并且有一定经济收入的，就应获得误工费赔偿。

在医疗损害赔偿纠纷中，受害人请求的赔偿项目，《医疗事故处理条例》没有规定的，可补充适用《最高人民法院关于审理人身损害赔偿案件适用法律若干问题的解释》（以下简称《人身损害赔偿解释》）的相关规定。同时，受害人有足够证据证明退休后被聘用或从事其他行业并且有一定经济收入的，还应获得误工费赔偿。

两审法院的判决如下：

一审法院经审理认为，公民的健康权受法律保护。妥善处理好医患纠纷，有利于医疗机构救死扶伤，有利于医疗人员提高医疗技术，最终有利于患者的健康，有利于社会的和谐进步。本案中，原告刘某某在被告人民医院接受治疗，双方的医疗服务关系成立。现原告因被告的诊疗行为，目前仍处于深度植物人状态，河南省医学会的鉴定结论为：医方的过失行为与患者发生溶栓后多发性脑出血、持续植物人状态有因果关系，医方承担主要责任，且构成一级乙等医疗事故。由此可以看出，医方在诊疗过程中存有重大过失，因此，医方对自己的诊疗过失行为应当承担相应的责任。法院认为，被告按70%承担责任较为适中。赔偿的标准和适用法律问题是本案争议的焦点，是适用《医疗事故处理条例》还是《人身损害赔偿解释》。法院认为，2003年1月6日生效的《最高人民法院关于参照〈医疗事故处理条例〉审理医疗纠纷民事案件的通知》规定，条例施行后发生的医疗事故引起的医疗赔偿纠纷起诉到法院的，参照条例的有关规定办理，因此，本案适用《医疗事故处理条例》。但对于《医疗事故处理条例》没有规定的项目，由于被告方的过错造成原告方的损失使受害人应得到的利益受损，如果过错方不予赔偿，则存在对受害方显失公平的情形，因此，本案应补充适用《人身损害赔偿解释》的有关规定处理。鉴于原告的伤残等级为一级，护理依赖程度为完全护理依赖的事实，故赔偿数额应按下列范围及标准执行，具体内容为：①住院期间医疗费用96 302.08元。②护理费。住院期间的费用根据原告的病情，需2人护理，护理人员费用按事故发生地上一年度职工平均工资计算为202天×2人×21 000元/年÷365天=23 243.84元；后期护理费，依照《人身损害赔偿解释》第21条规定，结合原告现植物人状况及年龄现状，应按10年期限计算，1人护理，具体为10年×21 000元/年=210 000元。③交通费。根据原告住院、转院情况及家人探望等客观因素，酌定为7500元。④住院伙食补助费。每天按10元计算为10元×202天=2020元。⑤营养费。每天按10元，即10元×202天=2020元。⑥残疾生活补助费，15年×8837元/年=132 555元。⑦鉴定费8000元。⑧残疾用具费3080元。以上八项共计484 720.92元，按70%计算为339 304.64元。⑨精神损害抚慰金，根据被告的责任大小及承受能力，结合原告的损害后果给其家人造成的心灵创伤程度及事故发生地的实际情况，按3年计算，以原告的请求23 480元为准。关于原告要求被告承担其果园损失的请求，因被告的过失行为与原告的损害后果无直接因果关系，不符合侵权赔偿的客观要件，且并未完全影响原告方家属直接经营、转让或转卖，故法院不予支持。关于原告要求被告赔偿误工费的请求，因其系国家工作人员且已退休，其享有国家发放的养老金，故亦不予支持。根据《医疗事故处理条例》第50条、《人身损害赔偿解释》的有关规定，判决如下：①被告人民医院于本判决生效后五日内赔偿给原告刘某某医疗费、护理费、残疾用具费、交通费、住院伙食补助费、营养费、残疾生活补助费、鉴定费共计人民币339 304.64元；②被告人民医院于本判决生效后五日内赔偿给原告刘某某精神损害抚慰金人民币23 480元；③驳回原告刘某某的其他诉讼请求。

判决书送达后，刘某某不服，提起上诉认为，因医疗事故造成上诉人的果园财产损失应得到赔偿。误工费不应因上诉人为国家工作人员，享有国家发放的养老金而不予支持。护理费应以2008年职工平均工资24 816元计算赔偿数额。残疾赔偿金应按照《人身损害赔偿解释》规定的标准计算。一审认定的护理费、交通费、营养费赔偿数额低。一审按3∶7划分责任比例不当，应按2∶8比例划分。

河南省南阳市中级人民法院经审理认为，被上诉人人民医院在治疗上诉人刘某某的过程中存在一定过失，与刘某某目前仍处于深度植物人状态有因果关系，人民医院对此应承担民事赔偿责任。根据河南省医学会对该事故做出的责任认定，医方（人民医院）承担主要责任。原审法院结合河南省医学会的责任认定，确定被上诉人按70%的比例承担赔偿责任并无不当。本案因构成医疗事故，应当适用《医疗事故处理条例》的规定确定赔偿责任，但就《医疗事故处理条例》没有规定的项目，可以补充适用《人身损害赔偿解释》，对不足部分进行调整。根据《医疗事故处理条例》《人身损害赔偿解释》的规定，原审法院判决赔偿上诉人刘某某医疗费 96 302.08 元、营养费 2020 元、住院伙食补助费 2020 元、残疾生活补助费 132 555 元、残疾用具费 3080 元、交通费 7500 元、精神抚慰金 23 480 元，并无不当。关于上诉人要求被上诉人承担果园损失的请求，因被上诉人的诊疗行为造成上诉人经营果园的损失不属医疗事故造成人身损害赔偿责任的赔偿范围，不符合侵权赔偿的客观要件，故该项请求法院不予支持。关于上诉人要求被上诉人赔偿误工费的请求，因上诉人虽系退休人员，有退休工资，但其在退休后仍从事社会劳动，有一定的经济收入，不能因为有退休工资而否认其收入减少的事实，应比照行业收入标准予以赔偿，上诉人刘某某从接受被上诉人治疗之日起至定残日前一天共计 400 天，计算为 11 410 元/年 ÷ 365 天 × 400 天 = 12 504 元。住院期间的护理费，根据上诉人的病情，需 2 人护理，护理人员费用按事故发生地上一年度职工平均工资计算，为 202 天 × 2 人 × 24 816 元/年 ÷ 365 天 = 27 467.57 元。后期护理费，结合上诉人的实际病情及年龄，按 10 年期限计算，1 人护理，为 10 年 × 24 816 元/年 = 248 160 元。因被上诉人的诊疗行为经鉴定构成医疗事故，根据《医疗事故处理条例》第 34 条的规定，鉴定费用 8000 元应由被上诉人支付。

综上，上诉人刘某某上诉理由部分成立，法院部分予以支持。原审判决认定基本事实清楚，但判处结果部分不当。上诉人刘某某因医疗事故应获得赔偿的医疗费、误工费、护理费、营养费、住院伙食补助费、残疾生活补助费、残疾用具费、交通费共计 531 610.65 元，应由被上诉人人民医院承担 70% 的赔偿责任为 372 127.45 元。根据《民法通则》第 119 条，《医疗事故处理条例》第 50 条、《人身损害赔偿解释》的有关规定，《民事诉讼法》第 153 条第 1 款第 2 项之规定，判决如下：撤销内乡县人民法院（2008）内法民初字第 496 号民事判决；被上诉人人民医院于本判决生效后 10 日内赔偿上诉人刘某某医疗费、误工费、护理费、营养费、住院伙食补助费、残疾生活补助费、残疾用具费、交通费共计人民币 372 127.45 元；被上诉人人民医院于本判决生效后 10 日内赔偿上诉人刘某某精神损害抚慰金人民币 23 480 元；驳回上诉人刘某某的其他诉讼请求。

此外，应注意到，《最高人民法院关于参照〈医疗事故处理条件〉审理医疗纠纷民事案件的通知》已于 2013 年 4 月 8 日失效，虽于案件审理过程中存续有效，但对现在指导意义不大。

6. 医疗纠纷中，法院是否可以认定患者主张的出院后续治疗费用由医院一次性予以全部支付

▍案情介绍

王某因腹部疼痛，于 2005 年 6 月 12 日上午 9 时许到中西医结合医院就诊。该医院诊断为卵巢囊肿，急行剖腹探查术，术后发现小肠系膜肿物。该医院因条件有限，于当日 12 时 40 分转诊于中心医院。中心医院接诊后，未对典型急症的患者王某进行剖腹探查，而采取一般观察，延误治疗近 28 个小时，造成小肠广泛坏死而切除。经省、市医学会两次鉴定，结论为二级甲等事故，中心医院负主要责任。嗣后，王某到南京某医院治疗，诊断为短肠综合征，每天需要肠内营养维持生命，营养费需要 300 元。

王某向中心医院要求赔偿未果，向人民法院提起诉讼，要求赔偿医疗费、误工损失、精神损失和后续营养医疗费共计 360 万元，其中后续营养医疗费为 260 万元。

▍分析

《最高人民法院关于审理人身损害赔偿案件适用法律若干问题的解释》第 19 条规定："医疗费根据医疗机构出具的医药费、住院费等收款凭证，结合病历诊断证明等相关证据确定。赔偿义务人对治疗的必要性和合理性有异议的，应当承担相应的举证责任。医疗费的赔偿数额，按照一审法庭辩论终结前实际发生的数额确定。器官功能恢复训练所必要的康复费、适当的整容费以及其他后续治疗费，赔偿权利人可以待实际发生后另行起诉。但根据医疗证明或者鉴定结论确定必然发生的费用，可以与已经发生的医疗费一并予以赔偿。"由于医院的过失行为造成患者的损害，故医院应当对患者的伤害承担全部赔偿责任。但是鉴于患者离开医院后其身体的各种不确定性和医药价格的市场不确定性，法院判决医院对患者支付一定期间内的医疗费用，而不必一次性支付患者主张的全部赔偿。

法院审理认为：原告王某是小肠扭转三周、绞窄性肠梗阻、肠系膜血运不通导致小肠坏死。其疾病是发生损害的直接原因，但被告中心医院未尽到谨慎、合理的注意义务，违反常规，未及时采取与其医疗设施和医疗技术水平相应的合理的医疗措施，贻误了最佳治疗时机，增加了原告王某小肠坏死的客观可能性。故被告中心医院具有医疗过失行为，其过失行为与损害的发生具有因果关系。省、市医学会的医疗事故技术鉴定结论应予认定，被告中心医院负完全责任。但是，本案存在着原告身体及医药市场价格等不确定因素，因此，对原告肠内营养后续医疗费的赔偿由医疗机构赔偿原告自南京某医院出院后两年的医疗费为宜，嗣后如果原告确实需要肠内营养，其超出部分待实际发生后另行主张权利。依照《民法通则》第 106 条、《最高人民法院关于审理人身损害赔偿案件适用法律若干问题的解释》第 19 条，参照《医疗事故处理条例》第 49 条、50 条、51 条、52 条的规定，判决如下：被告中心医院赔偿原告王某医疗费、误工费、残疾生活补助费、精神损害抚慰金共计 284 469 元；赔偿原告王某自 2006 年 1 月 22 日起两年的肠内营养费 151 200 元。

在医患纠纷中，很多患者为了尽早解决纠纷，更多的愿意主张一次性的赔偿，这固然能够解决纠纷，但是在患者需要后续治疗的情况下，在解决纠纷的当时，由于客观条件的限制，往往很难估计后续治疗的花费，这也会给患者带来极大的风险。患者在进行选择时需要根据自己的实际情况考虑，切不可图一时痛快而为将来埋下隐患。现实中，有的患者选择一次性解决纠纷，但是当病情出现复发时或者事后觉得一次性解决纠纷的赔偿不合适时，往往会选择再次打官司（起诉），一般法院会以重复起诉为由驳回，这时候患者可能会产生心理上的不平衡，产生不好的后果。因此从长远角度考虑，有的情况下适合一次性赔偿，而有的情况下又不太适合。

第八章
医疗纠纷中与诉讼程序相关的案例

1. 当事人在产生纠纷时选择基于合同的违约之诉还是基于侵害的侵权之诉

▌案情介绍

2001年4月12日，原告因车祸入住被告骨关节外科接受治疗，医院诊断为左锁骨中段粉碎性骨折、右肩锁关节脱位。4月18日，被告为原告行左锁骨中段骨折切开复位克氏针内固定术；4月26日，行右肩锁关节脱位切开复位钢丝内固定术。5月14日，原告出院，出院医嘱为："1.加强功能锻炼；2.门诊随诊；3.全休两个月；4.出院带药；5.一年后拆除内固定"。原告共支付治疗费11 292.07元，原告提供的住院费收据上未区分左锁骨关节和右肩锁关节的手术费。同年8月23日，原告到被告处门诊复查，予以拔除左锁骨克氏钢针。当日，原告在被告处的X线片复查显示右肩锁关节半脱位，但被告未在原告的门诊病历中反映该半脱位的情况并采取治疗措施，仅在原告的病历本上建议：1.定期门诊换药；2.上肢避免负重及剧烈运动；3.定期门诊复查、不适随诊……2002年4月，原告遵"一年后拆除内固定"医嘱准备到某县人民医院拆除内固定钢丝时，发现右肩锁关节半脱位。原告认为手术不成功，遂与被告联系，要求重新做右肩锁关节固定手术，被告认为其手术是成功的，因双方未能协商一致，原告遂于2002年6月24日诉至法院。在诉讼过程中，原告于2002年6月底到其他医院取出了内固定钢丝，并重新做了内固定手术，术后，右肩关节功能基本正常。案件审理过程中，法院委托S医学会进行医疗事故技术鉴定，S医学会认为：1.手术基本成功，术后4个月X线片显示右肩锁关节半脱位；2.肩锁关节ⅲ型脱位术后发生半脱位或脱位，是该损伤手术治疗的常见并发症；3.医方的不足：不能提供术后第二天复查的X线片，影响了对手术效果的评价；X线报告描述不准确；4.患方未严格遵医嘱，认定本案不属医疗事故。

原告将被告医院起诉至法院，认为手术不成功，被告医院应承担违约责任。

▍分析

本案是一起因手术引发的医疗纠纷。原告在拆除固定的时候发现其右肩锁关节半脱位，产生了损害。这时患者有两个选择，既可以基于医疗服务合同提起违约之诉，要求医院承担违约责任，也可提起侵权之诉，要求医院承担损害赔偿责任。在我国《合同法》中规定了违约和侵权竞合时的适用问题。违约责任与侵权责任竞合，是说债务人的违法行为既符合违约要件，又符合侵权要件，导致违约责任与侵权责任一并产生，违约责任引发债权人索赔的请求权，侵权责任也引发债权人索赔的请求权，两个请求权有重叠之处，形成请求权的竞合。如果允许债权人不受限制地行使两个请求权，就会导致债务人因请求权的重叠而承担双重民事责任，造成不公。违约责任与侵权责任竞合的，受损害人可以选择违约责任或者侵权责任请求对方承担。

在本案中，患者选择了违约之诉。在以医院是否违反合同约定起诉的时候，医患双方签订的医疗服务合同就十分重要，法院在审理时会着重审查医疗机构是否尽到了合同约定的义务。

因此法院认为，本案为医疗服务合同纠纷，双方争议的焦点有二：①被告是否存在违约行为；②原告因被告的违约造成了哪些经济损失。

对于第一个争议焦点，法院认为，原告李某某因车祸入住被告 S 人民医院，被告安排医生为其提供医疗服务，双方建立了平等主体之间的医疗服务合同法律关系。在医疗服务合同法律关系中，医院的主合同义务为尽最大的注意义务并谨慎地采取治疗措施恢复患者的身体健康或维持其生命。同时，医院还应尽到如实告知患者或其家属病情、提供可供选择的治疗方案等次合同义务及告知患者恢复期内注意事项等合同附随义务。由于医疗服务合同的特殊性，医院的违约行为同时往往导致患者损害的结果，产生违约责任与侵权责任的竞合，患者有权择一行使诉权。本案中，原告选择了违约之诉。被告的行为是否构成违约，应从以下两个方面来分析认定：①被告是否无瑕疵地履行了合同的主义务。法院认为，S 医学会所做的医疗事故鉴定结论已确认原告"术后 4 个月 X 线片复查显示右肩锁关节半脱位"，并表明"肩锁关节ⅲ型脱位术后发生半脱位或者脱位，是该损伤手术治疗的常见并发症"，可见，被告为原告所做的右肩锁关节脱位切开复位钢丝内固定术后有半脱位的事实。被告抗辩称肩锁关节术后半脱位实际上是因关节间隙疤痕的生成使间隙增宽，X 光表现为半脱位，功能只要正常，就是正常的现象。但被告并未就该主张提供任何证据或者医学理论依据。

从医疗服务合同的角度来看，原告手术部位术后半脱位，就是被告瑕疵履行合同义务的表现，故法院对被告的抗辩理由不予采纳，认定被告对原告所施右肩锁关节脱位切开复位钢丝内固定术未完全达到手术目的。同时，原告于 2001 年 8 月 23 日到被告处复查的 X 线片已显示右肩锁关节半脱位，但被告未在原告的病历上做任何记录，也未采取任何补救措施。据此，法院认为，本案中被告并未完全尽到合同的主义务。②被告是否尽到了告知原告术后恢复期注意事项的合同附随义务。本案中，原告所做手术的目的是恢复右肩锁关节的功能，术后定期复查恢复情况以针对症状采取相应的治疗措施尤为重要。被告称原告这种情况应该一到两个星期复查一次，原告则称医生当时口头告知其三个月后复查。不论如何，被告应在出院医嘱中明确告知原告何时复诊，但被告在出院医嘱中只是要求原告"门诊随诊"，2001 年 8 月 23 日的门诊病历仅建议"定期门诊复查、不适随诊"，都未明确指出复诊的时间。原告作为一名普通患者，医疗知识相对欠缺，很难知晓"门诊随诊"的具体含义。作为提供医疗服务的被告，应当采用通俗易懂的语言对相关注意事项做出明确的医嘱，这是医疗服务合同中医院一项重要的合同附随义务。本案中，被告没有明确"门诊随诊"的具体含义，也未提供证据证明已将其含义明确告知原告，同时"定期门诊复查"的医嘱又未明确"定期"的明确时间，故应认定被告未完全尽到合同附随义务。综上所述，被告未完全尽到合同义务，应承担违约责任。依照我国《合同法》的有关规定，违约责任包括继续履行、采取补救措施和赔偿损失等责任形式，原告已要求被告采取补救措施，但被告予以拒绝，现原告已在其他医院重做了右肩关节复位手术，仅要求被告赔偿违约行为导致的经济损失，法院予以支持。

　　关于第二个争议焦点，首先是手术费的问题。法院认为，被告给原告做了左、右肩关节两个手术，左肩手术成功，原告未有异议；右肩锁关节脱位切开复位钢丝内固定手术虽然出现了被告右肩锁关节半脱位的情况，但并不属于医疗事故，原告术后仅是右臂不能向后弯，右肩关节的功能并未受到严重影响。同时，被告虽未明确告知原告何时复查，但原告应当知晓本身右肩不适的症状，及时到被告处复查，故对于原告没能及时复诊，原告自身也应承担一定的责任。由于原告在被告处的手术费没有划分项目，难以区分右肩手术的具体手术费，故法院酌定被告返还手术总费用的 30%，即 3387.62 元（11 292.07 × 30% = 3387.62）。其次，关于误工费，原告因被告的违约行为产生的误工损失，被告应予赔偿。原告手术后全休两个月，由于其手术包含已经成功的左肩手术，本来也应休息，故只考虑右肩手术对原告的影响，原告的月工资为 1300 元，法院据此酌定被告应赔偿原告误工损失 780 元（1300 × 2 × 30% = 780）。最后，其他损失。交通费929元和特快专递邮寄费40元等间接损失是因被告违约造成，被告应全额予以赔偿。原告护理费的损失是因车祸住院治疗所产生的，不应由本案被告负担。原告提出的营养费的诉讼请求，没有法律依据，法院不予支持。

2. 当事人经过调解后是否还能再行提起诉讼

▌案情介绍

原告胡某某因出现腰背伴右下肢麻木、疼痛，活动受限，曾到N市第一人民医院住院治疗，经过医生专业的检查，认定原告患有腰椎间盘突出，结合原告自身的情况并考虑病情，给予保守治疗，症状未见好转且加重。为进一步治疗，原告于2013年11月26日到Q市第一医院就医，第一医院以"腰椎间盘突出症"收入院。经CT检查，原告患有间盘突出，腰椎滑脱症。第一医院对其进行了腰4-5、腰5骶1后路切开、间盘摘除、椎管减压、椎体融合、椎弓根内固定手术，术前胡某某的儿子王某某签写了手术知情同意书，术后病情好转要求出院，12月13日原告出院，出院时医嘱注明，门诊每月复查，功能锻炼。原告出院后没有按医嘱每月到医院进行复查。2014年5月21日，原告再次入住第一医院，欲取出腰椎内固定。2014年5月27日，被告对原告实施了腰椎内固定物取出术，术前原告的儿子王某、王某某在知情同意书上签字，2014年6月4日原告要求出院，出院医嘱注明，门诊每月复查、术后两周拆线、功能锻炼。2015年7月13日，原告到H医科大学附属第一医院就诊，根据病案记载，患者主诉腰部疼痛不适5年加重2周。经诊断为，退行性腰椎管狭窄症、腰椎滑脱失稳术后再发。医院对其会诊后，患者拒绝手术治疗，经与患者及家属沟通，家属同意保守治疗，2015年7月17日经家属要求出院。原告家属认为，Q市第一医院医生在手术前没有预先告知术后可能出现的症状，故对两次手术治疗存有异议，于2015年7月22日向Q市医疗纠纷人民调解委员会申请调解，要求被告赔偿。医疗纠纷人民调解委员会于2015年7月23日组织原、被告双方进行调解，经双方共同协商，自愿达成协议，医患双方经协商由Q市第一医院一次性给患者家属补偿人民币50 000元整；医患双方就此不再追究对方的法律责任和经济赔偿责任；双方无其他争议。协议达成后，医患双方在医疗纠纷人民调解委员出具的调解协议书上签字，被告给付原告人民币50 000元。2015年8月24日，原告诉至法院。

▌分析

本案中，胡某某因为自身疾病先进行保守治疗后又进行手术治疗，在Q市第一医院进行手术治疗后，腰部疼痛再发。在家属要求赔偿后，医患双方在 Q 市医疗纠纷人民调解委员会调解并履行完毕后，患者方又提起诉讼。值得注意的是医患双方在面临纠纷时选择通过第三方的调解解决争议。本案例中的调解属于《人民调解法》中规定的人民调解。人民调解是在依法产生的人民调解委员会主持下由当事人平等协商解决自己的矛盾纠纷的自治行为。人民调解委员会是群众自治组织，人民调解员来自于群众、服务于群众；人民调解坚持平等自愿原则；人民调解程序灵活便捷、不拘形式等，都充分体现了人民调解的群众性、自治性和民间性特征。保持人民调解的这种特征，有利于纠纷当事人自愿选择和接受调解，不妨碍在调解不成时另行行使诉讼权利，从而发挥人民调解在化解矛盾纠纷中的优势和作用。

　　本案中的主要争议焦点是当事人达成调解协议后，已经履行调解协议的情况下能否进行诉讼？在《人民调解法》中仅仅规定了如果在达成调解协议后，当事人之间就调解协议的履行问题或者内容发生争议的，一方当事人可以向人民法院起诉，但是并未规定在履行完毕后双方仍有争议的，有争议的当事人是否有权提起诉讼。

　　法院经过审理后认为，根据 H 医科大学附属第一医院病案记载，原告腰部病症已 5 年，H 医科大学附属第一医院的诊断与 Q 市第一医院的诊断基本一致，H 医科大学附属第一医院的病案记载，医院对其会诊后，患者拒绝手术治疗，说明 H 医科大学附属第一医院的治疗方案与 Q 市第一医院的治疗方案也基本一致。原告在申请医疗纠纷人民调解委员会调解时的理由为，Q 市第一医院医生在手术前没有预先告知术后可能出现的症状，故对两次手术治疗存有异议。而据 Q 市第一医院病案记载，原告两次手术，其家属均在手术知情同意书上签了字，并签写了"以上内容已知晓，同意手术"的内容，该手术知情同意书内容中包括"术后出现截瘫、相邻节段退变加速并引起相应症状"，故原告所称医生在手术前没有预先告知术后可能出现的症状，与事实不符，主张因被告在治疗过程中的过失，导致手术失败，造成手术后病情加重处于瘫痪的理由不能成立。

　　医疗纠纷人民调解委员会是根据法律规定而设立的合法组织，其调解活动以双方自愿、不违背法律、法规和国家政策为基础，在当事人平等协商、互谅互让的基础上提出纠纷解决方案，帮助当事人自愿达成调解协议。原告在诉讼前提请医疗纠纷人民调解委员会进行调解，符合法律规定，双方所达成的调解协议是双方当事人的真实意思表示，不违反法律、行政法规禁止性规定，对双方当事人具有法律约束力，且医方已按照协议履行了约定内容，该调解协议合法有效，原告又以原纠纷向法院提起诉讼，其诉讼请求法院不予支持。

　　本案中人民法院认为应当尊重调解协议，当调解协议履行完毕后不能再向人民法院提起诉讼。是否所有的已经履行完毕的调解协议，当事人都不能向人民法院提起诉讼呢？本书的观点并不认同，在调解协议违背双方真实意思的情况下，如一方是在对方的逼迫下签署的，那么被逼迫一方当然可以向人民法院提起诉讼。

　　关于调解协议的效力。调解是双方当事人自愿选择解决民间纠纷的一种形式，调解协议是双方自愿达成的，调解协议生效后，当事人应当严格按照约定履行，无正当理由，不应反悔。一方当事人不履行的，对方当事人可以要求其履行，也可以请求人民调解委员会督促其履行。而且，调解协议的约束力主要靠当事人的道德水平和诚信理念，自觉履行。但是人民调解委员会的职责只能"督促"当事人履行调解协议，如果当事人仍然拒绝履行，人民调解委员会不能"强制"当事人履行，只能建议另一方当事人向人民法院提起诉讼或以其他方式解决纠纷。但是当事人双方在达成调解协议后可以向人民法院申请确认调解协议的效力，经过人民法院确认的调解协议具有强制执行力，当事人一方如果不履行的，另一方可以申请人民法院强制执行。

　　当事人向人民法院申请确定调解协议的简要步骤：①双方共同申请确认。调解协议生效后，如果当事人想通过人民法院确认调解协议的效力，应当共同申请。现实中，许多纠纷经调解达成协议时当事人都能即时履行完结。但在一些情况下，按照调解协议的约定，当事人在一定期限内履行约定的义务，如果双方当事人希望通过司法程序来保障协议的履行，可以通过司法确认的方式来赋予调解协议的强制执行力。②司法确认程序。人民法院收到当事人提出的司法确认申请后，应当及时审查，材料齐备的，及时向当事人送达受理通知书。人民法院审理申请确认调解协议案件，按照《最高人民法院关于建立健全诉讼与非诉讼相衔接的矛盾纠纷解决机制的若干意见》的规定，参照《民事诉讼法》中有关简易程序的规定。案件由审判员一人独任审理，双方当事人应当同时到庭。人民法院应当面询问双方当事人是否理解所达成调解协议的内容，是否接受因此而产生的后果，是否愿意由人民法院通过司法确认程序赋予该调解协议强制执行的效力。根据《民事诉讼法》的规定，人民法院审理应当及时对调解协议进行审查，并应当在立案之日起三个月内审结。③审查结果。根据司法实践，人民法院对调解协议进行审查后，决定是否确认调解协议的效力。审查的结果一般有两种情形：一是调解协议有效；二是调解协议全部或者部分无效。

　　1. 调解协议有效。具备以下条件的调解协议应确认为有效：一是当事人具有完全民事行为能力；二是当事人意思表示真实；三是调解协议的内容不违反法律、法规的强制性规定或者社会公共利益。

2. 调解协议无效。在实践中,调解协议或者其部分内容有以下情形的,可以确认为无效:一是损害国家、集体或者第三人利益;二是以合法形式掩盖非法目的;三是损害社会公共利益;四是违反法律、法规的强制性规定等。如果当事人在订立调解协议时有重大误解或者显失公平等严重违背其真实意思表示的情形,人民法院根据当事人的请求也可以认定该调解协议无效。如果调解协议内容不明确,无法确认和执行的,人民法院可以不予确认该调解协议的效力。

3. 针对同一医疗纠纷可否重复起诉

▌案情介绍

2014 年 5 月 31 日,唐某某因行走时不慎跌倒,导致其左髋受伤,被送至中医院,经过医疗检查,诊断为:(中医)骨折病、气滞血淤;(西医)左股骨粗隆间骨折、高血压病,并于当日住院治疗。同年 6 月 2 日,唐某某的儿子袁某某作为患者亲属在《股骨粗隆间骨折手术知情同意书》上签字,表示对手术的风险进行了了解并同意手术。同日,袁某某作为唐某某的亲属代表与中医院签订《应用植入性医疗器材协议书》,其中载明的主要事项为,因唐某某病情治疗需要,经中医院建议,唐某某同意使用由艾迪尔生产的髓内钉一套,并附有相应的生产合格证明,同年 6 月 3 日,中医院医生对唐某某进行左股骨隆间骨折闭合复位内固定手术。唐某某在医院进行手术并休养后出院。唐某某认为中医院因采购不合格医疗器材对其健康生命权造成严重侵害,诉至法院,要求中医院赔偿 45 605 元。法院民事判决,驳回唐某某的诉讼请求。唐某某不服,向二审法院提出上诉。之后二审法院作出民事判决,驳回上诉,维持原判。现唐某某认为中医院买卖不合格植入材料,应买一赔十;违反 2014 年 6 月 2 日签订的《应用植入性医疗器材协议书》的规定以及手术先后顺序,应赔偿总费用的一半;违反手术室规章制度并向原审法院提供伪证,应赔偿精神损失费。其于 2015 年 3 月 19 日向法院提起诉讼,要求赔偿以上三项共计 130 699.8 元。

▌分析

本案例中唐某某以中医院采购不合格的医疗器材为由进行起诉,法院经过审理驳回了唐某某的诉讼请求,唐某某现在以中医院买卖不合格的植入材料为由又进行起诉,法院应否受理其诉讼请求?

在弄明白这个问题之前,首先要明白什么是重复起诉?在民事诉讼中,有一个较为重要的原则即"一事不再理",法院通常以此来作为禁止重复诉讼的原则，用较为通俗的话来说就是针对同一情况不能第二次诉讼（当然这在学理上较为复杂）。《民事诉讼法》第 124 条的规定："人民法院对下列起诉，分别情形，予以处理：（一）依照行政诉讼法的规定，属于行政诉讼受案范围的，告知原告提起行政诉讼；（二）依照法律规定，双方当事人达成书面仲裁协议申请仲裁、不得向人民法院起诉的，告知原告向仲裁机构申请仲裁；（三）依照法律规定，应当由其他机关处理的争议，告知原告向有关机关申请解决；（四）对不属于本院管辖的案件，告知原告向有管辖权的人民法院起诉；（五）对判决、裁定、调解书已经发生法律效力的案件，当事人又起诉的，告知原告申请再审，但人民法院准许撤诉的裁定除外；（六）依照法律规定，在一定期限内不得起诉的案件，在不得起诉的期限内起诉的，不予受理；（七）判决不准离婚和调解和好的离婚案件，判决、调解维持收养关系的案件，没有新情况、新理由，原告在六个月内又起诉的，不予受理。"本案中的情况属于上述规定中的第五项，对判决、裁定、调解书已经发生法律效力的案件，当事人又起诉的，告知当事人申请再审，法院将不再受理起诉。

法院认为：从唐某某提起本次民事诉讼的诉讼请求及事实和理由来看，其诉称植入体内材料即伽马交锁髓内丁（近端塞空心）、伽马交锁髓内丁（主钉空心）、伽马交锁髓内丁（远端锁钉）各一只和鹅头钉钢板 1 块，系不合格的医疗器械。在前次民事诉讼中，唐某某基于相同的事实，请求法院依照《消费者权益保护法》《食品安全法》的规定判令民事赔偿。该主张已经法院做出发生法律效力的民事判决。唐某某所称中医院改变了手术顺序并基于此主张民事赔偿，但该项事实主张以及赔偿事宜，也已由法院审理并作出发生法律效力的民事判决。唐某某诉称，因中医院伪造证据，要求赔偿精神损失费 10 000 元，该主张不属民事案件的受案范围。原审法院裁定：对唐某某的起诉不予受理。

唐某某不服原审裁定，向二审法院提起上诉，请求撤销原审裁定。

二审法院经审查后认为：唐某某以中医院买卖不合格植入材料、违反手术室规章制度及改变手术顺序为由而要求赔偿的诉讼请求，已经过人民法院审理并作出生效裁判，现唐某某以相同的事实和理由，再次提起同样的诉请，属于重复起诉。至于唐某某提出中医院向法院提供伪证应赔偿精神损失费的诉讼请求，因唐某某未提供与诉请相关的事实依据，不符合受理条件。综上，原审法院所做不予受理裁定正确，应予维持。唐某某的上诉理由不能成立。

需要注意的是当事人在法定期间对一审判决、裁定没有提起上诉的，该一审判决、裁定发生法律效力，或者上诉后经过第二审人民法院做出判决、裁定的，该第二审判决、裁定立即发生法律效力，不得上诉。当事人必须履行，不得以同一事实和同一诉讼标的再次提起诉讼。如果当事人认为已生效的判决、裁定有错误的，只能按照《民事诉讼法》第199条的规定，向上一级人民法院申请再审，通过再审程序解决。但是，经人民法院裁定准许撤诉的，当事人可以再行起诉。原告申请撤诉，只是其对诉讼权利的处分，并不意味着放弃实体权利，从诉讼程序上讲，人民法院用裁定方式准许原告的撤诉申请，仅意味着同意原告对自己诉讼权利的处分，当事人还可以同一事实和理由，就同一诉讼标的再次提起诉讼。

4. 未缴纳诉讼费也未提出相应的申请，法院认定当事人自动撤回上诉

▌案情介绍

上诉人宋某某因医疗产品责任纠纷一案，不服湖南省常德市武陵区人民法院（2014）武民初字第1904号民事判决，向二审法院提起上诉。宋某某上诉后向法院申请缓交或免交上诉案件受理费，法院对其申请进行审核后同意缓交至二审结案之前。2015年2月9日，二审法院对该案进行了二审开庭审理，并于开庭当日依法向宋某某送达了催交诉讼费通知书，要求其在七日内预交上诉案件受理费。在规定的期限内，宋某某既未预交上诉案件受理费，也未提出减、免、缓交申请。

▌分析

上诉需要在一定的条件下实施，当事人在进行上诉的过程中需要注意的是不要因为自身的原因而导致诉讼程序终结，按时缴纳诉讼费。如果当事人在上诉期间内没有提出减免、缓交案件受理费的申请，那么一审法院的裁判就会发生法律效力。提起上诉是当事人的诉讼权利，因此可以对此项权利进行处分。当事人提起上诉后，在判决或者裁定宣告之前可以撤回上诉。撤回上诉虽然是当事人的权利，但仍需经人民法院审查，是否准许，由人民法院裁定。这是因为二审人民法院应当审查撤回上诉的行为是否违反法律的规定，是否因此而侵害国家、集体或者他人的利益。

撤回上诉的请求可以口头提出，但无论以何种方式提出，都需要在判决、裁定宣告之前提出。因为判决、裁定一经人民法院宣告，上诉人便丧失撤诉权。

当事人撤回上诉，就等于放弃了自己的上诉权利，不得再上诉。这与起诉的撤诉不同，起诉后撤诉的，还可以再起诉。

据此，二审法院依照《诉讼费用交纳办法》第20条第1款、第22条第2款和第4款、《最高人民法院关于适用〈诉讼费用交纳办法〉的通知》第2条、

《民事诉讼法》第 118 条之规定，裁定如下：本案按上诉人宋某某自动撤回上诉处理。本裁定为终审裁定。

5. 当事人的再审申请不符合再审事由被人民法院驳回

▌**案情介绍**

再审申请人苏某某因与被申请人辽宁省人民医院医疗合同纠纷一案，不服沈阳市中级人民法院（2014）沈中民一终字第 2520 号民事判决，向辽宁省高级人民法院申请再审。再审法院依法组成合议庭，对本案进行了审查。

苏某某申请再审称：本案属于人身损害赔偿纠纷，应当异地做司法鉴定。原审依据《医疗事故技术鉴定书》做出判决属于适用法律错误。据此请求撤销原判，依法再审。

法院认为：苏某某所诉纠纷，沈阳市沈河区卫生局依据其申请已委托辽宁省医学会做出《医疗事故技术鉴定书》，认定本例构成四级医疗事故，医方承担主要责任。苏某某依据该鉴定书向原审法院提起诉讼，请求法院判令辽宁省人民医院赔偿其医疗费、伙食补助费、护理费、误工费、交通费、住宿费、鉴定费、复印费、精神损害抚慰金等各项损失。原审法院综合考虑医疗事故等级情况酌定由辽宁省人民医院承担 80% 的赔偿责任，并据此判令该医院承担医药费 55 922.52 元、误工费 18 631 元、住院伙食补助费 4520 元、护理费 9200 元、交通费 3040 元、复印费 805 元、住宿费 2400 元、鉴定费 6400 元、精神损害抚慰金 5000 元等各项费用，并无不当。关于苏某某提出"本案属于人身损害赔偿纠纷，不应当进行医疗事故鉴定，应当进行人身损害赔偿的司法鉴定"等申请再审理由，因其侵权行为和损害后果均发生在《侵权责任法》实施之前，应当适用当时的法律规定，且其本人已申请进行医疗事故鉴定，并依据该鉴定书向法院提起诉讼，故其要求重新进行司法鉴定的诉讼请求没有事实根据和法律依据，本院不予支持。

综上，苏某某的再审申请不符合《民事诉讼法》第 200 条规定的再审事由。依照《民事诉讼法》第 204 条第 1 款之规定，裁定如下：驳回苏某某的再审申请。

▌**分析**

本案例有两个值得注意的地方：一是本案例发生的时间，根据案情的描述其发生在《侵权责任法》实施之前；二是本案是再审案例，当事人在哪些情况下可以申请再审。

对于发生在《侵权责任法》实施之前的案例该如何适用法律的问题，本案中由于已经经过法院判决，分清了双方的责任，原判决已经生效，不应该再以法律的修改作为诉讼的理由。在维权的过程中，有的患者可能存在误区，认为法律进行了修改，当然可以再次提起诉讼，这种想法是错误的。在处理医疗纠纷时，一般情况下适用纠纷发生时的法律规定。

对于哪些情况下可以申请再审，本书在前面的章节已经详细描述，包括：①有新的证据，足以推翻原判决、裁定的；②原判决、裁定认定的基本事实缺乏证据证明的；③原判决、裁定认定事实的主要证据是伪造的；④原判决、裁定认定事实的主要证据未经质证的；⑤对审理案件需要的主要证据，当事人因客观原因不能自行收集，书面申请人民法院调查收集，人民法院未调查收集的；⑥原判决、裁定适用法律确有错误的；⑦审判组织的组成不合法或者依法应当回避的审判人员没有回避的；⑧无诉讼行为能力人未经法定代理人代为诉讼或者应当参加诉讼的当事人，因不能归责于本人或者其诉讼代理人的事由，未参加诉讼的；⑨违反法律规定，剥夺当事人辩论权利的；⑩未经传票传唤，缺席判决的；⑪原判决、裁定遗漏或者超出诉讼请求的；⑫据以做出原判决、裁定的法律文书被撤销或者变更的；⑬审判人员审理该案件时有贪污受贿、徇私舞弊、枉法裁判行为的。在上述情形下，人民法院应当进行再审。这里值得注意的是，当事人可以就上述事由之外的原因申请再审，申请再审是当事人的一项权利。

6. 当事人超过诉讼时效起诉的将丧失胜诉权

▌案情介绍

2007 年 5 月 29 日，陈某某因左足拇指疼痛到某职工医院住院治疗，实施了"左足拇指外矫形术"手术，陈某某在手术同意书上签字认可。2007 年 6 月 8 日出院，陈某某在某职工医院共住院 10 天，支付医疗费 176 元。出院 20 天后，陈某某感到走路时左脚疼痛，左足拇指不能弯曲，行走困难，多次到某职工医院复查。陈某某认为自己的伤痛是某职工医院医疗行为存在过错造成的，双方发生矛盾。诉讼过程中，陈某某与某职工医院双方均提出申请，要求原审法院委托有关部门对某职工医院是否构成医疗过错进行鉴定。2011 年 9 月 16 日，经其所在市中级人民法院委托某司法科学证据鉴定中心就某职工医院在对陈某某的诊疗过程中是否存在过错，如果有过错，与患者损害后果之间是否存在因果关系进行鉴定。根据鉴定中心的法医学鉴定意见书，鉴定意见为：①某职工医院在对陈某某的诊疗过程中，在对手术可能发生的风险和并发症的告知方面，若经法庭审理，"手术同意书"真实性无异议，则院方在手术风险及并发症方面与患者的沟通存在一定不足；若经法庭审理，"手术同意书"不具备真实性，则院方在手术风险及并发症的告知方面明显过错，该过错对患者的知情选择权方面具有一定不良影响。②被鉴定人手术后出现左足拇指屈伸活动受限，主要与手术引起肌腱、组织粘连有关，但术后误伤关节的可能性亦难以排除；其左足拇指疼痛问题，则主要与术后瘢痕粘连对末梢感觉神经的影响、肌腱牵连、个人对疼痛的敏感性和耐受性等因素有关。2012 年 2 月 22 日，陈某某对其伤残情况申请鉴定。经过法院委托该市有资质的鉴定机构做出鉴定，鉴定结果为"陈某某的伤残等级为拾级一处"。

▌分析

一审法院经过审理后认为，患者在诊疗过程中受到损害，医疗机构及其医务人员有过错的，由医疗机构承担赔偿责任。向人民法院请求保护民事权利的诉讼时效期间为两年，法律另有规定的除外。在本案中，首先，陈某某因左足拇指疼痛到某职工医院住院治疗，住院后，某职工医院采取正确的治疗方法为陈某某实施了"左足拇指外矫形术"手术。手术前，某职工医院就手术风险及并发症对陈某某进行了告知，陈某某本人作为完全民事行为能力人，在手术同意书上签字，应视为对告知内容的理解，即使某职工医院与陈某某存在沟通不足，也不至于影响到手术后果。在对陈某某的治疗过程中，某职工医院已尽到了作为医方的职责，医疗机构和医务人员均不存在过错。陈某某提出自己是在空白的手术同意书上签字的，但其主张无证据支持，且明确放弃进行相关鉴定，故其辩解理由不能成立。其次，陈某某于 2007 年 5 月 29 日在某职工医院处住院治疗，2007 年 6 月 8 日出院，出院后 20 天后感觉不适到某职工医院复查，认为自己的伤痛是某职工医院的医疗行为存在过错所造成的，陈某某即应当知道自己的民事权利受到侵害，诉讼时效应从此时起开始计算，在某职工医院提出诉讼时效的抗辩后，陈某某也未提出任何能够证明诉讼时效中断的证据，其起诉已远远超过法律规定的诉讼时效期间。综上，陈某某虽因病痛身体经受折磨，经济遭受损失，值得同情，但其要求某职工医院承担赔偿责任，没有法律依据，故其诉讼请求，不予支持。依照《侵权责任法》第 54 条和《民法通则》第 135 条之规定，判决如下：驳回陈某某的诉讼请求。案件受理费 3300 元，鉴定费 8550 元，由陈某某负担。

在一审宣判后，陈某某提起上诉。

二审法院经过审理后认为，陈某某于 2007 年 5 月 29 日在某职工医院处住院治疗，10 天后也就是 2007 年 6 月 8 日出院，出院 20 天后感觉不适到某职工医院复查，此时出现刀口抽线后不能愈合，陈某某即应当知道自己的民事权利受到侵害，应当自 2007 年 6 月份起两年期间内向某职工医院主张自己的权利，诉讼时效应从此时起开始计算，但陈某某却在 2010 年 12 月 22 日向人民法院提起诉讼，其起诉早已超过法律规定的两年诉讼时效期间。陈某某提交的证人张某某的证明及视频资料等证据并不能够有效证明其具有诉讼时效中断事由，故原审法院驳回陈某某的诉讼请求并无当。

在当事人维权的过程中因为诉讼时效的原因维权失败无疑是可惜的。诉讼时效是一个较为专业的法律术语，诉讼时效的中止、中断和延长三种计算方式对于一般的患者来说并不是很容易理解，有时候还可能错误理解法条的内涵，最终可能导致维权失败。现实中当知道自己的权益受到侵害时一定要及时向人民法院或者其他机关申请维权，切不可疏忽或者拖延而导致超过诉讼时效。诉讼时效是否都是两年的规定？诉讼时效不都是两年的规定，诉讼时效两年只是针对一般情况而言的。在特殊情况下，如因为人身损害导致的，诉讼时效的时间较短，法律明确规定因为人身损害的，诉讼时效为一年。还有许多发生在诉讼时效中断的问题上，当事人在向相对人主张权利时应当明确、具体，并且要求证据的证明，如录音、录像或者经过公证等。

诉讼时效在现实生活中较为复杂，遇到此类问题时，应当及时咨询身边的法律专业人士，如律师、法官等，听听他们对诉讼时效的分析，以免因此耽误维权。

7. 有两个被告时，管辖如何确定

▌案情介绍

上诉人吴某某诉被上诉人某省精神病院第二附属医院及某办事处医疗合同纠纷一案，不服某区人民法院（2009）川民初字第 2587 号民事裁定，向法院提起上诉。

原审裁定认为：原告吴某某诉医疗合同纠纷关系的一方当事人是某省精神病院第二附属医院。某办事处与吴某某并不存在医疗合同关系。本案的合同履行地或与吴某某存在医疗合同关系的被告所在地均在新乡市，本院没有管辖权，对原告的起诉不予受理。

上诉人诉称：与第一被上诉人某省精神病院第二附属医院签订医疗合同促成上诉人被胁迫到精神病院就医的是第二被上诉人。两被上诉人对上诉人实施了共同侵权，请求依法审理。

二审法院经审查认为：上诉人吴某某所诉的二被上诉人其中之一某办事处的住所地在某区，某区法院具有管辖权。上诉人的理由成立，依照《民事诉讼法》第 22 条第 3 款、第 154 条规定，裁定如下：撤销某区人民法院（2009）川民初字第 2587 号民事裁定；指令某区人民法院对此案立案审理。

▌分析

对于两个被告的管辖权问题的裁定，对比两个法院的审判可以看出，一审法院认为管辖的问题适用合同的管辖。上述人在上诉理由中指出某省精神病第二附属医院与某办事处对上诉人实施了侵权，二审法院经过审查后认为被上诉人某办事处的住所地在某区，因此一审法院有管辖权。本案例涉及的一个问题便是医疗纠纷案件中，以合同纠纷起诉的，法院应当如何确定管辖，被告的住所地如何确定。

根据《民事诉讼法》相关规定，对法人或者其他组织提起的民事诉讼，由被告住所地人民法院管辖。这里所说的法人或者其他组织的住所地，是指其主要营业地或者主要办事机构所在地。如果被告是不具有法人资格的其他组织形式，又没有办事机构，则应由被告注册登记地人民法院管辖。

《民事诉讼法》第 21 条规定："因合同纠纷提起的诉讼，由被告住所地或者合同履行地人民法院管辖。"因合同纠纷提起的诉讼，由被告住所地或者合同履行地人民法院管辖，便于法院查明案情，便于在必要时及时采取财产保全等紧急措施，以利于合同纠纷的正确解决。在医疗纠纷中，由于医疗机构的场所一般较为固定，医疗机构所在地一般为合同履行地。

在医疗纠纷案件中，当事人究竟是提起侵权之诉还是合同之诉，需要当事人结合情况具体分析，两种不同的起诉方式的选择可能会改变案件的管辖。

8. 代位权在医疗服务合同纠纷中的适用

▌案情介绍

2010 年 12 月 25 日晨，被告福州闽运公共交通有限责任公司（以下简称闽运公司）的驾驶员程某驾车在交叉路口撞倒一名行人（为本案无名氏）。事故发生后，交警部门在出具的《道路交通事故证明》中认为因行人受伤至今未苏醒，无法调查询问，且因该路口监控探头未启用，无法证实发生事故时灯控状态，故无法查清道路交通事故成因和程某、无名氏的交通事故责任。无名氏在原告福建医科大学附属协和医院（以下简称福医大医院）的治疗费为 24 万余元，被告已付给原告 17 万元，还有 7 万余元无人支付。原告诉至法院，请求判决被告支付原告拖欠的医疗费 7 万余元及利息。

分析

福建省福州市台江区人民法院经审理认为，程某未按照操作规范安全驾驶而违法通行，其对造成无名氏的损害具有过错。程某的驾车行为属执行工作任务，因此产生的侵权责任依法由被告承担。本案原告追索医疗费的情形，与合同法规定的代位权最相类似，可以参照《合同法》第 73 条"因债务人怠于行使其到期债权，对债权人造成损害的，债权人可以向人民法院请求以自己的名义代位行使债务人的债权，但该债权专属于债务人自身的除外"的规定。判决被告闽运公司将应支付本案无名氏的医疗费 7 万余元给原告福医大医院。

一审宣判后，被告提起上诉。福建省福州市中级人民法院判决驳回上诉，维持原判。

代位权制度作为债的保全措施，对于保护债权人合法权益、保护交易安全、维护正常民商事流转秩序具有重要意义。本案系债权人的代位权制度在医疗服务合同纠纷案件中适用的特例，要点在于医院能否就其支出的医疗费用向事故责任人进行代位追偿。

1999 年我国《合同法》正式确立了代位权制度，随后《最高人民法院关于适用〈中华人民共和国合同法〉若干问题的解释（一）》（以下简称《合同法解释一》）也对代位权制度做出了一系列细化规定。根据法律规定，债权人提起代位权诉讼，应当符合下列条件：债权人对债务人的债权合法；债务人怠于行使其到期债权，对债权人造成损害；债务人的债权已到期；债务人的债权不是专属于债务人自身的债权。关于代位权行使的范围，《合同法解释一》第 11 条将其限定为债务人对次债务人的合法"到期债权"，"具有金钱给付内容的到期债权"，且"不是专属于债务人自身的债权"。《合同法解释一》第 12 条又明确，"专属于债务人自身的债权"是指基于扶养关系、抚养关系、赡养关系、继承关系产生的给付请求权和劳动报酬、退休金、养老金、抚恤金、安置费、人寿保险、人身伤害赔偿请求权等权利。

有观点认为，本案应驳回原审原告的诉讼请求。本案不能适用代位求偿制度，根据法律规定，专属于债务人自身的包括人身伤害赔偿请求权，不适用代位权制度。

笔者认为，驳回医院诉讼请求并不妥当。医疗机构对伤员进行救治花费了大量的医疗费用，如果法院因受害人的客观原因而对医疗费用的请求权不予支持，对自负盈亏的医疗机构显属不公，与弘扬救死扶伤人道主义精神也明显相悖。

本案中在无名氏昏迷不醒，也没有近亲属代为行使权利，无法通过仲裁或诉讼方式向肇事方及其保险公司来主张权利的情况下，客观上已经具备了"怠于行使"之要件，医院可以有条件地代位取得其债权请求权。虽然人身伤害赔偿请求权是"专属于债务人自身的债权"，此规定的目的是保障债务人的自主选择权，即是否行使以及如何行使该请求权由债务人自己决定。但问题是受害人无名氏无法行使此种权利，如若受困于法律救济途径的缺乏，医院不能直接向交通事故肇事责任方行使追偿权，形成的必然结果是医院垫付的医疗费用不能追回，而肇事者却不用承担赔偿责任，显然不符合公平原则。在保护债务人意思自治与社会公平交易秩序存在价值冲突时，法律价值的取舍应以后者为重，因此医院有权依代位权起诉肇事方。

《民法通则》规定，民事活动应当遵循公平正义的原则。《道路交通安全法》第75条亦规定，医疗机构对交通事故中的受伤人员应当及时抢救，不得因抢救费用未及时支付而拖延救治。因此在本案中优先保护医疗机构的合法权益并无不当，且由肇事方承担医疗费用也并不损害其利益。

9. 对于双方当事人均未提出的诉讼请求，法院纳入审理范围，违反不告不理原则

▋案情介绍

2008年3月7日，某市中心医院（以下简称中心医院）对患有心脏病的毛某某实施了射频消融手术，术后毛某某病情未明显好转。同年4月2日，中心医院将毛某某送到重庆市新桥医院（以下简称新桥医院）继续住院治疗7天，花费4505.5元。后毛某某又返回中心医院继续治疗，至出院时毛某某还有33 087.64元医疗费尚未结清。同年4月22日，中心医院与毛某某达成协议：中心医院补助毛某某人民币20 000元，并支付毛某某第二次鉴定费用10 000元，在经卫生主管部门调解或法院裁决后再结算。2008年8月12日，毛某某以自己遭受人身损害为由将中心医院诉至某区人民法院，请求法院判令中心医院赔偿其残疾赔偿金等损失共计547 357.12元。在毛某某的诉讼请求中，并没有涉及医疗费用的部分。审理过程中，经司法鉴定：中心医院在毛某某的整个医疗处置过程中有过错，其过错与毛某某的损害后果存在次要因果关系。该案一共产生鉴定费5500元，其中毛某某预交了500元，中心医院预交了5000元。

某区人民法院于2008年11月18日做出的民事判决认为：中心医院在射频

消融手术中对三度房室传导阻滞的发生预防不够，导致毛某某永久性起搏器植入，使毛某某目前处于1级伴明显器质性心律失常，构成ⅲ级伤残。毛某某身体健康受到的损害与中心医院的行为有次要的因果关系，中心医院对毛某某的损失应当承担次要赔偿责任。

中心医院不服一审判决，认为法院没有将毛某某欠付被告的医疗费33 087.64元和被告为毛某某在新桥医院垫付的4505.5元等费用予以扣除，导致赔偿金额计算错误，向该市中级人民法院提起上诉。

该市中级人民法院做出的民事判决认为：在双方已有协议约定并已履行的情况下，中心医院就不再负有支付毛某某安装起搏器的任何费用的义务，中心医院2008年5月5日为毛某某实施了第一个起搏器的安装术，由此产生的费用理应由毛某某自行承担33 087.64元。2008年4月2日，中心医院将毛某某送到新桥医院住院治疗，产生医疗费4505.5元，确系毛某某本次治疗行为中发生的，毛某某亦认可该费用是由中心医院垫付，故不管毛某某请求与否，本案均应将此款纳入毛某某损失总金额中一并进行计算。此外，2008年10月9日，一审法院依法委托法庭鉴定所对本案所做的医疗过错鉴定而产生鉴定费5000元，理应按双方的过错程度进行分担，中心医院垫付该款后，一审对该项费用未予处理不当，依法应予纠正。中心医院的部分上诉理由成立，依法应予支持。判决：撤销某区人民法院（2008）涪民初字第2357号民事判决；毛某某的物质损害赔偿金296 664.5元，精神损害抚慰金30 000元，共计326 664.5元，由中心医院赔偿给毛某某130 665.8元（已付57 594.14元，实际还应支付73 072.66元，此款在本判决生效后10日内支付），其余180 998.7元由毛某某自己承担；驳回毛某某的其他诉讼请求。本案受理费和鉴定费用由毛某某负担60%，由中心医院负担40%。

毛某某不服二审判决，向检察机关提出申诉。2011年5月13日，该市人民检察院向该市高级人民法院提出抗诉。理由如下：

1. 二审判决将中心医院为毛某某垫付的医疗费用作为已付款在其应承担的赔偿金额中予以扣除，属于适用法律错误。本案原审原告毛某某向原审法院提起诉讼时未就医疗费提出诉讼请求，原审被告在一、二审时，亦均未向毛某某提出支付医疗费用的反诉请求。因此，二审法院就不应对毛某某的住院医疗费进行审理并做出判决。法院确定的毛某某的物质损害赔偿金296 664.5元及精神损害抚慰金30 000元中，没有包含医疗费，二审法院将中心医院为毛某某垫付的医疗费作为中心医院的已付款在其应承担的金额内扣除存在错误。

2. 二审法院认定中心医院在二审时提供的证据是新证据确有错误。纵观中心医院提供给二审法院的 7 份证据，包括毛某某在新桥医院的住院费发票等，无一不是中心医院在一审开庭前就存在并能够提供而未提供的。根据《最高人民法院关于民事诉讼证据的若干规定》第 41 条之规定，上述证据不属新证据。

3. 二审法院判决医疗过错鉴定费 5000 元由双方当事人按过错比例分担不当。现鉴定结论为中心医院有过错，就应当由中心医院承担鉴定费。二审判决此费用由双方当事人按过错比例分担不当。

▌分析

本案被告在一审后不服，认为法院没有对医药费进行相应的裁判，二审法院在此基础上重新认定，最终毛某某向检察院抗诉要求申请再审。二审法院是否超过诉讼请求裁判成了本案的焦点，也就是说法院能否就原告未提出的诉讼请求进行审理。

不告不理原则是民事诉讼法的基本原则，即法院审理民事纠纷的范围由当事人确定，法院无权变更、撤销当事人的诉讼请求。案件在审理中，法院只能按照当事人提出的诉讼事实和主张进行审理，对超过当事人诉讼主张的部分不得主动审理。人民法院擅自将双方均未提出的诉讼请求纳入到民事案件的审理范围，违反了民事诉讼不告不理的诉讼原则，属于适用法律错误。

按照当事人的诉讼请求进行判决也是尊重当事人的处分原则的体现。当事人的处分原则是指当事人是否起诉或者终结诉讼，何时或就何种内容、范围、对何人起诉，原则上由当事人自由决定，国家不能干预。法院在民事诉讼中应该处于消极被动的地位，处分原则确立了当事人在民事诉讼中的基本作用。处分原则具体体现在以下方面：①诉讼只能因当事人行使起诉权而发生，即只有当事人自己向人民法院提起诉讼，法院才能进行案件的受理与审理，法院不能依职权开始民事诉讼程序；②诉讼请求的范围由当事人自行决定，法院不能对当事人没有提出的事项做出裁判；③当事人可以在诉讼中变更、撤回或者增加诉讼请求；④原告可以放弃已经提出的诉讼请求；被告可以承认原告的诉讼请求；当事人双方可以在诉讼中就民事争议的解决达成和解或调解协议。

该市高级人民法院受理抗诉后，指定该市中级人民法院另行组成合议庭再审本案，该市中级人民法院做出的民事判决认为：从毛某某在原一审中起诉的请求上看，本案属于毛某某起诉主张要求中心医院赔偿其伤后的残疾赔偿金、误工费、被抚养人生活费、护理费、住院伙食补助费、鉴定费、精神抚慰金等，并不包括毛某某在中心医院治疗本案受伤的医疗费用，且中心医院在原一审答辩时也未提出要求将其为毛某某垫付的医疗费用在本案中予以抵扣。而中心医院却在原二审诉讼中提供了其在本案起诉之前为毛某某垫付医疗费用的相关依据，原二审判决也将本案起诉之前早已形成的证据（中心医院在原一审诉讼中未提供）作为了在原二审中的新证据予以审查确认，导致了原二审判决将中心医院在本案起诉之前为毛某某垫付的医疗费用纳入了本案的审理范围，客观上造成了原二审判决的费用中超出了毛某某在原一审中起诉中心医院赔偿的范围，违反了民事诉讼不告不理的诉讼原则，属于适用法律错误。因此，中心医院在本案起诉之前为毛某某到新桥医院治疗垫付的医疗费 4505.5 元和尚欠该医院的治疗费用 33 087.64 元不应当属于本案的审理范畴，原二审判决将其直接列为中心医院的已付款单方予以扣除不当，依法应予改判。原二审判决双方按照过错程度分担本案中的鉴定费符合《人民法院诉讼收费办法》第 19 条的规定。判决：①撤销该市中级人民法院民事判决和某区人民法院民事判决第一项；维持某区人民法院民事判决第二、三项；②毛某某人身损害赔偿金共计人民币 291 659 元，由中心医院赔偿毛某某 116 663.6 元（已付 30 000 元，实际还应支付 86 663.6 元），其余 174 995.4 元由毛某某自行承担；③一审案件受理费 75 元，鉴定费 5500 元（其中毛某某预交了 500 元，重庆市中心医院预交了 5000 元），共计人民币 5575 元，由毛某某负担 60% 计人民币 3345 元，由重庆市中心医院负担 40% 计人民币 2230 元。

值得注意的是法院超过诉讼请求判决是当事人申请再审的法定事由，法院在处理案件时应当注意当事人的诉讼请求，在当事人的诉讼请求范围内进行审理，这也利于保持法院在诉讼活动的中立性，更有利于维护当事人的合法权益。

1. 当事人因己方原因没能妥善保管病历，需要对此承担相应的责任

▌案情介绍

患者杨某某系原告赵某某之妻、赵小某之母、杨某之女。2010 年 1 月 22 日，杨某某因身体不适在被告某镇中心卫生院门诊，被告对杨某某予以输液治疗；2010 年 1 月 23 日，经采血化验后仍予输液治疗；2010 年 1 月 25 日再次输液治疗。2010 年 1 月 29 日，杨某某起床后突然昏迷，经该市人民医院抢救无效死亡。原告认为杨某某的死亡系被告某镇中心卫生院的医疗过错造成，要求被告赔偿未果后，又向该市信访局信访。该市卫生局接访后告知可通过医调会调解，也可申请司法鉴定，通过诉讼途径解决。原告诉至法院。

审理中，该院根据原告的申请，委托上海华医司法鉴定所对被告在对杨某某的诊疗过程中是否存在过错，过错与损害后果之间有无因果关系及其参与度进行鉴定。上海华医司法鉴定所经审阅鉴定材料，认为本案无完整、充分的病历资料，根据现有资料无法出具明确的鉴定意见而退回该院。

该案经历了二审，二审中上诉人（患者一方）认为被上诉人（医疗机构一方）出具的医疗费发票明显与客观就诊时间、过程不符，被上诉人篡改病历、档案的行为极为恶劣。上诉人一方申请证人出庭作证。

▌分析

首先，本案是医疗纠纷中的侵权之诉，本案中患者一方需要证明的事项有哪些？

被侵权人在其权利被侵权人侵害构成侵权时，有权请求侵权人承担侵权责任。这种权利是一种请求权。所谓请求权，是指请求他人为一定行为或不为一

定行为的权利。请求权人自己不能直接取得作为该权利内容的利益，必须通过他人的特定行为间接取得。在侵权人的行为构成侵权，侵害了被侵权人的民事权益时，被侵权人有权请求侵权人承担侵权责任。被侵权人可以直接向侵权人行使请求权，也可以向法院提起诉讼，请求法院保护自己的合法权益。本案中当事人通过诉讼的方式来维护权益。

因此当事人需要对自己的损害和对方当事人的侵权承担举证责任。在医疗纠纷中当事人需要对医疗机构存在侵权行为，医疗机构的侵权行为是其有过错，过错与侵权行为之间具有因果关系和造成的损害后果承担举证责任。在医疗纠纷中，立法者考虑到医患双方关系的不平衡，在下列三种情况下，医疗机构需要对自己无过错进行证明：①违反法律、行政法规、规章以及其他有关诊疗规范的规定；②隐匿或者拒绝提供与纠纷有关的病历资料；③伪造、篡改或者销毁病历资料。患者在对此理解时存在误区，是不是患者一方对此不需要提出证据证明？在这里患者仍需要提供证据证明医疗机构的医疗行为违法，或者提供证据证明医疗机构有隐匿病例、伪造、篡改或者销毁病例资料的行为。在患者证明这些之后，当医疗机构无充分的证据予以反驳时即认为医疗机构的医疗行为存在过错。

其次，病历的相关问题。病历在医疗活动中具有重要作用，从证据类型上来看，其属于书证。病历的提供和病历的保管相一致，由谁保管病历便由谁来提供病历。一般而言病历由医院保管，但是有时候病历却是由患者一方进行保管。由患者方保管病历的情况，就应当由患者来提供病历。患者保管病历包括以下情况：患者在门诊就医时，门诊病历分为门诊大病历和门诊病历手册两种，一般情况下，患者需要保管的是门诊病历手册。在此种情况下，可能医生有的时候不会给患者填写病历，医方可用《门诊病人就诊登记本》上面记载的内容来证明。另一种是在患者有特殊需要的情况下，将本来由医院保管的病历取走未还。在患者取走病历的时间内，患者有保管病历的义务。在本案中，原告方并没有对己方保管的病历进行有效保管，导致不能对医疗机构的医疗行为进行鉴定从而影响了案件的裁判结果，因此患者在就医的过程中在属于自己保管病历的情况下，一定要对病历进行保管，不仅对病历，对就医过程中的其他证据也要注意搜集和保管，一旦缺少证据的支撑，很可能导致案件关键事实无法得到证明。

最后，关于证人出庭作证的问题。

二审法院经审查后认为，上诉人未在举证期内提出证人出庭作证之申请，且原审核对被上诉人处的医疗费票据，上面载明的就诊时间与该市社会保障事业管理局出具的联网医院门诊实时结算医疗费用明细清单上载明的时间一致。同时，联网医院门诊实时结算医疗费用明细清单在结算医疗费时即时产生，伪造可能性不大。综合上述因素，法院对上诉人要求证人王某出庭作证之申请依法不予准许。

二审法院二审判决认为：当事人对自己的主张有责任提供证据。侵权责任赔偿中的医疗损害赔偿应同时具备三个条件：一是存在医患关系；二是医方存在过错；三是过错与损害后果之间存在因果关系。本案原、被告存在医患关系明确，但由于原告不能提供应由己方保管的门诊病历，而该门诊病历系本案的关键证据，直接关系到被告在对杨某某诊疗过程中是否存在过错的认定。也正是由于无病历资料，致该院委托上海华医司法所鉴定被退回。加之原告主张的被告篡改发票时间的事实已为该市社会保障事业管理局出具的联网医院门诊实时结算医疗费用明细清单所否认，故原告应对自己举证不能承担不利的后果，原告的请求无法得到支持。二审法院在查明事实的基础上维持原判。

2. 案件的事实如果无法查清，医患双方谁来承担败诉的风险

▋案情介绍

原告洪某某因交通事故受伤于2009年1月到被告某市第三医院就诊，入院诊断为存在右股骨粗隆间粉碎骨折，左股骨干骨折，头皮裂伤，胸、腹外伤（空回肠损伤）。在治疗中采用的是静点转化糖电解质注射液进行注射，原告在上述治疗后出现腹痛加重的症状，后经查明被告给原告进行注射的药物为过期药物。随后院方为其进行剖腹探查术。后原告到区医院、煤医附属医院、当地精神卫生中心等医院诊治，诊断为抑郁症。后医患双方针对医疗机构的医疗行为是否构成医疗事故申请该市医学会鉴定。该市医学会做出医疗事故技术鉴定书，鉴定意见为："……本病例属于二级丙等医疗事故，医方承担轻微责任。"原、被告双方对该医疗事故技术鉴定意见不服，并因赔偿问题发生纠纷，原告在双方不能解决纷争的情况下诉至法院。因被告提出"①某市第三医院的医疗行为与洪某某人身损害后果之间是否存在因果关系；②如二者存在因果关系，则参与度如何；③如二者存在因果关系，则洪某某伤残等级如何"的鉴定申请，经该市中级人民法院委托，某司法鉴定中心作出司法鉴定意见书，鉴定意见为：①某市第三医院在对患者洪某某的诊疗过程中存在使用过期转化糖电解质注射液药品的医疗过失，与患者所患抑郁症之间存在一定的因果关系，过失参与度理论系数值为25%。②抑郁症不属于器质性××，目前尚不在评残范围之内。之后因为医患双方对鉴定结果的质疑，某司法鉴定中心退案后本案一直处在委

托鉴定中，经法院联系多家鉴定机构，对于原告申请的"对某市第三医院的违法诊疗行为（使用过期药物的行为）与洪某某的损害后果（抑郁症）是否存在因果关系及关联程度进行鉴定并评估后续治疗费用"及"对某市第三医院的违法诊疗行为（使用过期药物的行为）与腹痛腹胀、实施剖腹探查术、剖腹探查术后遗症、肝损害（即感染丙肝病毒）、胃肠功能不全的因果关系、参与度及因以上原因造成的伤残等级进行重新鉴定"的鉴定项目均口头表示不予鉴定，且对于原告申请的"对洪某某的剖腹探查术、剖腹探查术后遗症、胃肠功能不全、肝损害和感染丙肝病毒进行伤残鉴定和后续治疗费用的评估"的鉴定项目中，原告明确表示对伤残鉴定依据《职工工伤与职业病致残等级》标准进行鉴定，被告不同意依据该标准进行鉴定。

庭审中，原、被告双方围绕以下争议焦点进行举证、质证：①被告的诊疗行为是否有过错。②如有过错，被告的医疗过错行为与损害后果之间是否有因果关系；如存在因果关系，则医疗过错行为在损害结果中的责任程度。原告申请某司法鉴定中心鉴定人龙某出庭接受质询。③原告要求被告赔偿各项损失的事实和法律依据。

▌分析

本案是原告在被告处就医期间因为输了过期药液引发的医疗侵权纠纷。但是医疗机构并不认为其医疗行为存在侵权，双方当事人针对本案中的焦点问题进行了举证、质证。

举证是指当事人向法院及时提供证据。我国《民事诉讼法》第65条的第1款规定："当事人对自己提出的主张应当及时提供证据。"但是当事人的举证必须在一定的时间内完成即法律中规定的举证期限。举证期限是指负有证明责任的当事人，应当在法律规定或者人民法院指定的期限内提出证明其主张的证据，逾期不能提出证据的，将可能承担由此产生的不利后果。一般当事人的举证期限为15日，但是经过人民法院指定的举证期限通常不超过30日。质证是指当事人、诉讼代理人在法官的主持下，对所提供的证据进行辨认、质疑、说明、辩驳等，以确认其是否具备真实性、关联性、合法性以及证明力大小的诉讼活动。由于当事人自行收集和提供的证据真伪并存，甚至自相矛盾，因此质证能够保护当事人自身的合法权益，也能够帮助人民法院准确地查明案件的事实。质证的主体包括原告、被告、第三人等。质证的程序有：①出示证据，即由当事人提出证明自己主张或者反驳对方当事人主张的证据材料，例如在本案中患者方提出的医疗机构采用的过期药液。②辨认证据。当事人对证据是否认可，一般分为明示方式和默示方式。③质问和辩驳。当事人或者第三人对证人所举证据存有异议，进行询问和质疑，在此基础上对证据的真实性、合法性或者关联性等内容进行辩驳。

本案另外一个问题是有关法律的适用，因为本案发生的时间是在《侵权责任法》生效之前，但是《最高人民法院关于适用〈中华人民共和国侵权责任法〉若干问题的通知》做了明文规定，即第1条："侵权责任法施行后发生的侵权行为引起的民事纠纷案件，适用侵权责任法的规定。侵权责任法施行前发生的侵权行为引起的民事纠纷案件，适用当时的法律规定。"第2条："侵权行为发生在侵权责任法施行前，但损害后果出现在侵权责任法施行后的民事纠纷案件，适用侵权责任法的规定。"

本案中另外一个较为重要的问题就是当客观的事实无法明晰时，案件的败诉风险由谁承担的问题，这在民事诉讼法上被称为证明责任。证明责任是指当事人对自己提出的事实主张负有责任提供证据进行证明，当作为裁判基础的法律要件在诉讼中处于真伪不明的状态时，负有举证证明义务的当事人承担败诉的风险。《最高人民法院关于民事诉讼证据的若干规定》中对医疗行为的规定为：因医疗行为引起的侵权诉讼，由医疗机构就医疗行为与损害结果之间不存在因果关系及不存在医疗过错承担举证责任。这是对侵权责任构成要件的规定。但是在《侵权责任法》中改变了这一规定，因此《侵权责任法》实施之后该规定已经不再适用。由于本案例发生在《侵权责任法》生效之前，因此该条规定仍适用，法院在证据的认定和证明责任的分配上是正确的。

法院认为：《侵权责任法》施行前发生的侵权行为引起的民事纠纷案件，适用当时的法律法规及司法解释。本案中，原告洪某某因交通伤于2009年1月到被告某市第三医院住院治疗，被告为原告输入过期药物的行为发生在2009年，与原告所主张的被告某市第三医院的违法诊疗行为（使用过期药物的行为）造成其抑郁症、腹痛腹胀、实施剖腹探查术、剖腹探查术后遗症、肝损害（即感染丙肝病毒）、胃肠功能不全等损害后果均发生在2009年。由此可见本案的医疗行为发生在《侵权责任法》施行前，且损害后果亦出现在《侵权责任法》施行前，属于《侵权责任法》施行前发生的侵权行为引起的民事纠纷案件，应适用当时的法律法规，即应适用《最高人民法院关于民事诉讼证据的若干规定》中"因医疗行为引起的侵权诉讼，由医疗机构就医疗行为与损害结果之间不存在因果关系及不存在医疗过错承担举证责任"的规定。因被告某市第三医院在对原告洪某某的诊疗过程中输入过期药物，故认定被告的诊疗行为存在过错。又参照天津市天意物证司法鉴定所《说明》中"1.原鉴定使用的过失参与度对照表不是国家标准，目前国家没有相关标准，无法评定。2. 抑郁症是否属于器质性××的结论，属于司法××鉴定范围，不是临床法医学的鉴定范围。综上所述，此重新鉴定无法进行，予以退回"，及北京法源司法鉴定中心《不予受理说明函》中"……根据《司法鉴定通则》的相关条款，本案缺乏相关技术标准且超出我中心鉴定人能力，故无法受理和开展鉴定工作。现本案做退案处理，送检材料全部退还贵院，请查收"。鉴于现有医学及技术标准的有限性，在鉴定机构均无法做出因果关系及参与度鉴定意见的情况下，被告作为负有举证责任的医疗机构不能提交证据证实其医疗行为与损害后果之间不存在因果关系，本院推定被告的医疗过错行为与损害后果之间存在因果关系，医疗过错行为在损害结果中的责任程度为 100%。但因原告未对其主张的各项具体损失提交证据予以证明，故本院对其诉讼请求不予支持。依照《最高人民法院关于民事诉讼证据的若干规定》第 4 条第 1 款第 8 项，《最高人民法院关于适用〈中华人民共和国侵权责任法〉若干问题的通知》一、二之规定，判决如下：驳回原告洪某某的诉讼请求。案件受理费人民币 1080 元，由原告洪某某负担。如不服本判决，可在判决书送达之日起 15 日内，向本院递交上诉状，并按对方当事人的人数或者代表人的人数提出副本，上诉于河北省唐山市中级人民法院。

3. 病历在破损的情况下是否还能保证其客观和真实性

▌案情介绍

死者尹某某系原审原告王小某之母，原审原告王某某之妻，原审原告尹某某、何某某之长女。2004 年 3 月 26 日，尹某某因怀孕到某省医科大学第二医院（以下简称省二院）住院，于当日晚行剖宫产术，产一子王小某，王小某于2004 年 4 月 7 日出院，尹某某在省二院治疗到 2004 年 8 月 23 日出院。尹某某在省二院出院后，在将近两个月的时间内先后转诊三家医院，但是最终没有治愈出现死亡的结果。2004 年 11 月 16 日，省二院和尹某某共同委托某法医鉴定中心对尹某某的尸体进行法医鉴定，该中心于 2005 年 1 月出具法医学鉴定书。鉴定意见为：尹某某系因在出血性间质性肺炎的基础上，自发性气胸导致呼吸功能障碍、缺氧性窒息而死。被告省二院于 2006 年 2 月 20 日提出对此医疗纠纷进行医疗事故的鉴定申请。因医患双方封存省二院保存的尹某某的病历资料过多过厚，该档案袋有破损，为证明医患双方封存的病历资料完整、真实、合法，省二院申请对存放患者尹某某病历的档案袋破损处能否取出原件及现有病历是否为原始病历资料进行鉴定。该省公安厅于 2006 年 7 月做出文件检验鉴定书，鉴定意见为"检材三处'王某某'签名字迹与王某某书写样本字迹是同一人书写"。原告王某某对此鉴定书有异议，提出再次鉴定的申请。因三方当事人不能协商鉴定机构，法院指定某司法鉴定中心进行鉴定。某司法鉴定中心于 2006 年 7 月做出文检鉴定书，鉴定意见为"检材档案袋上三个'王某某'签名与王某某书写样本字迹是同一人所写"。该市医疗事故技术鉴定办公室以医方提供的病历封存资料有拆封的嫌疑，患方对其真实性提出质疑，该鉴定办公室无法考证病历资料真实性，致使鉴定无法继续进行，决定中止鉴定。2008 年 2 月 15 日，鉴定办以病历封存件真实性问题未得到解决，决定终止鉴定。

在本案审理过程中，原审被告省二院于 2015 年 2 月 26 日提出医疗技术鉴定申请书，申请鉴定原审被告省二院的麻醉方式是否是全麻？如果是全麻，是否导致尹某某从其医院出院 3 个多月后在某县医院死亡，以及与原审原告王小某出现脑瘫的后果之间是否存在因果关系。后原审原告王小某、王某某、何某某、尹某某向本院提交关于对省二院医学技术鉴定申请书的异议，本院技术室出具不予委托意见书，对原审被告省二院的鉴定不予委托。原审原告方要求赔偿经济损失 1 189 284 元，其中王小某精神损失费 200 000 元、医疗费 20 000 元、后续治疗费 200 000 元、残疾赔偿金 200 000 元；尹某某死亡的损失医疗费 72 200 元、死亡赔偿金 203 720 元、被扶养人生活费 82 480 元、护理费 36 930 元、误工费 6333 元、住院伙食补助费 15 000 元、营养费 3000 元、丧葬费 23 119 元、精神损失费 50 000 元。原审原告方主张由于原审被告省二院明知受害人尹某某没有康复就将其从重症监护室赶到楼道，故意放任受害人死亡的后果发生，按照《消费者权益保护法》要求原审被告省二院对尹某某死亡造成的损失承担双倍的赔偿责任。

▌分析

本案中发生了医疗纠纷，在申请鉴定的过程中，病历的完整性受到质疑，因此最终终止鉴定。在医疗纠纷中，作为维权的一方一定要了解病历封存的相关制度。关于病历的封存，《医疗事故处理条例》第 16 条规定："发生医疗事故争议时，死亡病例的讨论记录、疑难病例的讨论记录、上级医师查房记录、会诊意见、病程记录应当在医患双方在场的情况下封存和启封。封存的病历资料可以是复印件，由医疗机构保管。"根据法规的相关要求，对病历的封存必须做到以下几点：第一，病历的封存主体是医患双方，需要医患双方的共同参与才能进行封存，任何一方单独对病历进行封存均属无效的行为。第二，封存的病历资料主要包括死亡病例的讨论记录、疑难病例的讨论记录、上级医师查房记录、会诊意见、病程记录等 5 种较为主观性的病历资料。第三，封存的病历资料可以是原件也可以是复印件。从医疗机构来看，最好封存复印件，以利于患者今后的病情复查和就诊。第四，对病历进行保管的义务，由医疗机构承担。医疗机构应当指派专人负责此项工作。因此在本案中送交鉴定的病历出现破损的情况，则说明该病历可能存在篡改或者伪造的可能，因此不依据此病例进行鉴定是正确的。

法院经过审理认为，医院病历应妥善保管，严禁涂改、伪造。本案中，原审原告与原审被告省二院发生医疗纠纷后，双方对病历进行了封存。审理中，做医疗事故鉴定时，因由原审被告省二院保管的病历档案袋破损，不能保证病历的客观真实性，导致医疗事故鉴定被终止。原审被告省二院不能提供证据证明在治疗尹某某的病情时不存在医疗过错和没有因果关系，故应对此负有相应的责任。原审原告方主张的损失按照现行的标准进行计算无事实和法律依据，故因尹某某死亡，原审原告的损失认定如下：①丧葬费 9629 元 ÷ 2 = 4814.5 元；②死亡赔偿金 4795 元/年 × 20 年 = 95 900 元；③被抚养人生活费 3126 元/年 × 20 年 ÷ 2 = 31 260 元；④尹某某 2004 年 3 月 26 日入院，2004 年 8 月 23 日出院，在省二院住院 150 天，花去医药费 72 200 元；⑤护理费 3957 元；⑥误工费 3957 元；⑦住院伙食补助费 50 元 × 150 天 = 7500 元；⑧营养费 3000 元；⑨患者尹某某死亡给其亲属造成一定的精神伤害，应适当赔偿精神抚慰金 20 000 元为宜。以上各项款共计 242 588.5 元。原告王小某的赔偿范围因未能做出相应的司法鉴定，其伤残等级无法确定，待司法鉴定做出后可另案处理。省二院的过错给王小某等原告造成严重的精神损害，但原告的请求数额偏高，以赔偿 20000 元精神抚慰金为宜。

尹某某于 2004 年 11 月 14 日在某县医院治疗时死亡，某法医鉴定中心于 2005 年 1 月 25 日做出法医学鉴定书，尹某某的死亡与某县医院并无关系，因此某县医院不应承担赔偿责任。综上所述，依照《最高人民法院关于审理人身损害赔偿案件适用法律若干问题的解释》第 17 条、第 18 条，《最高人民法院关于民事诉讼证据的若干规定》第 2 条之规定，判决如下：原审被告某省医科大学第二医院赔偿原审原告各项损失共计 262 588.5 元；驳回原审原告方对原审被告某县医院的诉讼请求；驳回原审原告方的其他诉讼请求。以上款项自本判决生效后十五日内履行。如果未按本判决指定的期间履行给付金钱义务，应当依照《民事诉讼法》第 253 条之规定，加倍支付迟延履行期间的债务利息。案件受理费 2775 元，由原审被告省二院承担。如不服本判决，可在判决书送达之日起 15 日内，向本院提交上诉状，并按对方当事人的人数提出副本，上诉于 XX 市中级人民法院。

4. 民事诉讼中的证明标准是什么

▌案情介绍

重庆市民李安富（余恩惠之夫，李赞、李芊之父）因腰部疼痛不适，于2009年7月22日到重庆西南医院治疗，并根据医院诊断住院治疗。7月24日，重庆西南医院在对李安富进行手术前检查时发现患者有感染征象，遂进行抗感染、补充白蛋白等医疗措施。但李安富病情逐渐加重，发展为肺感染。7月31日，李安富经全院会诊后诊断为败血症，转入感染科继续治疗，医院下达病危通知。李安富病情进一步恶化，8月2日发生多器官功能障碍综合征。2009年8月9日，李安富经抢救无效死亡，死亡诊断为：多器官功能障碍综合征，脓毒血症，双肺肺炎，右踝软组织感染。经司法鉴定后查明，李安富的死亡原因符合脓毒败血症继发全身多器官功能衰竭，主要与其个人体质有关；重庆西南医院的医疗行为存在一定过错，与患者死亡之间存在一定因果关系，属次要责任。重庆西南医院对李安富死亡造成的损失应承担40%赔偿责任。

余恩惠、李赞、李芊向重庆市沙坪坝区人民法院提起诉讼，请求重庆西南医院支付医疗费48 843.27元（含人血白蛋白16 200元）、死亡赔偿金236 235元等项费用，共计374 953.77元。

▌分析

最高人民法院再审认为，原审判决对余恩惠、李赞、李芊主张的人血白蛋白费用不予支持，属认定事实错误。依据重庆西南医院的医疗记录，李安富使用的人血白蛋白中有20瓶系余恩惠、李赞、李芊从他处自行购买，重庆西南医院对此项事实也予以认可，并提供证据证明每瓶人血白蛋白在重庆西南医院的出售价格为360元。余恩惠、李赞、李芊虽未能提供其购买人血白蛋白的收费凭证，但明确表示认可重庆西南医院提供的明显低于其主张费用的人血白蛋白出售价格，因此，余恩惠、李赞、李芊主张的16 200元人血白蛋白费用中的7200元（20瓶×360元/瓶＝7200元）应当计算在李安富住院期间产生的医疗费之中，李安富医疗费总额应为39 843.27元，重庆西南医院应按照其过错程度对上述医疗费用承担赔偿责任。在本案中，重庆西南医院的医疗行为并未进行医疗事故鉴定，余恩惠、李赞、李芊要求重庆西南医院承担死亡赔偿金，应当适用《民法通则》。《最高人民法院关于审理人身损害赔偿案件适用法律若干问题的解释》是根据《民法通则》制定的，已经于2004年5月1日起施行，对死亡赔偿金的适用范围和计算标准都有明确规定。因此，应当按照规定计算死亡赔偿金，再根据重庆西南医院的过错程度确定其承担数额。原审判决认为余恩惠、李赞、李芊关于死亡赔偿金的诉讼请求没有法律依据，属适用法律错误，依法予以改判。最高人民法院改判重庆西南医院支付余恩惠、李赞、李芊死亡赔偿金 236 235 元的 40%，即 94 494 元。

本案涉及群众民生问题，任何细节都会影响到权利人的合法权益能否切实得到救济。准确认定事实是正确审理案件的基础，应当全面审查证据材料，不能简单化处理，这样才能避免形式主义错误。诉讼请求能否得到支持，需要证据证明，但对证据法定构成要件的理解不能僵化。原始收费凭证确实是证明商品数量和价格的直接有力证据，但仅拘泥于此就不能解决复杂问题，很难做到让人民群众在每一个司法案件中都感受到公平正义。原审判决对于余恩惠、李赞、李芊 16 200 元人血白蛋白费用的诉讼请求一概否定，就是犯了这样的错误。讼争 20 瓶人血白蛋白用药系遵重庆西南医院医生之嘱，医生开出处方后交由患者家属外购，该院护士有注射记录。余恩惠、李赞、李芊虽然不能提供原始收费凭证，但对此做出了合理解释，而且他们原本主张的实际购置费用远远高于重庆西南医院的出售价格，但为尽快了结纠纷，在诉讼中做了让步，同意按照重庆西南医院的出售价格计算其支出费用。而且，重庆西南医院也提供了证据，证明其同时期出售的人血白蛋白价格为每瓶 360 元。在这种情况下，李安富住院治疗期间自行购买人血白蛋白的费用数额，已经具备了完整的证据链可以证明，符合民事案件审理过程中认定事实的优势证据原则。所以，最高人民法院部分支持余恩惠、李赞、李芊关于人血白蛋白费用的诉讼请求，纠正了原审判决在认定事实方面存在的错误。

另外，余恩惠一方和重庆西南医院都没有申请进行医疗事故鉴定，所以本案应当适用《民法通则》和《最高人民法院关于审理人身损害赔偿案件适用法律若干问题的解释》中关于死亡赔偿金的相关规定。原审判决适用《医疗事故处理条例》进行审理，完全不支持死亡赔偿金的诉讼请求，同样存在适用法律不当的问题，最高人民法院再审判决对此一并进行了纠正。

优势证据制度，就是指在民事诉讼中实行优势证据证明标准，即如果全案证据显示某一待证事实存在的可能性明显大于其不存在的可能性，使法官有理由相信它很可能存在，尽管还不能完全排除存在相反的可能性，也应当允许法官根据优势证据认定这一事实。优势证据规则是对双方所举证据的证明力进行判断时所确立的规则，属于采信规则。即当证明某一事实存在或不存在的证据的分量与证明力比反对的证据更具有说服力，或者比反对的证据可靠性更高，由法官采用具有优势的一方当事人所列举的证据认定案件事实。

5. 什么才是民事诉讼中成功的反驳

▋案情介绍

2010 年 6 月 25 日，张某某骑电动自行车在乡间非铺装道路上摔倒，致其左侧膝关节受伤，头面部多处出血。张某某在急救中心进行初步的治疗处理后，前往某卫生院进行住院治疗，卫生院对其伤情进行诊断后做出其骨折需要手术的诊断，张某某遂在该卫生院进行了腿部手术。但是在手术后张某某的伤口一直未愈合，后该卫生院给予对症治疗，但是其伤口并未愈合，同时出现感染。在张某某转诊其他医院后发现，某卫生院在实施手术时，用于固定的其中一枚螺钉进入关节腔面部伤口。张某某接受行左胫骨平台一枚螺钉取除术，治疗好转出院后，左腿疼痛，活动能力受限。张某某随后委托医疗鉴定机构对某卫生院的医疗行为有无过错进行鉴定。鉴定意见书认为某卫生院有过失：其手术时未能达到解剖复位，拉力螺钉穿出关节面，这两种原因与患者目前关节功能障碍有关联，伤口感染为外科手术的常见并发症，患者不良后果是原有疾病和医疗过失共同作用的结果。结论为：本病例不属于医疗事故。之后张某某委托某司法鉴定所对其伤情进行鉴定，司法鉴定所出具鉴定意见书，结论为：张某某因意外致左胫骨平台骨折术后评定为八级伤残；张某某后期医疗费评定为约人民币 7 万元。随后张某起诉至法院要求其进行赔偿。

某卫生院认为医疗行为本身就是一个高风险行为，医疗机构极尽勤勉谨慎义务，仍不可避免地会发生意外。对上述鉴定不认可，伤口感染为外科手术常见并发症。患者不良后果是原有疾病和医疗过失共同作用的结果并且认为后续治疗费是指伤残评定后必然发生的、必要的康复费和适当的整容费及其他后续治疗费。张某某目前已进行左腿内固定物取除术，术后评定为八级伤残，对于已评定伤残等级者，原则上不给予可能减轻伤残等级的后续治疗费用。某卫生院仅仅是针对上述鉴定结果表达了上述反对意见，并未申请重新鉴定。

▋分析

诉讼中法院认定的事实均是由证据证明的事实，在诉讼中要想做到有效的反驳，就需要对对方提出的证据有合理的质疑，或者己方有充分的证据能够证明该事实不存在，或者证明事实的真实状况。仅仅表达对另一方的反对意见，一般情况下不会对案件事实产生实际的影响。当事人对反驳对方诉讼请求所依据的事实有责任提供证据加以证明，没有证据或者证据不足以证明当事人的事实主张的，应当由其自行承担举证不能的法律后果。

医疗损害责任纠纷是指患者及其近亲属认为医疗机构及其工作人员的医疗行为存在过错或者差错，并因此造成患者身体和精神上的损害事实，从而引发以损害赔偿为主要诉求的民事权益争议。《侵权责任法》第 54 条规定：患者在诊疗活动中受到损害，医疗机构及其医务人员有过错的，由医疗机构承担赔偿责任。既然当事人对鉴定意见有异议，那么就应该申请重新鉴定，并以重新鉴定的结论为依据，反驳对方的诉讼请求，此时才有可能获得法院的支持。反之，若当事人只对鉴定意见提出异议，而并未申请重新鉴定的，则应视为其没有证据反驳对方的诉讼请求，应当由其自行承担举证不能的法律后果，故对其主张不予支持。

本案中，张某某受伤后前往某卫生院诊治，某卫生院在为张某某施行手术过程中，拉力螺钉穿出张某某左腿关节面，造成张某某伤口感染，病情长时间未有好转。经过鉴定其治疗行为与张某某受伤之间存在因果关系。后某卫生院对该鉴定意见虽有异议，但并未申请重新鉴定，因此某卫生院应就此承担举证不能的后果。

本案例的意义在于提醒患者在进行维权的时候，对于己方不认可的待证事实一定要提出有利的证据来进行证明，只有充分的证据证明才是最有力的反驳。

6. 因医疗机构篡改病历导致无法进行鉴定的，医疗机构是否要承担相应的责任

▌案情介绍

2003 年 6 月 27 日零时 30 分，曹某某之母唐某某孕 41 周至某中医院（以下称中医院）处住院待产，唐某某在产妇入院议定书中书写"要求试产"并签字。医院对其进行常规检查。在第二天值班医生发现唐某某宫口开全、羊水自破、羊水 i 度污染后，通知主治医师等相关人员手术。主治医师建议剖宫产终止妊娠，其丈夫夫曹某签订术前小结及议定书。后中医院发现剖腹宫产托头困难，遂改为会阴侧切和产钳助产。在曹某某出生后，被诊断为新生儿窒息，中医院予以相应急救。7 时 30 分，中医院向唐某某、曹某交代病情建议转上级医院，8 时 45 分曹某及中医院医生将曹某某转至扬州市妇幼保健院抢救。曹某某入院被诊断为新生儿窒息、败血症、新生儿肺炎、缺氧缺血性脑病、面神经麻痹。经治疗，前三项治愈，缺氧缺血性脑病好转，面神经麻痹未愈。2007 年 5 月 10 日曹某某因语言障碍被有关部门确定为语言一级残疾。2007 年 7 月 9 日泰兴市人

民医院诊断曹某某脑发育不良，可能有癫痫等疾病。之后在双方协商未果的情况下，唐某某将该中医院起诉至人民法院。

在庭审中，原告提出的在"术前小结及议定书"即唐某某的病历上有 8 处进行了涂改，主要包括"宫口开2cm""胎心136""胎头 – 3""胎头 +2""胎头 +2""等lop""98 – 125""5.20"等，一、二审法院均确认了这一事实。关于对该病历的涂改，庭审质证中，证人张某（唐某某分娩时的值班医生）在庭审中陈述"宫口开多少""胎心率多少"是产时重要的指标；证人赵春梅（唐某某分娩时的主治医师）在庭审中也陈述"相应的指标宫口、胎心率"是分娩的重要数据。病历是医疗事故技术鉴定的基本资料之一，术前小结及议定书作为重要的病历材料，是医疗事故技术鉴定的基本资料之一。法院认为本案中，术前小结及议定书上有 8 处涂改，已经影响了病历实质性内容，病历的涂改必然会对鉴定意见造成实质性影响。

▌分析

本案是一起病历被篡改的案例。病历是医疗鉴定的重要资料，严禁被篡改。根据《侵权责任法》的规定，医疗机构需要对自己医疗行为不存在过错承担举证责任。患者在医院就诊期间，医疗机构及其医务人员应当按照规定填写并妥善保管相应的病历资料，并确保上述病历资料的完整性和真实性。任何人不得对病历资料进行涂改、伪造、隐匿、销毁或者抢夺、窃取。如果医疗机构未按照相关的法律规定提供真实有效的病历资料，致使医疗鉴定无法进行或者提供了错误的病历资料导致鉴定意见存在问题的，医疗机构应当承担举证不能的责任。

本案中，该中医院对病历资料进行了 8 处修改，严重影响了病历资料的真实性，导致鉴定依据的客观事实不够真实。在这种情况下，根据《侵权责任法》的规定，推定该中医院存在过错。该中医院并未举出相关的证据进行证明，因此其需要对此承担责任。

患者在申请鉴定时，一定要对病历资料进行认真的检查，防止医疗机构修改或者伪造病历资料，如果医疗机构存在伪造病历的情况，一定要结合相关证据证明。例如在本案中，证人张某（唐某某分娩时的值班医生）对病历资料的篡改进行了作证。现实中能够通过与案件相关的证人进行举证是最好的方法。另外，患者在发生医疗纠纷时一定要记得行使自己的查阅复制病历资料的权利。

医疗单位诊疗过程的原始资料和病历是对医患病情发展的真实记录，是唯一能够证明诊疗过程的证据。根据《医疗事故处理条例》第 8 条的规定，医疗单位应该承担妥善保管诊疗过程中相关资料的法定义务，以证明诊疗事实。根据我国《民事诉讼法》对医疗纠纷适用举证责任倒置原则来看，医患只对自己受到损害的事实和接受过医疗的事实承担举证责任，而医疗行为与医患的损害后果不存在因果关系且不存在过错的举证责任，则由医疗单位承担。因此当医疗单位无法提供诊疗过程的原始资料和病历，即证明医疗单位的诊疗过程时，必然要承担举证不能的后果。

7. 如何审查医疗事故鉴定意见，本案被告在诊疗过程中是否存在过错

▌案情介绍

原告周某某因身体不适于 2004 年 7 月 22 日晚上 12 点左右到被告 D 市长安医院求治。被告的当班医生询问了原告的病情情况，给原告进行了体格检查，诊断为慢性阑尾炎急性发作。7 月 23 日凌晨，被告医生给原告施行阑尾切除手术。在施行阑尾切除手术过程中，被告发现原告同时患有肠粘连和小肠憩室。被告医生告诉原告妻子，在征得同意后同时施行阑尾切除、肠粘连松解和小肠憩室切除手术。术后，原告未能愈合，手术切口裂开，出现肠瘘。之后原告转诊其他医院，花费了较多的医疗费用。

之后医患双方申请医疗事故鉴定。D 市医学会做出东莞医［2005］14 号医疗事故技术鉴定。在分析意见中，多数专家认为：D 市长安医院在周某某就诊时依据周某某的症状、体征及化验结果，诊断为"慢性阑尾炎急性发作"符合该病临床诊断规范，术后的病理诊断也给予证实。在征得周某某及其家属同意后进行阑尾切除治疗，也符合医疗护理常规、规范。对于术中发现周某某原患有广泛性致密肠粘连、多发性小肠憩室炎，由于就诊时该二病缺乏典型的临床症状、体征及相关的病史，在术前未能对周某某全部疾患做出准确、完整的诊断，并非医务人员主观技术错误所造成，而是当前医学上存在的术前难以做出鉴别的客观现象。手术过程中，发现上述异常情况后已如实告知周某某，在征得同意后，进行肠粘连松解术及小肠憩室切除术是符合实际情况的处理措施。鉴定意见认为：本案例不属于医疗事故。

周某某向 D 省医学会申请再次鉴定。2006 年 3 月 14 日，D 省医学会做出医疗事故技术鉴定书，结论认为：本案例不属于医疗事故。该鉴定意见指出，未发现 D 市长安医院在对周某某的诊疗过程中存在违反医疗卫生管理法律、行政法规、部门规章和诊疗护理规范、常规的行为。

▌分析

医疗事故鉴定意见作为证据的一种，并不具有当然的证明力，与书证、物证等证据一样，其有无证明力以及证明力的大小、强弱必须经过质证后由法官依职权审查认定。鉴定意见具有专业性，其中鉴定人必须承担以下义务：不得弄虚作假；应当接受当事人的质询。《民事诉讼法》第78条规定："当事人对鉴定意见有异议或者人民法院认为鉴定人有必要出庭的，鉴定人应当出庭作证。经人民法院通知，鉴定人拒不出庭作证的，鉴定意见不得作为认定事实的根据；支付鉴定费用的当事人可以要求返还鉴定费用。"

鉴定意见是鉴定人依据其特别专业知识经验进行的事实判断所得出的结论，这种结论原则上应当采信。法院对鉴定意见采信的前提是该鉴定意见具有证据资格。鉴定意见只有与委托鉴定事项存在关联，是鉴定人专业知识经验的真实反映，充分说明正当理由时，方具有证据资格。

鉴定意见不是唯一的定案依据，其不能代替法官对案件事实进行法律上的评价。鉴定意见被采纳前，应当依据证据法则予以评价。

本案被告医生给原告施行阑尾切除手术时，发现原告同时患有肠粘连和小肠憩室，在征得原告家属同意后同时施行阑尾切除、肠粘连松解和小肠憩室切除手术。术后，原告未能愈合，手术切口裂开，出现肠瘘。两级医学会的医疗事故鉴定意见均认定不构成医疗事故，但在其分析意见中又认为：被告在进行急诊阑尾切除术时，应先解决周某某阑尾炎主要矛盾，憩室暂缓切除，因为若同时进行综合复杂的肠道手术来解决多种问题，虽然在临床上是允许的，但会增加出现并发症的概率。该分析意见表明了被告对原告的治疗范围过宽过大，手术过度，医疗行为本身就存在过错，而且明显地就是由于医生主观上的判断错误而决定同时施行多种手术致出现并发症的损害后果。此外，根据医学学理资料，无症状的憩室无须治疗，有症状者又与腹部其他疾患同存时，先治疗后者。如果症状确系憩室所致者，则采用内科综合治疗，包括调节饮食、制酸解痉、体位引流。除非有难以控制的并发症或癌变，一般不考虑手术。尤其是憩室周围解剖位置复杂时，手术更应慎重。

但是在认定上述行为有无医疗过错时，两审法院出现了不同的意见。

一审法院认为：医疗侵权行为的构成要件主要包括损害事实的存在、行为与损害后果之间有因果关系、行为人主观上有过错三方面，缺一不可。被告的诊疗没有违反医疗卫生管理法律、行政法规、部门规章和医疗护理常规、规范。可见，被告主观上不存在过错。对于被告未能在术前诊断原告还患有肠粘连、小肠憩室，D市医学会认为是由于该二病缺乏典型的临床症状，体征及相关的病史，是当前医学上存在的术前难以做出鉴别的客观现象，并非医务人员主观技术错误所造成。对于原告术后产生的肠瘘，是被告同时施行综合复杂的肠道手术出现的并发症。D省医学会认为被告存在不足，宜先解决患者阑尾炎主要矛盾，憩室暂缓切除，因为手术若同时解决多种问题会增加出现并发症的概率，但没有指出被告的做法是否符合诊疗护理规范和常规，而D市医学会个别专家在指出被告对术后并发症出现的概率增高这一情况估计不足的同时又指出被告的做法在临床上是允许的。因此，法院认为：既然被告的做法在临床上是允许的，那么被告并无违反诊疗护理规范和常规，被告主观上并无过错。

二审法院认为：根据《最高人民法院关于民事诉讼证据的若干规定》第4条第8项"因医疗行为引起的侵权诉讼，由医疗机构就医疗行为与损害结果之间不存在因果关系及不存在医疗过错承担举证责任"的规定，本案周某某认为D市长安医院的医疗行为侵权并主张索赔，是因医疗行为引起的侵权诉讼，应采举证倒置规则，由D市长安医院举证证明医疗行为与损害结果不存在因果关系或主观上不存在医疗过错。D市长安医院举出D省医学会的广东医鉴［2006］006号医疗事故技术鉴定意见，该鉴定意见认为医院的医疗行为与周某某的损害后果之间不存在因果关系，医院的诊疗行为不违反卫生管理法律、行政法规、部门规章和诊疗护理规范、常规，从举证责任分配的角度说，D市长安医院已完成分配的举证责任。

医学学理资料认为：无症状的憩室无须治疗，有症状者又与腹部其他疾患同存时，先治疗后者。如果症状确系憩室所致者，则采用内科综合治疗，包括调节饮食、制酸解痉、体位引流。除非有难以控制的并发症或癌变，一般不考虑手术。尤其是憩室周围解剖位置复杂时，手术更应慎重。D市长安医院虽然在手术时将周某某的病情、医疗措施、医疗风险等告知其家属，但根据《医疗事故处理条例》第11条的规定仍负有"避免对患者产生不利后果"的义务。两级医学会的医疗事故鉴定意见在认定不构成医疗事故的同时，认为D市长安医院在进行急诊阑尾切除术时，应先解决周某某阑尾炎主要矛盾，憩室暂缓切除，因为若同时进行广泛肠粘连松解＋小肠憩室切除＋阑尾切除＋肠端吻合术等综合复杂的肠道手术来解决多种问题，虽然在临床上是允许的，但会增加出现并发症的概率。这样的分析意见表明了D市长安医院对周某某的治疗范围过宽过大，手术过度，医疗行为本身就存在过错，而且明显地就是由于医生主观上的判断错误而决定同时施多种手术致出现并发症的损害后果。

因此二审法院认为在此问题上，医疗行为存在一定的过错。毕竟，医学是一门在探索中不断发展的学科，对任何一种手术的施行都没有固定的模式可以一成不变地套用，仍需医生根据个案的实际情况做出决定，但做出的决定又必须考虑手术的风险及后果（如有无可能引起并发症，或者术后并发症的，概率是否会增高）。二审法院酌情判决医疗机构给予原审原告一定的赔偿。

8. 对鉴定意见产生分歧，审判时如何认定医患双方各自的过错及责任的大小

▌案情介绍

2003 年 11 月 18 日，吕某某因病到被告市六院就诊，被告医师为其开出处方，药物为济复德、倍他乐克、消心痛，但吕某某没有及时取药，至 12 月 15 日才持该处方以吕智超的名义取走药品。

12 月 16 日，吕某某第二次到市六院就诊，主诉心前区痛一天，病史记录为"今日上午感心前区阵痛两次，胸闷，无出汗，左手麻、既往曾有类似发作，诊为心绞痛"，体检"一般可，心率齐，88 次/分，a2 亢进，两肺（一），bp：110/80 mmhg"，诊断"心绞痛"。辅助检查无。接诊医师开出药物为济复德、倍他乐克、消心痛、维奥欣。

12 月 17 日，吕某某仍感不适，第三次前往市六院就诊。接诊医生开出葛根素静滴，在等待输液过程中，吕某某突发意识障碍，颜面青紫，跌落地面。后经抢救无效于当日 18 时宣布临床死亡。吕某某死亡后，遗体由市六院派车送至殡仪馆，并劝说家属同意后火化。另查，吕某某发病前有上呼吸道感染史。

本案在审理中发现原告马红霞曾对吕某某病历日期进行涂改，即将原来的"12 月 16 日"改为"12 月 15 日"，将原来的 12 月 16 日病历分成 12 月 15 日、12 月 16 日两天。对其他部分未做改动。

法院委托市医学会对吕某某诊疗过程进行技术鉴定，分析意见为："1. 诊断不明，医方未能给予必要的辅助检查；2. 本案例未行尸检；3. 根据抢救过程中的心电图，医方未行除颤治疗；4. 根据病史和治疗过程，拟诊①冠心病、急性冠脉综合征、心源性猝死；②急性病毒性心肌炎（重症）、心源性猝死；③急性肺梗阻；④主动脉破裂；⑤医方对患者病情转归估计不足。"结论为："本病例构成一级甲等医疗事故，医方承担主要责任。"市六院对市医学会的鉴定报告不服并提出重新鉴定。江苏省医学会分析意见为："根据病史、检查及心电图表现（室速、室颤），患者死亡的直接原因为心跳骤停，至于其病因，因未做尸检难以确定。医方在诊疗过程中，对病人病情的严重性认识不足，未做必要的检

查，处理不得力，未按不稳定性心绞痛的常规处理，未给予阿司匹林等针对性治疗，病历上也缺少要求病人住院的记录，对本案例心跳骤停病人未行除颤，治疗有缺陷。本病例病人病情重笃，发展迅速，死亡有一定的突然性，疾病本身是造成病人死亡的直接和主要原因。"结论为："本病例属于一级甲等医疗事故，医方承担次要责任。"

▌分析

医疗事故鉴定意见是民事诉讼的证据之一，鉴定意见作为证据必须经过法官的认证。《最高人民法院关于民事诉讼证据的若干规定》第71条规定："人民法院委托鉴定部门作出的鉴定意见，当事人没有足以反驳的相反证据和理由的，可以认定其证明力。"实践中，由于职责所限，医疗事故鉴定一般仅对诊疗的科学性、技术性进行审查，而对医患双方过错往往审查不足。因此，在医疗事故纠纷案件审理中，应将鉴定意见作为证据的一种进行审核，不能完全依赖鉴定意见。不管两级鉴定是否存在差异，都要结合案情，有效衡平各方当事人的利益，根据法律做出公正的裁判。对于过失相抵原则，我国《民法通则》第131条有所体现，即"受害人对于损害的发生也有过错的，可以减轻侵害人的民事责任"。在医疗事故纠纷案件中，对于患者本身存在一定过错的应进行过失相抵。综合案情，审判时应根据医患双方各自所存在的过错大小承担相应的责任。

关于医疗鉴定的材料问题。当事人对进行医疗鉴定的材料的真实性、完整性有异议的，人民法院应当先行组织双方当事人举证、质证。人民法院应当根据举证、质证的具体情况进行审查，确有必要的，应告知当事人对相关材料申请鉴定。经材料鉴定确认后，人民法院方可委托进行医疗鉴定。本案中，在鉴定之前，病历材料进行了相应的涂改，可能会对鉴定结果产生影响。本案中法院经过确认，原告只是对病历的日期进行了修改，并未对相关内容进行改动，因此对鉴定意见不产生影响。

一审法院经审理后认为：尽管原告对吕某某的病历日期进行了涂改，但对诊疗内容并未改动，且时间跨度仅为一天，不能认定足以影响鉴定意见，故改动病历的过错不能影响原告应得赔偿的份额。根据病历记载，吕某某在2003年11月18日已经向被告求治，尽管没有取药，但其在12月16日再次就诊时，已经陈述既往病史，接诊医务人员未能引起重视，未能进行必要的辅助检查，诊断不明，具有过错。在12月17日的抢救过程中，被告又未行除颤，治疗存在重大失误。吕某某死亡后，未告知患者家属可行尸检以明确死因，造成鉴定过程中对于吕某某的真实死亡原因存在争议，被告亦有过错。酌定被告方承担

70%的过错责任，吕某某患病初期未遵医嘱接受治疗对自身病情加重亦应承担相应责任，酌定为30%的过错责任。据此，根据《民法通则》第119条、《医疗事故处理条例》第18条、第50条、第51条的规定，判决如下：本判决生效10日内，被告徐州市第六人民医院赔偿原告马红霞、林冠启、吕其鹤、吕智超丧葬费7334.95元、精神抚慰金36 212.4元；本判决生效10日内，被告徐州市第六人民医院赔偿吕其鹤被扶养人生活费60 354元、吕智超被扶养人生活费27 410.81元，由吕其鹤、吕智超的法定代理人马红霞受领；本判决生效10日内，被告徐州市第六人民医院赔偿原告林冠启被扶养人生活费22 632.75元；本判决生效10日内，被告徐州市第六人民医院赔偿原告马红霞、林冠启、吕其鹤、吕智超交通费972.3元、住宿费336元，由原告马红霞受领。

一审判决后，双方当事人均不服并提出上诉。二审期间双方达成调解协议，由上诉人市六院在调解书签收之日起10日内付给上诉人马红霞、林冠启、吕其鹤、吕智超医疗损害赔偿款及一审诉讼费共计158 640元。

9. 当事人应对存在医疗侵权的事实提供充分的证据证明

▌案情介绍

2013年4月17日，原告涂某某通过中国农业银行金穗借记卡向上海汇付数据服务有限公司转账3200元。2013年7月5日，原告涂某某向江西正一司法鉴定中心提出伤残等事项的法医学鉴定，2013年7月8日江西正一司法鉴定中心鉴定意见为：原告涂某某的损伤不构成伤残，后续治疗费12 000元。现原告涂某某以2013年4月17日在被告南昌永康医疗美容医院行鼻部"玻尿酸"注射隆鼻，术后出现皮肤溃烂、右鼻翼遗留小片状瘢痕、鼻部外形轻度不对称等为由诉至法院，要求被告南昌永康医疗美容医院承担后续治疗费等26 500元。被告南昌永康医疗美容医院应诉后提出对原告的伤情重新鉴定，江西天剑司法鉴定中心鉴定意见为后续治疗费10 000元，误工期60日、营养期15日、护理期30日（均自受伤之日起计算）。庭审中，原、被告各持诉、辩称意见，且被告不同意调解，致使调解不能。庭审后，原告提供汇付天下刷卡单，显示2013年4月17日消费3200元。上海汇付数据服务有限公司系第三方支付平台，该笔消费支出经法院向农业银行查询流向不明。

▌分析

在医疗侵权损害赔偿诉讼中，患者应当对其损害赔偿请求权的成立负初步举证责任，即原告应当首先证明其与医疗机构之间存在医疗服务合同关系，接受过被告医疗机构的诊断、治疗，并因此受到损害。如果患者不能对上述问题提供证据予以证明，其请求权不能得到人民法院的支持。

本案是一起因为美容引起的医疗纠纷，在本案中原告方是主张法律关系存在的一方，应当由原告方提供证据证明被告存在侵权行为，而本案中证明被告对原告存在侵权行为的关键是被告与原告之间存在医疗美容合同关系。原告提供了一笔消费支出（该笔支出经银行查询后流向不明）、三段录音、录像资料，上述证据能够证明本案中原告所主张的侵权事实吗？

一审法院经过审理认为，原告起诉被告造成其鼻部受损，需向法院提交证据。原告提交的金穗借记卡明细对账单、汇付天下刷卡单能证明原告涂某某于2013年4月17日发生一笔消费支出，两次鉴定报告能证明原告鼻部遭受损害的事实。另原告提交的两段录音录像资料中，一段未能显示前来协商解决事情的人员身份系被告的工作人员，另一段基本无人员显现，无法显示系被告的工作场地和被告的工作人员。另一录音资料仅有一女子自报家门为被告工作人员，无法确认确系被告工作人员与原告的通话。原告提交的证据不足以证明被告收取原告3200元费用并造成原告鼻部损害的事实。故此，对于原告的诉请不予支持。依照《民事诉讼法》第64条的规定，判决：驳回原告涂某某的诉讼请求。本案由原告预交的案件受理费360元，由原告涂某某承担。

此后原告不服法院判决进行上诉。

二审法院经过审理后认为：本案中，上诉人涂某某提交的录音、录像以及银行借记卡明细对账单上显示的"丽莎专营店"等记录均不能反映出与被上诉人存在关联，上述证据并不能证明其与被上诉人南昌永康医疗美容医院之间存在医疗服务合同关系，一审法院驳回涂某某的诉讼请求并无不当，上诉人涂某某提出一审法院认定上诉人与被上诉人之间医疗关系不成立错误，应支持其诉讼请求的上诉主张不能成立，不予支持。

从这个案例中我们可以看出，原告一方的证据是不充分的。证明双方之间存在合同关系最好的方式就是提供双方所签订的合同或者当事人能够提供消费后的发票或者收据。因此这里也提醒维权的患者一定要注意保存相关的合同、收据以及个别情况下应当由患者保管的病历资料，这些在维权中都是较为有利的证据材料。

其他常见问题解答：

1. 人民法院应从哪些方面审查医疗鉴定意见是否具有证据资格？

鉴定意见作为一种重要的证据形式，是指鉴定机构依据科学知识对案件中的专门性问题所做的分析、鉴别和判断。但是，鉴定意见并不能当然成为诉讼中的证据，它仅为法官办理案件提供了一个参考，是否被采信还需法官依照法定职权及相关规则进行综合判断。根据《最高人民法院关于民事诉讼证据的若干规定》第 29 条的规定，人民法院应从以下几个方面来审查医疗鉴定意见是否具有证据资格：第一，鉴定人是否适格；第二，鉴定事项与委托事项是否具有关联性；第三，鉴定是否依据专业知识和技能做出；第四，鉴定是否正当；第五，鉴定人是否具有回避的情形等。

2. 在医疗损害赔偿纠纷中，应当由哪一方承担举证责任？

举证责任又称证明责任，是指民事诉讼当事人对自己提出的主张，用证据加以证明的责任。我国民事诉讼的一般举证责任为谁主张谁举证。在医疗损害赔偿纠纷中，由于患者和医疗机构之间专业水平不同、信息占有不平等，《最高人民法院关于民事诉讼证据的若干规定》第 4 条第 8 项规定，因医疗行为引起的侵权纠纷，由医疗机构就医疗行为与损害结果之间不存在因果关系及不存在医疗过错承担举证责任。也就是说，在医疗行为引起的侵权诉讼中，实行的是举证责任倒置原则，即先由患方就医疗行为、医疗损害承担举证责任，而后由医疗机构就其无过失和医疗行为与损害后果间无因果关系从而不构成医疗事故承担举证责任。

但是在《侵权责任法》实施后，并没有对医疗机构侵权责任的举证做出适用举证责任倒置的规定，仅仅规定了过错推定，因此本书认为《最高人民法院关于民事诉讼证据的若干规定》关于举证责任倒置的规定不再适用。这里所说的不适用仅指医疗纠纷发生在《侵权责任法》实施之后的，即发生在 2010 年 7 月 1 日之后的纠纷不再适用。发生在 2010 年 7 月 1 日之前的医疗损害纠纷仍能适用上述法律的规定。

《最高人民法院关于适用〈中华人民共和国侵权责任法〉若干问题的通知》中指出：第一，《侵权责任法》施行后发生的侵权行为引起的民事纠纷案件，适用侵权责任法的规定。《侵权责任法》施行前发生的侵权行为引起的民事纠纷案件，适用当时的法律规定。第二，侵权行为发生在《侵权责任法》施行前，但损害后果出现在《侵权责任法》施行后的民事纠纷案件，适用《侵权责任法》的规定。

3. 诉讼中哪些事实是当事人无须举证证明的？

在民事诉讼中，下列事实无须举证证明：①自然规律以及定理、定律，例如，万有引力定律；②众所周知的事实，这种事实是指在一定范围内人们广为知晓的事实，包括习俗、有重大影响的社会事件，如魏则西事件；③根据法律规定推定的事实；④根据已知的事实和日常生活经验法则推定出的另一事实；

⑤已为人民法院发生法律效力的裁判所确认的事实；⑥已为仲裁机构生效裁决所确认的事实；⑦已为有效公证文书所证明的事实。

4. 在所有的证据中是否存在证据的证明力优先的考量？

在学理上关于证据的分类中，按照证据的来源不同，分为原始证据和传来证据。原始证据是直接来源于原始出处的证据，又称为第一手证据。传来证据是指由原始证据衍生的，经过复制、转述、传抄等中间环节得来的证据，又称为派生证据。例如在医疗纠纷中的病历资料，病历资料原件就属于原始证据，而复印件就属于传来证据。病历资料原件的证明效力要大于复印件的证明效力。

另外在医疗损害争议案件中，涉及医疗机构是否存在过错以及与患者的损害后果之间是否存在因果关系等问题，具有较强的专业性及复杂性，而相关专业机构的鉴定意见例如医学会的鉴定意见，是具有医学专业知识及大量临床经验的专家根据临床诊疗规范及实践并依照法定程序做出的，故具有较强的证明力，在无其他证据足以证明其鉴定意见存在错误的情况下，其可以作为法院认定相应事实的主要依据。

第十章
医疗美容相关纠纷案例及常见问题

1. 美容手术没有达到预期目的，患者能否要求赔偿损失

▌案情介绍

原告郭某曾在他处进行人工骨粉额颞部凹陷填充术，后在广州进行局部骨粉刮除术及捷尔凝胶填充术，因对其术后形态不满意，便到被告 X 医院做修改手术。随后郭某在 X 医院的医疗美容科接受了额、颞、眉弓骨粉、凝胶部分取出术，部分再次人工骨粉填充术。为此，郭某支付给 X 医院手术费 3050 元。手术前，X 医院为郭某拍摄了 7 张术前照片，双方签订了《美容整形手术协议书》（背面为《手术记录》）及《术前须知》，上述材料均存放于 X 医院处。术后双方发生纠纷，共同将《美容整形手术协议书》及《术前须知》封存在档案袋内，并签上郭某姓名后存放于 X 医院处。X 医院的《中华人民共和国医疗机构执业许可证》上载有"医疗美容科"的诊疗科目。应郭某的要求，X 医院提交了 7 张照片、《美容整形手术协议书》《术前须知》及签有郭某姓名的档案袋。另根据郭某的申请，北京市法庭科学技术鉴定研究所对郭某手术部位及伤残程度进行评定。该所经检查，对郭某目前状况出具鉴定意见为：被鉴定人目前头面部大体外观与常人相比没有显著的异常，但此次手术部位处存有填充物欠平整、不对称的情况，且自觉局部遗留较明显不适感。从其左眉运动及左额顶感觉障碍的出现及恢复过程来看，提示有神经损伤存在；鉴于目前没有与美容纠纷相应的伤残评定标准，现就郭某的伤残情况无法做出评定。

原告诉称，X 医院的行为既构成违约又侵犯其生命健康权，根据《合同法》的规定特提起侵权赔偿之诉。要求：1. X 医院退还手术费 3050 元；2. X 医院是一级甲等医院，不具备设立整形外科的条件，其执业许可证上也无"整形外科"的诊疗科目，不给《手术协议书》和《术前须知》，并伪造协议内容，涂改术

前照片，术后又不拍效果照片，其行为已构成欺诈，要求双倍返还手术费3050元；3. 要求赔偿医疗费870元，交通费600元，误工费30 000元；4. 要求按九级伤残给付伤残补助费50 191.20元；5. 要求给付精神损失补偿费50 000元；6. 要求续医费20 000元；7. 关于今后误工费、护理费、营养费、药物治疗费也要求补偿，但具体数额待定，故不在此次诉讼中主张。

被告辩称，郭某以前曾在外院做过额头美容手术，此次在我院已经是第三次。其额头本来就凹凸不平，我院此次是给她修复，很难十全十美。目前填充部位欠平整，不能证明是我院手术造成的，美容手术本身就有风险。我院是按照操作规程做手术的，不同意返还手术费用；我院具有整形外科的诊疗科目，《手术协议书》和《术前须知》留存医院不违反常规；由于郭某不同意，故没有拍术后照片；我院不存在伪造协议内容、涂改术前照片等欺诈行为，故不同意双倍返还手术费，我院在此次手术中没有过错，故不同意郭某提出的其他诉讼请求。

分析

这是一起因为医疗美容引发的纠纷。在这里首先应当明确美容手术是否属于医疗行为。美容整形属于医学美容，是一种医疗行为。美容整形就是把自己不满意的部位（面部或者身体）通过手术矫正达到期望的样子。本案中争议的焦点是郭某认为医院并未通过手术使其达到预期的美容效果，因此主张医院存在违约。并且医院在手术过程中侵害了原告的健康权。在此种情况下，医院是否构成违约，医院是否构成侵权？

一审法院经审理后认为，郭某与X医院建立医疗美容手术关系时，双方没有对手术效果进行明确约定。而目前关于该类手术效果尚无固定标准。此次手术是在X医院的"医疗美容科"进行的，郭某是因为对自己额头的美容术后形态不满意而到X医院要求手术的。因此，希望通过此次手术达到美的感受应该是双方共同追求的目标。但实际上，X医院此次给郭某所做手术没有达到预期目的，且经法医鉴定，此次手术部位存在填充物欠平整、不对称的情况，郭某自觉局部遗留较明显不适感且提示有神经损伤存在，故其要求退还手术医疗费的请求，应予支持。

由于郭某此次手术是因为对其前两次手术后额头形态不满意而再次要求手术的，此次额头美容术后没有达到预期目的，不能认定目前的结果就是X医院造成的，其要求该医院赔偿今后治疗费，缺乏必然因果联系，不应予以支持。

X医院的医疗机构执业许可证上有"医疗美容科"的诊疗科目，故其有资格实施此次手术；《手术协议书》和《术前须知》不交给郭某尚无禁止性规定；X 医院补填"手术过程"，提供的《术前须知》和档案袋上的郭某签名并非本人签名，术后不拍效果照片等，系术后不妥当行为，但不属于《中华人民共和国消费者权益保护法》规定的欺诈行为，另原告没有举证证明被告存在涂改术前照片行为。故原告以欺诈为理由要求被告双倍返还手术费之请求不予支持。

由于手术没有达到预期目的，使原告感到效果不良并多处求治且精神感到痛苦，故由此发生的医疗费、交通费及误工费等，被告应予赔偿，并应给付郭某一定的精神抚慰金，但原告主张的数额过高且证据不充分，故其具体数额由法院酌定。关于伤残补助费之请求，其此项请求缺乏事实依据，不应予以支持。

据此，一审法院判决：被告 X 医院于判决生效后 10 日内向原告郭某返还手术医疗费 3050 元；被告 X 医院于判决生效后 10 日内赔偿原告郭某医疗费 867.70 元、交通费 600 元、误工费 2000 元、精神抚慰金 3000 元。判决后，郭某不服，仍坚持原诉意见上诉，X 医院同意原判。

二审法院经审理后认为，当事人对自己提出的主张，有责任提供证据。根据已查明的事实和司法鉴定意见，郭某目前额颞等部位确实存在不平整等问题，且局部提示可能有神经损伤。此次手术前，虽郭某在他处做过额颞部美容手术，但由于 X 医院没有提供在此次手术前郭某额颞部实际状况的详细记录，不能排除其实施的手术与郭某目前状况有一定关系。除退还手术费用外，还应对郭某合理经济损失承担一定的赔偿责任，并应给付一定的精神抚慰金。但郭某要求的精神抚慰金、误工损失数额过高，缺乏依据，难以采信。至于郭某索要残疾赔偿金，无法律依据，不予支持。因目前没有与美容行业相应的伤残评定标准，就郭某现在状况无法做出评定，对郭某索要的残疾者生活补助金，难以支持。关于郭某今后治疗费用，因尚未发生，本案不予涉及，待实际发生后另行解决。综上，虽原审法院所做判决在陈述文中确认对郭某要求赔偿今后治疗费的诉讼请求不予支持欠妥，但判决主文确定的退还手术费及赔偿医疗费、交通费、误工损失、精神抚慰金的数额并无不当，故对判决主文予以维持。依照《中华人民共和国民事诉讼法》第 153 条第 1 款第 1 项之规定，判决驳回上诉，维持原判。

本案中，因为未达到原告美容的预期目的，医院构成违约。从法院的判决来看："由于 X 医院没有提供在此次手术前郭某额颞部实际状况的详细记录，不能排除其实施的手术与郭某目前状况有一定关系。"这句话说明医院存在对患者的侵权，现实中存在的问题是在违约与侵权责任竞合的情况下，当事人应该如何选择合适的救济途径？

违约责任与侵权责任的竞合，是指在一方当事人违约时，不仅造成了对方的合同权利即债权（相对权）的损害，违反了约定义务，而且侵害了对方的人身或者财产，造成了对方人身权或财产权（绝对权）的损害，违反了法定的义务，受害者既可请求对方承担违约责任，也可请求对方承担侵权责任。《合同法》第122条规定："因当事人一方的违约行为，侵害对方人身、财产权益的，受侵害方有权选择依照本法要求其承担违约责任或者依照其他法律要求其承担侵权责任。"

本案是一起由医疗美容纠纷引发的诉讼，被告X医院的行为既构成违约行为，应当承担违约责任，同时又构成侵权行为，应当承担侵权责任。很明显，这就是一起违约责任与侵权责任竞合的民事诉讼。原告郭某在起诉书中明确表示"依照《中华人民共和国合同法》的规定，我提起侵权赔偿之诉"，因此，本案应当适用侵权行为法进行审理，但原告郭某所提出的7项诉讼请求是根据违约行为和侵权行为同时提出的，其中根据违约行为提出的诉讼请求有第1、2项，其余的诉讼请求是根据侵权责任提出的。因此，原告申明提起的侵权赔偿之诉中不应该包含第1、2项诉讼请求，法院应当在此情形下行使阐明权，告知当事人相关的法律规定，根据《侵权责任法》对其诉讼请求进行裁判。

我国《合同法》第122条确认了责任竞合制度，充分尊重了当事人的处分权，并且在绝大多数情况下，因受害人会选择对其最为有利的方式提起诉讼，从而能够使损失得到充分的补救。然而这一制度只允许受害人就违约责任和侵权责任择一提出请求，而不能就两种责任同时提出请求，一旦发生了并用的情况，就否定了竞合的存在。当事人在选择侵权或者违约进行起诉时，如果违约或者侵权的赔偿数额过低而不能弥补自己的损失，可以请求人民法院适当调整赔偿的数额。

2. 医疗美容机构引人误解的虚假宣传

■ 案情介绍

中德公司是北京一家专业医疗美容机构，其法定代表人为徐霞，徐霞在毛发移植技术领域取得过一定成就并具有相应的知名度。2009年12月15日，重庆四院在其网站主页上发布标题为"cctv-2健康之路访谈毛发移植专家徐霞博士"的链接文章，点击进入后，页面内容显示有"2009年7月8日央视cctv-2健康之路访谈毛发移植专家徐霞博士……"的文章，在文章所在页面相近位置登载有重庆四院专家团队相关主任医师和主治医生的照片和介绍。在该页面底端显示有"温馨提示：以上是重庆市第四人民医院急救中心毛发种植研究中心专家的详细讲解，如需要了解更多信息可以与专家在线交流！"另外，重庆四院在其网站主页中间位置介绍了该院的基本情况，旁边即标题为"cctv－2健康之路采访徐霞博士"的视频文件。

原告中德公司诉称：被告未经许可，在其网站上声称原告院长徐霞是被告毛发移植研究中心专家，并在其网站首页显著位置刊载了中央电视台采访原告院长徐霞的视频。被告的行为，将造成相关公众的误解，构成不正当竞争行为。故请求判令：被告在全国性媒体上消除影响；被告赔偿原告损失及为本案支出的相关费用20万元。

被告重庆四院辩称：被告的确在其网站上转载了徐霞接受媒体采访的信息，但是该转载纯属正面宣传，没有对徐霞造成负面影响。原告诉状中列举的事实不符合《反不正当竞争法》中关于虚假宣传的规定，并且被告已经撤销相关转载，所谓不正当竞争行为已不存在。因此，请求法院驳回原告的诉讼请求。

▌分析

本案是涉及一家公司与医院之间虚假宣传的案例，看似与医疗美容无密切关系，实则不然，在现实中不排除某些医院会利用虚假宣传的手段使得患者误解，从而损害患者的权益，患者在做出选择时一定要保持清醒的认识。

本案的争议焦点是被告重庆四院在其官方网站上转载央视采访徐霞的视频文件，以及对徐霞的介绍确系真实的宣传，其行为是否构成引人误解的虚假宣传？

重庆市渝中区人民法院经审理认为，中德公司与重庆四院均系开展毛发移植业务的专业机构，两者之间存在同业竞争关系。《反不正当竞争法》第9条第1款规定："经营者不得利用广告或者其他方法，对商品的质量、制作成分、性能、用途、生产者、有效期限、产地等作引人误解的虚假宣传。"《最高人民法院关于审理不正当竞争民事案件应用法律若干问题的解释》第8条第1款第3项规定："经营者具有下列行为之一，足以造成相关公众误解的，可以认定为反不正当竞争法第九条第一款规定的引人误解的虚假宣传行为：……（三）以歧义性语言或者其他引人误解的方式进行商品宣传的。"本案中，重庆四院将毛发移植专家徐霞与其自身团队在同一篇文章中一起介绍，并且在文章结尾以歧义性的语言进行温馨提示："以上是重庆市第四人民医院急救中心毛发种植研究中心专家的详细讲解……"另外，重庆四院在其网站首页将央视采访徐霞的视频片段与其医院介绍并列编排，容易使人产生模糊判断和误解，使消费者误认为徐霞也是重庆四院专家团队成员，从而影响消费者的选择，并损害了公平的市场竞争秩序。所以，重庆四院的行为构成虚假宣传不正当竞争行为。

根据《反不正当竞争法》第20条第1款、第22条之规定，本案被告重庆四院的行为已构成虚假宣传行为，应承担消除影响、赔偿损失的民事责任。结合本案的实际情况，法院判决：①被告重庆四院于判决生效之日起30日内在其网站首页上刊登声明，消除影响；②被告重庆四院于本判决生效之日起10日内赔偿中德公司经济损失及合理支出共计人民币1万元。

宣判后，双方当事人均未提起上诉，一审判决已生效。

因此，企业为宣传自己的产品或服务，在其官方网站上将同行业内具有一定知名度的、和本企业没有劳务关系的专家与本企业自有专家团队一同介绍，容易使人产生模糊判断，构成引人误解的虚假宣传行为。

3. 医疗美容机构存在虚假宣传，需要有证据证明

▌案情介绍

2014年10月12日，郭某（腰腹脂肪堆积十余年）经艺星公司收治入院实行溶脂手术，在手术知情自愿书中载明可能发生的术后情况包括：①术后肿胀、瘀青；②术前观患者腰腹部脂肪较多，脂肪分布不均匀，腹腔内脂肪较多，术后可能出现不完全对称，恢复完全后双侧基本一致一般为1至3个月；③术后疤痕增生。2014年11月2日郭某又在艺星公司处进行了大腿、手臂、肩背、副乳的抽脂手术。在手术知情自愿书中载明可能发生的术后情况包括：①术后肿胀、淤青；②术后可能出现不完全不对称；③术后疤痕增生可能，恢复过程2至6个月。手术过程顺利，两次手术费用共计355 400元，其中32 500元为塑美极全面部。但术后两个月，因郭某未能取得满意的减肥效果而与艺星公司进行交涉，双方协商未果。2015年9月2日，郭某诉至原审法院，诉请判令艺星公司返还郭某医疗费用355 400元，并赔偿经济损失50 000元。

▌分析

这是一起减肥引发的医疗美容案件。医疗美容属于医疗行为，在进行医疗美容之前，医疗美容机构一般会与患者签订相应的合同来确定双方之间的权利义务关系，如果医疗美容机构按照合同的约定履行了相应的义务，患者一方不能要求其承担赔偿责任。如果有充分证据能够证明医疗美容机构并未充分履行义务，或者在医疗美容的过程中给患者造成了侵权，患者可以要求相应的赔偿。

本案中，郭某在医疗美容机构接受医疗手术后因并未达到满意的效果而将医疗美容机构诉至法院。但是从手术知情自愿书中可以看到，郭某在接受手术

后可能会存在不对称的情况，在此种情况下，郭某接受手术是其自愿的选择。医疗美容机构在医疗美容手术的过程中如果不存在过错的话，不属于违约，也不应因此承担损害赔偿责任。

原审法院认为，郭某到艺星公司美容医院门诊治疗，双方已建立医疗合同关系。艺星公司按照约定对郭某实施了溶脂减肥手术，郭某亦按约支付了手术费用；但术后郭某未能取得满意的减肥效果。本案所争议的焦点在于艺星公司是否对于溶脂肪手术效果做过不实宣传，因郭某就此并无证据能够证明，故不能认定艺星公司在提供该医疗服务中存在欺诈、诱导行为。郭某的诉讼请求缺乏事实和法律依据，原审法院不予支持。依照《中华人民共和国合同法》第60条、《中华人民共和国民事诉讼法》第64条第1款之规定，判决：驳回郭某的诉讼请求。案件受理费7381元，减半收取3691元，由郭某负担。退还郭某3690元。

本案经过上诉，郭某认为其是因单纯性肥胖去被上诉人处就诊咨询，在被上诉人接待人员的怂恿诱导下，被上诉人为上诉人量身定制了手术减肥方案并承诺治疗效果，上诉人才花费巨资在被上诉人处进行溶脂减肥手术，但术后并没有达到预期的瘦身减肥的效果。

二审法院认为，本案中郭某以医疗服务合同案由起诉艺星公司，要求艺星公司返还医疗费用，并赔偿经济损失，须证明艺星公司在医疗服务中存在违约行为。本案中艺星公司按照约定对郭某实施了溶脂减肥手术，郭某亦按约支付了手术费用。郭某称艺星公司在提供该医疗服务中存在欺诈、诱导行为，其未取得满意的减肥效果，但并不能提供相应证据证明，故原审法院对其诉讼请求不予支持并无不当。对郭某的上诉请求，最终二审法院驳回上诉，维持原判。

爱美之心，人皆有之。现实生活中，我们作为消费者常常会因为各种各样的广告或者宣传产生错误的认识。医疗美容机构在现实中夸大宣传的现象并不少见。本案中郭某可能因为医疗美容机构的宣传产生了错误的认识，双方对事实的认识不一致，但是郭某却没有提供有效的证据予以证明。因此在进行医疗美容时，患者应当对美容服务合同进行仔细认真的阅读，明确自己的权利。在进行医疗手术时，要明确手术的风险。有的情况下，医疗机构在进行宣传时会避重就轻，向患者隐瞒不良的后果。患者在签订合同时或者手术风险告知时不仔细阅读，会导致后续纠纷，但是患者对此方面又很难提供证据加以证明，这也是患者维权失败的原因。

4. 医疗美容机构是否有权将其他人的肖像用于商业宣传

▌案情介绍

董某某系演员、模特，某医疗美容公司系取得医疗机构执业许可证的企业法人，认可域名为 www.bjlmr.com、名称为"XX 医疗美容医院"的网站为其所有，网站首页有各类美容整形项目的宣传和介绍。在该网站"双美胶原蛋白专场"页面中显著位置使用了一女性照片（以下简称涉案照片），照片右侧配有文字"百嘉丽美丽肌肤从胶原蛋白开始""双美胶原蛋白专场""胶原打底""提拉""塑性""为肌肤注入青春源泉""美丽热线：400 – 000 – xxxx，点击咨询"。2014 年 11 月 25 日，董某某申请北京市方正公证处对上述网页及窗口截图进行了保全证据公证，并支出公证费用 900 元。

关于涉案照片中的人物是否是董某某的问题，董某某出示了百度百科图库的截图、照片，某医疗美容公司不认可上述证据，主张涉案照片为与其签订合同的李某某的照片，并提供了李某某的照片和涉案照片进行对比。原审法院确认，依照董某某及李某某本人面貌特征，并结合双方当事人提交的照片与涉案照片中的人物图像相对比，以一般人的认知标准，可以认定董某某与涉案图片系同一个人。

董某某原审诉称，董某某目前系中国大陆青年演员。2014 年 10 月，董某某得知，某医疗美容公司在其网站（www.bjlmr.com）擅自将董某某肖像放置于网页中部，用于某医疗美容公司神奇微针美塑项目的商业宣传。涉嫌侵权网页同时附有某医疗美容公司的企业字号、电话咨询、在线咨询、联系地址、微信二维码等联系方式，具有明显的商业广告属性，涉嫌侵犯董某某的肖像权、名誉权。董某某曾经出演过多部电视剧和电影，并为多家公司进行代言。据此，董某某的肖像已经具有了一定的商业代言价值。某医疗美容公司使用董某某照片的位置，以及涉嫌侵权的内容，使得董某某受到了很多误解，社会评价相应降低。因此要求该医疗美容机构为侵犯其肖像权承担侵权责任。

▌分析

本案是一起医疗美容机构为了达到宣传产品的效果而使用明星的照片进行宣传的案例。我国《民法通则》第 100 条规定："公民享有肖像权，未经本人同意，不得以营利为目的使用公民的肖像。"如果未经本人许可或同意，该医疗美容公司一定侵犯了其肖像权。侵害公民肖像权的，应当承担相应的民事责任。《民法通则》第 120 条规定了当公民权利受到侵害时可以采取的救济方式，即公民的姓名权、肖像权、名誉权、荣誉权受到侵害的，有权要求停止侵害，恢复名誉，消除影响，赔礼道歉，并可以要求赔偿损失。

　　法院经过审理认为，公民享有肖像权，未经本人同意，不得以营利为目的使用公民的肖像。某医疗美容公司网站以宣传、介绍其相关美容整形产品为主要内容，使用董某某照片作为配图的文章，其内容涉及某医疗美容公司的经营范围，并附带某医疗美容公司的联系方式，属于营利性的宣传活动。在某医疗美容公司没有提交反驳证据证明其网站配图非董某某照片的情况下，应当认定某医疗美容公司网站在未经董某某同意的情况下使用了董某某的照片，侵犯了董某某的肖像权。

　　另一个与本案无关但是在类似案例中会经常碰到的问题，就是美容广告在侵犯肖像权的情况下，当事人是否可以要求进行精神损害赔偿？在现实中，此类侵害肖像权的案例有的能够得到精神损害赔偿，有的不能得到精神损害赔偿，因此需要结合具体案例具体分析，在某些案例中侵害了公民的肖像权造成了公民身心的伤害，这时候提出精神损害赔偿合情合理。

　　《最高人民法院关于确定民事侵权精神损害赔偿责任若干问题的解释》第 1 条规定：“自然人因下列人格权利遭受非法侵害，向人民法院起诉请求赔偿精神损害的，人民法院应当依法予以受理：（一）生命权、健康权、身体权；（二）姓名权、肖像权、名誉权、荣誉权；（三）人格尊严权、人身自由权。违反社会公共利益、社会公德侵害他人隐私或者其他人格利益，受害人以侵权为由向人民法院起诉请求赔偿精神损害的，人民法院应当依法予以受理。”

　　第 8 条规定：“因侵权致人精神损害，但未造成严重后果，受害人请求赔偿精神损害的，一般不予支持，人民法院可以根据情形判令侵权人停止侵害、恢复名誉、消除影响、赔礼道歉。因侵权致人精神损害，造成严重后果的，人民法院除判令侵权人承担停止侵害、恢复名誉、消除影响、赔礼道歉等民事责任外，可以根据受害人一方的请求判令其赔偿相应的精神损害抚慰金。”

5. 医疗美容和生活美容的区别

▌案情介绍

　　被告杨云海系沈阳市皇姑区兰轩易记纯美空间美容院（组成形式为个人经营）经营者。2012 年 9 月 15 日至 11 月 18 日，原告先后多次总计向被告交纳 170 404元，并办理了埃及艳后终身卡，享受被告提供的终身美容、调理服务。同年 9 月 15 日至 2013 年 5 月 31 日，被告对原告进行了面部美容；头、背、腰、肾、胃肠、腿部按摩；足疗、火山岩等全身疗法。此间，原告在被告处购买胶原蛋白及光子嫩肤等产品，合计金额为 34 900 元。后双方产生纠纷，被告于 2013 年 5 月 31 日退回原告美容、调理费 33 914 元。原告于 2013 年 8 月诉讼至法院。本案在审理中，原告要求解除合同，被告不同意解除合同。本案中的合同是否为医疗美容合同，当事人可不可以以此解除合同？

▌分析

本案涉及医疗美容合同和生活美容的区别。并不是所有的美容合同都属于医疗美容，现实生活中很大一部分美容属于生活美容。

生活美容是运用化妆品、保健品和非医疗器械等非医疗性手段，对人体所进行的皮肤护理、按摩等带有保养或保健型的非侵入性的美容护理。医疗美容系运用手术、药物、医疗器械及其具备创伤或侵入性的医学技术方法对人体的容貌和人体各部位形态进行的修复与再塑。从事医疗美容服务的机构应有卫生行政部门的审批，经卫生行政部门登记注册并取得《医疗机构执业许可证》，有符合医疗手术标准的消毒隔离条件，从业人员都具备相应的医学美容资质。且必须在取得《医疗机构执业许可证》的医疗美容机构，或者开设医疗美容科室的医疗机构场地内实施医疗美容项目，而提供服务的范围应当限定在卫生行政部门核定的诊疗科目内，未经批准不得擅自扩大诊疗范围。

结合本案，原告向被告交纳了服务费，被告为原告提供了生活美容服务，双方之间形成了美容服务关系。该美容服务合同系双方当事人真实意思表示，且内容不违反法律、法规的强制性规定，其合同合法有效。在合同履行的过程中，双方当事人应当按照约定全面履行自己的义务。根据《合同法》的相关规定，一方明确表示或者以自己的行为表明不履行主要债务的，当事人可以解除合同，合同解除后，尚未履行的，终止履行。现原告要求解除合同，并要求被告退还调理费，其已表明终止履行美容服务合同，原审法院依法予以准许。关于调理费的返还金额，因原告在被告处办理的系终身美容服务卡，结合原告实际接受服务的时间较短及被告提供的相关证据，依据诚实信用原则和公平原则，双方当事人之间可以解除合同。举出本案例重在分析医疗美容和生活美容的区别，对于案例中双方当事人之间的法律关系不再着重分析。

现实生活中，有不少普通的美容院、减肥中心在没有相关执业证书的情况下，开展针灸减肥、埋线减肥等具有侵入性医疗美容项目，消费者在进行此类美容活动时，一定要多留心眼，防止自身的权益受到侵害。

医疗美容其他常见问题解答：

1. 容易引发医疗美容纠纷的情形有哪些?

第一，患者对医疗美容手术效果心理期待过高；第二，提供医疗服务的机构或人员不具备医疗美容资质；第三，医疗美容机构可能存在虚假宣传；第四，诊疗行为构成医疗事故或者存在过错造成患者人身或财产损失；第五，美容未达到预期的效果。

2. 医疗美容纠纷发生后是否适用《消费者权益保护法》的相关规定?

医疗美容属于医疗纠纷，应当适用《侵权责任法》关于医疗损害赔偿的相关规定，或者按照医疗服务合同提起违约之诉，因而不能适用《消费者权益保护法》。

3. 美容整形手术后导致毁容是否属于医疗事故?

美容整形是医学美容的一种，是指运用手术、医疗器械、药物及其他医学技术方法对人的容貌和人体各部位形态进行的修复与再塑，进而增强人体外在美感的医学科学。美容整形后导致毁容需要分情况进行看待，如果病人是在依法登记并取得许可的正规医疗机构进行美容并发生毁容，经过有关机关的鉴定，可以认可为医疗事故。但是如果病人是在一般的美容院、美容生活馆等没有取得《医疗机构执业许可证》的机构美容整形后毁容，则不属于医疗事故，而只是属于一般的侵权行为。因此患者接受美容手术时首先应当了解服务机构有无医疗美容资质，并核查手术实施者是否为具有专业资质的医师；其次，患者在手术前应当对手术风险等手术必备事项做充分的了解，并与美容机构就手术效果做出较为明确的约定；最后，一定要签订医疗美容合同，并对合同事项进行约定，合同应避免出现歧义。

第十一章
其他常见情形

1. 体检行为的法律性质及责任

▋案情介绍

2010年6月，邱某某感到身体严重不适，于2010年7月12日入住江苏省人民医院治疗，入院诊断为：1. 肝脏占位，（1）转移性肝癌？（2）原发性肝癌？2. 消化道肿瘤？3. 慢性胃炎，4. 高血压病。2010年7月19日，邱某某转至江苏省肿瘤医院治疗，入院诊断为：肝脏及腹腔、腹膜后多发占位。2010年8月10日，邱某某死亡，死亡诊断为：肝癌伴黄疸，腹腔后腹膜多发淋巴结转移，肝肾功能衰竭等。

邱某某是远洋公司的船长。2006年12月11日，远洋公司与被告D医院下属的体检中心签订体检协议书一份，协议主要内容为：远洋公司与D医院体检中心是长期的体检合作单位，在远洋公司能提供相关员工近一年内体检结果的情况下，D医院体检中心可以根据体检结果出具体检报告，远洋公司必须支付体检费等等。2008年10月24日、2009年5月19日、2010年7月6日，D医院体检中心三次在邱某某的健康证明书上加盖公章确认邱某某各项体检结果正常。

关于三次体检的情况，2008年10月24日与2010年7月6日的两次体检，虽然D医院出具了体检报告，但邱某某当时在执行远洋运输任务，实际并未进行体检。2009年5月19日的体检是真实的，但D医院无法提供本次体检的病历材料。

2008年10月24日、2009年5月19日、2010年7月6日，被告体验中心3次在邱某某的健康证明书上加盖了公章，证明邱某某肝功能正常，乙肝表面抗原呈阴性，腹部正常等。原告认为，被告未按照《健康体检管理暂行规定》的要求对邱某某进行体检，故意隐瞒相关检查结果和检查项目，出具与邱某某身体状况不符的健康证明，严重违反了医疗机构开展健康体检应对受检者进行相应告知的义务，导致邱某某及其家人无法早期发现邱某某患有肝癌等症状，也失去了治疗的最佳时期。故诉请被告赔偿原告死亡赔偿金、丧葬费、精神损害抚慰金三项损失总和的 50%，共计 263 412.5 元。

被告 D 医院辩称：我院与远洋公司之间存在长期的职工体检服务合同关系，负责为远洋公司的员工进行体检。体检检查项目由我院与远洋公司约定。故我院并不存在故意隐瞒邱某某病情的情况，邱某某系自身疾病导致死亡，请求驳回原告诉请。

▎分析

患者在医疗机构进行体检需要医疗机构与受检者双方的参与配合，体检行为属于医疗行为，医疗机构未实施具体体检活动而出具体检报告的行为，违反了《医疗机构管理条例》《健康体检管理暂行规定》等相关规定，但受检者本人应当知晓该健康证明是虚假的，该健康报告不会对受检者之后的疾病治疗产生误导。医疗行为具有不确定性的特点，体检结果对受检者健康状况的参考价值受制于体检项目的选择。医疗机构与受检者存在体检服务合同关系，医疗机构按照体检规程对受检者进行体检即完成合同义务。体检项目的选择是受检者的权利，医疗机构不应对体检项目的选择承担责任。

一审法院经审理认为，体检需要医疗机构与受检者双方的参与。根据原、被告的陈述及法院审理可以确认，2008 年 10 月 24 日、2010 年 7 月 6 日，在邱某某未实际体检的情况下，被告 D 医院两次在邱某某的健康证明书上记录各项体检结果正常。邱某某作为受检者，其本人对上述情况应当知晓，也应当知道该体检结果并不能作为判断其身体健康与否的依据，因此，2008 年 10 月 24 日与 2010 年 7 月 6 日的健康报告，并不会对邱某某之后的肝癌疾病治疗产生误导。

2009 年 5 月 19 日的体检结果显示，邱某某的腹部及肝功能检查结果正常，乙肝表面抗原检查呈阴性。远洋公司与被告存在体检合同关系，体检项目系远洋公司通过体检合同自愿选择的结果，被告依据合同约定的体检项目对邱某某体检并无过错。上述三项检查并非针对受检者的肿瘤指标，并不必然能检查出邱某某是否患有肿瘤疾病。邱某某于 2010 年 6 月感到身体不适，后因肝癌导致肝肾功能衰竭等原因，于 2010 年 8 月 10 日死亡。本次体检时间为 2009 年 5 月 19 日，与邱某某的死亡时间相隔一年有余。原告并无证据证明，邱某某死亡前一年，肝功能、乙肝表面抗原及腹部检查确定存在不正常的情形。因此，被告对邱某某进行的体检，难以在其死亡一年前发现其是否患有肝癌疾病，故本次体检结果也不存在误导原告的情形。所以，原告认为被告隐瞒体检结果，误导邱某某及其家人而延误治疗的主张，并无事实依据。邱某某系自身疾病导致死亡，与被告出具健康证明的行为无事实和法律上的因果关系。据此判决：驳回原告全部诉讼请求。

体检行为作为医疗行为的一种，既具备了上述医疗行为的特点，同时还具备自身的一些特点：①体检行为是医疗机构运用医学手段和方法对受检者进行身体检查，其目的是为了了解受检者身体状况、早期发现疾病线索和健康隐患，而不同于对患者疾病或伤情的治疗行为。②体检结果是受检者判断自己身体健康与否的重要依据，受检者根据体检结果来判断自己身体是否健康，是否需要进一步治疗。③体检结果受制于体检项目，医疗机构只能按照受检者选择的体检项目进行体检，体检结果反映的是体检项目检查的结果。④体检行为需要受检者本人的配合参与，由于是对受检者本人身体状况的检查，受检者不能委托他人代理，只能是受检者本人接受体检。

体检结果不存在误导患者的情形，医疗机构不应对患者疾病死亡承担赔偿责任。

所谓误导，即不正确的引导。一方当事人提供错误、虚假信息或隐瞒真实信息，受害人据此做出错误的意思表示的，称为误导。误导行为存在如下特点：①行为人存在提供错误、虚假信息或隐瞒真实信息的行为；②行为人提供误导信息存在过错，即行为人主观上可以是故意或过失；③误导的信息是不真实的，包括虚假、错误或隐瞒真实信息；④受害人未能识别误导信息，受害人如已识别，则不存在误导；⑤受害人基于对误导信息的信任做出错误的意思表示。本案被告出具的体检报告是否对患者邱某某的疾病治疗产生误导呢？

被告 D 医院向患者邱某某出具了三次体检报告，均显示邱某某各项身体指标正常。庭审查明，邱某某系远洋运输公司的船员，需要有医疗机构出具体检合格的健康证明才能出海工作。由于远洋运输公司与被告 D 医院系长期的体检合作单位，在体检中，被告 D 医院的工作人员存在违规操作的情况。2008 年及2010 年的两次体检，邱某某实际并未进行体检，被告即违规向邱某某出具了虚假的体检报告。医疗机构的前述行为固然违反了相关法规，存在一定过错，但体检行为需要受检者本人的参与配合，邱某某对未经体检的情况应当知晓，也应当知道这两次体检报告是虚假的。在已识别信息虚假的情况下，体检结果当然不会对邱某某的肝癌疾病治疗产生误导。

庭审中，法庭认定 2009 年 5 月的体检是真实的，但被告 D 医院无法提供本次体检的病历材料。原告认为被告销毁了病历材料，隐瞒了体检结果。《侵权责任法》对医疗损害赔偿责任实行过错责任原则，即医疗机构承担责任需要患者证明医务人员存在过错。同时，《侵权责任法》第58条规定了三种推定过错的情形，第三种即为伪造、篡改或者销毁病历资料的，应推定医疗机构过错。那么，法院能否据此推定被告存在过错呢？答案仍然是否定的。首先，邱某某与被告之间存在体检服务合同关系，在体检协议无特别约定的情况下，医方的义务是手段义务而非结果义务，即被告依据体检双方约定的体检项目，按照体检规程对邱某某进行体检即完成合同义务，患者不能要求被告一定要体检出某种结果。其次，体检的目的是为了判断身体状况、发现疾病线索，体检项目的选择对于实现该目的非常重要，而体检项目的选择权在于受检者本人。本案中，体检项目是双方合同约定的，各体检项目均不是针对肿瘤指标，故无法通过本次体检查明原告是否患有肝癌疾病。最后，本次体检在邱某某死亡一年前，医疗行为本身具有不确定性特点，更没有任何证据或医学文献证明，肝癌患者在死亡一年前，各项身体的常规指标确定存在不正常的情形。甚至在肝癌治疗期间，邱某某的某些体检指标也正常。如在邱某某肝癌住院治疗期间，医院关于邱某某腹部检查的记录为"腹平软，全腹无明显压痛及无反跳痛"。通过上述分析，虽然被告无法提供本次体检病历材料，但法院并没有推定被告方存在过错，法院认为，原告提供的证据不足以证明被告方存在隐瞒体检结果、误导原告的侵权行为，邱某某的死亡系自身疾病导致，与被告的体检行为没有因果关系，最终法院驳回了原告的全部诉讼请求。

2. 医院在诊疗过程中违背患者意愿，采取了有利于患者的医疗方案，患者能否对医院提起侵权之诉

▌案情介绍

2010年6月27日，原告刘某因"右乳包块一月余"入住被告Y市第一人民医院，经检查：右乳晕外下可触及约0.8×0.5cm肿块、压痛，压迫后可见乳头渗液。次日，Y市第一人民医院分析认为可能为肿瘤，进行术前准备，拟进行手术治疗。

同年6月29日，刘某签署《手术知情同意书》时明确表示"同意手术、要求保乳。"次日，刘某在全身麻醉的情况下，进行乳房切除手术，病检报告为右乳导管内原位癌。Y市第一人民医院在向患者家属交代病情后进行右乳腺癌改良根治术，术后对症支持治疗至11月1日出院。为此，刘某住院128天，花去医疗费14 824.5元。期间，刘某以Y市第一人民医院侵权为由，向法院提起诉讼。

诉讼中，刘某、Y市第一人民法院分别申请了司法鉴定。经某法医学司法鉴定中心出具《司法鉴定意见书》：刘某伤残程度为九级，后期治疗费（行硅胶假体乳房再造术）6万元；Y市医学会出具宜昌医鉴（2011）3号《医疗事故技术鉴定书》：患者导管内癌，邻近乳晕，保乳存在风险，医方切除右乳符合操作规范，患者右乳缺失是因疾病乳腺癌所致，本病历不属于医疗事故。但医方的过失为：切除右乳与患者术前意愿冲突，无家属谈话记录及签字。Y市第一人民医院垫付2000元鉴定费。

▌分析

患者到医院就诊，双方形成医疗服务合同民事法律关系，医院应该充分尊重患者的知情权、同意权和自主决定权，不得擅自更改和违背患者的意愿。根据《侵权责任法》第55条的规定，医务人员在诊疗活动中应当向患者说明病情和医疗措施。需要实施手术、特殊检查、特殊治疗的，医务人员应当及时向患者说明医疗风险、替代医疗方案等情况，并取得其书面同意；不宜向患者说明的，应当向患者的近亲属说明，并取得其书面同意。医务人员未尽到前款义务，造成患者损害的，医疗机构应当承担赔偿责任。由此，医院在诊疗过程中，违背患者的意愿，采取了有利于患者的医疗方案，虽然其行为符合救死扶伤的职业道德，但因其行为未经患者同意，侵害了患者的知情同意权，因而患者可依法对医院提起侵权之诉。

从医生执业道德来讲，医疗机构对患者实施违背患者意愿的医疗手术，挽救了患者的生命，符合救死扶伤的职业道德。从法律规定的角度来讲，医疗机构的此种行为未经患者同意，侵害了患者的身体权或知情同意权，因此患者要求医方给予精神损害赔偿的诉讼请求应得到法院的支持。

《侵权责任法》第55条规定："医务人员在诊疗活动中应当向患者说明病情和医疗措施。需要实施手术、特殊检查、特殊治疗的，医务人员应当及时向患者说明医疗风险、替代医疗方案等情况，并取得其书面同意；不宜向患者说明的，应当向患者的近亲属说明，并取得其书面同意。医务人员未尽到前款义务，造成患者损害的，医疗机构应当承担赔偿责任。"

法院生效判决认为：原告因右乳患恶性肿瘤（乳腺癌）到被告处就诊，被告同意救治，并采取了诊疗措施，双方形成医疗服务合同民事法律关系。在诊疗过程中，医方违背患者的意愿，采取了有利于患者的医疗方案，对此，原告选择侵权法律关系并无不当。本案中，医方是否构成侵权、侵权结果的确定，这两个问题是案件争议的焦点：

关于被告是否构成侵权问题。本案中，原告患有危及生命的严重疾病，是不争的事实，作为医方，对患者提出的救治方案，原告有知情权、同意权和自主决定权。原告的意愿是"同意手术，要求保乳"，意思表达确定无误，即原告的价值取向是追求美丽，放弃追求健康的生命。原告依法享有这种处分权，原告的意愿符合法律规定。

作为医方，被告应该充分尊重患者的这种知情权、同意权和自主决定权，不得擅自更改和违背患者的意愿。在具体的救治过程中，虽然被告切除右乳符合操作规范，但采取了违背患者意愿的救治措施，操作过程中存在明确过错，即"切除右乳与患者术前意愿冲突，无家属谈话记录及签字"。由此，被告侵权事实成立，过错明显，依法应该承担相应的民事责任。

关于原告的损害结果确定问题。被告在对原告疾病诊疗过程中，虽然存在明显的过错，给患者造成了伤害，但被告的诊疗方案符合相关诊疗规范，即被告的诊疗行为并不构成医疗事故，被告的侵权仅限于特定的对象、特定的时间和特定的条件给原告的美丽造成了损害，即造成了精神损害，侵犯了原告的精神健康权，致原告精神焦虑、忧愁和苦闷。原告请求的其他损失，与被告的侵权行为没有因果关系，是其自身疾病造成的，法院依法不予支持。

本案例看似出现了医生救死扶伤的执业道德与法律规定的冲突，该案件的判决结果是否会影响实践中医生救死扶伤的积极性，其实不然。本案判决的结果只是说明，医疗机构在进行上述医疗行为时必须做到应尽的告知义务，因为医疗行为本身存在一定的风险性，将医疗风险、替代医疗方案等情况进行告知是医疗机构的义务，而不能以救死扶伤推卸自己应尽的责任。

3. 患者因为输血感染艾滋病毒，医疗机构是否承担责任

▍案情介绍

靳某某系王某某的妻子，王小某、王凯杰的母亲，靳长绪与王风兰的女儿。靳某某因待产住进 S 市康泰医院，在出院期间顺利生下女婴王小某，但是需要输血，康泰医院给靳某某输血 400 毫升，该血源系被告违规采血，此违规行为已经由 S 市卫生局做出处罚。该医院输血登记记载，献血员姓名：刘某某，血型：b，血量：400 毫升，检验者：杨某某。被告称刘某某即是检验员杨某某的弟弟，但其提供的证人证言相互矛盾，不能认定刘某某就是杨某某的弟弟。刘某某是否携带艾滋病病毒，由于被告违规采血，登记资料不详，不能对此进行检测，现仍无法查实，被告也不能举证证明。之后，靳某某经 H 省艾滋病检测中心检测确认为 HIV－1 抗体阳性。王小某出生后，一直由靳某某用母乳喂养。

同年经 H 省艾滋病检测中心检测，王小某为 HIV－1 抗体阳性。在随后王小某经卫生部艾滋病预防与控制中心检测，确认为 HIV－1 抗体阳性。在输血后不久，靳某某因患艾滋病死亡。

王某某因此将康泰医院起诉至人民法院，要求其因违规采血承担相应的赔偿责任。

被告辩称：靳某某确曾在我院分娩并输血，医院也确实存在违规采血问题，但所采血来源于健康人体，经调查核实并检测供血者杨某某的弟弟无任何传染病，靳某某死于艾滋病与医院为其输血不存在因果关系，原告没有证据证实靳某某患艾滋病系血液传染，也没有证据可以排除其他渠道（如性行为、注射、吸毒等）传染的可能。靳某某从输血到死亡不足 2 年时间，有悖于该病发病的一般规律，故原告所诉不能成立。

另外，康泰医院对其作为被告参加诉讼及王小某的户口等问题提出异议并反诉称，王某某一方在没有充分证据证实康泰医院对靳某某的死亡应当承担责任的情况下，极不负责任地在新闻媒体上做不实披露，已严重地侵害了医院的声誉，要求王某某一方赔礼道歉、恢复名誉、赔偿损失。

▌分析

本案例是患者在医疗机构输入血液而感染艾滋病毒，属于输血感染。输血感染是指在医疗过程中因输入带有细菌或病毒的血液制品而感染的疾病。医疗机构因为其输入血液而使患者受到损害，应为其行为承担责任。

法院经过审理后认为：公民的生命健康权受法律保护，任何个人或单位都不得侵犯公民的合法权益。靳某某在被告处住院接受治疗，其本身并无过错。被告违反国家有关献血和输血的规定给靳某某输血，事后靳某某感染艾滋病病毒。被告称献血员"刘某某"即是杨某某的弟弟，但与其提供的证人证言相互矛盾，故不能认定"刘某某"就是杨某某的弟弟。对于"刘某某"是否携带艾滋病病毒，由于被告违规采血，对献血员未进行身份登记而无法查实。被告在不能举证证明其为靳某某所输血液健康，又不能提供充分证据证明靳某某是通过其他途径感染艾滋病病毒的情况下，不能排除其医疗行为与靳某某感染艾滋病病毒之间的因果关系，并且被告违规采血的过错是明显存在的，参照最高人民法院有关司法解释的规定，对原告合理的治疗费用和相关费用含精神损失费等应由被告承担赔偿责任。由于我国尚未就艾滋病治疗费用确定一个明确的标准，因此，应参照有关研究成果由被告给付原告治疗费用，在实际治疗中的不足部分可以另行解决。被告的反诉与本案不属于同一法律关系，且诉讼主体与本案不一致，故其反诉请求应另行起诉。

法院最终认为医院承担相应的责任。法院通过现有的证据排除了医院相关的答辩，并且医院在进行采血中存在着违规，这是一个重大的瑕疵，法院根据证据认定事实，判决合理。法院在该案中针对艾滋病的潜伏期这个问题也做出回应。法院经过调查，参考了胡翔鸽教授编写的《艾滋病防治 100 问》一书，其中对于艾滋病的潜伏期问题表述为："从科学态度出发，真正的潜伏期就是 1 年至 12 年，平均 6 年"，"医学界认为，潜伏期长短与感染艾滋病病毒的剂量有关，经输血感染的剂量一般较大，所以潜伏期相对短。"

有关举证责任的问题。根据我国《民事诉讼法》的相关规定和《最高人民法院关于适用〈中华人民共和国民事诉讼法〉的解释》，为确保当事人诉讼地位平等，应当在当事人之间公平、合理分配对案件事实的举证责任。在因医疗行为而引发的患者一方提出的侵权损害赔偿诉讼中，根据医疗行为的专业性特性并结合长期司法实践经验，应由患者一方就存在医疗行为并受到损害承担举证责任，由医疗单位就其医疗行为不存在过错或其医疗行为与患者一方的损害不存在因果关系承担举证责任。就本案而言，靳某某在康泰医院输血无争议，且确系感染了艾滋病已死亡以及王小某亦感染了艾滋病，据此王某某一方已经完成了在本案应当承担的举证责任。康泰医院应就输血与感染艾滋病之间不存在因果关系进行证明。医院主张输血卡上登记的"刘某某"就是杨某某的弟弟，有其姐杨某某的证明，而且血液也是健康的，杨某某的弟弟也自认就是"刘某某"。但是，由于杨某某作为该院化验员，在此次采输血过程中故意违反国家的禁止性规定，其本人不仅有重大过错，而且还可能基于康泰医院对王某某一方的民事侵权行为承担民事责任，因此，她本人与本案有重大的利害关系，在没有其他证据能够证明杨某某的弟弟献血的情况下，对杨某某的指认和杨某某弟弟的自认均难以采信。

4. 医疗机构管理上疏忽致新生儿丢失，是否承担赔偿责任

▋ 案情介绍

原告阿某某因临产住进被告市医院住院部三楼一病房，当日下午 6 时顺利产下一男婴。同日，市医院按照有关产后 24 小时内给婴儿洗澡的规定，通知两原告将其婴儿抱到产房洗澡。次日上午，市医院无人通知两原告给婴儿洗澡，也无人派护士去抱原告的婴儿洗澡。至 11 时许，原告艾某某（阿某某的丈夫）问医院其婴儿被人抱走去洗澡，现在还没见送回。市医院当即向公安机关报案，请求查找婴儿的下落。当天下午，在公安人员的组织下，集中当班的医护人员，

让两原告辨认其中是否有抱走其婴儿的人。两原告经过辨认，未发现被集中的人中有抱走其婴儿的人。后公安机关立案侦查，至两原告起诉时仍无婴儿下落。

▌分析

医院作为医疗单位，除了应当向患者提供有目的的诊疗活动外，为患者提供一个安全的环境同样重要。法院经过审理后认为原告阿某某在被告市医院住院产下一男婴，市医院对该男婴不仅有义务护理，也有义务保护其安全。但由于市医院没有尽到保护安全的义务，致使该男婴被不明身份的人抱走，对此被告市医院应承担民事责任。原告因婴儿丢失造成经济损失，要求被告赔偿医疗费，对其合理部分应予以支持；原告因丢失婴儿造成精神损害，要求赔偿精神损害赔偿金，可给予适当的支持。原告对自己的婴儿有法定的监护责任，其婴儿在住院期间丢失，与其没有尽到监护责任有一定的关系，因此，其对此后果也应承担一定的责任。

医疗机构作为具备专业知识和技能的机构，其根据合法手续接纳患者入院治疗后，应对患者提供符合医疗水准的医疗服务。医疗机构在人员的配备方面应当有保卫人员，进行定时巡逻和门卫值班，防止出现类似的情况。

5. 暴力伤医相关案例

▌案情介绍

2016年5月，在医疗领域被称为黑色的五月，在这个月里，据不完全统计，发生的暴力伤医事件多达五起。下面简单介绍两起典型案例。

2016年5月5日下午5点20分许，广东省人民医院口腔科原行政主任陈仲伟在家中被一男子持刀重伤。砍人者之前找陈仲伟纠缠时自称1991年找陈主任做过口腔手术，现牙齿变色要求赔偿，伤人者随后坠楼身亡。因抢救无效，陈仲伟于5月7日12时39分不幸辞世，享年60岁。

2016年5月18日13时40分左右，湖南省邵东县人民医院五官科王俊医生在接诊过程中被患者家属殴打致重伤。事件发生后，国家卫生计生委高度重视，要求全力抢救王俊医生。湖南省组织专家全力进行抢救，但因伤势过重，王俊医生于5月18日17时15分离世。

还有震惊全国的温岭伤医案，这一起起暴力伤医事件的发生，与我们所说的和谐的医患关系相去甚远。

▌分析

之所以举出上面的例子，并不是为了帮助医生说话，但是一起起暴力伤医事件的发生，不仅对医生，而且对广大患者产生了较为深远的负面影响。试想一下，如果此类暴力伤医事件不得到根本的遏制，那么医生可能会纷纷离职，很可能会导致患者自身的疾病无法医治，最后影响的还是患者的利益。

发生暴力伤医事件不单单是患者自身的原因，当前的社会中仍然存在看病难、看病贵的现象，另外就是在个别医疗机构存在着过度医疗、强制消费、服务态度差等问题。

至于看病难、看病贵等问题，国家正在花大力气解决。习总书记说过，不让居民因病返贫，国家的各项保险措施正在相应的完善。对于医疗机构的上述问题，正如一位学者所说，他认为这并非是某位医生的问题，其实医患双方都是受害者，患者受到的伤害是普遍性的，但是容易淹没在没有噱头的事件中，医生受到的伤害是小概率事件，但容易被放大为恶性事件。无论是哪一方受到伤害，受损最严重的都是社会的信任。医患关系本应该是社会中最被信任的关系之一，当前社会的救助体系日益完善，如果患者认为医疗机构存在侵权行为，完全可以通过法律手段维护自己的合法权益；作为医生来说一定要发扬救死扶伤的精神，严格按照相应的程序以及医疗规范从事诊疗，只有这样才有助于构建和谐的医患关系；作为国家来说，也应该尽到应尽的责任，加强对医疗机构的审查力度，将那些不合格的医疗机构剔除出医疗队伍，强化监督，争取将最优质的医疗资源服务于人民。我们的社会不想看到类似陈仲伟医生这样的事件发生，更不希望看到魏则西这样的事件出现。医患双方共同努力，才能构建和谐的医患关系。

第三篇

常用文书及法律法规

1. 人体损伤致残程度分级表

伤残等级	损伤部位	内　容
一级	颅脑、脊髓及周围神经损伤	1）持续性植物生存状态； 2）精神障碍或者极重度智能减退，日常生活完全不能自理； 3）四肢瘫（肌力3级以下）或者三肢瘫（肌力2级以下）； 4）截瘫（肌力2级以下）伴重度排便功能障碍与重度排尿功能障碍。
	颈部及胸部损伤	1）心功能不全，心功能Ⅳ级； 2）严重器质性心律失常，心功能Ⅲ级； 3）心脏移植术后，心功能Ⅲ级； 4）心肺联合移植术后； 5）肺移植术后呼吸困难（极重度）。
	腹部损伤	1）原位肝移植术后肝衰竭晚期； 2）双肾切除术后或者孤肾切除术后，需透析治疗维持生命；肾移植术后肾衰竭。
	脊柱、骨盆及四肢损伤	1）三肢缺失（上肢肘关节以上，下肢膝关节以上）； 2）二肢缺失（上肢肘关节以上，下肢膝关节以上），各大关节功能丧失均达75%； 3）二肢缺失（上肢肘关节以上，下肢膝关节以上），第三肢任二大关节均强直固定或者功能丧失均达90%。

伤残等级	损伤部位	内　容
二级	颅脑、脊髓及周围神经损伤	1）精神障碍或者重度智能减退，日常生活随时需有人帮助； 2）三肢瘫（肌力3级以下）； 3）偏瘫（肌力2级以下）； 4）截瘫（肌力2级以下）； 5）非肢体瘫运动障碍（重度）。
	头面部损伤	1）容貌毁损（重度）； 2）上颌骨或者下颌骨完全缺损； 3）双眼球缺失或者萎缩； 4）双眼盲目5级； 5）双侧眼睑严重畸形（或者眼睑重度下垂，遮盖全部瞳孔），伴双眼盲目3级以上。
	颈部及胸部损伤	1）呼吸困难（极重度）； 2）心脏移植术后； 3）肺移植术后；
	腹部损伤	1）肝衰竭晚期； 2）肾衰竭； 3）小肠大部分切除术后，消化吸收功能严重障碍，大部分依赖肠外营养。
	脊柱、骨盆及四肢损伤	1）双上肢肘关节以上缺失，或者一上肢肘关节以上缺失伴一下肢膝关节以上缺失； 2）一肢缺失（上肢肘关节以上，下肢膝关节以上），其余任二肢体各有二大关节功能丧失均达75%； 3）双上肢各大关节均强直固定或者功能丧失均达90%。
	体表及其他损伤	1）皮肤瘢痕形成达体表面积90%； 2）重型再生障碍性贫血。
三级	颅脑、脊髓及周围神经损伤	1）精神障碍或者重度智能减退，不能完全独立生活，需经常有人监护； 2）完全感觉性失语或者混合性失语； 3）截瘫（肌力3级以下）伴排便或者排尿功能障碍； 4）双手全肌瘫（肌力2级以下），伴双腕关节功能丧失均达75%； 5）重度排便功能障碍伴重度排尿功能障碍。
	头面部损伤	1）一眼球缺失、萎缩或者盲目5级，另一眼盲目3级； 2）双眼盲目4级； 3）双眼视野接近完全缺损，视野有效值≤4%（直径≤5°）； 4）吞咽功能障碍，完全依赖胃管进食。

伤残等级	损伤部位	内　容
	颈部及胸部损伤	1）食管闭锁或者切除术后，摄食依赖胃造口或者空肠造口； 2）心功能不全，心功能Ⅲ级。
	腹部损伤	1）全胰缺失； 2）一侧肾切除术后，另一侧肾功能重度下降； 3）小肠大部分切除术后，消化吸收功能严重障碍，大部分依赖肠外营养。
	盆部及会阴部损伤	1）未成年人双侧卵巢缺失或者萎缩，完全丧失功能； 2）未成年人双侧睾丸缺失或者萎缩，完全丧失功能； 3）阴茎接近完全缺失（残留长度≤1.0 cm）。
	脊柱、骨盆及四肢损伤	1）二肢缺失（上肢腕关节以上，下肢膝关节以上）； 2）一肢缺失（上肢腕关节以上，下肢膝关节以上），另一肢各大关节均强直固定或者功能丧失均达90%； 3）双上肢各大关节功能丧失均达75%；双下肢各大关节均强直固定或者功能丧失均达90%；一上肢与一下肢各大关节均强直固定或者功能丧失均达90%。
四级	颅脑、脊髓及周围神经损伤	1）精神障碍或者中度智能减退，日常生活能力严重受限，间或需要帮助； 2）外伤性癫痫（重度）； 3）偏瘫（肌力3级以下）； 4）截瘫（肌力3级以下）； 5）阴茎器质性勃起障碍（重度）。
	头面部损伤	1）符合容貌毁损（重度）标准之三项者； 2）上颌骨或者下颌骨缺损达1/2； 3）一眼球缺失、萎缩或者盲目5级，另一眼重度视力损害； 4）双眼盲目3级； 5）双眼视野极度缺损，视野有效值≤8%（直径≤10°）； 6）双耳听力障碍≥91dBHL。
	颈部及胸部损伤	1）严重器质性心律失常，心功能Ⅱ级； 2）一侧全肺切除术后； 3）呼吸困难（重度）。
	腹部损伤	1）肝切除2/3以上； 2）肝衰竭中期； 3）胰腺大部分切除，胰岛素依赖； 4）肾功能重度下降； 5）双侧肾上腺缺失； 6）永久性回肠造口。

伤残等级	损伤部位	内　容
	盆部及会阴部损伤	1）膀胱完全缺失或者切除术后，行永久性输尿管腹壁造瘘或者肠代膀胱并永久性造口。
	脊柱、骨盆及四肢损伤	1）一上肢腕关节以上缺失伴一下肢踝关节以上缺失，或者双下肢踝关节以上缺失； 2）双下肢各大关节功能丧失均达 75%；一上肢与一下肢各大关节功能丧失均达 75%； 3）手功能丧失分值达 150 分。
	体表及其他损伤	1）皮肤瘢痕形成达体表面积 70%； 2）放射性皮肤癌。
五级	颅脑、脊髓及周围神经损伤	1）精神障碍或者中度智能减退，日常生活能力明显受限，需要指导； 2）完全运动性失语； 3）完全性失用、失写、失读或者失认等； 4）双侧完全性面瘫； 5）四肢瘫（肌力 4 级以下）； 6）单肢瘫（肌力 2 级以下）； 7）非肢体瘫运动障碍（中度）； 8）双手大部分肌瘫（肌力 2 级以下）； 9）双足全肌瘫（肌力 2 级以下）； 10）排便伴排尿功能障碍，其中一项达重度。
	头面部损伤	1）符合容貌毁损（重度）标准之二项者； 2）一眼球缺失、萎缩或者盲目 5 级，另一眼中度视力损害； 3）双眼重度视力损害； 4）双眼视野重度缺损，视野有效值≤16%（直径≤20°）； 5）一侧眼睑严重畸形（或者眼睑重度下垂，遮盖全部瞳孔），伴另一眼盲目 3 级以上； 6）双耳听力障碍≥81dBHL； 7）一耳听力障碍≥91dBHL，另一耳听力障碍≥61dBHL； 8）舌根大部分缺损； 9）咽或者咽后区损伤遗留吞咽功能障碍，只能吞咽流质食物。
	颈部及胸部损伤	1）未成年人甲状腺损伤致功能减退，药物依赖； 2）甲状旁腺功能损害（重度）； 3）食管狭窄，仅能进流质食物； 4）食管损伤，肠代食管术后。

伤残等级	损伤部位	内　容
	腹部损伤	1）胰头合并十二指肠切除术后； 2）一侧肾切除术后，另一侧肾功能中度下降； 3）肾移植术后，肾功能基本正常； 4）肾上腺皮质功能明显减退； 5）全胃切除术后； 6）小肠部分切除术后，消化吸收功能障碍，部分依赖肠外营养； 7）全结肠缺失。
	盆部及会阴部损伤	1）永久性输尿管腹壁造口； 2）尿瘘难以修复； 3）直肠阴道瘘难以修复； 4）阴道严重狭窄（仅可容纳一中指）； 5）双侧睾丸缺失或者完全萎缩，丧失生殖功能； 6）阴茎大部分缺失（残留长度≤3.0cm）。
	脊柱、骨盆及四肢损伤	1）一上肢肘关节以上缺失； 2）一肢缺失（上肢腕关节以上，下肢膝关节以上），另一肢各大关节功能丧失均达50%或者其余肢体任二大关节功能丧失均达75%； 3）手功能丧失分值≥120分。
六级	颅脑、脊髓及周围神经损伤	1）精神障碍或者中度智能减退，日常生活能力部分受限，但能部分代偿，部分日常生活需要帮助； 2）外伤性癫痫（中度）； 3）尿崩症（重度）； 4）一侧完全性面瘫； 5）三肢瘫（肌力4级以下）； 6）截瘫（肌力4级以下）伴排便或者排尿功能障碍； 7）双手部分肌瘫（肌力3级以下）； 8）一手全肌瘫（肌力2级以下），伴相应腕关节功能丧失75%以上； 9）双足全肌瘫（肌力3级以下）； 10）阴茎器质性勃起障碍（中度）。
	头面部损伤	1）符合容貌毁损（中度）标准之四项者； 2）面部中心区条状瘢痕形成（宽度达0.3cm），累计长度达20.0cm； 3）面部片状细小瘢痕形成或者色素显著异常，累计达面部面积的80%； 4）双侧眼睑严重畸形；

续表

伤残等级	损伤部位	内　容
		5）一眼球缺失、萎缩或者盲目 5 级，另一眼视力≤0.5； 6）一眼重度视力损害，另一眼中度视力损害； 7）双眼视野中度缺损，视野有效值≤48%（直径≤60°）； 8）双侧前庭平衡功能丧失，睁眼行走困难，不能并足站立； 9）唇缺损或者畸形，累计相当于上唇 2/3 以上。
	颈部及 胸部损伤	1）双侧喉返神经损伤，影响功能； 2）一侧胸廓成形术后，切除 6 根以上肋骨； 3）女性双侧乳房完全缺失； 4）心脏瓣膜置换术后，心功能不全； 5）心功能不全，心功能Ⅱ级； 6）器质性心律失常安装永久性起搏器后； 7）严重器质性心律失常； 8）两肺叶切除术后。
	腹部损伤	1）肝切除 1/2 以上； 2）肝衰竭早期； 3）胰腺部分切除术后伴功能障碍，需药物治疗； 4）肾功能中度下降； 5）小肠部分切除术后，影响消化吸收功能，完全依赖肠内营养。
	盆部及会阴 部损伤	1）双侧卵巢缺失或者萎缩，完全丧失功能； 2）未成年人双侧卵巢萎缩，部分丧失功能； 3）未成年人双侧睾丸萎缩，部分丧失功能； 4）会阴部瘢痕挛缩伴阴道狭窄； 5）睾丸或者附睾损伤，生殖功能重度损害； 6）双侧输精管损伤难以修复； 7）阴茎严重畸形，不能实施性交行为。
	脊柱、骨盆 及四肢损伤	1）脊柱骨折后遗留 30°以上侧弯或者后凸畸形； 2）一肢缺失（上肢腕关节以上，下肢膝关节以上）； 3）双足跖跗关节以上缺失； 4）手或者足功能丧失分值≥90 分。
	体表及 其他损伤	1）皮肤瘢痕形成达体表面积 50%； 2）非重型再生障碍性贫血。

续表

伤残等级	损伤部位	内　容
七级	颅脑、脊髓及周围神经损伤	1）精神障碍或者轻度智能减退，日常生活有关的活动能力极重度受限； 2）不完全感觉性失语； 3）双侧大部分面瘫； 4）偏瘫（肌力4级以下）； 5）截瘫（肌力4级以下）； 6）单肢瘫（肌力3级以下）； 7）一手大部分肌瘫（肌力2级以下）； 8）一足全肌瘫（肌力2级以下）； 9）重度排便功能障碍或者重度排尿功能障碍。
	头面部损伤	1）面部中心区条状瘢痕形成（宽度达0.3cm），累计长度达15.0cm； 2）面部片状细小瘢痕形成或者色素显著异常，累计达面部面积的50%； 3）双侧眼睑重度下垂，遮盖全部瞳孔； 4）一眼球缺失或者萎缩； 5）双眼中度视力损害； 6）一眼盲目3级，另一眼视力≤0.5； 7）双眼偏盲； 8）一侧眼睑严重畸形（或者眼睑重度下垂，遮盖全部瞳孔）合并该眼盲目3级以上； 9）一耳听力障碍≥81dBHL，另一耳听力障碍≥61dBHL； 10）咽或者咽后区损伤遗留吞咽功能障碍，只能吞咽半流质食物； 11）上颌骨或者下颌骨缺损达1/4； 12）上颌骨或者下颌骨部分缺损伴牙齿缺失14枚以上； 13）颌面部软组织缺损，伴发涎漏。
	颈部及胸部损伤	1）甲状腺功能损害（重度）； 2）甲状旁腺功能损害（中度）； 3）食管狭窄，仅能进半流质食物；食管重建术后并发反流性食管炎； 4）颏颈粘连（中度）； 5）女性双侧乳房大部分缺失或者严重畸形； 6）未成年或者育龄女性双侧乳头完全缺失； 7）胸廓畸形，胸式呼吸受限； 8）一肺叶切除，并肺段或者肺组织楔形切除术后。

伤残等级	损伤部位	内 容
	腹部损伤	1）肝切除 1/3 以上； 2）一侧肾切除术后； 3）胆道损伤胆肠吻合术后，反复发作逆行性胆道感染； 4）未成年人脾切除术后； 5）小肠部分（包括回盲部）切除术后； 6）永久性结肠造口； 7）肠瘘长期不愈（1 年以上）。
	盆部及会阴部损伤	1）永久性膀胱造口； 2）膀胱部分切除术后合并轻度排尿功能障碍； 3）原位肠代膀胱术后； 4）子宫大部分切除术后； 5）睾丸损伤，血睾酮降低，需药物替代治疗； 6）未成年人一侧睾丸缺失或者严重萎缩； 7）阴茎畸形，难以实施性交行为； 8）尿道狭窄（重度）或者成形术后； 9）肛管或者直肠损伤，排便功能重度障碍或者肛门失禁（重度）； 10）会阴部瘢痕挛缩致肛门闭锁，结肠造口术后。
	脊柱、骨盆及四肢损伤	1）双下肢长度相差 8.0cm 以上； 2）一下肢踝关节以上缺失； 3）四肢任一大关节（踝关节除外）强直固定于非功能位； 4）四肢任二大关节（踝关节除外）功能丧失均达 75%； 5）一手除拇指外，余四指完全缺失； 6）双足足弓结构完全破坏； 7）手或者足功能丧失分值≥60 分。
八级	颅脑、脊髓及周围神经损伤	1）精神障碍或者轻度智能减退，日常生活有关的活动能力重度受限； 2）不完全运动性失语；不完全性失用、失写、失读或者失认； 3）尿崩症（中度）； 4）一侧大部分面瘫，遗留眼睑闭合不全和口角歪斜； 5）单肢瘫（肌力 4 级以下）； 6）非肢体瘫运动障碍（轻度）； 7）一手大部分肌瘫（肌力 3 级以下）； 8）一足全肌瘫（肌力 3 级以下）； 9）阴茎器质性勃起障碍（轻度）。

续表

伤残等级	损伤部位	内　容
	头面部损伤	1）容貌毁损（中度）； 2）符合容貌毁损（重度）标准之一项者； 3）头皮完全缺损，难以修复； 4）面部条状瘢痕形成，累计长度达 30.0 cm；面部中心区条状瘢痕形成（宽度达 0.2 cm），累计长度达 15.0 cm； 5）面部块状增生性瘢痕形成，累计面积达 15.0 cm²；面部中心区块状增生性瘢痕形成，单块面积达 7.0 cm² 或者多块累计面积达 9.0 cm²； 6）面部片状细小瘢痕形成或者色素异常，累计面积达 100.0 cm²； 7）一眼盲目 4 级； 8）一眼视野接近完全缺损，视野有效值≤4%（直径≤5°）； 9）双眼外伤性青光眼，经手术治疗； 10）一侧眼睑严重畸形（或者眼睑重度下垂，遮盖全部瞳孔）合并该眼重度视力损害； 11）一耳听力障碍≥91dBHL； 12）双耳听力障碍≥61dBHL； 13）双侧鼻翼大部分缺损，或者鼻尖大部分缺损合并一侧鼻翼大部分缺损； 14）舌体缺损达舌系带； 15）唇缺损或者畸形，累计相当于上唇 1/2 以上； 16）脑脊液漏经手术治疗后持续不愈； 17）张口受限Ⅲ度； 18）发声功能或者构音功能障碍（重度）； 19）咽成形术后咽下运动异常。
	颈部及胸部损伤	1）甲状腺功能损害（中度）； 2）颈总动脉或者颈内动脉严重狭窄支架置入或者血管移植术后； 3）食管部分切除术后，并后遗胸腔胃； 4）女性一侧乳房完全缺失；女性双侧乳房缺失或者毁损，累计范围相当于一侧乳房 3/4 以上； 5）女性双侧乳头完全缺失； 6）肋骨骨折 12 根以上并后遗 6 处畸形愈合； 7）心脏或者大血管修补术后； 8）一肺叶切除术后； 9）胸廓成形术后，影响呼吸功能； 10）呼吸困难（中度）。

伤残等级	损伤部位	内　容
	腹部损伤	1）腹壁缺损≥腹壁的1/4； 2）成年人脾切除术后； 3）胰腺部分切除术后； 4）胃大部分切除术后； 5）肠部分切除术后，影响消化吸收功能； 6）胆道损伤，胆肠吻合术后； 7）损伤致肾性高血压； 8）肾功能轻度下降； 9）一侧肾上腺缺失； 10）肾上腺皮质功能轻度减退。
	盆部及会阴部损伤	1）输尿管损伤行代替术或者改道术后； 2）膀胱大部分切除术后； 3）一侧输卵管和卵巢缺失； 4）阴道狭窄； 5）一侧睾丸缺失； 6）睾丸或者附睾损伤，生殖功能轻度损害； 7）阴茎冠状沟以上缺失； 8）阴茎皮肤瘢痕形成，严重影响性交行为。
	脊柱、骨盆及四肢损伤	1）二椎体压缩性骨折（压缩程度均达1/3）； 2）三个以上椎体骨折，经手术治疗后； 3）女性骨盆骨折致骨产道变形，不能自然分娩； 4）股骨头缺血性坏死，难以行关节假体置换术； 5）四肢长骨开放性骨折并发慢性骨髓炎、大块死骨形成，长期不愈（1年以上）； 6）双上肢长度相差8.0cm以上； 7）双下肢长度相差6.0cm以上； 8）四肢任一大关节（踝关节除外）功能丧失75%以上； 9）一踝关节强直固定于非功能位； 10）一肢体各大关节功能丧失均达50%； 11）一手拇指缺失达近节指骨1/2以上并相应掌指关节强直固定； 12）一足足弓结构完全破坏，另一足足弓结构部分破坏； 13）手或者足功能丧失分值≥40分。
	体表及其他损伤	皮肤瘢痕形成达体表面积30%。

续表

伤残等级	损伤部位	内　容
九级	颅脑、脊髓及周围神经损伤	1）精神障碍或者轻度智能减退，日常生活有关的活动能力中度受限； 2）外伤性癫痫（轻度）； 3）脑叶部分切除术后； 4）一侧部分面瘫，遗留眼睑闭合不全或者口角歪斜； 5）一手部分肌瘫（肌力 3 级以下）； 6）一足大部分肌瘫（肌力 3 级以下）； 7）四肢重要神经损伤（上肢肘关节以上，下肢膝关节以上），遗留相应肌群肌力 3 级以下； 8）严重影响阴茎勃起功能； 9）轻度排便或者排尿功能障碍。
	头面部损伤	1）头皮瘢痕形成或者无毛发，达头皮面积 50%； 2）颅骨缺损 25.0 cm² 以上，不宜或者无法手术修补； 3）容貌毁损（轻度）； 4）面部条状瘢痕形成，累计长度达 20.0 cm；面部条状瘢痕形成（宽度达 0.2 cm），累计长度达 10.0 cm，其中至少 5.0 cm 以上位于面部中心区； 5）面部块状瘢痕形成，单块面积达 7.0 cm²，或者多块累计面积达 9.0 cm²； 6）面部片状细小瘢痕形成或者色素异常，累计面积达 30.0 cm²； 7）一侧眼睑严重畸形；一侧眼睑重度下垂，遮盖全部瞳孔；双侧眼睑轻度畸形；双侧眼睑下垂，遮盖部分瞳孔； 8）双眼泪器损伤均后遗溢泪； 9）双眼角膜斑翳或者血管翳，累及瞳孔区；双眼角膜移植术后； 10）双眼外伤性白内障；儿童人工晶体植入术后； 11）一眼盲目 3 级； 12）一眼重度视力损害，另一眼视力 ≤0.5； 13）一眼视野极度缺损，视野有效值 ≤8%（直径 ≤10°）； 14）双眼象限性视野缺损； 15）一侧眼睑轻度畸形（或者眼睑下垂，遮盖部分瞳孔）合并该眼中度视力损害； 16）一眼眶骨折后遗眼球内陷 5 mm 以上； 17）耳郭缺损或者畸形，累计相当于一侧耳郭； 18）一耳听力障碍 ≥81dBHL； 19）一耳听力障碍 ≥61dBHL，另一耳听力障碍 ≥41dBHL；

伤残等级	损伤部位	内　容
		20）一侧鼻翼或者鼻尖大部分缺损或者严重畸形； 21）唇缺损或者畸形，露齿 3 枚以上（其中 1 枚露齿达 1/2）； 22）颌骨骨折，经牵引或者固定治疗后遗留功能障碍； 23）上颌骨或者下颌骨部分缺损伴牙齿缺失或者折断 7 枚以上； 24）张口受限 II 度； 25）发声功能或者构音功能障碍（轻度）。
	颈部及胸部损伤	1）颈前三角区瘢痕形成，累计面积达 50.0 cm²； 2）甲状腺功能损害（轻度）； 3）甲状旁腺功能损害（轻度）； 4）气管或者支气管成形术后； 5）食管吻合术后； 6）食管腔内支架置入术后； 7）食管损伤，影响吞咽功能； 8）女性双侧乳房缺失或者毁损，累计范围相当于一侧乳房 1/2 以上； 9）女性一侧乳房大部分缺失或者严重畸形； 10）女性一侧乳头完全缺失或者双侧乳头部分缺失（或者畸形）； 11）肋骨骨折 12 根以上，或者肋骨部分缺失 4 根以上；肋骨骨折 8 根以上并后遗 4 处畸形愈合； 12）心功能不全，心功能 I 级； 13）冠状动脉移植术后； 14）心脏室壁瘤； 15）心脏异物存留或者取出术后； 16）缩窄性心包炎； 17）胸导管损伤； 18）肺段或者肺组织楔形切除术后； 19）肺脏异物存留或者取出术后。
	腹部损伤	1）肝部分切除术后； 2）脾部分切除术后； 3）外伤性胰腺假性囊肿术后； 4）一侧肾部分切除术后； 5）胃部分切除术后； 6）肠部分切除术后； 7）胆道损伤胆管外引流术后； 8）胆囊切除术后； 9）肠梗阻反复发作； 10）膈肌修补术后遗留功能障碍（如膈肌麻痹或者膈疝）。

续表

伤残等级	损伤部位	内　容
	盆部及会阴部损伤	1）膀胱部分切除术后； 2）输尿管狭窄成形术后； 3）输尿管狭窄行腔内扩张术或者腔内支架置入术后； 4）一侧卵巢缺失或者丧失功能； 5）一侧输卵管缺失或者丧失功能； 6）子宫部分切除术后； 7）一侧附睾缺失； 8）一侧输精管损伤难以修复； 9）尿道狭窄（轻度）； 10）肛管或者直肠损伤，排便功能轻度障碍或者肛门失禁（轻度）。
	脊柱、骨盆及四肢损伤	1）一椎体粉碎性骨折，椎管内骨性占位； 2）一椎体并相应附件骨折，经手术治疗后；二椎体压缩性骨折； 3）骨盆两处以上骨折或者粉碎性骨折，严重畸形愈合； 4）青少年四肢长骨骨骺粉碎性或者压缩性骨折； 5）四肢任一大关节行关节假体置换术后； 6）双上肢前臂旋转功能丧失均达75%； 7）双上肢长度相差6.0 cm以上； 8）双下肢长度相差4.0 cm以上； 9）四肢任一大关节（踝关节除外）功能丧失50%以上； 10）一踝关节功能丧失75%以上； 11）一肢体各大关节功能丧失均达25%； 12）双足拇趾功能丧失均达75%；一足5趾功能均完全丧失； 13）双足跟骨粉碎性骨折畸形愈合； 14）双足足弓结构部分破坏；一足足弓结构完全破坏； 15）手或者足功能丧失分值≥25分。
	体表及其他损伤	1）皮肤瘢痕形成达体表面积10%。
十级	颅脑、脊髓及周围神经损伤	1）精神障碍或者轻度智能减退，日常生活有关的活动能力轻度受限； 2）颅脑损伤后遗脑软化灶形成，伴有神经系统症状或者体征； 3）一侧部分面瘫； 4）嗅觉功能完全丧失； 5）尿崩症（轻度）； 6）四肢重要神经损伤，遗留相应肌群肌力4级以下； 7）影响阴茎勃起功能； 8）开颅术后。

伤残等级	损伤部位	内　容
	头面部损伤	1）面颅骨部分缺损或者畸形，影响面容； 2）头皮瘢痕形成或者无毛发，面积达 40.0 cm²； 3）面部条状瘢痕形成（宽度达 0.2 cm），累计长度达6.0 cm，其中至少 3.0 cm 位于面部中心区； 4）面部条状瘢痕形成，累计长度达 10.0 cm； 5）面部块状瘢痕形成，单块面积达 3.0 cm²，或者多块累计面积达 5.0 cm²； 6）面部片状细小瘢痕形成或者色素异常，累计面积达 10.0 cm²； 7）一侧眼睑下垂，遮盖部分瞳孔；一侧眼睑轻度畸形；一侧睑球粘连影响眼球运动； 8）一眼泪器损伤后遗溢泪； 9）一眼眶骨折后遗眼球内陷 2 mm 以上； 10）复视或者斜视； 11）一眼角膜斑翳或者血管翳，累及瞳孔区；一眼角膜移植术后； 12）一眼外伤性青光眼，经手术治疗；一眼外伤性低眼压； 13）一眼外伤后无虹膜； 14）一眼外伤性白内障；一眼无晶体或者人工晶体植入术后； 15）一眼中度视力损害； 16）双眼视力≤0.5； 17）一眼视野中度缺损，视野有效值≤48%（直径≤60°）； 18）一耳听力障碍≥61dBHL； 19）双耳听力障碍≥41dBHL； 20）一侧前庭平衡功能丧失，伴听力减退； 21）耳郭缺损或者畸形，累计相当于一侧耳郭的 30%； 22）鼻尖或者鼻翼部分缺损深达软骨； 23）唇外翻或者小口畸形； 24）唇缺损或者畸形，致露齿； 25）舌部分缺损； 26）牙齿缺失或者折断 7 枚以上；牙槽骨部分缺损，合并牙齿缺失或者折断 4 枚以上； 27）张口受限 I 度； 28）咽或者咽后区损伤影响吞咽功能。
	颈部及胸部损伤	1）颏颈粘连畸形松解术后； 2）颈前三角区瘢痕形成，累计面积达 25.0 cm²； 3）一侧喉返神经损伤，影响功能； 4）器质性声音嘶哑； 5）食管修补术后；

伤残等级	损伤部位	内　容
		6）女性一侧乳房部分缺失或者畸形； 7）肋骨骨折6根以上，或者肋骨部分缺失2根以上；肋骨骨折4根以上并后遗2处畸形愈合； 8）肺修补术后； 9）呼吸困难（轻度）。
	腹部损伤	1）腹壁疝，难以手术修补； 2）肝、脾或者胰腺修补术后； 3）胃、肠或者胆道修补术后； 4）膈肌修补术后。
	盆部及会阴部损伤	1）肾、输尿管或者膀胱修补术后； 2）子宫或者卵巢修补术后； 3）外阴或者阴道修补术后； 4）睾丸破裂修补术后； 5）一侧输精管破裂修复术后； 6）尿道修补术后； 7）会阴部瘢痕挛缩，肛管狭窄； 8）阴茎头部分缺失。
	脊柱、骨盆及四肢损伤	1）枢椎齿状突骨折，影响功能； 2）一椎体压缩性骨折（压缩程度达1/3）或者粉碎性骨折；一椎体骨折经手术治疗后； 3）四处以上横突、棘突或者椎弓根骨折，影响功能； 4）骨盆两处以上骨折或者粉碎性骨折，畸形愈合； 5）一侧髌骨切除； 6）一侧膝关节交叉韧带、半月板伴侧副韧带撕裂伤经手术治疗后，影响功能； 7）青少年四肢长骨骨折累及骨骺； 8）一上肢前臂旋转功能丧失75%以上； 9）双上肢长度相差4.0 cm以上； 10）双下肢长度相差2.0 cm以上； 11）四肢任一大关节（踝关节除外）功能丧失25%以上； 12）一踝关节功能丧失50%以上； 13）下肢任一大关节骨折后遗创伤性关节炎； 14）肢体重要血管循环障碍，影响功能； 15）一手小指完全缺失并第5掌骨部分缺损； 16）一足拇趾功能丧失75%以上；一足5趾功能丧失均达50%；双足拇趾功能丧失均达50%；双足除拇趾外任何4趾功能均完全丧失； 17）一足跟骨粉碎性骨折畸形愈合；

续表

伤残等级	损伤部位	内　容
		18）一足足弓结构部分破坏； 19）手或者足功能丧失分值≥10分。
	体表及其他损伤	1）手部皮肤瘢痕形成或者植皮术后，范围达一手掌面积50%； 2）皮肤瘢痕形成达体表面积4%； 3）皮肤创面长期不愈超过1年，范围达体表面积1%。

注意：此表是根据2016年4月18日最高人民法院、最高人民检察院、公安部、国家安全部、司法部关于发布《人体损伤致残程度分级》的公告有关内容整理，该分级自2017年1月1日起施行。司法鉴定机构和司法鉴定人进行人体损伤致残程度鉴定统一适用《人体损伤致残程度分级》。

术语及定义：①损伤，是指各种因素造成的人体组织器官结构破坏和/或功能障碍。②残疾，是指人体组织器官结构破坏或者功能障碍，以及个体在现代临床医疗条件下难以恢复的生活、工作、社会活动能力不同程度的降低或者丧失。

鉴定有关事项：①鉴定原则：应以损伤治疗后果或者结局为依据，客观评价组织器官缺失和/或功能障碍程度，科学分析损伤与残疾之间的因果关系，实事求是地进行鉴定。受伤人员符合两处以上致残程度等级者，鉴定意见中应该分别写明各处的致残程度等级。②鉴定时机：应在原发性损伤及其与之确有关联的并发症治疗终结或者临床治疗效果稳定后进行鉴定。③伤病关系处理：当损伤与原有伤、病共存时，应分析损伤与残疾后果之间的因果关系。根据损伤在残疾后果中的作用力大小确定因果关系的不同形式，可依次分别表述为：完全作用、主要作用、同等作用、次要作用、轻微作用、没有作用。除损伤"没有作用"以外，均应按照实际残情鉴定致残程度等级，同时说明损伤与残疾后果之间的因果关系；判定损伤"没有作用"的，不应进行致残程度鉴定。

2. 证据目录表

　　向法庭提交证据的目的在于证明我们所要诉求的事实。为了能够有效地使法庭接纳我们的诉讼请求，在有限的时间里向法庭清晰、完整地展示我们的证据就成了关键。这里为读者提供一份证据目录表，以便读者清晰地展示证据。

　　在医疗纠纷中，患者常常起诉的就是医疗损害赔偿，因此在证据的选择上，尽量将证明侵权关系成立的证据放在前面，而对于证明损失大小的证据可以放在后面，这样既显得有逻辑，又能实现归类整理。或者患者也可以选择采用《民事诉讼法》中关于证据的分类的规定，按照物证、书证、证人证言、视听资料等法定证据类型进行分类。不管采取哪一种证据归类方式，目的是使证据能够清楚明确地表达出来，被裁判者所认知。

序号	证据名称	所要证明的内容	页数	页码
1	例如：病历资料	证明病历资料存在涂改		
2	医疗事故鉴定书	医疗行为构成医疗事故		
3	医疗费单据	证明花费医疗费 XX 元		
4	交通费发票	证明花费交通费 XX 元		
5	病历、住院缴费凭证	证明患者住院天数和花费		
6				

　　注：本表中所列仅仅是为了给患者做出简单的例子，现实生活中具体发生医疗纠纷时，要结合案件本身的证据自行制作证据目录。

3. 两类赔偿标准计算公式的对照表

在现行法律下，医疗事故赔偿与一般的侵权赔偿有所不同，为了方便读者更好地进行计算，现将二者对照表做如下整理：

序号	项目名称	医疗事故损害赔偿项目公式	一般医疗损害赔偿项目公式
1	医疗费	医疗费＝已发生的医疗费（不包括原发病的治疗范围）＋预期医疗费（在发生之后的基本医疗费用）	无差别
2	误工费	1. 一般收入者： 误工费赔偿金额＝误工时间×收入标准 2. 高收入者： 误工费赔偿金额＝误工时间×收入标准（医疗事故发生地上一年度职工平均工资的3倍）	有固定收入的：误工费赔偿金额＝误工时间×收入标准
		3. 无固定收入者： 误工费赔偿金额＝误工时间×收入标准（医疗事故发生地上一年度职工平均工资）	无固定收入的： 误工费赔偿金额＝误工时间×收入标准，这里的收入标准是指： 1. 近三年的平均收入计算； 2. 不能举证证明的参照法院所在地或相同行业上一年度职工的平均工资计算
3	住院伙食补助费	住院伙食补助费金额＝住院时间×医疗事故发生地国家机关工作人员一般出差标准	无差别
4	陪护费	陪护费金额＝陪护天数×陪护人数×（医疗事故发生地上一年度职工平均工资/365）	1. 护理人员有收入的，参照误工费的标准计算；2. 护理人员没有收入的，参照当地护工从事同等级别护理的劳动报酬标准计算
5	残疾生活补助费	残疾生活补助费赔偿金额＝伤残等级×医疗事故发生地居民的年生活费×赔偿期限	无该项标准

序号	项目名称	医疗事故损害赔偿项目公式	一般医疗损害赔偿项目公式
6	残疾赔偿金	无该项标准	1. 一般情况下残疾赔偿金额＝法院所在地上一年度城镇居民人均可支配收入或者农村居民人均纯收入×20年
			2. 60周岁以上的，年龄每增加一次，减少一年
			3. 75周岁以上的，按照五年计算。残疾赔偿金额＝法院所在地上一年度城镇居民人均可支配收入或者农村居民人均纯收入×5年
7	残疾用具费	普通型器具的费用	无差别
8	丧葬费	按照医疗事故发生地的丧葬标准计算出的数额	丧葬费赔偿金额＝受诉法院所在地上一年度职工月平均工资×6
9	死亡赔偿金	无该项标准	死亡赔偿金＝受诉法院所在地上一年度城镇居民人均支配收入或者农村居民人均纯收入标准×20（60周岁以上的，每增加一岁减少一年，75周岁的按照5年计算）
10	被扶养人生活费	被扶养人生活费赔偿金额＝被扶养人的人数×当地居民最低生活保障标准×扶养年限（未成年的，计算至16岁；60周岁以上的，不超过15年；75周岁以上的，为5年；无劳动能力的，年限为20年）	被扶养人生活费赔偿金额＝被扶养人的人数＊受诉法院所在地上一年度城镇居民人均消费性支出和农村居民人均年生活消费支出×扶养年限（未成年的，计算至18岁；60周岁以上的，年龄每增加一岁减少一年，以20年为基准；75周岁以上的，为5年；无劳动能力的，年限为20年）
11	交通费	交通费赔偿金额＝实际必需的交通费用单据数额之和	无差别
12	住宿费	住宿费赔偿金额＝住宿天数×医疗事故发生地国家机关一般工作人员的出差住宿补助标准	根据规定，其发生的住宿费和伙食费，其合理部分应予赔偿。显然该标准不是很明确
13	精神损害抚慰金	精神损害抚慰金赔偿数额＝医疗事故发生地居民年平均生活费×年限	无相关标准，适用《最高人民法院关于民事侵权精神损害赔偿责任若干问题的解释》

4. 部分医疗产品检测名录表

名称	主要检测范围	地址	联系电话
国家食品药品监督管理局天津医疗器械质量监督检验中心	外科植入物和矫形器械	天津市南开区红旗南路237号	022 – 23365845
国家食品药品监督管理局上海医疗器械质量监督检验中心	植入式心脏起搏器及其配件	上海市民和路154号	021 – 56635850
国家食品药品监督管理局北京大学口腔医学院口腔医疗器械器械检验中心	义齿、牙科手术用品等医用口腔产品	北京市海淀区中关村大街22号	010 – 62179977
中国食品药品检定研究院	药品和生物制品	北京市东城区天坛西里2号	010 – 67095114
国家康复辅助辅具质量检验中心	假肢、矫形器、轮椅车等康复用具	北京市大兴区亦庄经济技术开发区荣华中路1号	010 – 58122726
国家食品药品监督管理局北京医疗器械质量监督检验中心	一次性医疗产品、口腔材料、非吸收性缝合线成品敷布、插管及接头	北京市朝阳区北三环中路2号	010 – 62013862

5. 2011 年各地城乡居民人均消费性支出及收入

地区	城镇居民		农村居民	
	消费性支出（元）	可支配收入（元）	消费性支出（元）	纯收入（元）
北京市	21 984	32 903	11 708	14 736
天津市	18 424	26 921		
河北省	11 609. 3	18 292. 23	4 711. 2	7 120
山西省	11 354. 3	18 123. 9	4 587	5 601. 4
内蒙古	15 878	20 408	5 508	6 642
辽宁省		20 467		8 297
吉林省	13 010. 63	17 796. 57	5 305. 8	7 590. 9
黑龙江省	12 054	15 696. 2	5 333. 6	7 590. 7
上海市	25 102	36 230	11 272	15 644
江苏省	16 782	26 341	7 693	10 805
浙江省	20 437	30 971	96 44	13 071
安徽省	13 181	18 606	4 957	6 232
福建省		24 907		8 779
江西省	1 747	17 495	4 660	6 892
山东省	14 564	22 792	5 901	8 342
河南省	12 336. 47	18 194. 8	4 319. 95	6 604. 03
湖北省		18 373. 87		6 897. 92
湖南省	13 403	18 844	5 179	6 567
广东省		26 897. 48		9 371. 73
广西壮族自治区	12 848	18 854	4 211	5 231
海南省	12 643	18 369	4 126	6 446
重庆市	14 974. 49	20 249. 7	4 502. 06	6 480. 41
四川省	13 696	17 899	4 675. 5	6 128. 6

续表

地区	城镇居民		农村居民	
	消费性支出（元）	可支配收入（元）	消费性支出（元）	纯收入（元）
贵州省	11 352.88	16 495.01	3 455.76	4 145.35
云南省	12 248	18 576	4 000	4 722
西藏自治区		16 196		4 904
陕西省	13 783	18 245	4 496	5 028
甘肃省	11 188.57	14 988.68	3 664.9	3 909.4
青海省	10 955.46	15 603.31	4 536.82	4 608.47
宁夏回族自治区	12 896	17 579	4 726.6	5 410
新疆维吾尔自治区	11 839	15 514	4 398	5 442

注：上述表格的数据来源均为各地统计公报，如天津市的来源为2011年天津市国民经济和社会发展统计公报，读者可以以此查到相关数据，进入各省统计局网站查询即可。

6. 2012 年各地城乡居民人均消费性支出及收入

地区	城镇居民		农村居民	
	消费性支出（元）	可支配收入（元）	消费性支出（元）	纯收入（元）
北京市	24 045.86	36 468.75	11 878.92	16 475.74
天津市	20 024.24	29 626.41	8 336.55	14 025.54
河北省	12 531.12	20 543.44	5 364.14	8 081.39
山西省	12 211.53	20 411.7	5 566.2	6 356.6
内蒙古	17 717.1	23 150.26	6 381.97	7 611.31
辽宁省	16 593.6	23 222.67	5 998.39	9 383.72
吉林省	14 613.53	20 208.04	6 186.17	8 598.17
黑龙江省	12 983.55	17 759.75	5 718.05	8 603.8
上海市	26 253.47	40 188.34	11 971.5	17 803.68
江苏省	18 825.28	29 676.97	9 131.18	12 201.95
浙江省	21 545.18	34 550.3	10 652.73	14 4551.92
安徽省	15 011.66	21 024.21	5 555.99	7 160.46
福建省	18 593.21	28 055.24	7 401.92	9 967.17
江西省	12 775.65	19 860.36	5 129.47	7 829.43
山东省	15 778.24	25 755.19	6 775.95	9 446.54
河南省	13 732.96	20 442.62	5 032.14	7 524.94
湖北省	14 495.97	20 839.59	5 726.73	7 851.71
湖南省	14 608.95	21 318.76	5 870.12	7 440.17
广东省	22 396.35	30 226.71	7 458.56	10 542.84
广西壮族自治区	14 243.98	21 242.8	4 933.58	6 007.55
海南省	14 456.55	20 917.71	4 776.3	7 408
重庆市	16 573.14	22 968.14	5 018.64	7 383.27

地区	城镇居民		农村居民	
	消费性支出（元）	可支配收入（元）	消费性支出（元）	纯收入（元）
四川省	15 049.54	20 306.99	5 366.7	7 001.4
贵州省	12 585.7	18 700.51	3 901.71	4 753
云南省	13 883.93	21 074.5	4 561.33	5 416.54
西藏自治区	11 184.33	18 028.32	2 767.56	5 719.38
陕西省	15 332.84	20 733.88	5 114.68	5 762.52
甘肃省	12 847.05	17 156.89	4 146.2	4 506.7
青海省	12 346.29	17 566.28	5 338.94	5 364.38
宁夏回族自治区	14 067.15	19 831.41	5 351.36	6 180.32
新疆维吾尔自治区	13 891.72	17 920.68	5 301.25	6 393.68

注：上述表格的数据来源均为各地统计公报，如天津市的来源为 2012 年天津市国民经济和社会发展统计公报，读者可以以此查到相关数据，进入各省统计局网站查询即可。

7. 2013 年各地城乡居民人均消费性支出及收入

地区	城镇居民		农村居民	
	消费性支出（元）	可支配收入（元）	消费性支出（元）	纯收入（元）
北京市	26 275	40 321	13 553	18 337
天津市	21 850	32 658	10 155	15 405
河北省	13 641	22 580	6 134	9 102
山西省	13 166	22 456	6 107	7 154
内蒙古	19 249	25 497	7 268	8 596
辽宁省	18 029.7	25 578	7 159	10 523
吉林省	15 932.3	22 274.6	7 379.7	9 621.2
黑龙江省	14 162	19 597	6 813.6	9 634.1
上海市	28 155	22 274.6	7 379.7	9 621.2
江苏省	20 371	32 538	9 607	13 598
浙江省	23 257	37 851	11 760	16 106
安徽省	16 285	23 114	5 725	8 098
福建省	20 093	30 816	8 151	11 184
江西省	13 851	21 873	5 654	8 781
山东省	17 112	28 264	7 393	10 620
河南省	14 822	22 398.03	5 628	8 475.34
湖北省	15 750	22 906	6 280	8 867
湖南省	15 887	23 414	6 609	8 372
广东省	24 133	33 090.05	8 344	11 669.31
广西壮族自治区	15 418	23 305	5 206	6 791
海南省	15 593	22 929	5 467	8 343
重庆市	17 814	25 216	5 796	8 332

续表

地区	城镇居民		农村居民	
	消费性支出（元）	可支配收入（元）	消费性支出（元）	纯收入（元）
四川省	16 343	22 368	6 127	7 895
贵州省	13 702.87	20 667.07	4 740.18	5 434
云南省	15 156	23 236	4 744	6 141
西藏自治区	12 232	20 023	3 574	6 578
陕西省	16 880	22 858	5 724	6 503
甘肃省	14 020.72	18 964.78	4 849.61	5 107.76
青海省	13 539.5	19 498.54	6 060.19	6 196.39
宁夏回族自治区	15 321	21 833	6 490	6 931
新疆维吾尔自治区	15 206	19 874	5 520	7 296

注：上述表格的数据来源均为各地统计公报，如天津市的来源为 2013 年天津市国民经济和社会发展统计公报，读者可以以此查到相关数据，进入各省统计局网站查询即可。

8. 2014 年各地城乡居民人均消费性支出及收入

地区	城镇居民		农村居民	
	可支配收入（元）	消费性支出（元）	纯收入（元）	消费性支出（元）
北京	43 910	28 009	20 226	14 529
上海	47 710	30 520	21 192	15 291
天津	31 506		17 014	
重庆	25 147	18 279	9 490	7 983
河北省	24 141	16 204	10 186	8 248
山西省	24 069	14 637	8 809	6 992
内蒙古	28 350	20 885	9 976	9 972
辽宁省	29 082		11 191	
吉林省	23 217.8	17 156	10 780.1	
黑龙江省	22 609		10 467	
江苏省	34 346	23 476	14 958	11 820
浙江省	40 393	27 242	19 373	14 498
福建省	30 722		12 650	
江西省	24 309	15 142	10 117	7 548
湖南省	26 570	18 335	10 060	9 025
湖北省	24 852		10 849	
河南省	24 391.45	15 726.12	9 416.10	6 438.12
广东省	32 148		12 246	
广西	24 669	15 045	8 683	6 675
山东省	29 222	18 323	11 882	7 962
陕西省	28 844	19 968	9 892	8 383
山西省	24 069	14 637	8 809	6 992

续表

地区	城镇居民		农村居民	
	消费性支出（元）	可支配收入（元）	消费性支出（元）	纯收入（元）
安徽省	24 839	16 107	9 916	7 981
甘肃省	20 804	15 507	5 736	5 272
云南省	24 299	16 268	7 456	6 030
贵州省	22 548.21	15 254.64	6 671.22	5 970.25
四川省	24 381	18 027	8 803	6 906
青海省	22 306.57	17 492.89	7 282.73	8 235.14
海南省	24 487	17 514	9 913	7 029
宁夏	23 285	17 216	8 410	7 676
西藏	22 016		7 359	
新疆	23 214		8 724	
深圳市	40 948	28 853		
厦门市	39 625	27 402	16 220	14 142
汕头市	21 446		11 190	
珠海市	35 287.3	26 637.8	18 394.8	
宁波市	44 155	27 893	24 283	16 228
大连市	33 591	27 482	13 547	8 830
青岛市	38 294	24 016	17 461	10 808
喀什市	17 310		7 133	

注：上述表格的数据来源均为各地统计公报，如天津市的来源为2014年天津市国民经济和社会发展统计公报，读者可以以此查到相关数据，进入各省统计局网站查询即可。

9. 2015 年各地城乡居民人均消费性支出及收入

地区	城镇居民		农村居民	
	消费性支出（元）	可支配收入（元）	消费性支出（元）	可支配收入（元）
北京市	36 642	52 859	15 811	20 569
天津市	26 230	34 101	14 739	18 482
河北省	17 587	26 152	9 023	11 051
山西省	15 819	25 828	7 421	9 454
内蒙古	21 876	30 594	10 637	10 776
辽宁省		31 126		12 057
吉林省	17 973	24 901	8 783	11 326
黑龙江省				
上海市	36 946	52 962	16 152	23 205
江苏省		37 173		16 257
浙江省	28 661	43 714	16 108	21 125
安徽省	17 234	26 936	8 975	10 821
福建省	23 520	33 275	11 961	13 793
江西省	16 732	26 500	8 486	11 139
山东省	19 854	31 545	8 748	12 930
河南省	17 154	25 576	7 887	10 853
湖北省		27 051		11 844
湖南省	19 501	28 838	9 691	10 993
广东省		34 757		13 360
广西壮族自治区	16 321	26 416	7 582	9 467
海南省		26 356		10 858
重庆市	19 742	27 239	8 938	10 505
四川省	19 277	26 205	9 251	10 247

地区	城镇居民		农村居民	
	消费性支出（元）	可支配收入（元）	消费性支出（元）	可支配收入（元）
贵州省	16 914.20	24 579.64	6 644.93	7 386.87
云南省	17 675	26 373	6 830	8 242
西藏自治区		25 457		8 244
陕西省	18 464	26420	7 901	8 689
甘肃省	1 7451	23 767	6 830	6 936
青海省	19 200.65	24 542.35	8 566.49	7 933.41
宁夏回族 自治区				
新疆维吾尔 自治区		26 274.66		9 425.08

注：上述表格的数据来源均为各地统计公报，如天津市的来源为 2014 年天津市国民经济和社会发展统计公报，读者可以以此查到相关数据，进入各省统计局网站查询即可，表格中空白部分是公报上暂无数据或者暂未公布，读者可以去当地人力资源和社会保障部门查询行馆信息。

10. 中央和国家机关差旅住宿费和伙食补助表

单位：元/（人·天）

省份	住宿费标准（元）			伙食费标准（元）
	省部级人员	司局级（厅级）	其他人员	
北京	800	500	350	100
天津	800	450	320	100
河北	800	450	310	100
山西	800	480	310	100
内蒙古	800	460	320	100
辽宁	800	480	330	100
大连	800	490	340	100
吉林	800	450	310	100
黑龙江省	800	450	310	100
上海市	800	500	350	100
江苏省	800	490	340	100
浙江省	800	490	340	100
宁波市	800	450	330	100
安徽省	800	460	310	100
福建省	800	480	330	100
厦门市	800	490	340	100
江西省	800	470	320	100
山东省	800	480	330	100
青岛市	800	490	340	100
河南省	800	480	330	100
湖北省	800	480	320	100

续表

省份	住宿费标准（元）			伙食费标准（元）
	省部级人员	司局级（厅级）	其他人员	
湖南省	800	450	330	100
广东省	800	490	340	100
深圳市	800	500	350	100
广西壮族自治区	800	470	330	100
海南省	800	500	350	100
重庆市	800	480	330	100
四川省	800	470	320	100
贵州省	800	470	320	100
云南省	800	480	330	100
西藏自治区	800	500	350	120
陕西省	800	460	320	100
甘肃省	800	470	330	100
青海省	800	500	350	120
宁夏回族自治区	800	470	330	100
新疆维吾尔自治区	800	480	340	120

注：上述数据来源于各省省直机关差旅费管理办法，如北京市的为《北京市党政机关差旅费管理办法》，河北省的为《河北省省直机关差旅费管理办法》。

11. 各省关于差旅费最新规定表

地区	相关法规
全国	《中央和国家机关差旅费管理办法》（财行［2013］531号）
北京市	《北京市党政机关差旅费管理办法》（京财党政群［2014］176号）
天津市	《天津市党政机关差旅费管理办法》（津财行政［2014］30号）
河北省	《河北省省级机关差旅费管理办法》（冀财行［2014］42号）
山西省	《省直机关差旅费管理办法》（晋财行［2014］49号）
内蒙古	《内蒙古自治区本级党政机关差旅费管理办法》（内财行［2014］409号）
辽宁省	《辽宁省省直机关差旅费管理办法》（辽委办发［2014］13号）
吉林省	《吉林省省直机关差旅费管理办法》（吉财行［2014］398号）
黑龙江省	《黑龙江省省直机关差旅费管理办法》（黑财行［2014］10号）
上海市	《上海市市级机关差旅费管理办法》（沪财行［2014］9号）
江苏省	《江苏省省级机关差旅费管理办法》（苏财行［2014］16号）
浙江省	《浙江省机关工作人员差旅费管理规定》（浙财行［2014］10号）
安徽省	《安徽省省直机关差旅费管理办法》（财行［2013］1129号）
福建省	《福建省省直机关差旅费管理办法》（闽财行［2014］22号）
江西省	《江西省省直机关和事业单位差旅费管理办法》（赣财行［2007］74号 2007年6月29日）
山东省	《山东省省直机关差旅费管理办法》（鲁财行［2015］58号 2015年8月4日）
河南省	《河南省省直机关和事业单位差旅费管理办法》
湖北省	《湖北省省级党政机关差旅费管理办法》（鄂财行发［2014］11号）
湖南省	《湖南省省直单位差旅费管理办法》（湘财行［2007］10号）
广东省	《省直党政机关和事业单位差旅费管理办法》（粤财行［2014］67号）
广西壮族自治区	广西壮族自治区本级党政机关差旅费管理办法（桂财行［2014］30号）

续表

地区	相关法规
海南省	《海南省省直机关差旅费管理办法》（琼财行〔2014〕493号）
重庆市	《重庆市市级机关和事业单位差旅费管理办法》（渝财行〔2007〕109号）
四川省	《四川省省直机关差旅费管理办法》（川财行〔2014〕6号）
贵州省	《贵州省省级党政机关差旅费管理办法》（黔财行〔2014〕19号）
云南省	《云南省省级国家机关和事业单位差旅费管理办法》（云财行〔2008〕325号 2008年10月6日）
西藏自治区	《西藏自治区差旅费管理办法》（藏财行字〔2014〕22号）
陕西省	《省级机关差旅费管理办法》（陕财办行〔2014〕19号）
甘肃省	《甘肃省省级党政机关机关差旅费管理办法》（甘办发〔2014〕57号）
青海省	《青海省省级党政机关机关省外差旅费管理办法》、《青海省党政机关机关省内差旅费管理办法》（青财行字〔2014〕1288号）
宁夏回族自治区	《宁夏回族自治区本级党政机关差旅费管理办法（暂行）》（宁财行发〔2014〕97号）
新疆维吾尔自治区	《自治区党政机关事业单位工作人员差旅费管理办法》（新政办法〔2014〕77号）

12. 各地最低生活保障标准

地区	城市低保标准 （元/月）	农村最低标准 （元/月）	调整时间
北京市	710	710	2015 年 7 月 1 日
上海市	790	790	2015 年 4 月 1 日
南京市	700	700	2015 年 7 月 1 日
重庆市	365 ~ 385	215 ~ 225	2014 年 10 月 1 日
天津	705	540	2015 年 4 月 1 日
太原	453 ~ 505	288 ~ 505	2015 年 1 月 1 日
杭州	660	660	2014 年 12 月 1 日
石家庄	500	2700 元/年	2013 年 12 月
呼和浩特	515 ~ 565 元	3644 元/年	2015 年 1 月 1 日
武汉	580	320	2015 年 1 月 1 日
长沙	450	450	2015 年 7 月 1 日
广州	600	560 ~ 600	2014 年 1 月 1 日
南宁	250	103	2014 年 1 月 1 日
海口	450	360	2013 年 7 月 1 日
成都	400 ~ 500	400 ~ 500	2014 年 11 月 1 日
贵阳	425 ~ 530	200 ~ 530	2015 年 1 月 1 日
昆明	475 ~ 530	215 ~ 295	2015 年 4 月 1 日
拉萨	640	2950 元/年	2015
西安	480 ~ 510	255 ~ 265	2014 年 10 月
兰州	387 ~ 515	2453 元/年	2015 年 5 月 30 日前
西宁	373	2345 元/年	2015 年 1 月 1 日
银川	380	2400 元/年	2015 年 1 月 1 日
乌鲁木齐	380	195	2015 年

地区	城市低保标准 （元/月）	农村最低标准 （元/月）	调整时间
沈阳	505～580	295～355	2015 年
长春	350～435	2650～2700 元/年	2015 年 7 月 1 日
哈尔滨	510	3000 元/年	2014 年 10 月 1 日
合肥	510	510	2014 年 10 月 1 日
福州	最低工资标准36%～42%	不低于2300 元/年	——
南昌	450～480	280	2015 年 1 月 1 日
济南	500～550	300	2015 年 4 月 1 日
郑州	520	290	2015 年 7 月 1 日

第十三章
常用法律文书

1. 民事起诉状

民事起诉状也称民事起诉书，是在民事诉讼活动中，当事人向人民法院提交的请求法院依法裁判的法律文书。在医疗损害赔偿纠纷和医疗事故纠纷中，患者需要通过起诉来使法院对医疗纠纷进行裁判，因此起诉书的制作就很重要。

民事起诉状分为：首部、正文和尾部三部分。

首部主要事项：标题；当事人的基本情况，包括原告、被告（第三人）的姓名、性别、出生年月日、民族、职业、工作单位和职务、住址等内容，以及诉讼代理人的情况。

正文包括案由和诉讼请求、事实和理由、证据及其来源和证人的姓名等三部分内容。

尾部主要写明：法院的名称（全称）；起诉人署名；起诉状制作日期；附项（起诉状副本、证据目录、证人的相关信息）。

注意：在患者进行起诉时，其多为医疗机构，对医疗机构应当使用全称，联系电话一定要写常用电话，如果当事人提供错误的电话往往会影响到庭审程序的正常进行，这是极其不利于当事人进行维权的。在诉讼的事实和理由部分，一定要按照实际情况，但是在现实中经常会出现的情况是当事人将"个人认为的事情（个人情感）"混同于事实和理由，甚至认为个人情感就是事实。这种方式不可取，一定要依据现有的证据，来描述发生的纠纷，事实是用叙述性的语言来描述，而不是用评论性或者感性的语言来描述。诉讼实践中会出现各种各样问题，读者一定要结合医疗纠纷中的具体问题在参阅起诉状基础上进行书写。

起诉状样本：

民事起诉状

原告李某某，男，××年××月××日出生，汉族，××公司经理（职务），住北京市朝阳区××街道办事处××单元××楼××室。联系电话：188××××××××。

委托代理人×××，北京市×××律师事务所律师。联系电话：188×××××××。代理权限：代为出庭应诉、上诉、变更诉讼请求、调解、代收法律文书。

被告：北京市×××医院，住所地：北京市××区××街××号。

法定代表人：×××，院长。联系电话：010－×××××××

诉讼请求：

1. 请求判令被告给我赔偿误工费 48 374 元、医疗费 19 915.38 元、残疾赔偿金 33834 元、精神抚慰金 5639 元，共计 107 762.38 元。

2. 案件受理费、鉴定费由被告承担。

事实与理由：

20××年2月18日，原告李某某怀孕26＋周，因出现腹痛、阴道流血等症状，至被告处急诊；经B超检查：原告李某某"子宫内见两个胎儿，呈一横一头位，……"，提示"宫内妊娠，双活胎，胎盘前置（完全型）"。原告李某某转入被告妇科住院，初诊原告李某某为："1. G1P0 孕 26 周宫内妊娠双活胎；2. 先兆流产；3. 胎盘低置状态。"自 12 时 30 分始，点滴安宝；至当日 22 时，原告李某某先后出现胸闷、畏冷、不规则宫缩、体温升高等不适症状，脉搏升至 144 次/分。期间，被告医护人员除调整点滴速度外，仅于 16 时对原告李某某腹中双胎查过一次胎心，并未采取其他任何适症诊疗措施。2010 年 2 月 19 日零时，原告李某某不规则宫缩无改善；凌晨 1 时 30 分，原告李某某已阴道出血累计 150 毫升以上，值班医生在未到场的情况下，仅通过电话，嘱值班护士停安宝，换滴硫酸镁（与安宝同为宫缩抑制药物）；因原告李某某出血量大，原告多次请求值班护士请医生到场检查，甚至致电科室主任，但始终未见医生到场检查，更谈不上采取适诊措施进行治疗。至 4 时 30 分，仅临床护理记录单显示：原告李某某阴道出血已达 300 毫升以上；医嘱"备血，查血常规，建立第二路静脉通路补液……送产房观察"。自 2 月 18 日 16 时至此时，逾 12 小时，被告医护人员才第一次检查胎心——121 次/122 次/分。4 时 35 分，原告李某某阴道出血 350 毫升；6 时，累计出血达 1100 毫升以上；6 时 41 分，原告李某某产下第一个胎儿，但已无生命迹象；6 时 42 分，另一男婴出生，心率为 70 次/分，据新生儿阿氏评分为 1 分，5 分钟后医护人员即记录死亡。

原告李某某至被告处诊疗，按医学常规，原告李某某的症状表明为高危患者，应高度重视，认真对待；但被告的医护人员未按妇产科操作规范，对原告李某某及其胎儿未进行进一步监测、监护，简单处以保胎疗法；特别是在原告李某某出现不规则宫缩、阴道出血等症状，按医学常规已可判断"不可免早产"发生的可能性，行剖宫手术指征明确，值班医生却迟至患者出现以上症状四个半小时后，才到场检查患者，此时再作剖宫产手术，已然错过挽救两条生命的最佳时机。被告医护人员未按妇产科操作规范及诊疗常规进行治疗、护理，对于本案一胎儿胎死腹中、另一婴儿出生后不久即夭亡的后果，负有不可推卸的责任，由此造成的损害结果，被告依法应承担赔偿责任。被告未对婴儿进行尸检，也未告知患者家属，当天就将两婴儿处理火化，给丧子的一家精神上带来极大的伤害。因此诉至贵院，请求法院查明事实，依法判决，给原告以公正。（请求法院公正判决，支持原告的诉讼请求）。

　　此致
北京市××区人民法院

具状人：李××

××年××月××日

附：

1. 起诉状副本 1 份
2. 证据清单×份

2. 民事上诉状

上诉状是当事人不服一审判决、裁定，在法定的期间内向上一级人民法院提起的改变一审判决、裁定内容的书面请求。上诉状也分为三部分：首部、正文和尾部。

首部需要写明的是：文书的名称为"上诉状"和"民事上诉状"以及上述人和被上诉人及其代理人的基本情况（基本情况和起诉状的内容基本一致，写明姓名、性别、出生日期、工作单位和职务、家庭住址、联系方式）。

正文部分要写明上诉的来由、事实和理由。所谓的上诉来由是指需要写明一审案由、一审法院名称、一审裁判日期、一审文书编号等信息。如"上诉人徐某某因医疗损害责任纠纷一案，不服上海市宝山区人民法院（2015）宝民一（民）初字第 7024 号民事判决，现提起上诉，请求依法改判。"

需要注意的是，在正文部分，上诉的事实和理由是极其关键的，这部分内容是向二审法院表达上诉人上诉请求的关键。写好本部分内容应该从以下几个方面入手：第一，需要仔细阅读一审法院的判决书，看看法院是否有超诉讼请求判决或者遗漏了诉讼请求判决，如果有上述情况，在上诉状中予以指明；第二，看一审判决书的判项，了解判决书的内容，看自己对法院的哪项请求不服，再看看法院的理由，如果自己确有证据证明是法院错误理解了事实或者错误地适用了法律，在上诉状中对该部分错误可以直接指出来；第三，在医疗纠纷中，如果上诉人对一审法院的赔偿数额不认同，需要当事人仔细核对，并提出相应的证据予以证明；第四，对证据部分一定要注意，如果对方当事人伪造证据，如篡改病历资料、伪造病历资料案一定要及时收集、保存证据。

上诉状样本：

民事上诉状

上诉人（原审原告）：张××，男，××年××月××日出生，汉族，学生（职务），住北京市海淀区××街道办事处××单元××楼××室。联系电话：187××××××××。

委托代理人×××，北京市×××律师事务所律师。联系电话：187×××××

×××。代理权限：代为出庭应诉、变更诉讼请求、调解、代收法律文书。

被上诉人（原审被告）：北京市×××医院，住所地：北京市××区××街××号。

法定代表人：×××，院长。联系电话：010－×××××××

委托代理人×××，北京市×××律师事务所律师。联系电话：187×××××××××。代理权限：代为出庭应诉、变更诉讼请求、调解、代收法律文书。

上诉人张××因医疗损害赔偿纠纷一案，不服北京市××区人民法院于2009年9月15日做出的（2009）×民初字第×××号民事判决书。现提起上诉，请求依法改判。

上诉请求：

1. 请求撤销北京市××区人民法院于2009年9月15日做出的（2009）×民初字第×××号民事判决书。

2. 请求二审法院在查清事实的基础上，依法改判。

3. 请求判决由被上诉人承担本案的全部诉讼费用。

4. 申请鉴定一审所提交的药单、病历、医嘱资料及鉴定影像资料。

上诉理由：

1. 原审法院认定事实不清。

被上诉人医疗过错行为直接导致患者邱某某死亡的事实清楚，责任明确。首先，被上诉人没有尽到高度谨慎注意义务，在脑出血急性期用了脑出血禁忌药物，手术技术粗糙，未遵循危重病人抢救制度，术后应用抗凝药物未密切检测凝血功能，术后连续三天作脑脊液置换违反了诊疗规范，直接诱发患者脑动脉破裂出血。其次，赔偿协议也清楚表明被上诉人有明显医疗过错。根据《侵权责任法》第54条："患者在诊疗活动中受到损害，医疗机构及其医务人员有过错的，由医疗机构承担赔偿责任。"第57条："医务人员在诊疗活动中未尽到与当时的医疗水平相应的诊疗义务，造成患者损害的，医疗机构应当承担赔偿责任。"被上诉人应当就其过错承担责任，一审法院对上述事实不予认定，明显有失偏颇。

2. 原审法院判决没有法律依据，适用法律不当。

第一，《民法通则》第4条规定，民事活动应当遵循自愿、公平、等价有偿、诚实信用原则。本案中，赔偿协议中没有上诉人签名，被上诉人赔偿费用包括医疗费、住院伙食补助费、护理费、交通费、住宿费、丧葬费、死亡赔偿金，精神抚慰金，9999元赔偿费用显失公平。第二，没有任何证据表明上诉人授权任何人作为代理人签署协议。第三，被上诉人故意曲解《广东省医疗纠纷预防与处理办法》第29条规定。医疗纠纷处理程序包括协商、调解及诉讼，而被上诉人利用患者家属对医疗纠纷处理程序的无知，单以第29条规定1万元作为上限，纯属欺诈行为。第四，原审判决认为：因未作尸检，已无法准确判断医疗损害的具体事宜是不当的。只有在医患双方当事人未能确定死因或对死因有异议的情形下才应当尸检，本案双方当事人对患者死因均无异议，上诉人认可被上诉人对患者死因诊断，故不存在尸检才能准确判断医疗损害责任问题。

综上所述，原审法院认定事实不清，适用法律错误，其裁判内容有失公允。请求二审法院查明事实，依法改判。

此致

北京市××中级人民法院

上诉人：张××

××年××月××日

附：

1. 本上诉状副本一份

2. 证据

3. 民事答辩状

民事答辩状是针对原告的起诉状或是上诉人上诉状中陈述的事实，答辩人向一审法院或者二审法院表明己方观点的诉讼文书。

答辩状的基本内容主要由首部、正文和尾部三部分构成。

首部应写明文书的标题"答辩状"或者"民事答辩状"，然后需要写明答辩人和被答辩人的基本情况。

正文主要写明答辩的由来（主要写明答辩人因原告或上诉人提起的何种诉讼进行答辩）、答辩的理由。在书写答辩状时要针对起诉状或者上诉状的内容进行有针对性的异议辩驳。切勿无事实根据进行狡辩，即通常所说的"无理搅三分"，无依据的辩驳经不起法院的调查核实。

尾部主要写明致送人民法院的名称、答辩人的签字和日期，并在附项中注明递交给法院的证据名称、数量、来源、证人姓名和住址等内容。

答辩状样本：

民事答辩状

答辩人（一审原告）：张××，男，汉族，1991 年 6 月 28 日出生，××省××县人，系工人，住××省××市××县××村（镇），联系电话：133××××××××。

被答辩人（一审被告）：××医院，住××省××市××路 33 号，联系电话：××××××

法定代表人：李××，系该院院长。

答辩人就被答辩人因医疗损害赔偿纠纷一案不服一审判决，提起上诉一案，现答辩如下：

第一，一审法院认定事实清楚。原审法院认定的事实如下：

1. ××医院和张××之间存在诊疗关系。

2. 张××的腿部手术是该医院医生杨××实施的。

3. 杨××为该医院的医生。

4. 经司法鉴定张××属于一级伤残的事实。

5. 医疗事故鉴定时××医院拒绝提供病历，事后证明医院伪造相关病历资料的事实。

6. 张××自己没有及时复查的过错。

以上事实都有经过法庭调查时质证的证据证明，无法否认。所以，一审法院认定事实清楚。

第二，一审法院适用法律正确。《中华人民共和国侵权责任法》第58条规定："患者有损害，因下列情形之一的，推定医疗机构有过错：（一）违反法律、行政法规、规章以及其他有关诊疗规范的规定；（二）隐匿或者拒绝提供与纠纷有关的病历资料；（三）伪造、篡改或者销毁病历资料。"一审法院依据该条判令××医院承担过错责任，于法有据。其次，赔偿额的计算符合《最高人民法院关于审理人身损害赔偿适用法律若干问题的解释》的规定。

第三，程序合法。本案的立案，开庭，送达，等所有法定程序合法。

综上所述，一审法院认定事实清楚，适用法律正确，诉讼程序合法。所以请依法驳回上诉人的上诉，维持原判。

此致
××市中级人民法院

答辩人：张××

××年××月××日

4. 司法鉴定申请书

　　司法鉴定申请书是在起诉过程中，请求法院委托具有资质的机构进行鉴定的必备法律文书。司法鉴定申请书的内容包括三个部分：首部、正文和尾部。

　　首部需要写明的是：文书的名称"司法鉴定申请书"。

　　正文需要写明的是：①申请人的基本情况，申请人为自然人的，写明姓名、性别、出生日期、工作单位及职务、家庭住址、联系方式。申请为单位的，写明单位名称、住所地。此外还要写明法定代表人的姓名、职务。②申请事项。③申请的理由。

　　尾部需要写明的是：①受送法院的名称（全称）；②写明申请人，位置在正文的右下方，并由相关当事人签名或者盖章；③另起一行写明时间。

　　司法鉴定通常需要一定的时间，当事人在诉讼过程中应当及时提出鉴定申请，以免造成诉讼程序的拖延。

司法鉴定书样本：

司法鉴定申请书

　　申请人：王某某，男，××年××月××日出生，汉族，××单位会计，住××市××区××街道××小区××单元××室，联系电话：133×××××××。

申请事项：

　　一、1. 被告医疗机构的医疗行为是否符合医学常规，是否符合诊疗规范，是否存在医疗过错；2. 被告从事的医疗行为是否与患者病情之间存在因果关系；3. 如被告的行为存在过错或者过失，则该过失是否与患者所遭受的损害后果存在因果关系；4. 应承担的责任系数。

　　二、王某某的伤残等级的认定。

　　三、王某某的护理依赖及护理期限。

　　四、王某某的误工期和营养期间。

　　五、王某某是否需要配备残疾器具及相关费用、使用年限。

　　六、王某某后续治疗范围及治疗费用。

申请理由：

申请人诉×××医院医疗损害责任纠纷一案已经贵院受理，本案虽经医疗事故技术鉴定不构成医疗事故，但是医疗事故技术鉴定书中的专家分析意见表明被告医院的诊疗行为存在重大瑕疵，现被告的诊疗行为已经给申请人造成严重后果，申请人连日常生活都不能自理，为了准确查明案件事实，维护申请人的合法权益，特向法院提出司法鉴定申请，望合议庭予以准许。

此致

×××人民法院

申请人：王某某

××年××月××日

第十四章

医疗纠纷索赔与计算标准相关法律法规

一、医疗事故类

1. 医疗事故处理条例

第一章 总 则

第一条 为了正确处理医疗事故，保护患者和医疗机构及其医务人员的合法权益，维护医疗秩序，保障医疗安全，促进医学科学的发展，制定本条例。

第二条 本条例所称医疗事故，是指医疗机构及其医务人员在医疗活动中，违反医疗卫生管理法律、行政法规、部门规章和诊疗护理规范、常规，过失造成患者人身损害的事故。

第三条 处理医疗事故，应当遵循公开、公平、公正、及时、便民的原则，坚持实事求是的科学态度，做到事实清楚、定性准确、责任明确、处理恰当。

第四条 根据对患者人身造成的损害程度，医疗事故分为四级：

一级医疗事故：造成患者死亡、重度残疾的；

二级医疗事故：造成患者中度残疾、器官组织损伤导致严重功能障碍的；

三级医疗事故：造成患者轻度残疾、器官组织损伤导致一般功能障碍的；

四级医疗事故：造成患者明显人身损害的其他后果的。

具体分级标准由国务院卫生行政部门制定。

第二章 医疗事故的预防与处置

第五条 医疗机构及其医务人员在医疗活动中，必须严格遵守医疗卫生管理法律、行政法规、部门规章和诊疗护理规范、常规，恪守医疗服务职业道德。

第六条 医疗机构应当对其医务人员进行医疗卫生管理法律、行政法规、部门规章和诊疗护理规范、常规的培训和医疗服务职业道德教育。

第七条 医疗机构应当设置医疗服务质量监控部门或者配备专（兼）职人员，具体负责监督本医疗机构的医务人员的医疗服务工作，检查医务人员执业情况，接受患者对医疗服务的投诉，向其提供咨询服务。

第八条 医疗机构应当按照国务院卫生行政部门规定的要求，书写并妥善保管病历资料。

因抢救急危患者，未能及时书写病历的，有关医务人员应当在抢救结束后6小时内据实补记，并加以注明。

第九条 严禁涂改、伪造、隐匿、销毁或者抢夺病历资料。

第十条 患者有权复印或者复制其门诊病历、住院志、体温单、医嘱单、化验单（检验报告）、医学影像检查资料、特殊检查同意书、手术同意书、手术及麻醉记录单、病理资料、护理记录以及国务院卫生行政部门规定的其他病历资料。

患者依照前款规定要求复印或者复制病历资料的，医疗机构应当提供复印或者复制服务并在复印或者复制的病历资料上加盖证明印记。复印或者复制病历资料时，应当有患者在场。

医疗机构应患者的要求，为其复印或者复制病历资料，可以按照规定收取工本费。具体收费标准由省、自治区、直辖市人民政府价格主管部门会同同级卫生行政部门规定。

第十一条 在医疗活动中，医疗机构及其医务人员应当将患者的病情、医疗措施、医疗风险等如实告知患者，及时解答其咨询；但是，应当避免对患者产生不利后果。

第十二条 医疗机构应当制定防范、处理医疗事故的预案，预防医疗事故的发生，减轻医疗事故的损害。

第十三条 医务人员在医疗活动中发生或者发现医疗事故、可能引起医疗事故的医疗过失行为或者发生医疗事故争议的，应当立即向所在科室负责人报告，科室负责人应当及时向本医疗机构负责医疗服务质量监控的部门或者专（兼）职人员报告；负责医疗服务质量监控的部门或者专（兼）职人员接到报告后，应当立即进行调查、核实，将有关情况如实向本医疗机构的负责人报告，并向患者通报、解释。

第十四条 发生医疗事故的，医疗机构应当按照规定向所在地卫生行政部门报告。

发生下列重大医疗过失行为的，医疗机构应当在 12 小时内向所在地卫生行政部门报告：

（一）导致患者死亡或者可能为二级以上的医疗事故；

（二）导致 3 人以上人身损害后果；

（三）国务院卫生行政部门和省、自治区、直辖市人民政府卫生行政部门规定的其他情形。

第十五条 发生或者发现医疗过失行为，医疗机构及其医务人员应当立即采取有效措施，避免或者减轻对患者身体健康的损害，防止损害扩大。

第十六条 发生医疗事故争议时，死亡病例讨论记录、疑难病例讨论记录、上级医师查房记录、会诊意见、病程记录应当在医患双方在场的情况下封存和启封。封存的病历资料可以是复印件，由医疗机构保管。

第十七条 疑似输液、输血、注射、药物等引起不良后果的，医患双方应当共同对现场实物进行封存和启封，封存的现场实物由医疗机构保管；需要检验的，应当由双方共同指定的、依法具有检验资格的检验机构进行检验；双方无法共同指定时，由卫生行政部门指定。

疑似输血引起不良后果，需要对血液进行封存保留的，医疗机构应当通知提供该血液的采供血机构派员到场。

第十八条 患者死亡，医患双方当事人不能确定死因或者对死因有异议的，应当在患者死亡后 48 小时内进行尸检；具备尸体冻存条件的，可以延长至 7 日。尸检应当经死者近亲属同意并签字。

尸检应当由按照国家有关规定取得相应资格的机构和病理解剖专业技术人员进行。承担尸检任务的机构和病理解剖专业技术人员有进行尸检的义务。

医疗事故争议双方当事人可以请法医病理学人员参加尸检，也可以委派代表观察尸检过程。拒绝或者拖延尸检，超过规定时间，影响对死因判定的，由拒绝或者拖延的一方承担责任。

第十九条 患者在医疗机构内死亡的，尸体应当立即移放太平间。死者尸体存放时间一般不得超过 2 周。逾期不处理的尸体，经医疗机构所在地卫生行政部门批准，并报经同级公安部门备案后，由医疗机构按照规定进行处理。

第三章 医疗事故的技术鉴定

第二十条 卫生行政部门接到医疗机构关于重大医疗过失行为的报告或者医疗事故争议当事人要求处理医疗事故争议的申请后，对需要进行医疗事故技术鉴定的，应当交由负责医疗事故技术鉴定工作的医学会组织鉴定；医患双方协商解决医疗事故争议，需要进行医疗事故技术鉴定的，由双方当事人共同委托负责医疗事故技术鉴定工作的医学会组织鉴定。

第二十一条 设区的市级地方医学会和省、自治区、直辖市直接管辖的县（市）地方医学会负责组织首次医疗事故技术鉴定工作。省、自治区、直辖市地方医学会负责组织再次鉴定工作。

必要时，中华医学会可以组织疑难、复杂并在全国有重大影响的医疗事故争议的技术鉴定工作。

第二十二条 当事人对首次医疗事故技术鉴定结论不服的，可以自收到首次鉴定结论之日起 15 日内向医疗机构所在地卫生行政部门提出再次鉴定的申请。

第二十三条 负责组织医疗事故技术鉴定工作的医学会应当建立专家库。

专家库由具备下列条件的医疗卫生专业技术人员组成：

（一）有良好的业务素质和执业品德；

（二）受聘于医疗卫生机构或者医学教学、科研机构并担任相应专业高级技术职务 3 年以上。

符合前款第（一）项规定条件并具备高级技术任职资格的法医可以受聘进入专家库。

负责组织医疗事故技术鉴定工作的医学会依照本条例规定聘请医疗卫生专业技术人员和法医进入专家库，可以不受行政区域的限制。

第二十四条 医疗事故技术鉴定，由负责组织医疗事故技术鉴定工作的医学会组织专家鉴定组进行。

参加医疗事故技术鉴定的相关专业的专家，由医患双方在医学会主持下从专家库中随机抽取。在特殊情况下，医学会根据医疗事故技术鉴定工作的需要，可以组织医患双方在其他医学会建立的专家库中随机抽取相关专业的专家参加鉴定或者函件咨询。

符合本条例第二十三条规定条件的医疗卫生专业技术人员和法医有义务受聘进入专家库，并承担医疗事故技术鉴定工作。

第二十五条 专家鉴定组进行医疗事故技术鉴定，实行合议制。专家鉴定组人数为单数，涉及的主要学科的专家一般不得少于鉴定组成员的二分之一；涉及死因、伤残等级鉴定的，并应当从专家库中随机抽取法医参加专家鉴定组。

第二十六条 专家鉴定组成员有下列情形之一的，应当回避，当事人也可以以口头或者书面的方式申请其回避：

（一）是医疗事故争议当事人或者当事人的近亲属的；

（二）与医疗事故争议有利害关系的；

（三）与医疗事故争议当事人有其他关系，可能影响公正鉴定的。

第二十七条　专家鉴定组依照医疗卫生管理法律、行政法规、部门规章和诊疗护理规范、常规，运用医学科学原理和专业知识，独立进行医疗事故技术鉴定，对医疗事故进行鉴别和判定，为处理医疗事故争议提供医学依据。

任何单位或者个人不得干扰医疗事故技术鉴定工作，不得威胁、利诱、辱骂、殴打专家鉴定组成员。

专家鉴定组成员不得接受双方当事人的财物或者其他利益。

第二十八条　负责组织医疗事故技术鉴定工作的医学会应当自受理医疗事故技术鉴定之日起 5 日内通知医疗事故争议双方当事人提交进行医疗事故技术鉴定所需的材料。

当事人应当自收到医学会的通知之日起 10 日内提交有关医疗事故技术鉴定的材料、书面陈述及答辩。医疗机构提交的有关医疗事故技术鉴定的材料应当包括下列内容：

（一）住院患者的病程记录、死亡病例讨论记录、疑难病例讨论记录、会诊意见、上级医师查房记录等病历资料原件；

（二）住院患者的住院志、体温单、医嘱单、化验单（检验报告）、医学影像检查资料、特殊检查同意书、手术同意书、手术及麻醉记录单、病理资料、护理记录等病历资料原件；

（三）抢救急危患者，在规定时间内补记的病历资料原件；

（四）封存保留的输液、注射用物品和血液、药物等实物，或者依法具有检验资格的检验机构对这些物品、实物作出的检验报告；

（五）与医疗事故技术鉴定有关的其他材料。

在医疗机构建有病历档案的门诊、急诊患者，其病历资料由医疗机构提供；没有在医疗机构建立病历档案的，由患者提供。

医患双方应当依照本条例的规定提交相关材料。医疗机构无正当理由未依照本条例的规定如实提供相关材料，导致医疗事故技术鉴定不能进行的，应当承担责任。

第二十九条　负责组织医疗事故技术鉴定工作的医学会应当自接到当事人提交的有关医疗事故技术鉴定的材料、书面陈述及答辩之日起 45 日内组织鉴定并出具医疗事故技术鉴定书。

负责组织医疗事故技术鉴定工作的医学会可以向双方当事人调查取证。

第三十条　专家鉴定组应当认真审查双方当事人提交的材料，听取双方当事人的陈述及答辩并进行核实。

双方当事人应当按照本条例的规定如实提交进行医疗事故技术鉴定所需要的材料，并积极配合调查。当事人任何一方不予配合，影响医疗事故技术鉴定的，由不予配合的一方承担责任。

第三十一条　专家鉴定组应当在事实清楚、证据确凿的基础上，综合分析患者的病情和个体差异，作出鉴定结论，并制作医疗事故技术鉴定书。鉴定结论以专家鉴定组成员的过半数通过。鉴定过程应当如实记载。

医疗事故技术鉴定书应当包括下列主要内容：

（一）双方当事人的基本情况及要求；

（二）当事人提交的材料和负责组织医疗事故技术鉴定工作的医学会的调查材料；

（三）对鉴定过程的说明；

（四）医疗行为是否违反医疗卫生管理法律、行政法规、部门规章和诊疗护理规范、常规；

（五）医疗过失行为与人身损害后果之间是否存在因果关系；

（六）医疗过失行为在医疗事故损害后果中的责任程度；

（七）医疗事故等级；

（八）对医疗事故患者的医疗护理医学建议。

第三十二条　医疗事故技术鉴定办法由国务院卫生行政部门制定。

第三十三条　有下列情形之一的，不属于医疗事故：

（一）在紧急情况下为抢救垂危患者生命而采取紧急医学措施造成不良后果的；

（二）在医疗活动中由于患者病情异常或者患者体质特殊而发生医疗意外的；

（三）在现有医学科学技术条件下，发生无法预料或者不能防范的不良后果的；

（四）无过错输血感染造成不良后果的；

（五）因患方原因延误诊疗导致不良后果的；

（六）因不可抗力造成不良后果的。

第三十四条　医疗事故技术鉴定，可以收取鉴定费用。经鉴定，属于医疗事故的，鉴定费由医疗机构支付；不属于医疗事故的，鉴定费用由提出医疗事故处理申请的一方支付。鉴定费用标准由省、自治区、直辖市人民政府价格主管部门会同同级财政部门、卫生行政部门规定。

第四章 医疗事故的行政处理与监督

第三十五条 卫生行政部门应当依照本条例和有关法律、行政法规、部门规章的规定，对发生医疗事故的医疗机构和医务人员作出行政处理。

第三十六条 卫生行政部门接到医疗机构关于重大医疗过失行为的报告后，除责令医疗机构及时采取必要的医疗救治措施，防止损害后果扩大外，应当组织调查，判定是否属于医疗事故；对不能判定是否属于医疗事故的，应当依照本条例的有关规定交由负责医疗事故技术鉴定工作的医学会组织鉴定。

第三十七条 发生医疗事故争议，当事人申请卫生行政部门处理的，应当提出书面申请。申请书应当载明申请人的基本情况、有关事实、具体请求及理由等。

当事人自知道或者应当知道其身体健康受到损害之日起 1 年内，可以向卫生行政部门提出医疗事故争议处理申请。

第三十八条 发生医疗事故争议，当事人申请卫生行政部门处理的，由医疗机构所在地的县级人民政府卫生行政部门受理。医疗机构所在地是直辖市的，由医疗机构所在地的区、县人民政府卫生行政部门受理。

有下列情形之一的，县级人民政府卫生行政部门应当自接到医疗机构的报告或者当事人提出医疗事故争议处理申请之日起 7 日内移送上一级人民政府卫生行政部门处理：

（一）患者死亡；

（二）可能为二级以上的医疗事故；

（三）国务院卫生行政部门和省、自治区、直辖市人民政府卫生行政部门规定的其他情形。

第三十九条 卫生行政部门应当自收到医疗事故争议处理申请之日起 10 日内进行审查，作出是否受理的决定。对符合本条例规定，予以受理，需要进行医疗事故技术鉴定的，应当自作出受理决定之日起 5 日内将有关材料交由负责医疗事故技术鉴定工作的医学会组织鉴定并书面通知申请人；对不符合本条例规定，不予受理的，应当书面通知申请人并说明理由。

当事人对首次医疗事故技术鉴定结论有异议，申请再次鉴定的，卫生行政部门应当自收到申请之日起 7 日内交由省、自治区、直辖市地方医学会组织再次鉴定。

第四十条 当事人既向卫生行政部门提出医疗事故争议处理申请，又向人民法院提起诉讼的，卫生行政部门不予受理；卫生行政部门已经受理的，应当终止处理。

第四十一条　卫生行政部门收到负责组织医疗事故技术鉴定工作的医学会出具的医疗事故技术鉴定书后，应当对参加鉴定的人员资格和专业类别、鉴定程序进行审核；必要时，可以组织调查，听取医疗事故争议双方当事人的意见。

第四十二条　卫生行政部门经审核，对符合本条例规定作出的医疗事故技术鉴定结论，应当作为对发生医疗事故的医疗机构和医务人员作出行政处理以及进行医疗事故赔偿调解的依据；经审核，发现医疗事故技术鉴定不符合本条例规定的，应当要求重新鉴定。

第四十三条　医疗事故争议由双方当事人自行协商解决的，医疗机构应当自协商解决之日起7日内向所在地卫生行政部门作出书面报告，并附具协议书。

第四十四条　医疗事故争议经人民法院调解或者判决解决的，医疗机构应当自收到生效的人民法院的调解书或者判决书之日起7日内向所在地卫生行政部门作出书面报告，并附具调解书或者判决书。

第四十五条　县级以上地方人民政府卫生行政部门应当按照规定逐级将当地发生的医疗事故以及依法对发生医疗事故的医疗机构和医务人员作出行政处理的情况，上报国务院卫生行政部门。

第五章　医疗事故的赔偿

第四十六条　发生医疗事故的赔偿等民事责任争议，医患双方可以协商解决；不愿意协商或者协商不成的，当事人可以向卫生行政部门提出调解申请，也可以直接向人民法院提起民事诉讼。

第四十七条　双方当事人协商解决医疗事故的赔偿等民事责任争议的，应当制作协议书。协议书应当载明双方当事人的基本情况和医疗事故的原因、双方当事人共同认定的医疗事故等级以及协商确定的赔偿数额等，并由双方当事人在协议书上签名。

第四十八条　已确定为医疗事故的，卫生行政部门应医疗事故争议双方当事人请求，可以进行医疗事故赔偿调解。调解时，应当遵循当事人双方自愿原则，并应当依据本条例的规定计算赔偿数额。

经调解，双方当事人就赔偿数额达成协议的，制作调解书，双方当事人应当履行；调解不成或者经调解达成协议后一方反悔的，卫生行政部门不再调解。

第四十九条　医疗事故赔偿，应当考虑下列因素，确定具体赔偿数额：

（一）医疗事故等级；

（二）医疗过失行为在医疗事故损害后果中的责任程度；

（三）医疗事故损害后果与患者原有疾病状况之间的关系。

不属于医疗事故的，医疗机构不承担赔偿责任。

第五十条　医疗事故赔偿，按照下列项目和标准计算：

（一）医疗费：按照医疗事故对患者造成的人身损害进行治疗所发生的医疗费用计算，凭据支付，但不包括原发病医疗费用。结案后确实需要继续治疗的，按照基本医疗费用支付。

（二）误工费：患者有固定收入的，按照本人因误工减少的固定收入计算，对收入高于医疗事故发生地上一年度职工年平均工资 3 倍以上的，按照 3 倍计算；无固定收入的，按照医疗事故发生地上一年度职工年平均工资计算。

（三）住院伙食补助费：按照医疗事故发生地国家机关一般工作人员的出差伙食补助标准计算。

（四）陪护费：患者住院期间需要专人陪护的，按照医疗事故发生地上一年度职工年平均工资计算。

（五）残疾生活补助费：根据伤残等级，按照医疗事故发生地居民年平均生活费计算，自定残之月起最长赔偿 30 年；但是，60 周岁以上的，不超过 15 年；70 周岁以上的，不超过 5 年。

（六）残疾用具费：因残疾需要配置补偿功能器具的，凭医疗机构证明，按照普及型器具的费用计算。

（七）丧葬费：按照医疗事故发生地规定的丧葬费补助标准计算。

（八）被扶养人生活费：以死者生前或者残疾者丧失劳动能力前实际扶养且没有劳动能力的人为限，按照其户籍所在地或者居所地居民最低生活保障标准计算。对不满 16 周岁的，扶养到 16 周岁。对年满 16 周岁但无劳动能力的，扶养 20 年；但是，60 周岁以上的，不超过 15 年；70 周岁以上的，不超过 5 年。

（九）交通费：按照患者实际必需的交通费用计算，凭据支付。

（十）住宿费：按照医疗事故发生地国家机关一般工作人员的出差住宿补助标准计算，凭据支付。

（十一）精神损害抚慰金：按照医疗事故发生地居民年平均生活费计算。造成患者死亡的，赔偿年限最长不超过 6 年；造成患者残疾的，赔偿年限最长不超过 3 年。

第五十一条　参加医疗事故处理的患者近亲属所需交通费、误工费、住宿费，参照本条例第五十条的有关规定计算，计算费用的人数不超过 2 人。

医疗事故造成患者死亡的，参加丧葬活动的患者的配偶和直系亲属所需交通费、误工费、住宿费，参照本条例第五十条的有关规定计算，计算费用的人数不超过 2 人。

第五十二条 医疗事故赔偿费用，实行一次性结算，由承担医疗事故责任的医疗机构支付。

第六章 罚 则

第五十三条 卫生行政部门的工作人员在处理医疗事故过程中违反本条例的规定，利用职务上的便利收受他人财物或者其他利益，滥用职权，玩忽职守，或者发现违法行为不予查处，造成严重后果的，依照刑法关于受贿罪、滥用职权罪、玩忽职守罪或者其他有关罪的规定，依法追究刑事责任；尚不够刑事处罚的，依法给予降级或者撤职的行政处分。

第五十四条 卫生行政部门违反本条例的规定，有下列情形之一的，由上级卫生行政部门给予警告并责令限期改正；情节严重的，对负有责任的主管人员和其他直接责任人员依法给予行政处分：

（一）接到医疗机构关于重大医疗过失行为的报告后，未及时组织调查的；

（二）接到医疗事故争议处理申请后，未在规定时间内审查或者移送上一级人民政府卫生行政部门处理的；

（三）未将应当进行医疗事故技术鉴定的重大医疗过失行为或者医疗事故争议移交医学会组织鉴定的；

（四）未按照规定逐级将当地发生的医疗事故以及依法对发生医疗事故的医疗机构和医务人员的行政处理情况上报的；

（五）未依照本条例规定审核医疗事故技术鉴定书的。

第五十五条 医疗机构发生医疗事故的，由卫生行政部门根据医疗事故等级和情节，给予警告；情节严重的，责令限期停业整顿直至由原发证部门吊销执业许可证，对负有责任的医务人员依照刑法关于医疗事故罪的规定，依法追究刑事责任；尚不够刑事处罚的，依法给予行政处分或者纪律处分。

对发生医疗事故的有关医务人员，除依照前款处罚外，卫生行政部门并可以责令暂停 6 个月以上 1 年以下执业活动；情节严重的，吊销其执业证书。

第五十六条 医疗机构违反本条例的规定，有下列情形之一的，由卫生行政部门责令改正；情节严重的，对负有责任的主管人员和其他直接责任人员依法给予行政处分或者纪律处分：

（一）未如实告知患者病情、医疗措施和医疗风险的；

（二）没有正当理由，拒绝为患者提供复印或者复制病历资料服务的；

（三）未按照国务院卫生行政部门规定的要求书写和妥善保管病历资料的；

（四）未在规定时间内补记抢救工作病历内容的；

（五）未按照本条例的规定封存、保管和启封病历资料和实物的；

（六）未设置医疗服务质量监控部门或者配备专（兼）职人员的；

（七）未制定有关医疗事故防范和处理预案的；

（八）未在规定时间内向卫生行政部门报告重大医疗过失行为的；

（九）未按照本条例的规定向卫生行政部门报告医疗事故的；

（十）未按照规定进行尸检和保存、处理尸体的。

第五十七条　参加医疗事故技术鉴定工作的人员违反本条例的规定，接受申请鉴定双方或者一方当事人的财物或者其他利益，出具虚假医疗事故技术鉴定书，造成严重后果的，依照刑法关于受贿罪的规定，依法追究刑事责任；尚不够刑事处罚的，由原发证部门吊销其执业证书或者资格证书。

第五十八条　医疗机构或者其他有关机构违反本条例的规定，有下列情形之一的，由卫生行政部门责令改正，给予警告；对负有责任的主管人员和其他直接责任人员依法给予行政处分或者纪律处分；情节严重的，由原发证部门吊销其执业证书或者资格证书：

（一）承担尸检任务的机构没有正当理由，拒绝进行尸检的；

（二）涂改、伪造、隐匿、销毁病历资料的。

第五十九条　以医疗事故为由，寻衅滋事、抢夺病历资料，扰乱医疗机构正常医疗秩序和医疗事故技术鉴定工作，依照刑法关于扰乱社会秩序罪的规定，依法追究刑事责任；尚不够刑事处罚的，依法给予治安管理处罚。

第七章　附　则

第六十条　本条例所称医疗机构，是指依照《医疗机构管理条例》的规定取得《医疗机构执业许可证》的机构。

县级以上城市从事计划生育技术服务的机构依照《计划生育技术服务管理条例》的规定开展与计划生育有关的临床医疗服务，发生的计划生育技术服务事故，依照本条例的有关规定处理；但是，其中不属于医疗机构的县级以上城市从事计划生育技术服务的机构发生的计划生育技术服务事故，由计划生育行政部门行使依照本条例有关规定由卫生行政部门承担的受理、交由负责医疗事故技术鉴定工作的医学会组织鉴定和赔偿调解的职能；对发生计划生育技术服务事故的该机构及其有关责任人员，依法进行处理。

第六十一条　非法行医，造成患者人身损害，不属于医疗事故，触犯刑律的，依法追究刑事责任；有关赔偿，由受害人直接向人民法院提起诉讼。

第六十二条 军队医疗机构的医疗事故处理办法，由中国人民解放军卫生主管部门会同国务院卫生行政部门依据本条例制定。

第六十三条 本条例自 2002 年 9 月 1 日起施行。1987 年 6 月 29 日国务院发布的《医疗事故处理办法》同时废止。本条例施行前已经处理结案的医疗事故争议，不再重新处理。

2. 卫生部、国家中医药管理局关于做好
实施《医疗事故处理条例》有关工作的通知

(卫医发〔2003〕189号)

各省、自治区、直辖市卫生厅局，中医药管理局，新疆生产建设兵团卫生局，中华医学会：

《医疗事故处理条例》（以下简称《条例》）将于2002年9月1日施行。为保证《条例》的顺利贯彻、实施，我部于2002年4月5日下发了《卫生部关于认真学习贯彻〈医疗事故处理条例〉的通知》（以下简称《通知》），要求各级卫生行政部门和各级各类医疗机构认真学习《条例》，领会精神实质，依法处理医疗事故，维护医患双方的合法权益。

目前，《条例》实施在即，要做好《条例》与《医疗事故处理办法》的衔接和平稳过渡工作，确保《条例》的顺利贯彻实施，现就有关事项通知如下：

一、要继续按照《通知》要求，加强《条例》的学习和培训工作。采取分层培训的方式，有针对性地分别培训卫生行政管理人员、医疗机构管理人员和医务人员，要将培训工作抓紧、抓好、抓实，以保证全面、准确理解并掌握《条例》。

二、各级卫生行政部门要从保护医患双方合法权益、维护社会稳定的大局出发，积极采取有效措施，切实做好有关《条例》贯彻实施的各项准备工作。在尚未成立医学会的设区的市（地区、自治州），要尽快组建医学会，并按有关规定在民政部门登记注册。对编制不足的医学会，卫生行政部门要帮助和支持医学会向编制部门申请编制，向计委、财政等部门申请医疗事故技术鉴定收费立项和启动经费。督促医学会建立健全工作制度，尽快建立医疗事故技术鉴定专家库；对医学会工作人员和专家库成员进行《条例》及卫生管理有关法律、行政法规、部门规章的培训。

三、各级医疗事故技术鉴定委员会对已受理但尚未进行医疗事故技术鉴定的医疗事故或事件，要尽快完成医疗事故技术鉴定，地方卫生行政部门要按有关规定处理，及时结案。

为使医学会熟悉医疗事故技术鉴定工作程序，做好医疗事故技术鉴定交接工作，各级医疗事故技术鉴定委员会进行医疗事故技术鉴定时，可以邀请医学会的分管人员列席医疗事故技术鉴定会。

医疗事故技术鉴定委员会已受理但尚未进行鉴定或当事人对鉴定结论不服的，9月1日后可按下列原则办理：

（一）县（市、市辖区）医疗事故技术鉴定委员会已受理但尚未进行医疗事故技术鉴定或已进行医疗事故技术鉴定但当事人对鉴定结论不服的，按《条例》有关规定由相应的卫生行政部门移交负责首次鉴定的地方医学会组织医疗事故技术鉴定；

（二）设区的市（地区、自治州）和直辖市的区（县）医疗事故技术鉴定委员会已受理但尚未进行医疗事故技术鉴定的，按《条例》有关规定由相应的卫生行政部门移交负责首次鉴定地方医学会组织医疗事故技术鉴定；对设区的市（地区、自治州）和直辖市的区（县）医疗事故技术鉴定委员会的鉴定结论不服的，按《条例》有关规定由相应的卫生行政部门移交负责再次鉴定的地方医学会组织医疗事故技术鉴定；

（三）省（自治区、直辖市）医疗事故技术鉴定委员会已受理但尚未进行医疗事故技术鉴定的，按《条例》有关规定由相应的卫生行政部门移交负责再次鉴定的地方医学会进行医疗事故技术鉴定。对省（自治区、直辖市）医疗事故技术鉴定委员会的鉴定结论不服的，卫生行政部门不再移交，可以告知当事人向人民法院提起民事诉讼。

四、各级地方卫生行政部门要加强对医疗机构医疗质量的监督管理，保障医疗安全。各级各类医疗机构要强化"预防为主"的思想，制定防范、处理医疗事故的预案，预防医疗事故的发生。

五、要进一步加强同新闻单位等有关部门的沟通，加强正面宣传，把握正确的舆论导向，为确保9月1日《条例》的顺利实施创造良好的社会舆论氛围。

二〇〇二年八月二日

3. 医疗事故技术鉴定暂行办法

(2002 年 7 月 19 日卫生部部务会讨论通过，卫生部令第 30 号公布)

第一章 总 则

第一条 为规范医疗事故技术鉴定工作，确保医疗事故技术鉴定工作有序进行，依据《医疗事故处理条例》的有关规定制定本办法。

第二条 医疗事故技术鉴定工作应当按照程序进行，坚持实事求是的科学态度，做到事实清楚、定性准确、责任明确。

第三条 医疗事故技术鉴定分为首次鉴定和再次鉴定。

设区的市级和省、自治区、直辖市直接管辖的县（市）级地方医学会负责组织专家鉴定组进行首次医疗事故技术鉴定工作。

省、自治区、直辖市地方医学会负责组织医疗事故争议的再次鉴定工作。

负责组织医疗事故技术鉴定工作的医学会（以下简称医学会）可以设立医疗事故技术鉴定工作办公室，具体负责有关医疗事故技术鉴定的组织和日常工作。

第四条 医学会组织专家鉴定组，依照医疗卫生管理法律、行政法规、部门规章和诊疗护理技术操作规范、常规，运用医学科学原理和专业知识，独立进行医疗事故技术鉴定。

第二章 专家库的建立

第五条 医学会应当建立专家库。专家库应当依据学科专业组名录设置学科专业组。

医学会可以根据本地区医疗工作和医疗事故技术鉴定实际，对本专家库学科专业组设立予以适当增减和调整。

第六条 具备下列条件的医疗卫生专业技术人员可以成为专家库候选人：

（一）有良好的业务素质和执业品德；

（二）受聘于医疗卫生机构或者医学教学、科研机构并担任相应专业高级技术职务 3 年以上；

（三）健康状况能够胜任医疗事故技术鉴定工作。

符合前款（一）、（三）项规定条件并具备高级技术职务任职资格的法医可以受聘进入专家库。

负责首次医疗事故技术鉴定工作的医学会原则上聘请本行政区域内的专家建立专家库；当本行政区域内的专家不能满足建立专家库需要时，可以聘请本省、自治区、直辖市范围内的专家进入本专家库。

负责再次医疗事故技术鉴定工作的医学会原则上聘请本省、自治区、直辖市范围内的专家建立专家库；当本省、自治区、直辖市范围内的专家不能满足建立专家库需要时，可以聘请其他省、自治区、直辖市的专家进入本专家库。

第七条 医疗卫生机构或医学教学、科研机构、同级的医药卫生专业学会应当按照医学会要求，推荐专家库成员候选人；符合条件的个人经所在单位同意后也可以直接向组建专家库的医学会申请。

医学会对专家库成员候选人进行审核。审核合格的，予以聘任，并发给中华医学会统一格式的聘书。

符合条件的医疗卫生专业技术人员和法医，有义务受聘进入专家库。

第八条 专家库成员聘用期为 4 年。在聘用期间出现下列情形之一的，应当由专家库成员所在单位及时报告医学会，医学会应根据实际情况及时进行调整：

（一）因健康原因不能胜任医疗事故技术鉴定的；

（二）变更受聘单位或被解聘的；

（三）不具备完全民事行为能力的；

（四）受刑事处罚的；

（五）省级以上卫生行政部门规定的其他情形。

聘用期满需继续聘用的，由医学会重新审核、聘用。

第三章 鉴定的提起

第九条 双方当事人协商解决医疗事故争议，需进行医疗事故技术鉴定的，应共同书面委托医疗机构所在地负责首次医疗事故技术鉴定工作的医学会进行医疗事故技术鉴定。

第十条 县级以上地方人民政府卫生行政部门接到医疗机构关于重大医疗过失行为的报告或者医疗事故争议当事人要求处理医疗事故争议的申请后，对需要进行医疗事故技术鉴定的，应当书面移交负责首次医疗事故技术鉴定工作的医学会组织鉴定。

第十一条　协商解决医疗事故争议涉及多个医疗机构的，应当由涉及的所有医疗机构与患者共同委托其中任何一所医疗机构所在地负责组织首次医疗事故技术鉴定工作的医学会进行医疗事故技术鉴定。

医疗事故争议涉及多个医疗机构，当事人申请卫生行政部门处理的，只可以向其中一所医疗机构所在地卫生行政部门提出处理申请。

第四章　鉴定的受理

第十二条　医学会应当自受理医疗事故技术鉴定之日起5日内，通知医疗事故争议双方当事人按照《医疗事故处理条例》第二十八条规定提交医疗事故技术鉴定所需的材料。

当事人应当自收到医学会的通知之日起10日内提交有关医疗事故技术鉴定的材料、书面陈述及答辩。

对不符合受理条件的，医学会不予受理。不予受理的，医学会应说明理由。

第十三条　有下列情形之一的，医学会不予受理医疗事故技术鉴定：

（一）当事人一方直接向医学会提出鉴定申请的；

（二）医疗事故争议涉及多个医疗机构，其中一所医疗机构所在地的医学会已经受理的；

（三）医疗事故争议已经人民法院调解达成协议或判决的；

（四）当事人已向人民法院提起民事诉讼的（司法机关委托的除外）；

（五）非法行医造成患者身体健康损害的；

（六）卫生部规定的其他情形。

第十四条　委托医学会进行医疗事故技术鉴定，应当按规定缴纳鉴定费。

第十五条　双方当事人共同委托医疗事故技术鉴定的，由双方当事人协商预先缴纳鉴定费。

卫生行政部门移交进行医疗事故技术鉴定的，由提出医疗事故争议处理的当事人预先缴纳鉴定费。经鉴定属于医疗事故的，鉴定费由医疗机构支付；经鉴定不属于医疗事故的，鉴定费由提出医疗事故争议处理申请的当事人支付。

县级以上地方人民政府卫生行政部门接到医疗机构关于重大医疗过失行为的报告后，对需要移交医学会进行医疗事故技术鉴定的，鉴定费由医疗机构支付。

第十六条　有下列情形之一的，医学会中止组织医疗事故技术鉴定：

（一）当事人未按规定提交有关医疗事故技术鉴定材料的；

（二）提供的材料不真实的；

（三）拒绝缴纳鉴定费的；

（四）卫生部规定的其他情形。

第五章　专家鉴定组的组成

第十七条　医学会应当根据医疗事故争议所涉及的学科专业，确定专家鉴定组的构成和人数。

专家鉴定组组成人数应为 3 人以上单数。

医疗事故争议涉及多学科专业的，其中主要学科专业的专家不得少于专家鉴定组成员的二分之一。

第十八条　医学会应当提前通知双方当事人，在指定时间、指定地点，从专家库相关学科专业组中随机抽取专家鉴定组成员。

第十九条　医学会主持双方当事人抽取专家鉴定组成员前，应当将专家库相关学科专业组中专家姓名、专业、技术职务、工作单位告知双方当事人。

第二十条　当事人要求专家库成员回避的，应当说明理由。符合下列情形之一的，医学会应当将回避的专家名单撤出，并经当事人签字确认后记录在案：

（一）医疗事故争议当事人或者当事人的近亲属的；

（二）与医疗事故争议有利害关系的；

（三）与医疗事故争议当事人有其他关系，可能影响公正鉴定的。

第二十一条　医学会对当事人准备抽取的专家进行随机编号，并主持双方当事人随机抽取相同数量的专家编号，最后一个专家由医学会随机抽取。

双方当事人还应当按照上款规定的方法各自随机抽取一个专家作为候补。

涉及死因、伤残等级鉴定的，应当按照前款规定由双方当事人各自随机抽取一名法医参加鉴定组。

第二十二条　随机抽取结束后，医学会当场向双方当事人公布所抽取的专家鉴定组成员和候补成员的编号并记录在案。

第二十三条　现有专家库成员不能满足鉴定工作需要时，医学会应当向双方当事人说明，并经双方当事人同意，可以从本省、自治区、直辖市其他医学会专家库中抽取相关学科专业组的专家参加专家鉴定组；本省、自治区、直辖市医学会专家库成员不能满足鉴定工作需要时，可以从其他省、自治区、直辖市医学会专家库中抽取相关学科专业组的专家参加专家鉴定组。

第二十四条　从其他医学会建立的专家库中抽取的专家无法到场参加医疗

事故技术鉴定，可以以函件的方式提出鉴定意见。

第二十五条　专家鉴定组成员确定后，在双方当事人共同在场的情况下，由医学会对封存的病历资料启封。

第二十六条　专家鉴定组应当认真审查双方当事人提交的材料，妥善保管鉴定材料，保护患者的隐私，保守有关秘密。

第六章　医疗事故技术鉴定

第二十七条　医学会应当自接到双方当事人提交的有关医疗事故技术鉴定的材料、书面陈述及答辩之日起45日内组织鉴定并出具医疗事故技术鉴定书。

第二十八条　医学会可以向双方当事人和其他相关组织、个人进行调查取证，进行调查取证时不得少于2人。调查取证结束后，调查人员和调查对象应当在有关文书上签字。如调查对象拒绝签字的，应当记录在案。

第二十九条　医学会应当在医疗事故技术鉴定7日前，将鉴定的时间、地点、要求等书面通知双方当事人。双方当事人应当按照通知的时间、地点、要求参加鉴定。

参加医疗事故技术鉴定的双方当事人每一方人数不超过3人。

任何一方当事人无故缺席、自行退席或拒绝参加鉴定的，不影响鉴定的进行。

第三十条　医学会应当在医疗事故技术鉴定7日前书面通知专家鉴定组成员。专家鉴定组成员接到医学会通知后认为自己应当回避的，应当于接到通知时及时提出书面回避申请，并说明理由；因其他原因无法参加医疗事故技术鉴定的，应当于接到通知时及时书面告知医学会。

第三十一条　专家鉴定组成员因回避或因其他原因无法参加医疗事故技术鉴定时，医学会应当通知相关学科专业组候补成员参加医疗事故技术鉴定。

专家鉴定组成员因不可抗力因素未能及时告知医学会不能参加鉴定或虽告知但医学会无法按规定组成专家鉴定组的，医疗事故技术鉴定可以延期进行。

第三十二条　专家鉴定组组长由专家鉴定组成员推选产生，也可以由医疗事故争议所涉及的主要学科专家中具有最高专业技术职务任职资格的专家担任。

第三十三条　鉴定由专家鉴定组组长主持，并按照以下程序进行：

（一）双方当事人在规定的时间内分别陈述意见和理由。陈述顺序先患方，后医疗机构；

（二）专家鉴定组成员根据需要可以提问，当事人应当如实回答。必要时，可以对患者进行现场医学检查；

（三）双方当事人退场；

（四）专家鉴定组对双方当事人提供的书面材料、陈述及答辩等进行讨论；

（五）经合议，根据半数以上专家鉴定组成员的一致意见形成鉴定结论。专家鉴定组成员在鉴定结论上签名。专家鉴定组成员对鉴定结论的不同意见，应当予以注明。

第三十四条 医疗事故技术鉴定书应当根据鉴定结论作出，其文稿由专家鉴定组组长签发。

医疗事故技术鉴定书盖医学会医疗事故技术鉴定专用印章。

医学会应当及时将医疗事故技术鉴定书送达移交鉴定的卫生行政部门，经卫生行政部门审核，对符合规定作出的医疗事故技术鉴定结论，应当及时送达双方当事人；由双方当事人共同委托的，直接送达双方当事人。

第三十五条 医疗事故技术鉴定书应当包括下列主要内容：

（一）双方当事人的基本情况及要求；

（二）当事人提交的材料和医学会的调查材料；

（三）对鉴定过程的说明；

（四）医疗行为是否违反医疗卫生管理法律、行政法规、部门规章和诊疗护理规范、常规；

（五）医疗过失行为与人身损害后果之间是否存在因果关系；

（六）医疗过失行为在医疗事故损害后果中的责任程度；

（七）医疗事故等级；

（八）对医疗事故患者的医疗护理医学建议。

经鉴定为医疗事故的，鉴定结论应当包括上款（四）至（八）项内容；经鉴定不属于医疗事故的，应当在鉴定结论中说明理由。

医疗事故技术鉴定书格式由中华医学会统一制定。

第三十六条 专家鉴定组应当综合分析医疗过失行为在导致医疗事故损害后果中的作用、患者原有疾病状况等因素，判定医疗过失行为的责任程度。医疗事故中医疗过失行为责任程度分为：

（一）完全责任，指医疗事故损害后果完全由医疗过失行为造成。

（二）主要责任，指医疗事故损害后果主要由医疗过失行为造成，其他因素起次要作用。

（三）次要责任，指医疗事故损害后果主要由其他因素造成，医疗过失行为起次要作用。

（四）轻微责任，指医疗事故损害后果绝大部分由其他因素造成，医疗过失行为起轻微作用。

第三十七条 医学会参加医疗事故技术鉴定会的工作人员，应如实记录鉴定会过程和专家的意见。

第三十八条 因当事人拒绝配合，无法进行医疗事故技术鉴定的，应当终止本次鉴定，由医学会告知移交鉴定的卫生行政部门或共同委托鉴定的双方当事人，说明不能鉴定的原因。

第三十九条 医学会对经卫生行政部门审核认为参加鉴定的人员资格和专业类别或者鉴定程序不符合规定，需要重新鉴定的，应当重新组织鉴定。重新鉴定时不得收取鉴定费。

如参加鉴定的人员资格和专业类别不符合规定的，应当重新抽取专家，组成专家鉴定组进行重新鉴定。

如鉴定的程序不符合规定而参加鉴定的人员资格和专业类别符合规定的，可以由原专家鉴定组进行重新鉴定。

第四十条 任何一方当事人对首次医疗事故技术鉴定结论不服的，可以自收到首次医疗事故技术鉴定书之日起 15 日内，向原受理医疗事故争议处理申请的卫生行政部门提出再次鉴定的申请，或由双方当事人共同委托省、自治区、直辖市医学会组织再次鉴定。

第四十一条 县级以上地方人民政府卫生行政部门对发生医疗事故的医疗机构和医务人员进行行政处理时，应当以最后的医疗事故技术鉴定结论作为处理依据。

第四十二条 当事人对鉴定结论无异议，负责组织医疗事故技术鉴定的医学会应当及时将收到的鉴定材料中的病历资料原件等退还当事人，并保留有关复印件。

当事人提出再次鉴定申请的，负责组织首次医疗事故技术鉴定的医学会应当及时将收到的鉴定材料移送负责组织再次医疗事故技术鉴定的医学会。

第四十三条 医学会应当将专家鉴定组成员签名的鉴定结论、由专家鉴定组组长签发的医疗事故技术鉴定书文稿和复印或者复制的有关病历资料等存档，保存期限不得少于 20 年。

第四十四条 在受理医患双方共同委托医疗事故技术鉴定后至专家鉴定组作出鉴定结论前，双方当事人或者一方当事人提出停止鉴定的，医疗事故技术鉴定终止。

第四十五条 医学会应当于每年 3 月 31 日前将上一年度医疗事故技术鉴定情况报同级卫生行政部门。

第七章　附　则

第四十六条　必要时，对疑难、复杂并在全国有重大影响的医疗事故争议，省级卫生行政部门可以商请中华医学会组织医疗事故技术鉴定。

第四十七条　本办法由卫生部负责解释。

第四十八条　本办法自 2002 年 9 月 1 日起施行。

4. 卫生部关于《医疗事故处理条例》有关问题的批复

（卫政法发〔2004〕102 号）

安徽省卫生厅：

你厅《关于〈医疗事故处理条例〉第六十条如何理解执行的请示》（卫办秘〔2003〕563 号）收悉。经请示国务院法制办，现答复如下：

《医疗事故处理条例》自 2002 年 9 月 1 日起施行，对发生在 1990 年 3 月 29 日的从宏香事件没有溯及力，繁昌县卫生局不宜受理从宏香关于计划生育服务事故争议处理的申请。根据国家计生委于 1990 年 9 月 12 日发布的《节育并发症管理办法（试行）》与《节育并发症鉴定办法（试行）》的有关规定，当事人如对鉴定结论所定并发症级别或者处理方式方法有不同意见，可以向省计划生育部门再次申请并发症鉴定，或者向人民法院依法提起诉讼。

此复。

二〇〇四年四月一日

5. 卫生部关于对浙江省卫生厅在执行 《医疗事故处理条例》过程中有关问题的批复

(卫医发［2004］65号)

浙江省卫生厅：

你厅《关于在执行〈医疗事故处理条例〉过程中几个问题的请示》(浙卫［2003］56号) 收悉。经研究，现批复如下：

一、由双方当事人共同委托，首次鉴定后一方当事人对鉴定结论不服，再次鉴定可以由双记当事人共同委托，也可以单方向卫生行政部门提出再次鉴定申请。

其中一方当事人对首次鉴定结论持有异议，提出再次鉴定申请，另一方当事人不予配合，影响医疗事故技术鉴定的，按照《医疗事故处理条例》第三十条规定，由不予配合的一方承担责任。

二、疑似输液、输血、注射、药物等引起不良后果的，医疗机构应提醒患方共同对现场实物进行封存。当时未对实物进行封存，实物被销毁，事后当事人一方或双方认为是输液、输血、注射、药物等引起的不良后果的，可对保留的血样及同生产批号的药物进行检定，检定结果作为医疗事故技术鉴定的材料之一。

三、在实际工作中，可根据鉴定需要，由医患双方随机等额多抽取几名专家作为候补专家，但应按抽取的顺序依次递补。

四、伤残等级一至十级分别对应医疗事故一级乙等至三级戊等所造成的损害情形。

五、因医患双方或单方多种因素而中止的案件，其中止的时限为直至造成中止该案件的因素消失的时间段。

六、法院已审结，检察院再次提出申请鉴定，可予以受理。

七、对医疗机构无患者就诊病历记录或病历丢失的，应按照《医疗事故处理条例》第二十八条的有关规定进行处理。

八、病人治疗未终结的，是否受理医疗事故技术鉴定应视具体情况而定。

九、由卫生行政部门委托的医疗事故技术鉴定，鉴定结论由卫生行政部门审核后发给双方当事人。

此复。

二〇〇四年三月四日

6. 卫生部办公厅关于发生医疗事故
争议时病历封存有关问题的复函

(卫办医函〔2008〕78 号)

浙江省卫生厅：

你厅《关于发生医疗事故争议时病历封存和启封有关问题的请示》（浙卫〔2007〕42 号）收悉。经研究，现函复如下：

根据《医疗事故处理条例》和《医疗事故技术鉴定暂行办法》的有关规定，为妥善处理医疗事故争议，在发生医疗事故争议时，医疗机构应当及时、主动和患方取得联系，告知患方病历封存的相关规定，以取得患方当事人的理解和配合，在医患双方当事人共同在场的情况下对病历资料进行封存。

二〇〇八年二月五日

7. 卫生部关于医疗事故技术鉴定有关问题的批复

（卫政法函〔2009〕54 号）

河北省卫生厅：

你厅《关于卫生行政部门对医疗事故技术鉴定进行审查和对病历真实性进行确认有关问题的请示》（冀卫法监〔2008〕45 号）收悉。经研究，批复如下：

一、《医疗事故处理条例》第四十一条规定："卫生行政部门收到负责组织医疗事故技术鉴定工作的医学会出具的医疗事故技术鉴定书后，应当对参加鉴定的人员资格和专业类别、鉴定程序进行审核。"医学会对卫生行政部门移交的医疗事故技术鉴定作出终止鉴定决定时，应向卫生行政部门说明终止鉴定的原因。卫生行政部门可以进行审核。

二、对涂改、伪造、隐匿、销毁病历资料的，卫生行政部门应当予以处理。

此复。

二〇〇九年二月十一日

8. 卫生部关于医疗事故技术鉴定中新生儿死亡认定有关问题的批复

（卫医管函〔2009〕22 号）

山东省卫生厅：

你厅《关于医疗事故技术鉴定有关问题的请示》（鲁卫医字〔2008〕85 号）收悉。经研究，批复如下：

一、在医疗事故技术鉴定过程中，专家鉴定组应当根据胎儿离开母体时的具体临床表现综合判定其是否成活。经判定成活的，其后发生死亡，应当认定为新生儿死亡。发生医疗事故的，医疗事故等级由专家鉴定组根据《医疗事故分级标准（试行）》（卫生部令第 32 号）确定。

二、《卫生部关于医疗事故技术鉴定中胎儿死亡事件如何认定的批复》（卫医发〔2000〕455 号，以下简称《批复》）中有关医疗事故分级的规定是根据1987 年国务院公布的《医疗事故处理办法》（以下简称《办法》）中有关医疗事故分级的规定作出的。《医疗事故处理条例》公布后，《办法》已经废止，《批复》中有关医疗事故分级的规定也不再适用，但有关胎儿死亡的医疗事故技术鉴定中被鉴定主体的规定仍然适用。

此复。

二〇〇九年一月十九日

9. 卫生部关于医疗争议经人民法院裁定再审案件重新启动医疗事故鉴定的批复

（卫政法发〔2007〕209号）

湖北省卫生厅：

你厅《关于医疗争议经人民法院裁定再审的案件能否重新启动医疗事故鉴定的请示》（鄂卫生文〔2007〕92号）收悉。经研究，现批复如下：

对人民法院委托的医疗事故技术鉴定，医学会应当及时受理。

此复。

二〇〇七年六月二十六日

二、与病历相关的法律法规

1. 医疗机构病历管理规定

第一章 总 则

第一条 为加强医疗机构病历管理，保障医疗质量与安全，维护医患双方的合法权益，制定本规定。

第二条 病历是指医务人员在医疗活动过程中形成的文字、符号、图表、影像、切片等资料的总和，包括门（急）诊病历和住院病历。病历归档以后形成病案。

第三条 本规定适用于各级各类医疗机构对病历的管理。

第四条 按照病历记录形式不同，可区分为纸质病历和电子病历。电子病历与纸质病历具有同等效力。

第五条 医疗机构应当建立健全病历管理制度，设置病案管理部门或者配备专（兼）职人员，负责病历和病案管理工作。

医疗机构应当建立病历质量定期检查、评估与反馈制度。医疗机构医务部门负责病历的质量管理。

第六条 医疗机构及其医务人员应当严格保护患者隐私，禁止以非医疗、教学、研究目的泄露患者的病历资料。

第二章 病历的建立

第七条 医疗机构应当建立门（急）诊病历和住院病历编号制度，为同一患者建立唯一的标识号码。已建立电子病历的医疗机构，应当将病历标识号码与患者身份证明编号相关联，使用标识号码和身份证明编号均能对病历进行检索。

门（急）诊病历和住院病历应当标注页码或者电子页码。

第八条 医务人员应当按照《病历书写基本规范》、《中医病历书写基本规范》、《电子病历基本规范（试行）》和《中医电子病历基本规范（试行）》要求书写病历。

第九条 住院病历应当按照以下顺序排序：体温单、医嘱单、入院记录、病程记录、术前讨论记录、手术同意书、麻醉同意书、麻醉术前访视记录、手术安全核查记录、手术清点记录、麻醉记录、手术记录、麻醉术后访视记录、术后病程记录、病重（病危）患者护理记录、出院记录、死亡记录、输血治疗知情同意书、特殊检查（特殊治疗）同意书、会诊记录、病危（重）通知书、病理资料、辅助检查报告单、医学影像检查资料。

病案应当按照以下顺序装订保存：住院病案首页、入院记录、病程记录、术前讨论记录、手术同意书、麻醉同意书、麻醉术前访视记录、手术安全核查记录、手术清点记录、麻醉记录、手术记录、麻醉术后访视记录、术后病程记录、出院记录、死亡记录、死亡病例讨论记录、输血治疗知情同意书、特殊检查（特殊治疗）同意书、会诊记录、病危（重）通知书、病理资料、辅助检查报告单、医学影像检查资料、体温单、医嘱单、病重（病危）患者护理记录。

第三章 病历的保管

第十条 门（急）诊病历原则上由患者负责保管。医疗机构建有门（急）诊病历档案室或者已建立门（急）诊电子病历的，经患者或者其法定代理人同意，其门（急）诊病历可以由医疗机构负责保管。

住院病历由医疗机构负责保管。

第十一条 门（急）诊病历由患者保管的，医疗机构应当将检查检验结果及时交由患者保管。

第十二条 门（急）诊病历由医疗机构保管的，医疗机构应当在收到检查检验结果后 24 小时内，将检查检验结果归入或者录入门（急）诊病历，并在每次诊疗活动结束后首个工作日内将门（急）诊病历归档。

第十三条 患者住院期间，住院病历由所在病区统一保管。因医疗活动或者工作需要，须将住院病历带离病区时，应当由病区指定的专门人员负责携带和保管。

医疗机构应当在收到住院患者检查检验结果和相关资料后 24 小时内归入或者录入住院病历。

患者出院后，住院病历由病案管理部门或者专（兼）职人员统一保存、管理。

第十四条 医疗机构应当严格病历管理，任何人不得随意涂改病历，严禁伪造、隐匿、销毁、抢夺、窃取病历。

第四章　病历的借阅与复制

　　第十五条　除为患者提供诊疗服务的医务人员，以及经卫生计生行政部门、中医药管理部门或者医疗机构授权的负责病案管理、医疗管理的部门或者人员外，其他任何机构和个人不得擅自查阅患者病历。

　　第十六条　其他医疗机构及医务人员因科研、教学需要查阅、借阅病历的，应当向患者就诊医疗机构提出申请，经同意并办理相应手续后方可查阅、借阅。查阅后应当立即归还，借阅病历应当在 3 个工作日内归还。查阅的病历资料不得带离患者就诊医疗机构。

　　第十七条　医疗机构应当受理下列人员和机构复制或者查阅病历资料的申请，并依规定提供病历复制或者查阅服务：

　　（一）患者本人或者其委托代理人；

　　（二）死亡患者法定继承人或者其代理人。

　　第十八条　医疗机构应当指定部门或者专（兼）职人员负责受理复制病历资料的申请。受理申请时，应当要求申请人提供有关证明材料，并对申请材料的形式进行审核。

　　（一）申请人为患者本人的，应当提供其有效身份证明；

　　（二）申请人为患者代理人的，应当提供患者及其代理人的有效身份证明，以及代理人与患者代理关系的法定证明材料和授权委托书；

　　（三）申请人为死亡患者法定继承人的，应当提供患者死亡证明、死亡患者法定继承人的有效身份证明，死亡患者与法定继承人关系的法定证明材料；

　　（四）申请人为死亡患者法定继承人代理人的，应当提供患者死亡证明、死亡患者法定继承人及其代理人的有效身份证明，死亡患者与法定继承人关系的法定证明材料，代理人与法定继承人代理关系的法定证明材料及授权委托书。

　　第十九条　医疗机构可以为申请人复制门（急）诊病历和住院病历中的体温单、医嘱单、住院志（入院记录）、手术同意书、麻醉同意书、麻醉记录、手术记录、病重（病危）患者护理记录、出院记录、输血治疗知情同意书、特殊检查（特殊治疗）同意书、病理报告、检验报告等辅助检查报告单、医学影像检查资料等病历资料。

　　第二十条　公安、司法、人力资源社会保障、保险以及负责医疗事故技术鉴定的部门，因办理案件、依法实施专业技术鉴定、医疗保险审核或仲裁、商业保险审核等需要，提出审核、查阅或者复制病历资料要求的，经办人员提供以下证明材料后，医疗机构可以根据需要提供患者部分或全部病历：

（一）该行政机关、司法机关、保险或者负责医疗事故技术鉴定部门出具的调取病历的法定证明；

（二）经办人本人有效身份证明；

（三）经办人本人有效工作证明（需与该行政机关、司法机关、保险或者负责医疗事故技术鉴定部门一致）。

保险机构因商业保险审核等需要，提出审核、查阅或者复制病历资料要求的，还应当提供保险合同复印件、患者本人或者其代理人同意的法定证明材料；患者死亡的，应当提供保险合同复印件、死亡患者法定继承人或者其代理人同意的法定证明材料。合同或者法律另有规定的除外。

第二十一条　按照《病历书写基本规范》和《中医病历书写基本规范》要求，病历尚未完成，申请人要求复制病历时，可以对已完成病历先行复制，在医务人员按照规定完成病历后，再对新完成部分进行复制。

第二十二条　医疗机构受理复制病历资料申请后，由指定部门或者专（兼）职人员通知病案管理部门或专（兼）职人员，在规定时间内将需要复制的病历资料送至指定地点，并在申请人在场的情况下复制；复制的病历资料经申请人和医疗机构双方确认无误后，加盖医疗机构证明印记。

第二十三条　医疗机构复制病历资料，可以按照规定收取工本费。

第五章　病历的封存与启封

第二十四条　依法需要封存病历时，应当在医疗机构或者其委托代理人、患者或者其代理人在场的情况下，对病历共同进行确认，签封病历复制件。

医疗机构申请封存病历时，医疗机构应当告知患者或者其代理人共同实施病历封存；但患者或者其代理人拒绝或者放弃实施病历封存的，医疗机构可以在公证机构公证的情况下，对病历进行确认，由公证机构签封病历复制件。

第二十五条　医疗机构负责封存病历复制件的保管。

第二十六条　封存后病历的原件可以继续记录和使用。

按照《病历书写基本规范》和《中医病历书写基本规范》要求，病历尚未完成，需要封存病历时，可以对已完成病历先行封存，当医师按照规定完成病历后，再对新完成部分进行封存。

第二十七条　开启封存病历应当在签封各方在场的情况下实施。

第六章　病历的保存

第二十八条　医疗机构可以采用符合档案管理要求的缩微技术等对纸质病

历进行处理后保存。

第二十九条 门（急）诊病历由医疗机构保管的，保存时间自患者最后一次就诊之日起不少于 15 年；住院病历保存时间自患者最后一次住院出院之日起不少于 30 年。

第三十条 医疗机构变更名称时，所保管的病历应当由变更后医疗机构继续保管。

医疗机构撤销后，所保管的病历可以由省级卫生计生行政部门、中医药管理部门或者省级卫生计生行政部门、中医药管理部门指定的机构按照规定妥善保管。

第七章　附　则

第三十一条 本规定由国家卫生计生委负责解释。

第三十二条 本规定自 2014 年 1 月 1 日起施行。原卫生部和国家中医药管理局于 2002 年公布的《医疗机构病历管理规定》（卫医发〔2002〕193 号）同时废止。

2. 病历书写基本规范

第一章　基本要求

第一条　病历是指医务人员在医疗活动过程中形成的文字、符号、图表、影像、切片等资料的总和，包括门（急）诊病历和住院病历。

第二条　病历书写是指医务人员通过问诊、查体、辅助检查、诊断、治疗、护理等医疗活动获得有关资料，并进行归纳、分析、整理形成医疗活动记录的行为。

第三条　病历书写应当客观、真实、准确、及时、完整、规范。

第四条　病历书写应当使用蓝黑墨水、碳素墨水，需复写的病历资料可以使用蓝或黑色油水的圆珠笔。计算机打印的病历应当符合病历保存的要求。

第五条　病历书写应当使用中文，通用的外文缩写和无正式中文译名的症状、体征、疾病名称等可以使用外文。

第六条　病历书写应规范使用医学术语，文字工整，字迹清晰，表述准确，语句通顺，标点正确。

第七条　病历书写过程中出现错字时，应当用双线划在错字上，保留原记录清楚、可辨，并注明修改时间，修改人签名。不得采用刮、粘、涂等方法掩盖或去除原来的字迹。

上级医务人员有审查修改下级医务人员书写的病历的责任。

第八条　病历应当按照规定的内容书写，并由相应医务人员签名。

实习医务人员、试用期医务人员书写的病历，应当经过本医疗机构注册的医务人员审阅、修改并签名。

进修医务人员由医疗机构根据其胜任本专业工作实际情况认定后书写病历。

第九条　病历书写一律使用阿拉伯数字书写日期和时间，采用 24 小时制记录。

第十条　对需取得患者书面同意方可进行的医疗活动，应当由患者本人签署知情同意书。患者不具备完全民事行为能力时，应当由其法定代理人签字；患者因病无法签字时，应当由其授权的人员签字；为抢救患者，在法定代理人或被授权人无法及时签字的情况下，可由医疗机构负责人或者授权的负责人签字。

因实施保护性医疗措施不宜向患者说明情况的，应当将有关情况告知患者近亲属，由患者近亲属签署知情同意书，并及时记录。患者无近亲属的或者患者近亲属无法签署同意书的，由患者的法定代理人或者关系人签署同意书。

第二章 门（急）诊病历书写内容及要求

第十一条 门（急）诊病历内容包括门（急）诊病历首页〔门（急）诊手册封面〕、病历记录、化验单（检验报告）、医学影像检查资料等。

第十二条 门（急）诊病历首页内容应当包括患者姓名、性别、出生年月日、民族、婚姻状况、职业、工作单位、住址、药物过敏史等项目。

门诊手册封面内容应当包括患者姓名、性别、年龄、工作单位或住址、药物过敏史等项目。

第十三条 门（急）诊病历记录分为初诊病历记录和复诊病历记录。

初诊病历记录书写内容应当包括就诊时间、科别、主诉、现病史、既往史，阳性体征、必要的阴性体征和辅助检查结果，诊断及治疗意见和医师签名等。

复诊病历记录书写内容应当包括就诊时间、科别、主诉、病史、必要的体格检查和辅助检查结果、诊断、治疗处理意见和医师签名等。

急诊病历书写就诊时间应当具体到分钟。

第十四条 门（急）诊病历记录应当由接诊医师在患者就诊时及时完成。

第十五条 急诊留观记录是急诊患者因病情需要留院观察期间的记录，重点记录观察期间病情变化和诊疗措施，记录简明扼要，并注明患者去向。抢救危重患者时，应当书写抢救记录。门（急）诊抢救记录书写内容及要求按照住院病历抢救记录书写内容及要求执行。

第三章 住院病历书写内容及要求

第十六条 住院病历内容包括住院病案首页、入院记录、病程记录、手术同意书、麻醉同意书、输血治疗知情同意书、特殊检查（特殊治疗）同意书、病危（重）通知书、医嘱单、辅助检查报告单、体温单、医学影像检查资料、病理资料等。

第十七条 入院记录是指患者入院后，由经治医师通过问诊、查体、辅助检查获得有关资料，并对这些资料归纳分析书写而成的记录。可分为入院记录、再次或多次入院记录、24小时内入出院记录、24小时内入院死亡记录。

入院记录、再次或多次入院记录应当于患者入院后 24 小时内完成；24 小时内入出院记录应当于患者出院后 24 小时内完成，24 小时内入院死亡记录应当于患者死亡后 24 小时内完成。

第十八条　入院记录的要求及内容。

（一）患者一般情况包括姓名、性别、年龄、民族、婚姻状况、出生地、职业、入院时间、记录时间、病史陈述者。

（二）主诉是指促使患者就诊的主要症状（或体征）及持续时间。

（三）现病史是指患者本次疾病的发生、演变、诊疗等方面的详细情况，应当按时间顺序书写。内容包括发病情况、主要症状特点及其发展变化情况、伴随症状、发病后诊疗经过及结果、睡眠和饮食等一般情况的变化，以及与鉴别诊断有关的阳性或阴性资料等。

1. 发病情况：记录发病的时间、地点、起病缓急、前驱症状、可能的原因或诱因。

2. 主要症状特点及其发展变化情况：按发生的先后顺序描述主要症状的部位、性质、持续时间、程度、缓解或加剧因素，以及演变发展情况。

3. 伴随症状：记录伴随症状，描述伴随症状与主要症状之间的相互关系。

4. 发病以来诊治经过及结果：记录患者发病后到入院前，在院内、外接受检查与治疗的详细经过及效果。对患者提供的药名、诊断和手术名称需加引号（" "）以示区别。

5. 发病以来一般情况：简要记录患者发病后的精神状态、睡眠、食欲、大小便、体重等情况。

与本次疾病虽无紧密关系、但仍需治疗的其他疾病情况，可在现病史后另起一段予以记录。

（四）既往史是指患者过去的健康和疾病情况。内容包括既往一般健康状况、疾病史、传染病史、预防接种史、手术外伤史、输血史、食物或药物过敏史等。

（五）个人史，婚育史、月经史，家族史。

1. 个人史：记录出生地及长期居留地，生活习惯及有无烟、酒、药物等嗜好，职业与工作条件及有无工业毒物、粉尘、放射性物质接触史，有无冶游史。

2. 婚育史、月经史：婚姻状况、结婚年龄、配偶健康状况、有无子女等。女性患者记录初潮年龄、行经期天数、间隔天数、末次月经时间（或闭经年龄），月经量、痛经及生育等情况。

3. 家族史：父母、兄弟、姐妹健康状况，有无与患者类似疾病，有无家族遗传倾向的疾病。

（六）体格检查应当按照系统循序进行书写。内容包括体温、脉搏、呼吸、血压，一般情况，皮肤、粘膜，全身浅表淋巴结，头部及其器官，颈部，胸部（胸廓、肺部、心脏、血管），腹部（肝、脾等），直肠肛门，外生殖器，脊柱，四肢，神经系统等。

（七）专科情况应当根据专科需要记录专科特殊情况。

（八）辅助检查指入院前所作的与本次疾病相关的主要检查及其结果。应分类按检查时间顺序记录检查结果，如系在其他医疗机构所作检查，应当写明该机构名称及检查号。

（九）初步诊断是指经治医师根据患者入院时情况，综合分析所作出的诊断。如初步诊断为多项时，应当主次分明。对待查病例应列出可能性较大的诊断。

（十）书写入院记录的医师签名。

第十九条 再次或多次入院记录，是指患者因同一种疾病再次或多次住入同一医疗机构时书写的记录。要求及内容基本同入院记录。主诉是记录患者本次入院的主要症状（或体征）及持续时间；现病史中要求首先对本次住院前历次有关住院诊疗经过进行小结，然后再书写本次入院的现病史。

第二十条 患者入院不足 24 小时出院的，可以书写 24 小时内入出院记录。内容包括患者姓名、性别、年龄、职业、入院时间、出院时间、主诉、入院情况、入院诊断、诊疗经过、出院情况、出院诊断、出院医嘱，医师签名等。

第二十一条 患者入院不足 24 小时死亡的，可以书写 24 小时内入院死亡记录。内容包括患者姓名、性别、年龄、职业、入院时间、死亡时间、主诉、入院情况、入院诊断、诊疗经过（抢救经过）、死亡原因、死亡诊断，医师签名等。

第二十二条 病程记录是指继入院记录之后，对患者病情和诊疗过程所进行的连续性记录。内容包括患者的病情变化情况、重要的辅助检查结果及临床意义、上级医师查房意见、会诊意见、医师分析讨论意见、所采取的诊疗措施及效果、医嘱更改及理由、向患者及其近亲属告知的重要事项等。

病程记录的要求及内容：

（一）首次病程记录是指患者入院后由经治医师或值班医师书写的第一次病程记录，应当在患者入院 8 小时内完成。首次病程记录的内容包括病例特点、拟诊讨论（诊断依据及鉴别诊断）、诊疗计划等。

1. 病例特点：应当在对病史、体格检查和辅助检查进行全面分析、归纳和整理后写出本病例特征，包括阳性发现和具有鉴别诊断意义的阴性症状和体征等。

2. 拟诊讨论（诊断依据及鉴别诊断）：根据病例特点，提出初步诊断和诊断依据；对诊断不明的写出鉴别诊断并进行分析；并对下一步诊治措施进行分析。

3. 诊疗计划：提出具体的检查及治疗措施安排。

（二）日常病程记录是指对患者住院期间诊疗过程的经常性、连续性记录。由经治医师书写，也可以由实习医务人员或试用期医务人员书写，但应有经治医师签名。书写日常病程记录时，首先标明记录时间，另起一行记录具体内容。对病危患者应当根据病情变化随时书写病程记录，每天至少 1 次，记录时间应当具体到分钟。对病重患者，至少 2 天记录一次病程记录。对病情稳定的患者，至少 3 天记录一次病程记录。

（三）上级医师查房记录是指上级医师查房时对患者病情、诊断、鉴别诊断、当前治疗措施疗效的分析及下一步诊疗意见等的记录。

主治医师首次查房记录应当于患者入院 48 小时内完成。内容包括查房医师的姓名、专业技术职务、补充的病史和体征、诊断依据与鉴别诊断的分析及诊疗计划等。

主治医师日常查房记录间隔时间视病情和诊疗情况确定，内容包括查房医师的姓名、专业技术职务、对病情的分析和诊疗意见等。

科主任或具有副主任医师以上专业技术职务任职资格医师查房的记录，内容包括查房医师的姓名、专业技术职务、对病情的分析和诊疗意见等。

（四）疑难病例讨论记录是指由科主任或具有副主任医师以上专业技术任职资格的医师主持、召集有关医务人员对确诊困难或疗效不确切病例讨论的记录。内容包括讨论日期、主持人、参加人员姓名及专业技术职务、具体讨论意见及主持人小结意见等。

（五）交（接）班记录是指患者经治医师发生变更之际，交班医师和接班医师分别对患者病情及诊疗情况进行简要总结的记录。交班记录应当在交班前由交班医师书写完成；接班记录应当由接班医师于接班后 24 小时内完成。交（接）班记录的内容包括入院日期、交班或接班日期、患者姓名、性别、年龄、主诉、入院情况、入院诊断、诊疗经过、目前情况、目前诊断、交班注意事项或接班诊疗计划、医师签名等。

（六）转科记录是指患者住院期间需要转科时，经转入科室医师会诊并同意接收后，由转出科室和转入科室医师分别书写的记录。包括转出记录和转入记录。转出记录由转出科室医师在患者转出科室前书写完成（紧急情况除外）；转入记录由转入科室医师于患者转入后 24 小时内完成。转科记录内容包括入院日期、转出或转入日期，转出、转入科室，患者姓名、性别、年龄、主诉、入院情况、入院诊断、诊疗经过、目前情况、目前诊断、转科目的及注意事项或转入诊疗计划、医师签名等。

（七）阶段小结是指患者住院时间较长，由经治医师每月所作病情及诊疗情况总结。阶段小结的内容包括入院日期、小结日期，患者姓名、性别、年龄、主诉、入院情况、入院诊断、诊疗经过、目前情况、目前诊断、诊疗计划、医师签名等。

交（接）班记录、转科记录可代替阶段小结。

（八）抢救记录是指患者病情危重，采取抢救措施时作的记录。因抢救急危患者，未能及时书写病历的，有关医务人员应当在抢救结束后 6 小时内据实补记，并加以注明。内容包括病情变化情况、抢救时间及措施、参加抢救的医务人员姓名及专业技术职称等。记录抢救时间应当具体到分钟。

（九）有创诊疗操作记录是指在临床诊疗活动过程中进行的各种诊断、治疗性操作（如胸腔穿刺、腹腔穿刺等）的记录。应当在操作完成后即刻书写。内容包括操作名称、操作时间、操作步骤、结果及患者一般情况，记录过程是否顺利、有无不良反应，术后注意事项及是否向患者说明，操作医师签名。

（十）会诊记录（含会诊意见）是指患者在住院期间需要其他科室或者其他医疗机构协助诊疗时，分别由申请医师和会诊医师书写的记录。会诊记录应当另页书写。内容包括申请会诊记录和会诊意见记录。申请会诊记录应当简要载明患者病情及诊疗情况、申请会诊的理由和目的，申请会诊医师签名等。常规会诊意见记录应当由会诊医师在会诊申请发出后 48 小时内完成，急会诊时会诊医师应当在会诊申请发出后 10 分钟内到场，并在会诊结束后即刻完成会诊记录。会诊记录内容包括会诊意见、会诊医师所在的科别或者医疗机构名称、会诊时间及会诊医师签名等。申请会诊医师应在病程记录中记录会诊意见执行情况。

（十一）术前小结是指在患者手术前，由经治医师对患者病情所作的总结。内容包括简要病情、术前诊断、手术指征、拟施手术名称和方式、拟施麻醉方式、注意事项，并记录手术者术前查看患者相关情况等。

（十二）术前讨论记录是指因患者病情较重或手术难度较大，手术前在上级医师主持下，对拟实施手术方式和术中可能出现的问题及应对措施所作的讨论。讨论内容包括术前准备情况、手术指征、手术方案、可能出现的意外及防范措施、参加讨论者的姓名及专业技术职务、具体讨论意见及主持人小结意见、讨论日期、记录者的签名等。

（十三）麻醉术前访视记录是指在麻醉实施前，由麻醉医师对患者拟施麻醉进行风险评估的记录。麻醉术前访视可另立单页，也可在病程中记录。内容包括姓名、性别、年龄、科别、病案号，患者一般情况、简要病史、与麻醉相关的辅助检查结果、拟行手术方式、拟行麻醉方式、麻醉适应证及麻醉中需注意的问题、术前麻醉医嘱、麻醉医师签字并填写日期。

（十四）麻醉记录是指麻醉医师在麻醉实施中书写的麻醉经过及处理措施的记录。麻醉记录应当另页书写，内容包括患者一般情况、术前特殊情况、麻醉前用药、术前诊断、术中诊断、手术方式及日期、麻醉方式、麻醉诱导及各项操作开始及结束时间、麻醉期间用药名称、方式及剂量、麻醉期间特殊或突发情况及处理、手术起止时间、麻醉医师签名等。

（十五）手术记录是指手术者书写的反映手术一般情况、手术经过、术中发现及处理等情况的特殊记录，应当在术后24小时内完成。特殊情况下由第一助手书写时，应有手术者签名。手术记录应当另页书写，内容包括一般项目（患者姓名、性别、科别、病房、床位号、住院病历号或病案号）、手术日期、术前诊断、术中诊断、手术名称、手术者及助手姓名、麻醉方法、手术经过、术中出现的情况及处理等。

（十六）手术安全核查记录是指由手术医师、麻醉医师和巡回护士三方，在麻醉实施前、手术开始前和病人离室前，共同对病人身份、手术部位、手术方式、麻醉及手术风险、手术使用物品清点等内容进行核对的记录，输血的病人还应对血型、用血量进行核对。应有手术医师、麻醉医师和巡回护士三方核对、确认并签字。

（十七）手术清点记录是指巡回护士对手术患者术中所用血液、器械、敷料等的记录，应当在手术结束后即时完成。手术清点记录应当另页书写，内容包括患者姓名、住院病历号（或病案号）、手术日期、手术名称、术中所用各种器械和敷料数量的清点核对、巡回护士和手术器械护士签名等。

（十八）术后首次病程记录是指参加手术的医师在患者术后即时完成的病程记录。内容包括手术时间、术中诊断、麻醉方式、手术方式、手术简要经过、术后处理措施、术后应当特别注意观察的事项等。

（十九）麻醉术后访视记录是指麻醉实施后，由麻醉医师对术后患者麻醉恢复情况进行访视的记录。麻醉术后访视可另立单页，也可在病程中记录。内容包括姓名、性别、年龄、科别、病案号，患者一般情况、麻醉恢复情况、清醒时间、术后医嘱、是否拔除气管插管等，如有特殊情况应详细记录，麻醉医师签字并填写日期。

（二十）出院记录是指经治医师对患者此次住院期间诊疗情况的总结，应当在患者出院后 24 小时内完成。内容主要包括入院日期、出院日期、入院情况、入院诊断、诊疗经过、出院诊断、出院情况、出院医嘱、医师签名等。

（二十一）死亡记录是指经治医师对死亡患者住院期间诊疗和抢救经过的记录，应当在患者死亡后 24 小时内完成。内容包括入院日期、死亡时间、入院情况、入院诊断、诊疗经过（重点记录病情演变、抢救经过）、死亡原因、死亡诊断等。记录死亡时间应当具体到分钟。

（二十二）死亡病例讨论记录是指在患者死亡一周内，由科主任或具有副主任医师以上专业技术职务任职资格的医师主持，对死亡病例进行讨论、分析的记录。内容包括讨论日期、主持人及参加人员姓名、专业技术职务、具体讨论意见及主持人小结意见、记录者的签名等。

（二十三）病重（病危）患者护理记录是指护士根据医嘱和病情对病重（病危）患者住院期间护理过程的客观记录。病重（病危）患者护理记录应当根据相应专科的护理特点书写。内容包括患者姓名、科别、住院病历号（或病案号）、床位号、页码、记录日期和时间、出入液量、体温、脉搏、呼吸、血压等病情观察、护理措施和效果、护士签名等。记录时间应当具体到分钟。

第二十三条 手术同意书是指手术前，经治医师向患者告知拟施手术的相关情况，并由患者签署是否同意手术的医学文书。内容包括术前诊断、手术名称、术中或术后可能出现的并发症、手术风险、患者签署意见并签名、经治医师和术者签名等。

第二十四条 麻醉同意书是指麻醉前，麻醉医师向患者告知拟施麻醉的相关情况，并由患者签署是否同意麻醉意见的医学文书。内容包括患者姓名、性别、年龄、病案号、科别、术前诊断、拟行手术方式、拟行麻醉方式，患者基础疾病及可能对麻醉产生影响的特殊情况，麻醉中拟行的有创操作和监测，麻醉风险、可能发生的并发症及意外情况，患者签署意见并签名、麻醉医师签名并填写日期。

第二十五条 输血治疗知情同意书是指输血前，经治医师向患者告知输血的相关情况，并由患者签署是否同意输血的医学文书。输血治疗知情同意书内容包括患者姓名、性别、年龄、科别、病案号、诊断、输血指征、拟输血成分、输血前有关检查结果、输血风险及可能产生的不良后果、患者签署意见并签名、医师签名并填写日期。

第二十六条 特殊检查、特殊治疗同意书是指在实施特殊检查、特殊治疗前，经治医师向患者告知特殊检查、特殊治疗的相关情况，并由患者签署是否同意检查、治疗的医学文书。内容包括特殊检查、特殊治疗项目名称、目的、可能出现的并发症及风险、患者签名、医师签名等。

第二十七条　病危（重）通知书是指因患者病情危、重时，由经治医师或值班医师向患者家属告知病情，并由患方签名的医疗文书。内容包括患者姓名、性别、年龄、科别，目前诊断及病情危重情况，患方签名、医师签名并填写日期。一式两份，一份交患方保存，另一份归病历中保存。

第二十八条　医嘱是指医师在医疗活动中下达的医学指令。医嘱单分为长期医嘱单和临时医嘱单。

长期医嘱单内容包括患者姓名、科别、住院病历号（或病案号）、页码、起始日期和时间、长期医嘱内容、停止日期和时间、医师签名、执行时间、执行护士签名。临时医嘱单内容包括医嘱时间、临时医嘱内容、医师签名、执行时间、执行护士签名等。

医嘱内容及起始、停止时间应当由医师书写。医嘱内容应当准确、清楚，每项医嘱应当只包含一个内容，并注明下达时间，应当具体到分钟。医嘱不得涂改。需要取消时，应当使用红色墨水标注"取消"字样并签名。

一般情况下，医师不得下达口头医嘱。因抢救急危患者需要下达口头医嘱时，护士应当复诵一遍。抢救结束后，医师应当即刻据实补记医嘱。

第二十九条　辅助检查报告单是指患者住院期间所做各项检验、检查结果的记录。内容包括患者姓名、性别、年龄、住院病历号（或病案号）、检查项目、检查结果、报告日期、报告人员签名或者印章等。

第三十条　体温单为表格式，以护士填写为主。内容包括患者姓名、科室、床号、入院日期、住院病历号（或病案号）、日期、手术后天数、体温、脉搏、呼吸、血压、大便次数、出入液量、体重、住院周数等。

第四章　打印病历内容及要求

第三十一条　打印病历是指应用字处理软件编辑生成并打印的病历（如Word文档、WPS文档等）。打印病历应当按照本规定的内容录入并及时打印，由相应医务人员手写签名。

第三十二条　医疗机构打印病历应当统一纸张、字体、字号及排版格式。打印字迹应清楚易认，符合病历保存期限和复印的要求。

第三十三条　打印病历编辑过程中应当按照权限要求进行修改，已完成录入打印并签名的病历不得修改。

第五章 其 他

第三十四条 住院病案首页按照《卫生部关于修订下发住院病案首页的通知》（卫医发〔2001〕286 号）的规定书写。

第三十五条 特殊检查、特殊治疗按照《医疗机构管理条例实施细则》（1994 年卫生部令第 35 号）有关规定执行。

第三十六条 中医病历书写基本规范由国家中医药管理局另行制定。

第三十七条 电子病历基本规范由卫生部另行制定。

第三十八条 本规范自 2010 年 3 月 1 日起施行。我部于 2002 年颁布的《病历书写基本规范（试行）》（卫医发〔2002〕190 号）同时废止。

3. 电子病历基本规范（试行）

第一章　总　则

第一条　为规范医疗机构电子病历管理，保证医患双方合法权益，根据《中华人民共和国执业医师法》《医疗机构管理条例》《医疗事故处理条例》《护士条例》等法律、法规，制定本规范。

第二条　本规范适用于医疗机构电子病历的建立、使用、保存和管理。

第三条　电子病历是指医务人员在医疗活动过程中，使用医疗机构信息系统生成的文字、符号、图表、图形、数据、影像等数字化信息，并能实现存储、管理、传输和重现的医疗记录，是病历的一种记录形式。

使用文字处理软件编辑、打印的病历文档，不属于本规范所称的电子病历。

第四条　医疗机构电子病历系统的建设应当满足临床工作需要，遵循医疗工作流程，保障医疗质量和医疗安全。

第二章　电子病历基本要求

第五条　电子病历录入应当遵循客观、真实、准确、及时、完整的原则。

第六条　电子病历录入应当使用中文和医学术语，要求表述准确，语句通顺，标点正确。通用的外文缩写和无正式中文译名的症状、体征、疾病名称等可以使用外文。记录日期应当使用阿拉伯数字，记录时间应当采用 24 小时制。

第七条　电子病历包括门（急）诊电子病历、住院电子病历及其他电子医疗记录。电子病历内容应当按照卫生部《病历书写基本规范》执行，使用卫生部统一制定的项目名称、格式和内容，不得擅自变更。

第八条　电子病历系统应当为操作人员提供专有的身份标识和识别手段，并设置有相应权限；操作人员对本人身份标识的使用负责。

第九条　医务人员采用身份标识登录电子病历系统完成各项记录等操作并予确认后，系统应当显示医务人员电子签名。

第十条　电子病历系统应当设置医务人员审查、修改的权限和时限。实习医务人员、试用期医务人员记录的病历，应当经过在本医疗机构合法执业的医务人员审阅、修改并予电子签名确认。医务人员修改时，电子病历系统应当进行身份识别、保存历次修改痕迹、标记准确的修改时间和修改人信息。

第十一条 电子病历系统应当为患者建立个人信息数据库（包括姓名、性别、出生日期、民族、婚姻状况、职业、工作单位、住址、有效身份证件号码、社会保障号码或医疗保险号码、联系电话等），授予唯一标识号码并确保与患者的医疗记录相对应。

第十二条 电子病历系统应当具有严格的复制管理功能。同一患者的相同信息可以复制，复制内容必须校对，不同患者的信息不得复制。

第十三条 电子病历系统应当满足国家信息安全等级保护制度与标准。严禁篡改、伪造、隐匿、抢夺、窃取和毁坏电子病历。

第十四条 电子病历系统应当为病历质量监控、医疗卫生服务信息以及数据统计分析和医疗保险费用审核提供技术支持，包括医疗费用分类查询、手术分级管理、临床路径管理、单病种质量控制、平均住院日、术前平均住院日、床位使用率、合理用药监控、药物占总收入比例等医疗质量管理与控制指标的统计，利用系统优势建立医疗质量考核体系，提高工作效率，保证医疗质量，规范诊疗行为，提高医院管理水平。

第三章 实施电子病历基本条件

第十五条 医疗机构建立电子病历系统应当具备以下条件：

（一）具有专门的管理部门和人员，负责电子病历系统的建设、运行和维护。

（二）具备电子病历系统运行和维护的信息技术、设备和设施，确保电子病历系统的安全、稳定运行。

（三）建立、健全电子病历使用的相关制度和规程，包括人员操作、系统维护和变更的管理规程，出现系统故障时的应急预案等。

第十六条 医疗机构电子病历系统运行应当符合以下要求：

（一）具备保障电子病历数据安全的制度和措施，有数据备份机制，有条件的医疗机构应当建立信息系统灾备体系。应当能够落实系统出现故障时的应急预案，确保电子病历业务的连续性。

（二）对操作人员的权限实行分级管理，保护患者的隐私。

（三）具备对电子病历创建、编辑、归档等操作的追溯能力。

（四）电子病历使用的术语、编码、模板和标准数据应当符合有关规范要求。

第四章　电子病历的管理

第十七条　医疗机构应当成立电子病历管理部门并配备专职人员，具体负责本机构门（急）诊电子病历和住院电子病历的收集、保存、调阅、复制等管理工作。

第十八条　医疗机构电子病历系统应当保证医务人员查阅病历的需要，能够及时提供并完整呈现该患者的电子病历资料。

第十九条　患者诊疗活动过程中产生的非文字资料（CT、磁共振、超声等医学影像信息，心电图，录音，录像等）应当纳入电子病历系统管理，应确保随时调阅、内容完整。

第二十条　门诊电子病历中的门（急）诊病历记录以接诊医师录入确认即为归档，归档后不得修改。

第二十一条　住院电子病历随患者出院经上级医师于患者出院审核确认后归档，归档后由电子病历管理部门统一管理。

第二十二条　对目前还不能电子化的植入材料条形码、知情同意书等医疗信息资料，可以采取措施使之信息数字化后纳入电子病历并留存原件。

第二十三条　归档后的电子病历采用电子数据方式保存，必要时可打印纸质版本，打印的电子病历纸质版本应当统一规格、字体、格式等。

第二十四条　电子病历数据应当保存备份，并定期对备份数据进行恢复试验，确保电子病历数据能够及时恢复。当电子病历系统更新、升级时，应当确保原有数据的继承与使用。

第二十五条　医疗机构应当建立电子病历信息安全保密制度，设定医务人员和有关医院管理人员调阅、复制、打印电子病历的相应权限，建立电子病历使用日志，记录使用人员、操作时间和内容。未经授权，任何单位和个人不得擅自调阅、复制电子病历。

第二十六条　医疗机构应当受理下列人员或机构复印或者复制电子病历资料的申请：

（一）患者本人或其代理人；

（二）死亡患者近亲属或其代理人；

（三）为患者支付费用的基本医疗保障管理和经办机构；

（四）患者授权委托的保险机构。

第二十七条　医疗机构应当指定专门机构和人员负责受理复印或者复制电子病历资料的申请，并留存申请人有效身份证明复印件及其法定证明材料、保险合同等复印件。受理申请时，应当要求申请人按照以下要求提供材料：

（一）申请人为患者本人的，应当提供本人有效身份证明；

（二）申请人为患者代理人的，应当提供患者及其代理人的有效身份证明、申请人与患者代理关系的法定证明材料；

（三）申请人为死亡患者近亲属的，应当提供患者死亡证明及其近亲属的有效身份证明、申请人是死亡患者近亲属的法定证明材料；

（四）申请人为死亡患者近亲属代理人的，应当提供患者死亡证明、死亡患者近亲属及其代理人的有效身份证明，死亡患者与其近亲属关系的法定证明材料，申请人与死亡患者近亲属代理关系的法定证明材料；

（五）申请人为基本医疗保障管理和经办机构的，应当按照相应基本医疗保障制度有关规定执行；

（六）申请人为保险机构的，应当提供保险合同复印件，承办人员的有效身份证明，患者本人或者其代理人同意的法定证明材料；患者死亡的，应当提供保险合同复印件，承办人员的有效身份证明，死亡患者近亲属或者其代理人同意的法定证明材料。合同或者法律另有规定的除外。

第二十八条　公安、司法机关因办理案（事）件，需要收集、调取电子病历资料的，医疗机构应当在公安、司法机关出具法定证明及执行公务人员的有效身份证明后如实提供。

第二十九条　医疗机构可以为申请人复印或者复制电子病历资料的范围按照我部《医疗机构病历管理规定》执行。

第三十条　医疗机构受理复印或者复制电子病历资料申请后，应当在医务人员按规定时限完成病历后方予提供。

第三十一条　复印或者复制的病历资料经申请人核对无误后，医疗机构应当在电子病历纸质版本上加盖证明印记，或提供已锁定不可更改的病历电子版。

第三十二条　发生医疗事故争议时，应当在医患双方在场的情况下锁定电子病历并制作完全相同的纸质版本供封存，封存的纸质病历资料由医疗机构保管。

第五章　附　则

第三十三条　各省级卫生行政部门可根据本规范制定本辖区相关实施细则。

第三十四条　中医电子病历基本规范由国家中医药管理局另行制定。

第三十五条　本规范由卫生部负责解释。

第三十六条　本规范自 2010 年 4 月 1 日起施行。

三、侵权责任法及其适用

1. 中华人民共和国侵权责任法（节录）

第一章　一般规定

第一条　为保护民事主体的合法权益，明确侵权责任，预防并制裁侵权行为，促进社会和谐稳定，制定本法。

第二条　侵害民事权益，应当依照本法承担侵权责任。

本法所称民事权益，包括生命权、健康权、姓名权、名誉权、荣誉权、肖像权、隐私权、婚姻自主权、监护权、所有权、用益物权、担保物权、著作权、专利权、商标专用权、发现权、股权、继承权等人身、财产权益。

第三条　被侵权人有权请求侵权人承担侵权责任。

第四条　侵权人因同一行为应当承担行政责任或者刑事责任的，不影响依法承担侵权责任。

因同一行为应当承担侵权责任和行政责任、刑事责任，侵权人的财产不足以支付的，先承担侵权责任。

第五条　其他法律对侵权责任另有特别规定的，依照其规定。

第二章　责任构成和责任方式

第六条　行为人因过错侵害他人民事权益，应当承担侵权责任。

根据法律规定推定行为人有过错，行为人不能证明自己没有过错的，应当承担侵权责任。

第七条　行为人损害他人民事权益，不论行为人有无过错，法律规定应当承担侵权责任的，依照其规定。

第八条　二人以上共同实施侵权行为，造成他人损害的，应当承担连带责任。

第九条　教唆、帮助他人实施侵权行为的，应当与行为人承担连带责任。

教唆、帮助无民事行为能力人、限制民事行为能力人实施侵权行为的，应当承担侵权责任；该无民事行为能力人、限制民事行为能力人的监护人未尽到监护责任的，应当承担相应的责任。

第十条 二人以上实施危及他人人身、财产安全的行为，其中一人或者数人的行为造成他人损害，能够确定具体侵权人的，由侵权人承担责任；不能确定具体侵权人的，行为人承担连带责任。

第十一条 二人以上分别实施侵权行为造成同一损害，每个人的侵权行为都足以造成全部损害的，行为人承担连带责任。

第十二条 二人以上分别实施侵权行为造成同一损害，能够确定责任大小的，各自承担相应的责任；难以确定责任大小的，平均承担赔偿责任。

第十三条 法律规定承担连带责任的，被侵权人有权请求部分或者全部连带责任人承担责任。

第十四条 连带责任人根据各自责任大小确定相应的赔偿数额；难以确定责任大小的，平均承担赔偿责任。

支付超出自己赔偿数额的连带责任人，有权向其他连带责任人追偿。

第十五条 承担侵权责任的方式主要有：

（一）停止侵害；

（二）排除妨碍；

（三）消除危险；

（四）返还财产；

（五）恢复原状；

（六）赔偿损失；

（七）赔礼道歉；

（八）消除影响、恢复名誉。

以上承担侵权责任的方式，可以单独适用，也可以合并适用。

第十六条 侵害他人造成人身损害的，应当赔偿医疗费、护理费、交通费等为治疗和康复支出的合理费用，以及因误工减少的收入。造成残疾的，还应当赔偿残疾生活辅助具费和残疾赔偿金。造成死亡的，还应当赔偿丧葬费和死亡赔偿金。

第十七条 因同一侵权行为造成多人死亡的，可以以相同数额确定死亡赔偿金。

第十八条 被侵权人死亡的，其近亲属有权请求侵权人承担侵权责任。被侵权人为单位，该单位分立、合并的，承继权利的单位有权请求侵权人承担侵权责任。

被侵权人死亡的，支付被侵权人医疗费、丧葬费等合理费用的人有权请求侵权人赔偿费用，但侵权人已支付该费用的除外。

第十九条　侵害他人财产的，财产损失按照损失发生时的市场价格或者其他方式计算。

第二十条　侵害他人人身权益造成财产损失的，按照被侵权人因此受到的损失赔偿；被侵权人的损失难以确定，侵权人因此获得利益的，按照其获得的利益赔偿；侵权人因此获得的利益难以确定，被侵权人和侵权人就赔偿数额协商不一致，向人民法院提起诉讼的，由人民法院根据实际情况确定赔偿数额。

第二十一条　侵权行为危及他人人身、财产安全的，被侵权人可以请求侵权人承担停止侵害、排除妨碍、消除危险等侵权责任。

第二十二条　侵害他人人身权益，造成他人严重精神损害的，被侵权人可以请求精神损害赔偿。

第二十三条　因防止、制止他人民事权益被侵害而使自己受到损害的，由侵权人承担责任。侵权人逃逸或者无力承担责任，被侵权人请求补偿的，受益人应当给予适当补偿。

第二十四条　受害人和行为人对损害的发生都没有过错的，可以根据实际情况，由双方分担损失。

第二十五条　损害发生后，当事人可以协商赔偿费用的支付方式。协商不一致的，赔偿费用应当一次性支付；一次性支付确有困难的，可以分期支付，但应当提供相应的担保。

第三章　不承担责任和减轻责任的情形

第二十六条　被侵权人对损害的发生也有过错的，可以减轻侵权人的责任。

第二十七条　损害是因受害人故意造成的，行为人不承担责任。

第二十八条　损害是因第三人造成的，第三人应当承担侵权责任。

第二十九条　因不可抗力造成他人损害的，不承担责任。法律另有规定的，依照其规定。

第三十条　因正当防卫造成损害的，不承担责任。正当防卫超过必要的限度，造成不应有的损害的，正当防卫人应当承担适当的责任。

第三十一条　因紧急避险造成损害的，由引起险情发生的人承担责任。如果危险是由自然原因引起的，紧急避险人不承担责任或者给予适当补偿。紧急避险采取措施不当或者超过必要的限度，造成不应有的损害的，紧急避险人应当承担适当的责任。

第四章　关于责任主体的特殊规定

第三十二条　无民事行为能力人、限制民事行为能力人造成他人损害的，由监护人承担侵权责任。监护人尽到监护责任的，可以减轻其侵权责任。

有财产的无民事行为能力人、限制民事行为能力人造成他人损害的，从本人财产中支付赔偿费用。不足部分，由监护人赔偿。

第三十三条　完全民事行为能力人对自己的行为暂时没有意识或者失去控制造成他人损害有过错的，应当承担侵权责任；没有过错的，根据行为人的经济状况对受害人适当补偿。

完全民事行为能力人因醉酒、滥用麻醉药品或者精神药品对自己的行为暂时没有意识或者失去控制造成他人损害的，应当承担侵权责任。

第三十四条　用人单位的工作人员因执行工作任务造成他人损害的，由用人单位承担侵权责任。

劳务派遣期间，被派遣的工作人员因执行工作任务造成他人损害的，由接受劳务派遣的用工单位承担侵权责任；劳务派遣单位有过错的，承担相应的补充责任。

第三十五条　个人之间形成劳务关系，提供劳务一方因劳务造成他人损害的，由接受劳务一方承担侵权责任。提供劳务一方因劳务自己受到损害的，根据双方各自的过错承担相应的责任。

第三十六条　网络用户、网络服务提供者利用网络侵害他人民事权益的，应当承担侵权责任。

网络用户利用网络服务实施侵权行为的，被侵权人有权通知网络服务提供者采取删除、屏蔽、断开链接等必要措施。网络服务提供者接到通知后未及时采取必要措施的，对损害的扩大部分与该网络用户承担连带责任。

网络服务提供者知道网络用户利用其网络服务侵害他人民事权益，未采取必要措施的，与该网络用户承担连带责任。

第三十七条　宾馆、商场、银行、车站、娱乐场所等公共场所的管理人或者群众性活动的组织者，未尽到安全保障义务，造成他人损害的，应当承担侵权责任。

因第三人的行为造成他人损害的，由第三人承担侵权责任；管理人或者组织者未尽到安全保障义务的，承担相应的补充责任。

第三十八条　无民事行为能力人在幼儿园、学校或者其他教育机构学习、生活期间受到人身损害的，幼儿园、学校或者其他教育机构应当承担责任，但能够证明尽到教育、管理职责的，不承担责任。

第三十九条　限制民事行为能力人在学校或者其他教育机构学习、生活期间受到人身损害，学校或者其他教育机构未尽到教育、管理职责的，应当承担责任。

第四十条　无民事行为能力人或者限制民事行为能力人在幼儿园、学校或者其他教育机构学习、生活期间，受到幼儿园、学校或者其他教育机构以外的人员人身损害的，由侵权人承担侵权责任；幼儿园、学校或者其他教育机构未尽到管理职责的，承担相应的补充责任。

第五章　产品责任

第四十三条　因产品存在缺陷造成损害的，被侵权人可以向产品的生产者请求赔偿，也可以向产品的销售者请求赔偿。

产品缺陷由生产者造成的，销售者赔偿后，有权向生产者追偿。

因销售者的过错使产品存在缺陷的，生产者赔偿后，有权向销售者追偿。

注：关于本条文适用的注意事项：被侵权人因产品存在缺陷造成损害后，往往不清楚这一缺陷究竟是谁造成的，因此也就不知道应当向谁请求赔偿。为解决这一问题，本条规定，因产品存在缺陷造成损害的，被侵权人可以向产品的生产者请求赔偿，也可以向产品的销售者请求赔偿。产品缺陷由生产者造成的，销售者赔偿后，有权向生产者追偿。因销售者的过错使产品存在缺陷的，生产者赔偿后，有权向销售者追偿。

1. 本条所讲被侵权人，是指因产品存在缺陷造成人身、财产损害之后，有权要求获得赔偿的人，包括直接购买并使用缺陷产品的人，也包括非直接购买使用缺陷产品但受到缺陷产品损害的其他人。

2. 本条从方便被侵权人维护自己合法权益的角度出发，规定了被侵权人请求赔偿的两个途径：一个是可以向产品的生产者请求赔偿；另一个是可以向产品的销售者请求赔偿。也就是说，只要是缺陷产品引起的损害，被侵权人可以向生产者和销售者中的任何一方提出赔偿请求。如果二者不予赔偿，被侵权人可以生产者和销售者中的任何一方为被告提起民事诉讼。

3. 根据本条规定，生产者、销售者中先行赔偿的一方有权向应当承担责任的一方追偿自己已经向被侵权人垫付的赔偿费用。也就是说，没有责任的生产者或者销售者，对因缺陷产品而引起的赔偿请求，预先替对方垫付了赔偿费用。一方有权要求有责任的一方支付自己已经垫付的赔偿费用。本条即为先行垫付赔偿费用的一方向另一方行使追偿权提供了法律依据。需要明确的是，生产者和销售者承担产品责任的原则是不同的，生产者承担无过错责任，销售者承担过错责任，对此本条明确规定"产品缺陷由生产者造成的，销售者赔偿后，有权向生产者追偿。因销售者的过错使产品存在缺陷的，生产者赔偿后，有权向销售者追偿"。先行垫付赔偿费用的一方只有在另一方符合承担产品侵权责任条件的情形下，才可以向对方行使追偿权。

第七章　医疗损害责任

第五十四条　患者在诊疗活动中受到损害，医疗机构及其医务人员有过错的，由医疗机构承担赔偿责任。

注： 关于本条文适用的注意事项：用人单位的工作人员因执行工作任务造成他人损害的，由用人单位承担侵权责任。因此，本条规定患者在诊疗活动中受到损害，医疗机构及其医务人员有过错的，"由医疗机构承担赔偿责任"。

还有一点需要说明，患者在诊疗活动中受到损害，除了医疗机构及其医务人员有过错的条件外，医疗机构及其医务人员的过错还要与患者的损害具有因果关系，医疗机构才承担赔偿责任。因果关系的条件适用于各种侵权行为产生的侵权责任。本条规定的患者在诊疗活动中受到的损害，指的就是与医疗机构及其医务人员的过错有因果关系的损害。

疾病的发生有患者原因，疾病的治疗需要患者配合，在诊疗纠纷中不能适用无过错责任，也没有哪个国家实行无过错责任。不问青红皂白，一律实行过错推定，将助长保守医疗，不利于医学科学进步。对诊疗活动引起的纠纷，应当适用一般过错责任。医疗机构及其医务人员有过错的，医疗机构才承担赔偿责任，原则上由原告承担过错的举证责任。只在特殊情况下如医务人员有违规治疗行为或者隐匿、拒绝提供与纠纷有关的医学资料时，才适用过错推定责任原则，发生举证责任倒置。患者和医院之间信息不对称问题，应当通过信息交流和信息公开等办法解决。

第五十五条　医务人员在诊疗活动中应当向患者说明病情和医疗措施。需要实施手术、特殊检查、特殊治疗的，医务人员应当及时向患者说明医疗风险、替代医疗方案等情况，并取得其书面同意；不宜向患者说明的，应当向患者的近亲属说明，并取得其书面同意。

医务人员未尽到前款义务，造成患者损害的，医疗机构应当承担赔偿责任。

注：关于本条文适用的注意事项：

医务人员在诊疗活动中应当向患者说明病情和医疗措施，这是医务人员在诊疗活动中一般应尽的义务。除此以外，如果需要实施手术、特殊检查、特殊治疗的，还应当及时向患者说明医疗风险、替代医疗方案等情况，并取得其书面同意。上述说明如果不宜向患者说明，如将会造成患者悲观、恐惧、心理负担沉重，不利于治疗，医务人员应当向患者的近亲属说明，并取得其书面同意。本条第二款规定，医务人员未尽到前款义务，造成患者损害的，医疗机构应当承担赔偿责任。不是说医务人员尽到了本条第一款规定的义务，在后续的诊疗活动中造成患者损害的，医疗机构就可以不承担赔偿责任了。本章第五十七条规定，医务人员在诊疗活动中未尽到与当时的医疗水平相应的诊疗义务，造成患者损害的，医疗机构应当承担赔偿责任。医务人员尽管尽到了本条第一款规定的义务，尽管取得了患者或者其近亲属同意相关治疗的签字，但如果在后续的诊疗活动中未尽到与当时的医疗水平相应的诊疗义务，造成患者损害的，医疗机构仍应当承担赔偿责任。

第五十六条　因抢救生命垂危的患者等紧急情况，不能取得患者或者其近亲属意见的，经医疗机构负责人或者授权的负责人批准，可以立即实施相应的医疗措施。

关于本条文适用的注意事项：本条规定的"不能取得患者或者其近亲属意见"，主要是指患者不能表达意志，也无近亲属陪伴，又联系不到近亲属的情况，不包括患者或者其近亲属明确表示拒绝采取医疗措施的情况。

第五十七条　医务人员在诊疗活动中未尽到与当时的医疗水平相应的诊疗义务，造成患者损害的，医疗机构应当承担赔偿责任。

第五十八条　患者有损害，因下列情形之一的，推定医疗机构有过错：

（一）违反法律、行政法规、规章以及其他有关诊疗规范的规定；

（二）隐匿或者拒绝提供与纠纷有关的病历资料；

（三）伪造、篡改或者销毁病历资料。

第五十九条　因药品、消毒药剂、医疗器械的缺陷，或者输入不合格的血液造成患者损害的，患者可以向生产者或者血液提供机构请求赔偿，也可以向医疗机构请求赔偿。患者向医疗机构请求赔偿的，医疗机构赔偿后，有权向负有责任的生产者或者血液提供机构追偿。

注：关于本条文适用的注意事项：

因药品、消毒药剂、医疗器械的缺陷，或者输入不合格的血液造成患者损害的，涉及药品、消毒药剂、医疗器械的生产者或者血液提供机构和医疗机构的责任。立法调研中了解到，许多患者在因此受到损害后，都有被相互推诿、求偿困难的经历。由于法律缺乏明确的规定，患者在这方面寻求司法保护的效果也不理想。本条为了更好地维护患者的权益，便利患者受到损害后主张权利，明确规定"患者可以向生产者或者血液提供机构请求赔偿，也可以向医疗机构请求赔偿"。同时规定，如果患者向医疗机构请求赔偿，医疗机构赔偿后，有权向负有责任的生产者或者血液提供机构追偿。

患者因药品、消毒药剂、医疗器械的缺陷受到损害的，争议相对较小。药品、消毒药剂、医疗器械属于产品，《产品质量法》第41条规定，因产品存在缺陷造成人身、缺陷产品以外的其他财产损害的，生产者应当承担赔偿责任。第43条规定，因产品存在缺陷造成人身、他人财产损害的，受害人可以向产品的生产者要求赔偿，也可以向产品的销售者要求赔偿。属于产品的生产者的责任，产品的销售者赔偿的，产品的销售者有权向产品的生产者追偿。属于产品的销售者的责任，产品的生产者赔偿的，产品的生产者有权向产品的销售者追偿。立法征求意见中就医疗机构是否为销售者有不同意见。但是，如前所述，本条主要以便利患者受到损害后主张权利为目的，依据《产品质量法》作出具体规定。一些医疗机构的同志也认为，因药品、消毒药剂、医疗器械的缺陷造成患者损害，患者向医疗机构请求赔偿，符合社会一般常理，可以接受。理解本条中"缺陷"的含义，可以参考《产品质量法》第四十六条的规定，即"是指产品存在危及人身、他人财产安全的不合理的危险；产品有保障人体健康和人身、财产安全的国家标准、行业标准的，是指不符合该标准"。

第六十条 患者有损害，因下列情形之一的，医疗机构不承担赔偿责任：

（一）患者或者其近亲属不配合医疗机构进行符合诊疗规范的诊疗；

（二）医务人员在抢救生命垂危的患者等紧急情况下已经尽到合理诊疗义务；

（三）限于当时的医疗水平难以诊疗。

前款第一项情形中，医疗机构及其医务人员也有过错的，应当承担相应的赔偿责任。

第六十一条 医疗机构及其医务人员应当按照规定填写并妥善保管住院志、医嘱单、检验报告、手术及麻醉记录、病理资料、护理记录、医疗费用等病历资料。

患者要求查阅、复制前款规定的病历资料的，医疗机构应当提供。

第六十二条 医疗机构及其医务人员应当对患者的隐私保密。泄露患者隐私或者未经患者同意公开其病历资料，造成患者损害的，应当承担侵权责任。

第六十三条　医疗机构及其医务人员不得违反诊疗规范实施不必要的检查。

第六十四条　医疗机构及其医务人员的合法权益受法律保护。干扰医疗秩序，妨害医务人员工作、生活的，应当依法承担法律责任。

2. 卫生部关于做好《侵权责任法》贯彻实施工作的通知

（卫医管发〔2010〕61号）

各省、自治区、直辖市卫生厅局，新疆生产建设兵团卫生局，部直属有关单位，部机关各司局，卫生部部属（管）医院：

《中华人民共和国侵权责任法》（以下简称《侵权责任法》）将于2010年7月1日起实施。《侵权责任法》对于明确医疗侵权责任，规范医疗活动具有重要意义。为指导各级卫生行政部门、各级各类医疗机构和广大医务人员切实做好《侵权责任法》贯彻实施工作，现就有关事项通知如下：

一、提高认识，认真组织学习《侵权责任法》

《侵权责任法》从法律层面对医疗损害责任进行了专门规定，进一步明确了医患双方的权利、义务，为依法解决医疗纠纷提供了法律依据，对于妥善化解医患矛盾，维护医患双方合法权益，构建和谐医患关系将发挥重要作用。

各级卫生行政部门和各级各类医疗机构要充分认识贯彻实施《侵权责任法》的重要意义，结合本地区、本单位实际情况，切实做好学习培训工作，使卫生行政部门、医疗机构和广大医务人员能够准确理解、全面掌握、正确执行《侵权责任法》相关规定，依法维护医患双方合法权益。

二、加强管理，规范医疗行为

（一）规范医疗行为，保障医疗质量安全。各级卫生行政部门和各级各类医疗机构要根据《侵权责任法》的规定，结合本地区、本单位实际情况，对现有工作制度进行集中梳理，制定并落实医疗质量安全管理的各项制度，特别要抓好医疗质量安全核心制度的落实。医疗机构及其医务人员要严格按照医药卫生管理相关法律、行政法规、规章、临床诊疗指南和技术操作规范开展医疗工作，切实提高医疗质量，保障医疗安全。一旦发生医疗损害，医疗机构要立即采取积极有效的救治措施，将对患者的损害降到最低。对每一起医疗损害都要本着对人民群众生命权、健康权高度负责的态度，查清问题，落实整改。

（二）加强药品、消毒药剂、血液、医疗器械临床使用管理，减少患者损害。医疗机构要按照《药品管理法》《献血法》《医疗器械监督管理条例》《医疗机构药事管理暂行规定》《医疗器械临床使用安全管理规范（试行）》《消毒管理办法》等有关规定，做好药品、消毒药剂、血液和医疗器械的临床使用管理工作，规范采购工作程序，严格执行检查验收制度和保管工作制度，按规定书写并妥善保存相关记录，加强临床使用监管和不合理使用干预。疑似因药品、消毒药剂、医疗器械的缺陷，或者输入不符合国家规定标准和要求的不合格血液造成患者损害的，医患双方应当依照有关规定共同对现场实物进行封存，做到查清事实，明确责任。

（三）做好医患沟通，保障患者权益。医疗机构要按照《侵权责任法》的要求，健全医患沟通告知制度，完善医患沟通内容，提高医务人员的医患沟通能力；完善知情同意相关制度，切实履行说明义务，依法及时、准确向患者及其家属说明病情、医疗措施；需要实施手术、特殊检查、特殊治疗的，应当及时向患者或其近亲属说明医疗风险、替代医疗方案等情况，并取得其书面同意。

患者或者其近亲属不配合医疗机构进行符合诊疗规范诊疗的，医疗机构及其医务人员要向其充分告知风险及《侵权责任法》第六十条的相关规定，并在病历中准确记录。要进一步完善紧急情况下采取医疗措施的审批程序，在抢救生命垂危的患者等紧急情况下无法取得患者或者其近亲属意见的，应当严格按照相关程序经医疗机构负责人或者授权的负责人批准实施相应医疗措施。

（四）规范病历书写，做好病历资料管理工作。医疗机构及其医务人员应当按照《医疗机构病历管理规定》、《病历书写基本规范》等规定，规范书写并妥善保管病历资料，采取有效措施防止病历遗失，不得伪造、篡改或者销毁病历资料；患者及其家属要求查阅、复制相关病历资料的，医疗机构应当提供。

三、多措并举，构建和谐医患关系

（一）做好投诉管理，化解矛盾纠纷。医疗机构要按照《医院投诉管理办法（试行）》，做好投诉管理工作；要设立医患关系办公室或指定部门统一承担医院投诉管理工作，建立畅通、便捷的投诉渠道；实行"首诉负责制"，及时核实投诉事项，按规定依法做出妥善处理，努力将矛盾纠纷化解在萌芽状态。

（二）积极推进医疗纠纷人民调解与医疗责任保险制度。医疗纠纷人民调解制度和医疗责任保险制度是医疗纠纷处理的重大制度建设。各级卫生行政部门要积极配合司法行政部门，按照《侵权责任法》的相关规定，完善本地区医疗纠纷人民调解和医疗责任保险相关制度，加大医疗纠纷人民调解工作力度，妥善化解医疗纠纷，依法维护医患双方合法权益和社会和谐稳定。

（三）保护医务人员合法权益，维护正常诊疗秩序。各级卫生行政部门和医疗机构要结合《侵权责任法》贯彻落实工作，进一步深入开展"平安医院"创建活动；完善医疗纠纷应急处置预案，早发现、早解决医疗机构内的不稳定因素和重大医疗纠纷问题；要与当地公安机关等相关部门密切配合，依法维护医疗机构及其医务人员的合法权益，依法严厉打击"医闹"等干扰医疗秩序，侵害医务人员合法权益的违法犯罪行为；要加大宣传教育工作力度，引导患者和家属理性对待医疗风险，依法解决医疗纠纷，努力构建和谐医患关系。

四、完善制度，继续做好医疗事故技术鉴定等工作

（一）各级医学会要继续依法履行医疗事故技术鉴定等法定鉴定职责，进一步加强专家队伍建设和规章制度建设。

（二）对于司法机关或医患双方共同委托的医疗损害责任技术鉴定，医学会应当受理，并可参照《医疗事故技术鉴定暂行办法》等有关规定，依法组织鉴定。医疗损害责任技术鉴定分级参照《医疗事故分级标准（试行）》执行。

各地在贯彻实施《侵权责任法》工作中，遇到的问题和工作建议，请及时联系我部医疗月盼监管司。

二〇一〇年六月二十八日

四、损害赔偿类相关司法解释

1. 最高人民法院关于审理人身损害赔偿
案件适用法律若干问题的解释（节录）

（2003 年 12 月 4 日最高人民法院审判委员会第 1299 次会议通过，法释
［2003］20 号）

《最高人民法院关于审理人身损害赔偿案件适用法律若干问题的解释》已于
2003 年 12 月 4 日由最高人民法院审判委员会第 1299 次会议通过。现予公布，
自 2004 年 5 月 1 日起施行。

……

第十七条　受害人遭受人身损害，因就医治疗支出的各项费用以及因误工
减少的收入，包括医疗费、误工费、护理费、交通费、住宿费、住院伙食补助
费、必要的营养费，赔偿义务人应当予以赔偿。

受害人因伤致残的，其因增加生活上需要所支出的必要费用以及因丧失劳
动能力导致的收入损失，包括残疾赔偿金、残疾辅助器具费、被扶养人生活费，
以及因康复护理、继续治疗实际发生的必要的康复费、护理费、后续治疗费，
赔偿义务人也应当予以赔偿。

受害人死亡的，赔偿义务人除应当根据抢救治疗情况赔偿本条第一款规定
的相关费用外，还应当赔偿丧葬费、被扶养人生活费、死亡补偿费以及受害人
亲属办理丧葬事宜支出的交通费、住宿费和误工损失等其他合理费用。

第十八条　受害人或者死者近亲属遭受精神损害，赔偿权利人向人民法院
请求赔偿精神损害抚慰金的，适用《最高人民法院关于确定民事侵权精神损害
赔偿责任若干问题的解释》予以确定。

精神损害抚慰金的请求权，不得让与或者继承。但赔偿义务人已经以书面
方式承诺给予金钱赔偿，或者赔偿权利人已经向人民法院起诉的除外。

第十九条　医疗费根据医疗机构出具的医药费、住院费等收款凭证，结合
病历和诊断证明等相关证据确定。赔偿义务人对治疗的必要性和合理性有异议
的，应当承担相应的举证责任。

医疗费的赔偿数额，按照一审法庭辩论终结前实际发生的数额确定。器官功能恢复训练所必要的康复费、适当的整容费以及其他后续治疗费，赔偿权利人可以待实际发生后另行起诉。但根据医疗证明或者鉴定结论确定必然发生的费用，可以与已经发生的医疗费一并予以赔偿。

第二十条 误工费根据受害人的误工时间和收入状况确定。

误工时间根据受害人接受治疗的医疗机构出具的证明确定。受害人因伤致残持续误工的，误工时间可以计算至定残日前一天。

受害人有固定收入的，误工费按照实际减少的收入计算。受害人无固定收入的，按照其最近三年的平均收入计算；受害人不能举证证明其最近三年的平均收入状况的，可以参照受诉法院所在地相同或者相近行业上一年度职工的平均工资计算。

第二十一条 护理费根据护理人员的收入状况和护理人数、护理期限确定。

护理人员有收入的，参照误工费的规定计算；护理人员没有收入或者雇佣护工的，参照当地护工从事同等级别护理的劳务报酬标准计算。护理人员原则上为一人，但医疗机构或者鉴定机构有明确意见的，可以参照确定护理人员人数。

护理期限应计算至受害人恢复生活自理能力时止。受害人因残疾不能恢复生活自理能力的，可以根据其年龄、健康状况等因素确定合理的护理期限，但最长不超过二十年。

受害人定残后的护理，应当根据其护理依赖程度并结合配制残疾辅助器具的情况确定护理级别。

第二十二条 交通费根据受害人及其必要的陪护人员因就医或者转院治疗实际发生的费用计算。交通费应当以正式票据为凭；有关凭据应当与就医地点、时间、人数、次数相符合。

第二十三条 住院伙食补助费可以参照当地国家机关一般工作人员的出差伙食补助标准予以确定。

受害人确有必要到外地治疗，因客观原因不能住院，受害人本人及其陪护人员实际发生的住宿费和伙食费，其合理部分应予赔偿。

第二十四条 营养费根据受害人伤残情况参照医疗机构的意见确定。

第二十五条 残疾赔偿金根据受害人丧失劳动能力程度或者伤残等级，按照受诉法院所在地上一年度城镇居民人均可支配收入或者农村居民人均纯收入标准，自定残之日起按二十年计算。但六十周岁以上的，年龄每增加一岁减少一年；七十五周岁以上的，按五年计算。

受害人因伤致残但实际收入没有减少，或者伤残等级较轻但造成职业妨害严重影响其劳动就业的，可以对残疾赔偿金作相应调整。

第二十六条　残疾辅助器具费按照普通适用器具的合理费用标准计算。伤情有特殊需要的，可以参照辅助器具配制机构的意见确定相应的合理费用标准。

辅助器具的更换周期和赔偿期限参照配制机构的意见确定。

第二十七条　丧葬费按照受诉法院所在地上一年度职工月平均工资标准，以六个月总额计算。

第二十八条　被扶养人生活费根据扶养人丧失劳动能力程度，按照受诉法院所在地上一年度城镇居民人均消费性支出和农村居民人均年生活消费支出标准计算。被扶养人为未成年人的，计算至十八周岁；被扶养人无劳动能力又无其他生活来源的，计算二十年。但六十周岁以上的，年龄每增加一岁减少一年；七十五周岁以上的，按五年计算。

被扶养人是指受害人依法应当承担扶养义务的未成年人或者丧失劳动能力又无其他生活来源的成年近亲属。被扶养人还有其他扶养人的，赔偿义务人只赔偿受害人依法应当负担的部分。被扶养人有数人的，年赔偿总额累计不超过上一年度城镇居民人均消费性支出额或者农村居民人均年生活消费支出额。

第二十九条　死亡赔偿金按照受诉法院所在地上一年度城镇居民人均可支配收入或者农村居民人均纯收入标准，按二十年计算。但六十周岁以上的，年龄每增加一岁减少一年；七十五周岁以上的，按五年计算。

第三十条　赔偿权利人举证证明其住所地或者经常居住地城镇居民人均可支配收入或者农村居民人均纯收入高于受诉法院所在地标准的，残疾赔偿金或者死亡赔偿金可以按照其住所地或者经常居住地的相关标准计算。

被扶养人生活费的相关计算标准，依照前款原则确定。

第三十一条　人民法院应当按照民法通则第一百三十一条以及本解释第二条的规定，确定第十九条至第二十九条各项财产损失的实际赔偿金额。

前款确定的物质损害赔偿金与按照第十八条第一款规定确定的精神损害抚慰金，原则上应当一次性给付。

第三十二条　超过确定的护理期限、辅助器具费给付年限或者残疾赔偿金给付年限，赔偿权利人向人民法院起诉请求继续给付护理费、辅助器具费或者残疾赔偿金的，人民法院应予受理。赔偿权利人确需继续护理、配制辅助器具，或者没有劳动能力和生活来源的，人民法院应当判令赔偿义务人继续给付相关费用五至十年。

第三十三条　赔偿义务人请求以定期金方式给付残疾赔偿金、被扶养人生活费、残疾辅助器具费的，应当提供相应的担保。人民法院可以根据赔偿义务人的给付能力和提供担保的情况，确定以定期金方式给付相关费用。但一审法庭辩论终结前已经发生的费用、死亡赔偿金以及精神损害抚慰金，应当一次性给付。

第三十四条 人民法院应当在法律文书中明确定期金的给付时间、方式以及每期给付标准。执行期间有关统计数据发生变化的，给付金额应当适时进行相应调整。

定期金按照赔偿权利人的实际生存年限给付，不受本解释有关赔偿期限的限制。

第三十五条 本解释所称"城镇居民人均可支配收入"、"农村居民人均纯收入"、"城镇居民人均消费性支出"、"农村居民人均年生活消费支出"、"职工平均工资"，按照政府统计部门公布的各省、自治区、直辖市以及经济特区和计划单列市上一年度相关统计数据确定。

"上一年度"，是指一审法庭辩论终结时的上一统计年度。

2. 最高人民法院关于确定民事侵权精神 损害赔偿责任若干问题的解释

（2001 年 2 月 26 日最高人民法院审判委员会第 1161 次会议通过，法释
〔2001〕7 号）

《最高人民法院关于确定民事侵权精神损害赔偿责任若干问题的解释》已于
2001 年 2 月 26 日由最高人民法院审判委员会第 1161 次会议通过，现予公布，
自 2001 年 3 月 10 日起施行。

为在审理民事侵权案件中正确确定精神损害赔偿责任，根据《中华人民共
和国民法通则》等有关法律规定，结合审判实践经验，对有关问题作如下解释：

第一条　自然人因下列人格权利遭受非法侵害，向人民法院起诉请求赔偿
精神损害的，人民法院应当依法予以受理：

（一）生命权、健康权、身体权；

（二）姓名权、肖像权、名誉权、荣誉权；

（三）人格尊严权、人身自由权。

违反社会公共利益、社会公德侵害他人隐私或者其他人格利益，受害人以侵
权为由向人民法院起诉请求赔偿精神损害的，人民法院应当依法予以受理。

第二条　非法使被监护人脱离监护，导致亲子关系或者近亲属间的亲属关
系遭受严重损害，监护人向人民法院起诉请求赔偿精神损害的，人民法院应当
依法予以受理。

第三条　自然人死亡后，其近亲属因下列侵权行为遭受精神痛苦，向人民
法院起诉请求赔偿精神损害的，人民法院应当依法予以受理：

（一）以侮辱、诽谤、贬损、丑化或者违反社会公共利益、社会公德的其他
方式，侵害死者姓名、肖像、名誉、荣誉；

（二）非法披露、利用死者隐私，或者以违反社会公共利益、社会公德的其
他方式侵害死者隐私；

（三）非法利用、损害遗体、遗骨，或者以违反社会公共利益、社会公德的
其他方式侵害遗体、遗骨。

第四条　具有人格象征意义的特定纪念物品，因侵权行为而永久性灭失或

者毁损，物品所有人以侵权为由，向人民法院起诉请求赔偿精神损害的，人民法院应当依法予以受理。

第五条 法人或者其他组织以人格权利遭受侵害为由，向人民法院起诉请求赔偿精神损害的，人民法院不予受理。

第六条 当事人在侵权诉讼中没有提出赔偿精神损害的诉讼请求，诉讼终结后又基于同一侵权事实另行起诉请求赔偿精神损害的，人民法院不予受理。

第七条 自然人因侵权行为致死，或者自然人死亡后其人格或者遗体遭受侵害，死者的配偶、父母和子女向人民法院起诉请求赔偿精神损害的，列其配偶、父母和子女为原告；没有配偶、父母和子女的，可以由其他近亲属提起诉讼，列其他近亲属为原告。

第八条 因侵权致人精神损害，但未造成严重后果，受害人请求赔偿精神损害的，一般不予支持，人民法院可以根据情形判令侵权人停止侵害、恢复名誉、消除影响、赔礼道歉。

因侵权致人精神损害，造成严重后果的，人民法院除判令侵权人承担停止侵害、恢复名誉、消除影响、赔礼道歉等民事责任外，可以根据受害人一方的请求判令其赔偿相应的精神损害抚慰金。

第九条 精神损害抚慰金包括以下方式：

（一）致人残疾的，为残疾赔偿金；

（二）致人死亡的，为死亡赔偿金；

（三）其他损害情形的精神抚慰金。

第十条 精神损害的赔偿数额根据以下因素确定：

（一）侵权人的过错程度，法律另有规定的除外；

（二）侵害的手段、场合、行为方式等具体情节；

（三）侵权行为所造成的后果；

（四）侵权人的获利情况；

（五）侵权人承担责任的经济能力；

（六）受诉法院所在地平均生活水平。

法律、行政法规对残疾赔偿金、死亡赔偿金等有明确规定的，适用法律、行政法规的规定。

第十一条 受害人对损害事实和损害后果的发生有过错的，可以根据其过错程度减轻或者免除侵权人的精神损害赔偿责任。

第十二条 在本解释公布施行之前已经生效施行的司法解释，其内容有与本解释不一致的，以本解释为准。

五、与医疗产品（医疗器械、药品、血液等）相关的法律法规

1. 中华人民共和国产品质量法（节录）

（1993 年 2 月 22 日第七届全国人民代表大会常务委员会第三十次会议通过，根据 2000 年 7 月 8 日第九届全国人民代表大会常务委员会第十六次会议《关于修改〈中华人民共和国产品质量法〉的决定》修正，根据 2009 年 8 月 27 日第十一届全国人民代表大会常务委员会第十次会议通过的《全国人民代表大会常务委员会关于修改部分法律的决定》修改）

第三章　生产者、销售者的产品质量责任和义务

第一节　生产者的产品质量责任和义务

第二十六条　生产者应当对其生产的产品质量负责。

产品质量应当符合下列要求：

（一）不存在危及人身、财产安全的不合理的危险，有保障人体健康和人身、财产安全的国家标准、行业标准的，应当符合该标准；

（二）具备产品应当具备的使用性能，但是，对产品存在使用性能的瑕疵作出说明的除外；

（三）符合在产品或者其包装上注明采用的产品标准，符合以产品说明、实物样品等方式表明的质量状况。

第二十七条　产品或者其包装上的标识必须真实，并符合下列要求：

（一）有产品质量检验合格证明；

（二）有中文标明的产品名称、生产厂厂名和厂址；

（三）根据产品的特点和使用要求，需要标明产品规格、等级、所含主要成分的名称和含量的，用中文相应予以标明；需要事先让消费者知晓的，应当在外包装上标明，或者预先向消费者提供有关资料；

（四）限期使用的产品，应当在显著位置清晰地标明生产日期和安全使用期或者失效日期；

（五）使用不当，容易造成产品本身损坏或者可能危及人身、财产安全的产品，应当有警示标志或者中文警示说明。

裸装的食品和其他根据产品的特点难以附加标识的裸装产品，可以不附加产品标识。

第二十八条 易碎、易燃、易爆、有毒、有腐蚀性、有放射性等危险物品以及储运中不能倒置和其他有特殊要求的产品，其包装质量必须符合相应要求，依照国家有关规定作出警示标志或者中文警示说明，标明储运注意事项。

第二十九条 生产者不得生产国家明令淘汰的产品。

第三十条 生产者不得伪造产地，不得伪造或者冒用他人的厂名、厂址。

第三十一条 生产者不得伪造或者冒用认证标志等质量标志。

第三十二条 生产者生产产品，不得掺杂、掺假，不得以假充真、以次充好；不得以不合格产品冒充合格产品。

第二节　销售者的产品质量责任和义务

第三十三条 销售者应当建立并执行进货检查验收制度，验明产品合格证明和其他标识。

第三十四条 销售者应当采取措施，保持销售产品的质量。

第三十五条 销售者不得销售国家明令淘汰并停止销售的产品和失效、变质的产品。

第三十六条 销售者销售的产品的标识应当符合本法第二十七条的规定。

第三十七条 销售者不得伪造产地，不得伪造或者冒用他人的厂名、厂址。

第三十八条 销售者不得伪造或者冒用认证标志等质量标志。

第三十九条 销售者销售产品，不得掺杂、掺假，不得以假充真、以次充好，不得以不合格产品冒充合格产品。

第四章　损害赔偿

第四十条 售出的产品有下列情形之一的，销售者应当负责修理、更换、退货；给购买产品的消费者造成损失的，销售者应当赔偿损失：

（一）不具备产品应当具备的使用性能而事先未作说明的；

（二）不符合在产品或者其包装上注明采用的产品标准的；

（三）不符合以产品说明、实物样品等方式表明的质量状况的。

销售者依照前款规定负责修理、更换、退货、赔偿损失后，属于生产者的责任或者属于向销售者提供产品的其他销售者（以下简称供货者）的责任的，销售者有权向生产者、供货者追偿。

销售者未按照第一款规定给予修理、更换、退货或者赔偿损失的，由产品质量监督部门或者工商行政管理部门责令改正。

生产者之间，销售者之间，生产者与销售者之间订立的买卖合同、承揽合同有不同约定的，合同当事人按照合同约定执行。

第四十一条　因产品存在缺陷造成人身、缺陷产品以外的其他财产（以下简称他人财产）损害的，生产者应当承担赔偿责任。

生产者能够证明有下列情形之一的，不承担赔偿责任：

（一）未将产品投入流通的；

（二）产品投入流通时，引起损害的缺陷尚不存在的；

（三）将产品投入流通时的科学技术水平尚不能发现缺陷的存在的。

第四十二条　由于销售者的过错使产品存在缺陷，造成人身、他人财产损害的，销售者应当承担赔偿责任。

销售者不能指明缺陷产品的生产者也不能指明缺陷产品的供货者的，销售者应当承担赔偿责任。

第四十三条　因产品存在缺陷造成人身、他人财产损害的，受害人可以向产品的生产者要求赔偿，也可以向产品的销售者要求赔偿。属于产品的生产者的责任，产品的销售者赔偿的，产品的销售者有权向产品的生产者追偿。属于产品的销售者的责任，产品的生产者赔偿的，产品的生产者有权向产品的销售者追偿。

第四十四条　因产品存在缺陷造成受害人人身伤害的，侵害人应当赔偿医疗费、治疗期间的护理费、因误工减少的收入等费用；造成残疾的，还应当支付残疾者生活自助具费、生活补助费、残疾赔偿金以及由其扶养的人所必需的生活费等费用；造成受害人死亡的，并应当支付丧葬费、死亡赔偿金以及由死者生前扶养的人所必需的生活费等费用。

因产品存在缺陷造成受害人财产损失的，侵害人应当恢复原状或者折价赔偿。受害人因此遭受其他重大损失的，侵害人应当赔偿损失。

第四十五条　因产品存在缺陷造成损害要求赔偿的诉讼时效期间为二年，自当事人知道或者应当知道其权益受到损害时起计算。

因产品存在缺陷造成损害要求赔偿的请求权，在造成损害的缺陷产品交付最初消费者满十年丧失；但是，尚未超过明示的安全使用期的除外。

第四十六条　本法所称缺陷，是指产品存在危及人身、他人财产安全的不合理的危险；产品有保障人体健康和人身、财产安全的国家标准、行业标准的，是指不符合该标准。

第四十七条 因产品质量发生民事纠纷时，当事人可以通过协商或者调解解决。当事人不愿通过协商、调解解决或者协商、调解不成的，可以根据当事人各方的协议向仲裁机构申请仲裁；当事人各方没有达成仲裁协议或者仲裁协议无效的，可以直接向人民法院起诉。

第四十八条 仲裁机构或者人民法院可以委托本法第十九条规定的产品质量检验机构，对有关产品质量进行检验。

2. 中华人民共和国药品管理法（节录）

（1984 年 9 月 20 日第六届全国人民代表大会常务委员会第七次会议通过，2001 年 2 月 28 日第九届全国人民代表大会常务委员会第二十次会议修订，根据 2013 年 12 月 28 日第十二届全国人民代表大会常务委员会第六次会议《关于修改〈中华人民共和国海洋环境保护法〉等七部法律的决定》第一次修正，根据 2015 年 4 月 24 日第十二届全国人民代表大会常务委员会第十四次会议《关于修改〈中华人民共和国药品管理法〉的决定》第二次修正）

第四章　医疗机构的药剂管理

第二十二条　医疗机构必须配备依法经过资格认定的药学技术人员。非药学技术人员不得直接从事药剂技术工作。

第二十三条　医疗机构配制制剂，须经所在地省、自治区、直辖市人民政府卫生行政部门审核同意，由省、自治区、直辖市人民政府药品监督管理部门批准，发给《医疗机构制剂许可证》。无《医疗机构制剂许可证》的，不得配制制剂。

《医疗机构制剂许可证》应当标明有效期，到期重新审查发证。

第二十四条　医疗机构配制制剂，必须具有能够保证制剂质量的设施、管理制度、检验仪器和卫生条件。

第二十五条　医疗机构配制的制剂，应当是本单位临床需要而市场上没有供应的品种，并须经所在地省、自治区、直辖市人民政府药品监督管理部门批准后方可配制。配制的制剂必须按照规定进行质量检验；合格的，凭医师处方在本医疗机构使用。特殊情况下，经国务院或者省、自治区、直辖市人民政府的药品监督管理部门批准，医疗机构配制的制剂可以在指定的医疗机构之间调剂使用。

医疗机构配制的制剂，不得在市场销售。

第二十六条　医疗机构购进药品，必须建立并执行进货检查验收制度，验明药品合格证明和其他标识；不符合规定要求的，不得购进和使用。

第二十七条　医疗机构的药剂人员调配处方，必须经过核对，对处方所列药品不得擅自更改或者代用。对有配伍禁忌或者超剂量的处方，应当拒绝调配；必要时，经处方医师更正或者重新签字，方可调配。

第二十八条　医疗机构必须制定和执行药品保管制度，采取必要的冷藏、防冻、防潮、防虫、防鼠等措施，保证药品质量。

第五章　药品管理

第二十九条　研制新药，必须按照国务院药品监督管理部门的规定如实报送研制方法、质量指标、药理及毒理试验结果等有关资料和样品，经国务院药品监督管理部门批准后，方可进行临床试验。药物临床试验机构资格的认定办法，由国务院药品监督管理部门、国务院卫生行政部门共同制定。

完成临床试验并通过审批的新药，由国务院药品监督管理部门批准，发给新药证书。

第三十条　药物的非临床安全性评价研究机构和临床试验机构必须分别执行药物非临床研究质量管理规范、药物临床试验质量管理规范。

药物非临床研究质量管理规范、药物临床试验质量管理规范由国务院确定的部门制定。

第三十一条　生产新药或者已有国家标准的药品的，须经国务院药品监督管理部门批准，并发给药品批准文号；但是，生产没有实施批准文号管理的中药材和中药饮片除外。实施批准文号管理的中药材、中药饮片品种目录由国务院药品监督管理部门会同国务院中医药管理部门制定。

药品生产企业在取得药品批准文号后，方可生产该药品。

第三十二条　药品必须符合国家药品标准。中药饮片依照本法第十条第二款的规定执行。

国务院药品监督管理部门颁布的《中华人民共和国药典》和药品标准为国家药品标准。

国务院药品监督管理部门组织药典委员会，负责国家药品标准的制定和修订。

国务院药品监督管理部门的药品检验机构负责标定国家药品标准品、对照品。

第三十三条　国务院药品监督管理部门组织药学、医学和其他技术人员，对新药进行审评，对已经批准生产的药品进行再评价。

第三十四条　药品生产企业、药品经营企业、医疗机构必须从具有药品生产、经营资格的企业购进药品；但是，购进没有实施批准文号管理的中药材除外。

第三十五条　国家对麻醉药品、精神药品、医疗用毒性药品、放射性药品，实行特殊管理。管理办法由国务院制定。

第三十六条　国家实行中药品种保护制度。具体办法由国务院制定。

第三十七条　国家对药品实行处方药与非处方药分类管理制度。具体办法由国务院制定。

第三十八条　禁止进口疗效不确、不良反应大或者其他原因危害人体健康的药品。

第三十九条　药品进口，须经国务院药品监督管理部门组织审查，经审查确认符合质量标准、安全有效的，方可批准进口，并发给进口药品注册证书。

医疗单位临床急需或者个人自用进口的少量药品，按照国家有关规定办理进口手续。

第四十条　药品必须从允许药品进口的口岸进口，并由进口药品的企业向口岸所在地药品监督管理部门登记备案。海关凭药品监督管理部门出具的《进口药品通关单》放行。无《进口药品通关单》的，海关不得放行。

口岸所在地药品监督管理部门应当通知药品检验机构按照国务院药品监督管理部门的规定对进口药品进行抽查检验，并依照本法第四十一条第二款的规定收取检验费。

允许药品进口的口岸由国务院药品监督管理部门会同海关总署提出，报国务院批准。

第四十一条　国务院药品监督管理部门对下列药品在销售前或者进口时，指定药品检验机构进行检验；检验不合格的，不得销售或者进口：

（一）国务院药品监督管理部门规定的生物制品；

（二）首次在中国销售的药品；

（三）国务院规定的其他药品。

前款所列药品的检验费项目和收费标准由国务院财政部门会同国务院价格主管部门核定并公告。检验费收缴办法由国务院财政部门会同国务院药品监督管理部门制定。

第四十二条　国务院药品监督管理部门对已经批准生产或者进口的药品，应当组织调查；对疗效不确、不良反应大或者其他原因危害人体健康的药品，应当撤销批准文号或者进口药品注册证书。

已被撤销批准文号或者进口药品注册证书的药品，不得生产或者进口、销售和使用；已经生产或者进口的，由当地药品监督管理部门监督销毁或者处理。

第四十三条 国家实行药品储备制度。

国内发生重大灾情、疫情及其他突发事件时，国务院规定的部门可以紧急调用企业药品。

第四十四条 对国内供应不足的药品，国务院有权限制或者禁止出口。

第四十五条 进口、出口麻醉药品和国家规定范围内的精神药品，必须持有国务院药品监督管理部门发给的《进口准许证》《出口准许证》。

第四十六条 新发现和从国外引种的药材，经国务院药品监督管理部门审核批准后，方可销售。

第四十七条 地区性民间习用药材的管理办法，由国务院药品监督管理部门会同国务院中医药管理部门制定。

第四十八条 禁止生产（包括配制，下同）、销售假药。

有下列情形之一的，为假药：

（一）药品所含成分与国家药品标准规定的成分不符的；

（二）以非药品冒充药品或者以他种药品冒充此种药品的。

有下列情形之一的药品，按假药论处：

（一）国务院药品监督管理部门规定禁止使用的；

（二）依照本法必须批准而未经批准生产、进口，或者依照本法必须检验而未经检验即销售的；

（三）变质的；

（四）被污染的；

（五）使用依照本法必须取得批准文号而未取得批准文号的原料药生产的；

（六）所标明的适应证或者功能主治超出规定范围的。

第四十九条 禁止生产、销售劣药。

药品成分的含量不符合国家药品标准的，为劣药。

有下列情形之一的药品，按劣药论处：

（一）未标明有效期或者更改有效期的；

（二）不注明或者更改生产批号的；

（三）超过有效期的；

（四）直接接触药品的包装材料和容器未经批准的；

（五）擅自添加着色剂、防腐剂、香料、矫味剂及辅料的；

（六）其他不符合药品标准规定的。

第五十条 列入国家药品标准的药品名称为药品通用名称。已经作为药品通用名称的，该名称不得作为药品商标使用。

第五十一条　药品生产企业、药品经营企业和医疗机构直接接触药品的工作人员，必须每年进行健康检查。患有传染病或者其他可能污染药品的疾病的，不得从事直接接触药品的工作。

第七章　药品价格和广告的管理

第五十五条　依法实行市场调节价的药品，药品的生产企业、经营企业和医疗机构应当按照公平、合理和诚实信用、质价相符的原则制定价格，为用药者提供价格合理的药品。

药品的生产企业、经营企业和医疗机构应当遵守国务院价格主管部门关于药价管理的规定，制定和标明药品零售价格，禁止暴利和损害用药者利益的价格欺诈行为。

第五十六条　药品的生产企业、经营企业、医疗机构应当依法向政府价格主管部门提供其药品的实际购销价格和购销数量等资料。

第五十七条　医疗机构应当向患者提供所用药品的价格清单；医疗保险定点医疗机构还应当按照规定的办法如实公布其常用药品的价格，加强合理用药的管理。具体办法由国务院卫生行政部门规定。

第五十八条　禁止药品的生产企业、经营企业和医疗机构在药品购销中账外暗中给予、收受回扣或者其他利益。

禁止药品的生产企业、经营企业或者其代理人以任何名义给予使用其药品的医疗机构的负责人、药品采购人员、医师等有关人员以财物或者其他利益。禁止医疗机构的负责人、药品采购人员、医师等有关人员以任何名义收受药品的生产企业、经营企业或者其代理人给予的财物或者其他利益。

第五十九条　药品广告须经企业所在地省、自治区、直辖市人民政府药品监督管理部门批准，并发给药品广告批准文号；未取得药品广告批准文号的，不得发布。

处方药可以在国务院卫生行政部门和国务院药品监督管理部门共同指定的医学、药学专业刊物上介绍，但不得在大众传播媒介发布广告或者以其他方式进行以公众为对象的广告宣传。

第六十条　药品广告的内容必须真实、合法，以国务院药品监督管理部门批准的说明书为准，不得含有虚假的内容。

药品广告不得含有不科学的表示功效的断言或者保证；不得利用国家机关、医药科研单位、学术机构或者专家、学者、医师、患者的名义和形象作证明。

非药品广告不得有涉及药品的宣传。

第六十一条 省、自治区、直辖市人民政府药品监督管理部门应当对其批准的药品广告进行检查,对于违反本法和《中华人民共和国广告法》的广告,应当向广告监督管理机关通报并提出处理建议,广告监督管理机关应当依法作出处理。

第六十二条 药品价格和广告,本法未规定的,适用《中华人民共和国价格法》《中华人民共和国广告法》的规定。

3. 血液制品管理条例

（1996 年 12 月 30 日国务院令第 208 号公布，根据 2016 年 2 月 6 日发布的国务院令第 666 号《国务院关于修改部分行政法规的决定》修改）

第一章　总　　则

第一条　为了加强血液制品管理，预防和控制经血液途径传播的疾病，保证血液制品的质量，根据药品管理法和传染病防治法，制定本条例。

第二条　本条例适用于在中华人民共和国境内从事原料血浆的采集、供应以及血液制品的生产、经营活动。

第三条　国务院卫生行政部门对全国的原料血浆的采集、供应和血液制品的生产、经营活动实施监督管理。

县级以上地方各级人民政府卫生行政部门对本行政区域内的原料血浆的采集、供应和血液制品的生产、经营活动，依照本条例第三十条规定的职责实施监督管理。

第二章　原料血浆的管理

第四条　国家实行单采血浆站统一规划、设置的制度。

国务院卫生行政部门根据核准的全国生产用原料血浆的需求，对单采血浆站的布局、数量和规模制定总体规划。省、自治区、直辖市人民政府卫生行政部门根据总体规划制定本行政区域内单采血浆站设置规划和采集血浆的区域规划，并报国务院卫生行政部门备案。

第五条　单采血浆站由血液制品生产单位设置或者由县级人民政府卫生行政部门设置，专门从事单采血浆活动，具有独立法人资格。其他任何单位和个人不得从事单采血浆活动。

第六条　设置单采血浆站，必须具备下列条件：

（一）符合单采血浆站布局、数量、规模的规划；

（二）具有与所采集原料血浆相适应的卫生专业技术人员；

（三）具有与所采集原料血浆相适应的场所及卫生环境；

（四）具有识别供血浆者的身份识别系统；

（五）具有与所采集原料血浆相适应的单采血浆机械及其他设施；

（六）具有对所采集原料血浆进行质量检验的技术人员以及必要的仪器设备。

第七条 申请设置单采血浆站的，由县级人民政府卫生行政部门初审，经设区的市、自治州人民政府卫生行政部门或者省、自治区人民政府设立的派出机关的卫生行政机构审查同意，报省、自治区、直辖市人民政府卫生行政部门核发《单采血浆许可证》，并报国务院卫生行政部门备案。

单采血浆站只能对省、自治区、直辖市人民政府卫生行政部门划定区域内的供血浆者进行筛查和采集血浆。

第八条 《单采血浆许可证》应当规定有效期。

第九条 在一个采血浆区域内，只能设置一个单采血浆站。

严禁单采血浆站采集非划定区域内的供血浆者和其他人员的血浆。

第十条 单采血浆站必须对供血浆者进行健康检查；检查合格的，由县级人民政府卫生行政部门核发《供血浆证》。

供血浆者健康检查标准，由国务院卫生行政部门制定。

第十一条 《供血浆证》由省、自治区、直辖市人民政府卫生行政部门负责设计和印制。《供血浆证》不得涂改、伪造、转让。

第十二条 单采血浆站在采集血浆前，必须对供血浆者进行身份识别并核实其《供血浆证》，确认无误的，方可按照规定程序进行健康检查和血液化验；对检查、化验合格的，按照有关技术操作标准及程序采集血浆，并建立供血浆者健康检查及供血浆记录档案；对检查、化验不合格的，由单采血浆站收缴《供血浆证》，并由所在地县级人民政府卫生行政部门监督销毁。

严禁采集无《供血浆证》者的血浆。

血浆采集技术操作标准及程序，由国务院卫生行政部门制定。

第十三条 单采血浆站只能向一个与其签订质量责任书的血液制品生产单位供应原料血浆，严禁向其他任何单位供应原料血浆。

第十四条 单采血浆站必须使用单采血浆机械采集血浆，严禁手工操作采集血浆。采集的血浆必须按单人份冰冻保存，不得混浆。

严禁单采血浆站采集血液或者将所采集的原料血浆用于临床。

第十五条 单采血浆站必须使用有产品批准文号并经国家药品生物制品检

定机构逐批检定合格的体外诊断试剂以及合格的一次性采血浆器材。

采血浆器材等一次性消耗品使用后，必须按照国家有关规定予以销毁，并作记录。

第十六条 单采血浆站采集的原料血浆的包装、储存、运输，必须符合国家规定的卫生标准和要求。

第十七条 单采血浆站必须依照传染病防治法及其实施办法等有关规定，严格执行消毒管理及疫情上报制度。

第十八条 单采血浆站应当每半年向所在地的县级人民政府卫生行政部门报告有关原料血浆采集情况，同时抄报设区的市、自治州人民政府卫生行政部门或者省、自治区人民政府设立的派出机关的卫生行政机构及省、自治区、直辖市人民政府卫生行政部门。省、自治区、直辖市人民政府卫生行政部门应当每年向国务院卫生行政部门汇总报告本行政区域内原料血浆的采集情况。

第十九条 国家禁止出口原料血浆。

第三章 血液制品生产经营单位管理

第二十条 新建、改建或者扩建血液制品生产单位，经国务院卫生行政部门根据总体规划进行立项审查同意后，由省、自治区、直辖市人民政府卫生行政部门依照药品管理法的规定审核批准。

第二十一条 血液制品生产单位必须达到国务院卫生行政部门制定的《药品生产质量管理规范》规定的标准，经国务院卫生行政部门审查合格，并依法向工商行政管理部门申领营业执照后，方可从事血液制品的生产活动。

第二十二条 血液制品生产单位应当积极开发新品种，提高血浆综合利用率。

血液制品生产单位生产国内已经生产的品种，必须依法向国务院卫生行政部门申请产品批准文号；国内尚未生产的品种，必须按照国家有关新药审批的程序和要求申报。

第二十三条 严禁血液制品生产单位出让、出租、出借以及与他人共用《药品生产企业许可证》和产品批准文号。

第二十四条 血液制品生产单位不得向无《单采血浆许可证》的单采血浆站或者未与其签订质量责任书的单采血浆站及其他任何单位收集原料血浆。

血液制品生产单位不得身其他任何单位供应原料血浆。

第二十五条 血液制品生产单位在原料血浆投料生产前，必须使用有产品批准文号并经国家药品生物制品检定机构逐批检定合格的体外诊断试剂，对每一人份血浆进行全面复检，并作检测记录。

原料血浆经复检不合格的，不得投料生产，并必须在省级药品监督员监督下按照规定程序和方法予以销毁，并作记录。

原料血浆经复检发现有经血液途径传播的疾病的，必须通知供应血浆的单采血浆站，并及时上报所在地省、自治区、直辖市人民政府卫生行政部门。

第二十六条　血液制品出厂前，必须经过质量检验；经检验不符合国家标准的，严禁出厂。

第二十七条　开办血液制品经营单位，由省、自治区、直辖市人民政府卫生行政部门审核批准。

第二十八条　血液制品经营单位应当具备与所经营的产品相适应的冷藏条件和熟悉所经营品种的业务人员。

第二十九条　血液制品生产经营单位生产、包装、储存、运输、经营血液制品，应当符合国家规定的卫生标准和要求。

第四章　监督管理

第三十条　县级以上地方各级人民政府卫生行政部门依照本条例的规定负责本行政区域内的单采血浆站、供血浆者、原料血浆的采集及血液制品经营单位的监督管理。

省、自治区、直辖市人民政府卫生行政部门依照本条例的规定负责本行政区域内的血液制品生产单位的监督管理。

县级以上地方各级人民政府卫生行政部门的监督人员执行职务时，可以按照国家有关规定抽取样品和索取有关资料，有关单位不得拒绝和隐瞒。

第三十一条　省、自治区、直辖市人民政府卫生行政部门每年组织一次对本行政区域内单采血浆站的监督检查并进行年度注册。

设区的市、自治州人民政府卫生行政部门或者省、自治区人民政府设立的派出机关的卫生行政机构每半年对本行政区域内的单采血浆站进行一次检查。

第三十二条　国家药品生物制品检定机构及国务院卫生行政部门指定的省级药品检验机构，应当依照本条例和国家规定的标准和要求，对血液制品生产单位生产的产品定期进行检定。

第三十三条　国务院卫生行政部门负责全国进出口血液制品的审批及监督管理。

第五章　罚　则

第三十四条　违反本条例规定，未取得省、自治区、直辖市人民政府卫生行政部门核发的《单采血浆许可证》，非法从事组织、采集、供应、倒卖原料血浆活动的，由县级以上地方人民政府卫生行政部门予以取缔，没收违法所得和从事违法活动的器材、设备，并处违法所得 5 倍以上 10 倍以下的罚款，没有违法所得的，并处 5 万元以上 10 万元以下的罚款；造成经血液途径传播的疾病传播、人身伤害等危害，构成犯罪的，依法追究刑事责任。

第三十五条　单采血浆站有下列行为之一的，由县级以上地方人民政府卫生行政部门责令限期改正，处 5 万元以上 10 万元以下的罚款；有第八项所列行为的，或者有下列其他行为并且情形严重的，由省、自治区、直辖市人民政府卫生行政部门吊销《单采血浆许可证》；构成犯罪的，对负有直接责任的主管人员和其他直接责任人员依法追究刑事责任：

（一）采集血浆前，未按照国务院卫生行政部门颁布的健康检查标准对供血浆者进行健康检查和血液化验的；

（二）采集非划定区域内的供血浆者或者其他人员的血浆的，或者不对供血浆者进行身份识别，采集冒名顶替者、健康检查不合格者或者无《供血浆证》者的血浆的；

（三）违反国务院卫生行政部门制定的血浆采集技术操作标准和程序，过频过量采集血浆的；

（四）向医疗机构直接供应原料血浆或者擅自采集血液的；

（五）未使用单采血浆机械进行血浆采集的；

（六）未使用有产品批准文号并经国家药品生物制品检定机构逐批检定合格的体外诊断试剂以及合格的一次性采血浆器材的；

（七）未按照国家规定的卫生标准和要求包装、储存、运输原料血浆的；

（八）对国家规定检测项目检测结果呈阳性的血浆不清除、不及时上报的；

（九）对污染的注射器、采血浆器材及不合格血浆等不经消毒处理，擅自倾倒、污染环境，造成社会危害的；

（十）重复使用一次性采血浆器材的；

（十一）向与其签订质量责任书的血液制品生产单位以外的其他单位供应原料血浆的。

第三十六条　单采血浆站已知其采集的血浆检测结果呈阳性，仍向血液制品生产单位供应的，由省、自治区、直辖市人民政府卫生行政部门吊销《单采血浆许可证》，由县级以上地方人民政府卫生行政部门没收违法所得，并处 10 万元以上 30 万元以下的罚款；造成经血液途径传播的疾病传播、人身伤害等危害，构成犯罪的，对负有直接责任的主管人员和其他直接责任人员依法追究刑事责任。

第三十七条　涂改、伪造、转让《供血浆证》的，由县级人民政府卫生行政部门收缴《供血浆证》，没收违法所得，并处违法所得 3 倍以上 5 倍以下的罚款，没有违法所得的，并处 1 万元以下的罚款；构成犯罪的，依法追究刑事责任。

第三十八条　血液制品生产单位有下列行为之一的，由省级以上人民政府卫生行政部门依照药品管理法及其实施办法等有关规定，按照生产假药、劣药予以处罚；构成犯罪的，对负有直接责任的主管人员和其他直接责任人员依法追究刑事责任：

（一）使用无《单采血浆许可证》的单采血浆站或者未与其签订质量责任书的单采血浆站及其他任何单位供应的原料血浆的，或者非法采集原料血浆的；

（二）投料生产前未对原料血浆进行复检的，或者使用没有产品批准文号或者未经国家药品生物制品检定机构逐批检定合格的体外诊断试剂进行复检的，或者将检测不合格的原料血浆投入生产的；

（三）擅自更改生产工艺和质量标准的，或者将检验不合格的产品出厂的；

（四）与他人共用产品批准文号的。

第三十九条　血液制品生产单位违反本条例规定，擅自向其他单位出让、出租、出借以及与他人共用《药品生产企业许可证》、产品批准文号或者供应原料血浆的，由省级以上人民政府卫生行政部门没收违法所得，并处违法所得 5 倍以上 10 倍以下的罚款，没有违法所得的，并处 5 万元以上 10 万元以下的罚款。

第四十条　违反本条例规定，血液制品生产经营单位生产、包装、储存、运输、经营血液制品不符合国家规定的卫生标准和要求的，由省、自治区、直辖市人民政府卫生行政部门责令改正，可以处 1 万元以下的罚款。

第四十一条　在血液制品生产单位成品库待出厂的产品中，经抽检有一批次达不到国家规定的指标，经复检仍不合格的，由国务院卫生行政部门撤销该血液制品批准文号。

第四十二条　违反本条例规定，擅自进出口血液制品或者出口原料血浆的，由省级以上人民政府卫生行政部门没收所进出口的血液制品或者所出口的原料血浆和违法所得，并处所进出口的血液制品或者所出口的原料血浆总值 3 倍以上 5 倍以下的罚款。

第四十三条 血液制品检验人员虚报、瞒报、涂改、伪造检验报告及有关资料的，依法给予行政处分；构成犯罪的，依法追究刑事责任。

第四十四条 卫生行政部门工作人员滥用职权、玩忽职守、徇私舞弊、索贿受贿，构成犯罪的，依法追究刑事责任；尚不构成犯罪的，依法给予行政处分。

第六章　附　则

第四十五条 本条例下列用语的含义：

血液制品，是特指各种人血浆蛋白制品。

原料血浆，是指由单采血浆站采集的专用于血液制品生产原料的血浆。

供血浆者，是指提供血液制品生产用原料血浆的人员。

单采血浆站，是指根据地区血源资源，按照有关标准和要求并经严格审批设立，采集供应血液制品生产用原料血浆的单位。

第四十六条 本条例施行前已经设立的单采血浆站和血液制品生产经营单位应当自本条例施行之日起 6 个月内，依照本条例的规定重新办理审批手续；凡不符合本条例规定的，一律予以关闭。

本条例施行前已经设立的单采血浆站适用本条例第六条第五项的时间，由国务院卫生行政部门另行规定。

第四十七条 本条例自发布之日起施行。

4. 医疗美容服务管理办法

（2002 年 1 月 22 日卫生部令第 19 号公布，2009 年 2 月 13 日根据《卫生部关于修改〈医疗美容服务管理办法〉第二条的通知》修改，根据 2016 年 1 月 19 日中华人民共和国国家卫生和计划生育委员会第 8 号《国家卫生计生委员关于修订〈外国医师来华短期行医暂行管理办法〉第 8 件部门规章的决定》修正）

第一章 总 则

第一条 为规范医疗美容服务，促进医疗美容事业的健康发展，维护就医者的合法权益，依据《执业医师法》《医疗机构管理条例》和《护士管理办法》《制定本办法》。

第二条 本办法所称医疗美容，是指运用手术、药物、医疗器械以及其他具有创伤性或者侵入性的医学技术方法对人的容貌和人体各部位形态进行的修复与再塑。

本办法所称美容医疗机构，是指以开展医疗美容诊疗业务为主的医疗机构。

本办法所称主诊医师是指具备本办法第十一条规定条件，负责实施医疗美容项目的执业医师。

医疗美容科为一级科目，美容外科、美容牙科、美容皮肤科和美容中医科为二级科目。

根据医疗美容项目的技术难度、可能发生的医疗风险程度，对医疗美容项目实行分级准入管理。《医疗美容项目分级管理目录》由卫生部另行规定。

第三条 凡开展医疗美容服务的机构和个人必须遵守本办法。

第四条 卫生部（含国家中医药管理局）主管全国医疗美容服务管理工作。县级以上地方人民政府卫生行政部门（含中医药行政管理部门，下同）负责本行政区域内医疗美容服务监督管理工作。

第二章 机构设置、登记

第五条 申请举办美容医疗机构或医疗机构设置医疗美容科室必须同时具

备下列条件：

（一）具有承担民事责任的能力；

（二）有明确的医疗美容诊疗服务范围；

（三）符合《医疗机构基本标准（试行）》；

（四）省级以上人民政府卫生行政部门规定的其他条件。

第六条 申请举办美容医疗机构的单位或者个人，应按照本办法以及《医疗机构管理条例》和《医疗机构管理条例实施细则》的有关规定办理设置审批和登记注册手续。

卫生行政部门自收到合格申办材料之日起 30 日内作出批准或不予批准的决定，并书面答复申办者。

第七条 卫生行政部门应在核发美容医疗机构《设置医疗机构批准书》和《医疗机构执业许可证》的同时，向上一级卫生行政部门备案。

上级卫生行政部门对下级卫生行政部门违规作出的审批决定应自发现之日起 30 日内予以纠正或撤销。

第八条 美容医疗机构必须经卫生行政部门登记注册并获得《医疗机构执业许可证》后方可开展执业活动。

第九条 医疗机构增设医疗美容科目的，必须具备本办法规定的条件，按照《医疗机构管理条例》及其实施细则规定的程序，向登记注册机关申请变更登记。

第十条 美容医疗机构和医疗美容科室开展医疗美容项目应当由登记机关指定的专业学会核准，并向登记机关备案。

第三章 执业人员资格

第十一条 负责实施医疗美容项目的主诊医师必须同时具备下列条件：

（一）具有执业医师资格，经执业医师注册机关注册；

（二）具有从事相关临床学科工作经历。其中，负责实施美容外科项目的应具有 6 年以上从事美容外科或整形外科等相关专业临床工作经历；负责实施美容牙科项目的应具有 5 年以上从事美容牙科或口腔科专业临床工作经历；负责实施美容中医科和美容皮肤科项目的应分别具有 3 年以上从事中医专业和皮肤病专业临床工作经历；

（三）经过医疗美容专业培训或进修并合格，或已从事医疗美容临床工作 1 年以上；

（四）省级人民政府卫生行政部门规定的其他条件。

第十二条　不具备本办法第十一条规定的主诊医师条件的执业医师，可在主诊医师的指导下从事医疗美容临床技术服务工作。

第十三条　从事医疗美容护理工作的人员，应同时具备下列条件：

（一）具有护士资格，并经护士注册机关注册；

（二）具有两年以上护理工作经历；

（三）经过医疗美容护理专业培训或进修并非合格，或已从事医疗美容临床护理工作 6 个月以上。

第十四条　未经卫生行政部门核定并办理执业注册手续的人员不得从事医疗美容诊疗服务。

第四章　执业规则

第十五条　实施医疗美容项目必须在相应的美容医疗机构或开设医疗美容科室的医疗机构中进行。

第十六条　美容医疗机构和医疗美容科室应根据自身条件和能力在卫生行政部门核定的诊疗科目范围内开展医疗服务，未经批准不得擅自扩大诊疗范围。

美容医疗机构及开设医疗美容科室的医疗机构不得开展未向登记机关备案的医疗美容项目。

第十七条　美容医疗机构执业人员要严格执行有关法律、法规和规章，遵守医疗美容技术操作规程。

美容医疗机构使用的医用材料须经有关部门批准。

第十八条　医疗美容服务实行主诊医师负责制。医疗美容项目必须由主诊医师负责或在其指导下实施。

第十九条　执业医师对就医者实施治疗前，必须向就医者本人或亲属书面告知治疗的适应证、禁忌证、医疗风险和注意事项等，并取得就医者本人或监护人的签字同意。未经监护人同意，不得为无行为能力或者限制行为能力人实施医疗美容项目。

第二十条　美容医疗机构和医疗美容科室的从业人员要尊重就医者的隐私权，未经就医者本人或监护人同意，不得向第三方披露就医者病情及病历资料。

第二十一条　美容医疗机构和医疗美容科室发生重大医疗过失，要按规定及时报告当地人民政府卫生行政部门。

第二十二条　美容医疗机构和医疗美容科室应加强医疗质量管理，不断提高服务水平。

第五章　监督管理

第二十三条　任何单位和个人，未取得《医疗机构执业许可证》并经登记机关核准开展医疗美容诊疗科目，不得开展医疗美容服务。

第二十四条　各级地方人民政府卫生行政部门要加强对医疗美容项目备案的审核。发现美容医疗机构及开设医疗美容科的医疗机构不具备开展某医疗美容项目的条件和能力，应及时通知该机构停止开展该医疗美容项目。

第二十五条　各相关专业学会和行业协会要积极协助卫生行政部门规范医疗美容服务行为，加强行业自律工作。

第二十六条　美容医疗机构和医疗美容科室发生医疗纠纷或医疗事故，按照国家有关规定处理。

第二十七条　发布医疗美容广告必须按照国家有关广告管理的法律、法规的规定办理。

第二十八条　对违反本办法规定的，依据《执业医师法》《医疗机构管理条例》和《护士管理办法》有关规定予以处罚。

第六章　附　则

第二十九条　外科、口腔科、眼科、皮肤科、中医科等相关临床学科在疾病治疗过程中涉及的相关医疗美容活动不受本办法调整。

第三十条　县级以上人民政府卫生行政部门应在本办法施行 1 后年内，按本办法规定对已开办的美容医疗机构和开设医疗美容科室的医疗机构进行审核并重核发《医疗机构执业许可证》。

第三十一条　本办法自 2002 年 5 月 1 日起施行。

六、医院监督管理与人民调解法

1. 医院投诉管理办法（试行）

第一章 总 则

第一条 为加强医院投诉管理，规范投诉处理程序，维护正常医疗秩序，保障医患双方合法权益，根据《医疗机构管理条例》《医疗事故处理条例》《信访工作条例》《卫生信访工作办法》等法规、规章，制定本办法。

第二条 本办法所称投诉，主要是指患者及其家属等有关人员（以下统称投诉人）对医院提供的医疗、护理服务及环境设施等不满意，以来信、来电、来访等方式向医院反映问题，提出意见和要求的行为。

第三条 本办法适用于各级各类医院的投诉管理，其他医疗机构参照执行。

第四条 卫生部、国家中医药管理局负责全国医院投诉管理工作的监督指导。

县级以上地方人民政府卫生行政部门（含中医药管理部门，下同）负责本行政区域内医院投诉管理工作的监督指导。

第五条 医院应当按规定实行院务公开，主动接受群众和社会的监督。

第六条 医院投诉的接待、处理工作应当贯彻"以病人为中心"的理念，遵循合法、公正、及时、便民的原则。

第七条 医院应当提高管理水平，保障医疗质量和医疗安全，避免和减少不良事件的发生。

第八条 医院应当制订《重大医疗纠纷事件应急处置预案》，并组织开展相关的宣传和培训工作，及时、有效化解矛盾纠纷。

第九条 各级卫生行政部门和医院应当做好医院投诉管理工作和医疗纠纷人民调解工作的衔接。

第十条 医院应当建立与医疗质量安全管理相结合的投诉管理责任制度，健全投诉管理部门与临床、护理、医技和后勤等部门的沟通制度，提高医疗质量，保障医疗安全。

第十一条 医院应当建立健全医疗安全预警制度，加强紧急情况警告值报告和紧急情况处置。

第二章　医患沟通

第十二条　医院应当体现"以病人为中心"的服务理念，提高医务人员职业道德水平，增强服务意识和法律意识，提高医疗质量，注重人文关怀，优化服务流程，改善就诊环境，加强医患沟通，努力构建和谐医患关系。

第十三条　医院应当健全医患沟通制度，完善医患沟通内容，加强对医务人员医患沟通技巧的培训，提高医患沟通能力。

第十四条　医院全体工作人员应当牢固树立"以病人为中心"的服务理念，全心全意为患者服务，热情、耐心、细致地做好接待、解释、说明工作，把对病人的尊重、理解和关怀体现在医疗服务全过程。

第十五条　医务人员应当尊重患者依法享有的隐私权、知情权、选择权等权利，根据患者病情、预后不同以及患者实际需求，突出重点，采取适当方式进行沟通。

医患沟通中有关诊疗情况的重要内容应当及时、完整、准确地记入病历，并由患者或其家属签字确认。

第三章　投诉管理机构与人员

第十六条　医院应当设立医患关系办公室或指定部门统一承担医院投诉管理工作（以下统称投诉管理部门）。投诉管理部门履行以下职责：

（一）统一受理投诉；

（二）调查、核实投诉事项，提出处理意见，及时答复投诉人；

（三）组织、协调、指导全院的投诉处理工作；

（四）定期汇总、分析投诉信息，提出加强与改进工作的意见或建议。

第十七条　二级以上医院的投诉管理部门，应当配备专职工作人员，其他医院根据实际情况可配置兼职人员。医院应当为投诉管理部门及其工作人员提供必要的工作场所和条件，保障工作人员工作待遇与人身安全。接待场所安装视频摄像和录音装置的，应当做好存查工作。

第十八条　医院主要领导是医院投诉管理的第一责任人。医院各部门、各科室应当指定至少1名负责人配合投诉管理部门做好投诉处理工作。

第十九条　医院应当逐步建立健全相关机制，鼓励和吸纳社会工作者、志愿者等熟悉医学、法律专业知识的人员或第三方组织参与医院投诉接待与处理工作。

第四章　投诉接待与处理

第二十条　医院应当建立畅通、便捷的投诉渠道，在医院显著位置公布投诉管理部门、地点、接待时间及其联系方式。有条件的医院可设立网络投诉平台，并安排人员处理、回复患者投诉。

第二十一条　医院投诉接待实行"首诉负责制"。投诉人向有关部门、科室投诉的，被投诉部门、科室的工作人员应当予以热情接待，对于能够当场协调处理的，应当尽量当场协调解决；对于无法当场协调处理的，接待的部门或科室应当主动引导投诉人到投诉管理部门投诉。

第二十二条　投诉接待人员应当认真听取投诉人意见，核实相关信息，并如实填写《医院投诉登记表》（见附件），如实记录投诉人反映的情况，并经投诉人签字（或盖章）确认。

匿名投诉按照国家有关规定办理。

第二十三条　投诉接待人员应当耐心细致地做好解释工作，稳定投诉人情绪，避免矛盾激化。

第二十四条　医院投诉管理部门接到投诉后，应当及时向当事部门、科室和相关人员了解、核实情况，并可采取院内医疗质量安全评估等方式，在查清事实、分清责任的基础上提出处理意见，并反馈投诉人，当事部门、科室和相关人员应当予以积极配合。

第二十五条　对于涉及医疗质量安全、可能危及患者健康的投诉，医院应当立即采取积极措施，预防和减少患者损害的发生。

对于涉及收费、价格等能够当场核查处理的，应当及时查明情况，立即纠正。

对于情况较复杂，需调查、核实的投诉事项，一般应当于 5 个工作日内向投诉人反馈相关处理情况或处理意见。

对于投诉自涉及多个科室，需组织、协调相关部门共同研究的投诉事项，应当于 10 个工作日内向投诉人反馈处理情况或处理意见。

第二十六条　医院各部门、科室应当积极配合投诉管理部门开展投诉事项调查、核实、处理工作。

第二十七条　涉及医疗事故争议的，应当告知投诉人按照《医疗事故处理条例》等法规，通过医疗事故技术鉴定、调解、诉讼等途径解决，并做好解释疏导工作。

第二十八条　属于下列情形之一的投诉，投诉管理部门应当向投诉人说明情况，告知相关处理规定：

（一）投诉人已就投诉事项向人民法院起诉的；

（二）投诉人已就投诉事项向信访部门反映并作出处理的；

（三）没有明确的投诉对象和具体事实的；

（四）已经依法立案侦查的治安案件、刑事案件；

（五）其他不属于投诉管理部门职权范围的投诉。

第二十九条 投诉人应当依法文明表达意见和要求，向医院投诉管理部门提供真实、准确的投诉相关资料，配合医院投诉管理部门的调查和询问，不得扰乱医疗正常秩序。对于投诉人采取违法或过激行为的，医院应当及时采取相应措施并依法向公安机关和卫生行政部门报告。

第五章　质量改进与档案管理

第三十条 医院应当将投诉管理纳入医院质量安全管理体系，逐步建立投诉信息上报系统及处理反馈机制：

（一）投诉管理部门应当定期对投诉情况进行归纳分类和分析研究，发现医院管理、医疗质量的薄弱环节，提出改进意见或建议，督促相关部门、科室及时整改。

（二）医院应当定期召开投诉分析会议，分析产生投诉的原因，针对突出问题提出改进方案，并加强督促落实。

第三十一条 医院工作人员有权对医院管理、服务等各项工作进行内部投诉，提出意见、建议，医院及投诉管理等有关部门应当予以重视，并及时处理、反馈。

临床一线工作人员，对于发现的药品、医疗器械、水、电、气等医疗质量安全保障方面的问题，有责任向投诉管理部门或者有关职能部门反映，投诉管理等有关部门应当及时处理、反馈。

第三十二条 医院应当建立健全投诉档案，立卷归档，留档备查：

（一）投诉人基本信息；

（二）投诉事项及相关证明材料；

（三）调查、处理及反馈情况；

（四）其他与投诉事项有关的材料。

第三十三条 医院应当按照《重大医疗过失行为和医疗事故报告制度的规定》（卫医发〔2002〕206号）做好重大医疗过失行为和医疗事故报告的工作。

第三十四条 各级卫生行政部门应当逐步建立本地区医院投诉及医疗纠纷

信息系统，收集、分析并反馈相关信息，指导医院改进工作，提高医疗服务质量。

各级卫生行政部门应当鼓励医院主动报告无损害医疗差错行为，逐步建立无损害医疗差错免责报告制度。

第六章　监督管理

第三十五条　各级卫生行政部门应当加强对辖区内医院投诉工作的监督管理。

各级医院应当按照本办法规定，规范医院投诉管理工作。

第三十六条　上级卫生行政部门发现下级卫生行政部门对医院投诉工作监督不力造成严重后果的，按照《卫生信访工作管理办法》进行处理。

医院应当定期统计投诉情况，统计结果应当与年终考核、医师定期考核、医德考评、评优评先等结合。

第三十七条　未按照本办法规定开展投诉管理工作，导致发生严重群体性事件的，按照《医疗事故处理条例》的有关规定给予处理，同时要追究医院和有关部门负责人的领导责任。

卫生行政部门接到医院关于重大投诉事件的报告，未及时组织调查导致重大群体性事件的，按照《医疗事故处理条例》的有关规定给予处理。

医院未设置投诉管理部门或者配备专（兼）职人员的，按照《医疗事故处理条例》的有关规定给予处理。

第三十八条　对于在医院投诉管理中表现优秀，有效预防重大群体性事件发生的医院及有关人员，卫生行政部门应当予以表扬。

第七章　附　则

第三十九条　省级卫生行政部门可根据本办法，结合本地具体情况制订实施细则。

第四十条　本办法由卫生部负责解释。

第四十一条　本办法自发布之日起施行。

2. 中华人民共和国人民调解法

（2010 年 8 月 28 日第十一届全国人民代表大会常务委员会第十六次会议通过，自 2011 年 1 月 1 日起施行）

第一章　总　则

第一条　为了完善人民调解制度，规范人民调解活动，及时解决民间纠纷，维护社会和谐稳定，根据宪法，制定本法。

第二条　本法所称人民调解，是指人民调解委员会通过说服、疏导等方法，促使当事人在平等协商基础上自愿达成调解协议，解决民间纠纷的活动。

第三条　人民调解委员会调解民间纠纷，应当遵循下列原则：

（一）在当事人自愿、平等的基础上进行调解；

（二）不违背法律、法规和国家政策；

（三）尊重当事人的权利，不得因调解而阻止当事人依法通过仲裁、行政、司法等途径维护自己的权利。

第四条　人民调解委员会调解民间纠纷，不收取任何费用。

第五条　国务院司法行政部门负责指导全国的人民调解工作，县级以上地方人民政府司法行政部门负责指导本行政区域的人民调解工作。

基层人民法院对人民调解委员会调解民间纠纷进行业务指导。

第六条　国家鼓励和支持人民调解工作。县级以上地方人民政府对人民调解工作所需经费应当给予必要的支持和保障，对有突出贡献的人民调解委员会和人民调解员按照国家规定给予表彰奖励。

第二章　人民调解委员会

第七条　人民调解委员会是依法设立的调解民间纠纷的群众性组织。

第八条　村民委员会、居民委员会设立人民调解委员会。企业事业单位根据需要设立人民调解委员会。

人民调解委员会由委员三至九人组成，设主任一人，必要时，可以设副主任若干人。

人民调解委员会应当有妇女成员，多民族居住的地区应当有人数较少民族的成员。

第九条 村民委员会、居民委员会的人民调解委员会委员由村民会议或者村民代表会议、居民会议推选产生；企业事业单位设立的人民调解委员会委员由职工大会、职工代表大会或者工会组织推选产生。

人民调解委员会委员每届任期三年，可以连选连任。

第十条 县级人民政府司法行政部门应当对本行政区域内人民调解委员会的设立情况进行统计，并且将人民调解委员会以及人员组成和调整情况及时通报所在地基层人民法院。

第十一条 人民调解委员会应当建立健全各项调解工作制度，听取群众意见，接受群众监督。

第十二条 村民委员会、居民委员会和企业事业单位应当为人民调解委员会开展工作提供办公条件和必要的工作经费。

第三章　人民调解员

第十三条 人民调解员由人民调解委员会委员和人民调解委员会聘任的人员担任。

第十四条 人民调解员应当由公道正派、热心人民调解工作，并具有一定文化水平、政策水平和法律知识的成年公民担任。

县级人民政府司法行政部门应当定期对人民调解员进行业务培训。

第十五条 人民调解员在调解工作中有下列行为之一的，由其所在的人民调解委员会给予批评教育、责令改正，情节严重的，由推选或者聘任单位予以罢免或者解聘：

（一）偏袒一方当事人的；

（二）侮辱当事人的；

（三）索取、收受财物或者牟取其他不正当利益的；

（四）泄露当事人的个人隐私、商业秘密的。

第十六条 人民调解员从事调解工作，应当给予适当的误工补贴；因从事调解工作致伤致残，生活发生困难的，当地人民政府应当提供必要的医疗、生活救助；在人民调解工作岗位上牺牲的人民调解员，其配偶、子女按照国家规定享受抚恤和优待。

第四章 调解程序

第十七条 当事人可以向人民调解委员会申请调解；人民调解委员会也可以主动调解。当事人一方明确拒绝调解的，不得调解。

第十八条 基层人民法院、公安机关对适宜通过人民调解方式解决的纠纷，可以在受理前告知当事人向人民调解委员会申请调解。

第十九条 人民调解委员会根据调解纠纷的需要，可以指定一名或者数名人民调解员进行调解，也可以由当事人选择一名或者数名人民调解员进行调解。

第二十条 人民调解员根据调解纠纷的需要，在征得当事人的同意后，可以邀请当事人的亲属、邻里、同事等参与调解，也可以邀请具有专门知识、特定经验的人员或者有关社会组织的人员参与调解。

人民调解委员会支持当地公道正派、热心调解、群众认可的社会人士参与调解。

第二十一条 人民调解员调解民间纠纷，应当坚持原则，明法析理，主持公道。

调解民间纠纷，应当及时、就地进行，防止矛盾激化。

第二十二条 人民调解员根据纠纷的不同情况，可以采取多种方式调解民间纠纷，充分听取当事人的陈述，讲解有关法律、法规和国家政策，耐心疏导，在当事人平等协商、互谅互让的基础上提出纠纷解决方案，帮助当事人自愿达成调解协议。

第二十三条 当事人在人民调解活动中享有下列权利：

（一）选择或者接受人民调解员；

（二）接受调解、拒绝调解或者要求终止调解；

（三）要求调解公开进行或者不公开进行；

（四）自主表达意愿、自愿达成调解协议。

第二十四条 当事人在人民调解活动中履行下列义务：

（一）如实陈述纠纷事实；

（二）遵守调解现场秩序，尊重人民调解员；

（三）尊重对方当事人行使权利。

第二十五条 人民调解员在调解纠纷过程中，发现纠纷有可能激化的，应当采取有针对性的预防措施；对有可能引起治安案件、刑事案件的纠纷，应当及时向当地公安机关或者其他有关部门报告。

第二十六条 人民调解员调解纠纷，调解不成的，应当终止调解，并依据有关法律、法规的规定，告知当事人可以依法通过仲裁、行政、司法等途径维护自己的权利。

第二十七条 人民调解员应当记录调解情况。人民调解委员会应当建立调解工作档案，将调解登记、调解工作记录、调解协议书等材料立卷归档。

第五章　调解协议

第二十八条 经人民调解委员会调解达成调解协议的，可以制作调解协议书。当事人认为无需制作调解协议书的，可以采取口头协议方式，人民调解员应当记录协议内容。

第二十九条 调解协议书可以载明下列事项：

（一）当事人的基本情况；

（二）纠纷的主要事实、争议事项以及各方当事人的责任；

（三）当事人达成调解协议的内容，履行的方式、期限。

调解协议书自各方当事人签名、盖章或者按指印，人民调解员签名并加盖人民调解委员会印章之日起生效。调解协议书由当事人各执一份，人民调解委员会留存一份。

第三十条 口头调解协议自各方当事人达成协议之日起生效。

第三十一条 经人民调解委员会调解达成的调解协议，具有法律约束力，当事人应当按照约定履行。

人民调解委员会应当对调解协议的履行情况进行监督，督促当事人履行约定的义务。

第三十二条 经人民调解委员会调解达成调解协议后，当事人之间就调解协议的履行或者调解协议的内容发生争议的，一方当事人可以向人民法院提起诉讼。

第三十三条 经人民调解委员会调解达成调解协议后，双方当事人认为有必要的，可以自调解协议生效之日起三十日内共同向人民法院申请司法确认，人民法院应当及时对调解协议进行审查，依法确认调解协议的效力。

人民法院依法确认调解协议有效，一方当事人拒绝履行或者未全部履行的，对方当事人可以向人民法院申请强制执行。

人民法院依法确认调解协议无效的，当事人可以通过人民调解方式变更原调解协议或者达成新的调解协议，也可以向人民法院提起诉讼。

第六章　附　则

第三十四条　乡镇、街道以及社会团体或者其他组织根据需要可以参照本法有关规定设立人民调解委员会，调解民间纠纷。

第三十五条　本法自 2011 年 1 月 1 日起施行。

七、法院审理医疗纠纷案件的相关政策

1. 北京市高级人民法院关于审理医疗损害赔偿纠纷案件若干问题的指导意见（试行）

为正确适用法律，妥当审理医疗损害赔偿纠纷案件，根据《中华人民共和国民法通则》《中华人民共和国侵权责任法》（下称《侵权责任法》）、《中华人民共和国民事诉讼法》及相关的法律、司法解释，结合我市审判实际，制定本指导意见。

一、一般规定

1. 本指导意见所称医疗损害赔偿纠纷，是指患者一方认为在诊疗活动中受到损害，要求医疗机构承担侵权责任而引起的民事纠纷。

患者一方，是指直接遭受人身损害的患者、依法由患者承担扶养义务的被扶养人以及死亡患者的近亲属。

2. 患者一方与美容医疗机构及开设医疗美容科室的医疗机构之间发生的医疗美容损害赔偿纠纷，适用本指导意见处理。因在非医疗机构进行生活美容引起的损害赔偿纠纷，按一般人身损害赔偿纠纷处理。

二、诉辩事由

3. 患者一方因发生医疗损害而起诉要求医疗机构承担侵权责任的，以其就诊的医疗机构为被告。

患者一方认为损害是由两个以上的医疗机构造成的，可以两个以上的医疗机构为共同被告。

4. 因药品、消毒药剂、医疗器械的缺陷造成患者损害的，患者一方可以依据《侵权责任法》第43条及第59条的规定同时起诉产品生产者、产品销售者以及医疗机构要求赔偿。

患者一方仅起诉部分责任主体，人民法院可以依被诉责任主体的申请追加未被起诉的其他责任主体为案件的当事人。必要时，人民法院也可以依职权追加当事人。

5. 因输入不合格的血液造成患者损害的，患者一方可以依据《侵权责任

法》第59条的规定起诉血液提供机构及医疗机构要求赔偿。

患者一方仅起诉血液提供机构或者仅起诉医疗机构的，人民法院可以依血液提供机构或医疗机构的申请追加未被起诉的另一方为案件的当事人。必要时，人民法院也可以依职权追加当事人。

6. 医疗机构及其医务人员违反诊疗规范对患者实施不必要的检查，导致患者支出不必要的检查费用，患者一方有权要求医疗机构退还。造成其他损害后果的，患者一方有权要求医疗机构承担相应的侵权责任。

三、举证责任

7. 在医疗损害赔偿纠纷诉讼中，患者一方应当首先证明其与医疗机构之间存在医疗关系并发生医疗损害。医疗机构应当提交病历及相关资料说明相应的诊疗过程。

交费单、挂号单等诊疗凭证及病历、出院证明等证据可以用于证明医疗关系存在。患者一方提供不出上述证据，但有其他证据能证明医疗行为存在的，人民法院可以认定存在医疗关系。

8. 对于医疗产品损害以外的医疗损害赔偿纠纷案件，患者一方认为医疗机构有医疗过错，以及医疗行为与损害结果之间存在因果关系，应当承担相应的举证责任。

医疗机构是否履行了向患者一方说明病情、医疗措施、医疗风险、替代医疗方案等情况的义务，由医疗机构承担举证责任。人民法院应当根据病历记载、知情同意书等证据进行综合认定。

9. 发生医疗损害，患者能够证明医疗机构有下列情形之一的，人民法院应推定医疗机构有过错：

（1）违反法律、行政法规、规章以及其他有关诊疗规范的规定；

（2）隐匿或者拒绝提供与纠纷有关的病历资料；

（3）伪造、篡改或者销毁病历资料。

对于上述情形，人民法院在必要时应依职权调查取证。

10. 医疗产品损害赔偿纠纷案件，由患者一方对产品缺陷、损害结果、因果关系承担举证责任。

因输入的血液是否合格引发的损害赔偿纠纷案件，由患者一方对血液不合格、损害结果、因果关系承担举证责任。

11. 医疗损害赔偿纠纷案件，医疗机构对《侵权责任法》第60条规定的免责事由承担举证责任。

12. 在医疗损害赔偿纠纷诉讼中，当事人应提交由其保管的所有涉案病历资料。

医疗机构提交的客观性病历资料与主观性病历资料均为证据材料。

13. 当事人对病历资料及其他进行医疗损害鉴定所需的材料的真实性、完整性有异议的，应当由人民法院先行组织双方当事人举证、质证。人民法院应根据举证、质证的具体情况进行审查。

经审查，病历资料存在瑕疵的，人民法院应通过咨询专家、委托文件检验、病历评估或由鉴定专家作初步判断来认定瑕疵病历是否对鉴定有实质性影响。如果没有实质性影响，则仍可继续进行鉴定，但瑕疵病历部分不能作为鉴定依据；如果有实质性影响，造成鉴定无法客观进行的，则应终止鉴定。

14. 当事人遗失、涂改、抢夺病历，或以其他不正当手段改变病历资料的内容，导致医疗行为与损害结果之间的因果关系不明或有无过错无法认定的，应承担不利的法律后果。

15. 一方当事人对对方保存或控制的病历的真实性、完整性有异议的，应当明确提出异议内容，并说明理由。

当事人提出合理质疑的，由保存或控制病历的另一方当事人进行解释证明。

16. 患者就医后死亡，医患双方当事人不能确定死因或者对死因有异议，医疗机构未要求患者一方进行尸检，导致无法查明死亡原因，并致使无法认定医疗行为与损害结果之间是否存在因果关系或医疗机构有无过错的，医疗机构应承担不利的法律后果。

医疗机构要求患者一方协助进行尸检，但因患者一方的原因未进行尸检，导致无法查明死亡原因，并致使无法认定医疗行为与损害结果之间是否存在因果关系或医疗机构有无过错的，患者一方应承担不利的法律后果。

四、医疗损害鉴定

17. 对下列医疗专门性问题，当事人双方有权申请进行医疗损害鉴定：

（1）医疗机构的诊疗行为有无过错；

（2）医疗机构是否尽到告知义务；

（3）医疗机构是否违反诊疗规范实施不必要的检查；

（4）医疗过错行为与损害结果之间是否存在因果关系；

（5）医疗过错行为在损害结果中的责任程度；

（6）人体损伤残疾程度；

（7）其他专门性问题。

18. 人民法院认为需要委托医疗损害鉴定的，一般应要求患者一方申请鉴定。患者一方申请鉴定的，患者一方和医疗机构均应当提交鉴定所需的病历资料。

19. 当事人申请鉴定确有困难的，人民法院在必要时可依职权委托医疗损害鉴定。

20. 人民法院根据当事人的申请或者依职权决定进行医疗损害鉴定的，按照《全国人民代表大会常务委员会关于司法鉴定管理问题的决定》及国家有关部门的规定组织鉴定。

21. 人民法院委托进行医疗损害责任过错鉴定的，应当根据北京市高级人民法院关于司法鉴定工作的相关规定，委托具有相应资质的鉴定机构组织鉴定。

在国家有关部门关于医疗损害鉴定的新规定颁布之前，人民法院也可以委托各区、县医学会或北京医学会组织进行医疗损害责任技术鉴定。

22. 当事人无正当理由拒不同意、不配合进行医疗损害鉴定的，应承担不利的法律后果。

23. 医疗损害赔偿纠纷案件的审判人员，可以参加涉案医疗鉴定会，并可以就有关问题向鉴定专家询问。

24. 当事人一方申请进行医疗损害鉴定的，鉴定费由该当事人预交；人民法院依职权委托医疗损害鉴定的，鉴定费由双方当事人预交。

25. 人民法院审理医疗损害赔偿纠纷案件，对涉及人体损伤残疾程度鉴定标准的问题，应统一适用北京司法鉴定业协会制定的《人体损伤致残程度鉴定标准（试行）》。

26. 对有缺陷的医疗损害鉴定结论，可以通过补充鉴定、重新质证或者补充质证等方法解决的，不予重新鉴定。

当事人有证据证明医疗损害鉴定结论有《最高人民法院关于民事诉讼证据的若干规定》第27条第1款规定的情形之一的，可以申请重新鉴定。

当事人申请重新鉴定的，应当在人民法院指定的期限内提出。

27. 医疗损害鉴定文书应当在法庭上出示，由当事人质证。医疗损害鉴定文书经法庭质证确认后，具有证据效力。

28. 医疗产品损害赔偿纠纷案件，对医疗产品是否存在缺陷需要委托检测的，人民法院应委托具有相应资格的机构进行医疗产品质量检测。

因输入的血液是否合格引发的损害赔偿纠纷案件，就输入的血液是否合格具备检测条件的，人民法院应委托具有相应资格的机构进行检测。

五、案件审理

29. 人民法院判断医务人员在诊疗活动中是否尽到与当时的医疗水平相应的诊疗义务，应以医疗行为发生当时的医疗水平为标准，还应当适当考虑地区、医疗机构资质、医务人员资质等因素。

30. 患者一方在诉讼中对个别医务人员的执业资格有异议并提供了支持其异议的初步理由和证据，可以要求医疗机构提供该医务人员的执业资格证书。但是，患者一方要求医疗机构提供病历资料中出现的所有医务人员的执业资格证书的，受诉法院不予支持。

31. 患者有损害，医疗机构能够证明由于患者病情异常或者患者体质特殊，限于当时的医疗水平难以诊疗而发生医疗意外的，不承担赔偿责任。

32. 对于医疗产品损害赔偿纠纷案件，患者一方同时起诉缺陷产品的生产者、销售者和医疗机构时，如果患者一方的赔偿请求得到支持，人民法院可以判决缺陷产品的生产者、销售者和医疗机构对患者一方承担连带赔偿责任。不负最终责任的当事人在承担了赔偿责任之后，可以依法向承担最终责任的其他当事人进行追偿。

33. 因输入的血液是否合格引发的损害赔偿纠纷案件，患者一方同时起诉血液提供机构和医疗机构时，如果患者一方的赔偿请求得到支持，人民法院可以判决血液提供机构和医疗机构对患者一方承担连带赔偿责任。不负最终责任的当事人在承担了赔偿责任之后，可以依法向承担最终责任的其他当事人进行追偿。

34. 无过错输血感染造成不良后果的，人民法院可以适用公平分担损失的原则，确定由医疗机构和血液提供机构给予患者一定的补偿。

六、赔偿责任

35. 确定医疗损害赔偿，应统一适用《侵权责任法》及相关司法解释关于赔偿范围和标准的各项规定。

36. 确定医疗损害赔偿数额，应当综合考虑医疗过错行为在损害结果中的责任程度、损害结果与患者原有疾病状况之间的关系以及医疗科学发展水平、医疗风险状况等因素。

37. 确定医疗损害赔偿费用，如受害人有被扶养人的，应当依据《最高人民法院关于审理人身损害赔偿案件适用法律若干问题的解释》第 28 条的规定，将被扶养人生活费计入残疾赔偿金或死亡赔偿金。

受害人没有被扶养人的，人民法院应当依据前述司法解释第 25 条和第 29 条的规定计算残疾赔偿金或死亡赔偿金。

38. 有下列情形之一，应认定医疗机构未尽到告知义务：

（1）对患者施行手术、特殊检查、特殊治疗，医务人员未告知医疗风险和替代医疗方案并取得患者或者其近亲属同意；

（2）医务人员未向患者告知，导致患者在使用医疗产品方面出现错误；

（3）医务人员未向患者告知，导致患者在进行功能恢复锻炼等方面出现错误；

（4）对患者施行其他可能产生严重不良后果的诊疗活动，未告知医疗风险。

前款第一项情形中，因抢救生命垂危的患者等紧急情况的，可以认定医疗机构未违反告知义务。

39. 未尽告知义务，损害患者生命权、健康权、身体权等人身及财产权利的，医疗机构应当承担侵权责任。

未尽告知义务，仅损害患者知情同意权而未损害患者人身、财产权利的，医疗机构不承担赔偿责任。

40. 医疗机构及其医务人员泄露患者隐私或者未经患者同意公开其病历资料，造成患者损害的，患者有权依据《侵权责任法》第15条、第22条的规定要求医疗机构承担停止侵害、赔偿精神损害等侵权责任。

41. 人民法院的生效裁判对预期可能发生的损失已一并作出处理的，当事人不得再行起诉，但情况发生重大变化的除外。

生效裁判对预期可能发生的损失未作处理的，患者因同一医疗损害发生新的损失后，可以另行提起民事诉讼。

七、附则

42. 《侵权责任法》施行后发生的医疗行为引起的医疗损害赔偿纠纷案件，适用《侵权责任法》及其他法律、司法解释和本指导意见的规定。《侵权责任法》施行前发生的医疗行为引起的医疗损害赔偿纠纷案件，适用当时的法律、司法解释及《北京市高级人民法院关于审理医疗损害赔偿纠纷案件若干问题的意见（试行）》（京高法发［2005］157号）的规定。

医疗行为发生在《侵权责任法》施行前，但损害结果出现在《侵权责任法》施行后，以及医疗行为和损害结果均发生在《侵权责任法》施行后的医疗损害赔偿纠纷案件，适用《侵权责任法》及其他法律、司法解释以及本指导意见的规定。

43. 本指导意见自下发之日起施行。本指导意见的具体内容与法律和司法解释不一致的，本指导意见的相关内容不予执行。

2. 江西省高级人民法院关于审理医疗损害赔偿纠纷案件若干问题的指导意见（试行）

（赣高法〔2009〕210 号　2009 年 9 月 10 日）

为正确审理医疗损害赔偿纠纷案件，根据《中华人民共和国民法通则》《中华人民共和国民事诉讼法》《医疗事故处理条例》《最高人民法院关于民事诉讼证据的若干规定》《最高人民法院关于参照〈医疗事故处理条例〉审理医疗纠纷民事案件的通知》《最高人民法院关于审理人身损害赔偿案件适用法律若干问题的解释》及其他有关法律法规和司法解释，参照卫生部有关部门规章，结合我省审判实际，制定本意见。

一、案由

第一条　患方认为因医方的诊疗、护理等医疗行为受到损害，不论以医疗事故损害赔偿为由还是以医疗过错损害赔偿为由起诉，要求医方赔偿损失的，案由均确定为医疗损害赔偿纠纷。

第二条　患方与美容医疗机构及开设医疗美容科室的医疗机构之间发生的医疗美容损害赔偿纠纷，适用本意见。

第三条　患方或医方一方起诉认为对方没有按照医疗合同履行义务，要求对方承担违约责任的，案由确定为医疗服务合同纠纷，适用《合同法》的有关规定。

第四条　患方对同一医疗行为，针对相同的赔偿项目，以医疗损害赔偿纠纷和医疗服务合同纠纷中的一种诉因起诉并经人民法院处理后，再以另一种诉因起诉的，人民法院不予受理，但人民法院以患方诉因选择错误为由不予受理或驳回起诉的除外。

二、当事人

第五条　医疗损害赔偿纠纷案件中，患者本人、依法由患者承担扶养义务的被扶养人以及死亡患者的近亲属可以作为原告。

第六条　患者隐匿真实姓名就诊，不影响患方的原告诉讼地位，但患方应当对隐匿真实姓名就诊的事实承担举证责任。

第七条　医疗损害赔偿纠纷案件中患者就诊的医方为被告。具体按如下方式确定：

（一）医疗单位有医疗机构执业许可证和法人资格的，该医疗单位为被告。

（二）国家机关、企业、事业单位开办的医疗单位不具有法人资格的，开办单位为被告。

（三）依法设立的个体、私营诊所不具有法人资格的，医疗机构执业许可证或医生执业资格证上载明的单位或个人为被告；数人合伙开办的，由合伙开办人共同参加诉讼；实际经营者与开办人不一致的，由开办人和实际经营者共同参加诉讼。

（四）将事业、集体性质的卫生所（室）发包给个人从事医疗活动的，可以将发包人和个人作为共同被告。

（五）借用、租用、挂靠使用医疗单位证照的，或以医疗单位名义对外进行诊治、医疗单位明知的，可以将使用人和医疗单位作为共同被告。

（六）数个医方实施过诊疗行为，不能区分责任的，参与诊疗的数个医方为共同被告。

（七）医疗单位邀请外单位医生会诊造成人身损害的，发出邀请的医疗单位为被告。如果是患方自行邀请外单位医生参加会诊，医疗单位同意的，可以将该医疗单位和受邀请的外单位医生作为共同被告。

第八条　与医疗损害赔偿纠纷案件处理结果有法律上利害关系的人可以作为医疗损害赔偿纠纷案件的第三人申请参加诉讼，或者由人民法院通知参加诉讼。

三、举证责任

第九条　医疗损害赔偿纠纷案件中，患方应证明如下事实：

（一）医患双方之间存在医疗关系；

（二）医方实施了医疗行为；

（三）发生了损害结果；

（四）有具体的损失内容。

医方拒绝救治的，患方应证明医方消极不作为事实的存在。

第十条　交费单、挂号单等诊疗凭证、病历资料及出院证明等材料可以作为证明医疗关系存在的证据。患方提供不出上述证据，但有其他证据能证明医疗关系存在的，也应认定存在医疗关系。

患者隐匿真实姓名与医方发生医疗关系的，不影响有关病历资料其他内容的真实性。

第十一条 医疗损害赔偿纠纷中,医方应就如下事项承担举证责任:

(一) 对患者实施的医疗行为不存在过错;

(二) 医疗行为与患方主张的损害结果之间不存在因果关系。

第十二条 医疗损害赔偿纠纷案件中,当事人应提交由其保存的所有涉案病历资料。一方当事人对另一方保存或控制的材料的真实性、完整性提出合理质疑的,保存或控制材料的一方当事人应当承担举证责任。

医疗纠纷发生时,医患双方享有对病历资料的共同封存权和启封权。

一方不同意、不配合共同封存或启封的,应由其对病历资料的真实性承担举证责任。

第十三条 医方遗失、涂改、伪造、隐匿、毁损病历或违反规定修改病历资料的内容,导致医疗行为与损害后果之间的因果关系不明或有无过错无法认定的,应承担不利的诉讼后果。

第十四条 因患方的原因导致不能作出鉴定结论的,由患方承担相应的法律后果。

第十五条 医方以患方不配合治疗致损害结果发生为由提出抗辩的,由医方对患方不配合治疗致损害结果发生的事实承担举证责任。

四、医疗鉴定

第十六条 人民法院受理医疗损害赔偿纠纷案件后,应当向当事人行使释明权,告知其可以申请委托医学会进行医疗事故鉴定。

第十七条 当事人不申请且经人民法院释明当事人仍然拒绝申请医学会进行医疗事故鉴定的,人民法院可以依职权决定进行医疗事故鉴定,也可以根据当事人的申请委托司法鉴定机构进行司法鉴定。

第十八条 一方当事人申请进行有关医疗过错和伤残等级的司法鉴定,而另一方当事人申请进行医疗事故鉴定的,人民法院应当委托进行医疗事故鉴定。

第十九条 当事人不服医疗事故鉴定结论的,可以自收到首次鉴定结论之日起15日内提出再次医疗事故鉴定申请。逾期未提出或者未能按期预交鉴定费的,人民法院可以按照《最高人民法院关于民事诉讼证据的若干规定》,确定鉴定结论的效力。

第二十条 人民法院已经委托进行有关医疗过错的司法鉴定并有鉴定结论,当事人又申请进行医疗事故鉴定的,一般不予准许。

第二十一条 医疗行为经鉴定构成医疗事故,当事人又申请就医疗过错、伤残等级进行司法鉴定的,不予准许。

医疗行为经鉴定不构成医疗事故,当事人又申请就医疗过错、伤残等级进行司法鉴定的，人民法院认为有必要的，可予准许。

第二十二条 因医疗事故等级与伤残等级存在对应关系，医疗事故鉴定结论已确定医疗事故等级的，不再进行伤残等级鉴定。

第二十三条 医疗事故鉴定应当委托医学会组织进行。首次医疗事故鉴定应当委托各设区市医学会组织进行，再次医疗事故鉴定应当委托省医学会组织进行。

第二十四条 一方当事人申请进行医疗鉴定的，鉴定费由提出该申请的当事人预交；双方当事人均提出该项医疗鉴定申请的，鉴定费由双方当事人分别全额预交；人民法院认为确有必要依职权委托医疗鉴定的，鉴定费由医方预交。

鉴定费最终由败诉方负担。

第二十五条 人民法院应当组织双方当事人对病历资料和其他进行医疗鉴定所需的材料进行质证，只有经当事人质证的病历资料和其他材料才能作为鉴定材料提交给鉴定机构。

第二十六条 医疗鉴定结论均应当在法庭上出示，由双方当事人进行质证。

第二十七条 当事人对医疗事故鉴定结论提出异议的，根据当事人的申请，人民法院可调取专家鉴定组的讨论记录，并可要求专家鉴定组作出书面说明或出庭接受质询。

第二十八条 因当事人起诉，卫生行政部门终止对医疗事故争议的处理后，已有的医疗事故鉴定结论在诉讼过程中可以作为证据使用。

第二十九条 卫生行政部门以医方违反《医疗事故处理条例》的有关规定，不如实提供相关材料或不配合相关调查，导致医疗事故鉴定不能进行而直接确定医疗机构承担医疗事故赔偿责任的，人民法院可以依法确认，并告知患方申请委托医学会对医疗事故等级及责任程度按照《医疗事故分级标准（试行）》的规定进行鉴定，如果二级、三级医疗事故无法判定等级的，按同级甲等确定。责任程度按照完全责任判定。

一方无故不参加随机抽取专家库专家的，由负责组织医疗事故鉴定工作的医学会向对方说明情况，经对方同意后，由对方和医学会按照有关规定随机抽取鉴定专家进行鉴定。

第三十条 医疗事故鉴定结论与医疗过错鉴定结论均属于民事诉讼证据，能否作为定案的最终依据，应由人民法院根据《最高人民法院关于民事诉讼证据的若干规定》的规定加以审核认定。

五、赔偿责任

第三十一条 医疗损害赔偿纠纷案件，经人民法院审理查明医疗行为构成医疗事故的，应参照《医疗事故处理条例》第四十九条至第五十二条的规定确定赔偿标准。

《医疗事故处理条例》第五十条所规定的医疗事故赔偿项目的标准应按照政府统计部门公布的各省、自治区、直辖市以及经济特区和计划单列市上一年度相关统计数据确定。"上一年度"是指一审法庭辩论终结时的上一统计年度。

第三十二条 医疗损害赔偿纠纷案件，经人民法院审查医疗行为虽不构成医疗事故，但医方在医疗过程中确有过错并且医疗过失行为与损害结果之间确有因果关系的，应适用《民法通则》及《最高人民法院关于审理人身损害赔偿案件适用法律若干问题的解释》的规定确定赔偿标准。

第三十三条 确定医疗损害赔偿数额，应当综合考虑医疗过失行为在医疗损害结果中的责任程度、医疗损害结果与患者原有疾病状况之间的关系以及医疗科学发展水平、医疗风险状况等因素。

第三十四条 人民法院可以根据经审查予以采信的医疗事故鉴定书直接认定医疗事故等级、医疗过失行为在医疗事故损害后果中的责任程度、医疗事故损害后果与患者原有疾病状况之间的关系，从而确定具体赔偿数额。

第三十五条 在医疗事故损害赔偿纠纷案件中，人民法院在确定残疾生活补助费、被抚养人生活费时，除应当考虑医方的责任程度外，还应考虑患方丧失劳动能力的程度和伤残等级。

构成医疗事故的，按《医疗事故分级标准（试行）》确定伤残等级。医疗事故一级乙等至三级戊等分别对应伤残等级一至十级。医疗事故四级参照伤残等级十级处理。

在没有证据否定医学会作出的不构成医疗事故鉴定结论的前提下，医疗事故以外的其他医疗赔偿纠纷赔偿数额中的残疾生活补助费、精神损害抚慰金原则上不应超过三级戊等医疗事故的赔偿数额。

第三十六条 医方提供足够的证据证明其在医疗过程中没有过错或医疗行为与损害结果之间没有因果关系的，不承担赔偿责任。

第三十七条 医方对急、重、危患者拒绝诊治或不按规定及时采取诊疗措施而贻误救治时间，或具有其他明显违反医疗卫生管理法律、行政法规、部门规章和诊疗护理规范的医疗行为的，应认定为有过错。

第三十八条 因医方违反告知义务而使患方未能行使选择权，以致造成患者受到损害的，医方应承担相应的损害赔偿责任。没有损害后果，患方以违反告知义务为由要求医方承担赔偿责任的，不予支持。

有下列情形之一，医方能够将患者的病情、医疗措施、医疗风险告知患方并征得其同意而未告知的，应认定医方违反了告知义务：

（1）对患者施行手术；

（2）对患者施行特殊检查或特殊治疗；

（3）对患者施行实验性临床检查和治疗；

（4）对患者施行其他可能产生严重不良后果的诊断、治疗活动。

第三十九条　患方在麻醉同意单、手术同意书等协议上签字只应视为医方履行了告知义务，满足了患方的知情同意权，患方接受了告知并愿意承担正常的、依规定操作的手术治疗的风险，并不表示医方可以就该项诊疗行为正常风险以外的损害免责，也不影响医方对医疗活动中因过错造成患方的损害承担责任。

第四十条　医患双方对损害的发生均存在过错的，由双方当事人根据过错程度分担责任。

第四十一条　患者在数个医方接受治疗造成损害的，由有过错的医方承担赔偿责任。数个医方均不能证明自己没有过错，如因果关系能够区分的，应按因果关系的紧密程度和过错的大小分别承担赔偿责任；因果关系不能区分的，由各医方共同赔偿并承担连带责任。

第四十二条　对于构成医疗事故的医疗损害赔偿纠纷案件，不能将残疾赔偿金、死亡赔偿金作为精神损害抚慰金纳入赔偿范围。

第四十三条　医疗事故损害赔偿纠纷案件审结后，患方另行起诉主张的营养费、器官功能恢复训练所需的必要的康复费、整容费以及因此发生的陪护费等，如果确实属于需要继续治疗的基本医疗费用，可以根据受害人的伤残情况确定。

第四十四条　医方提出患方医疗费已在其所在单位或社保单位报销的部分不能赔偿的抗辩理由的，不予支持。

第四十五条　患方就医方安装医用产品要求按照《消费者权益保护法》承担双倍赔偿责任的，不予支持。

对于医疗机构在医疗服务之外单纯提供商品（如出售药品、医疗器械、日用品）和具有医疗辅助性质的商业服务（如提供住宿、餐饮）产生的纠纷，可以适用《产品质量法》《消费者权益保护法》的规定。

第四十六条　人民法院的生效裁判对预期可能发生的损失已一并作出处理的，当事人不得就有关事项再行起诉。

人民法院的生效裁判对预期可能发生的损失未作处理的，患方因同一医疗行为发生新的损失后，可以另行提起民事诉讼。

第四十七条 医疗损害赔偿纠纷发生后，医患双方自行协商或在行政部门主持下达成的赔偿协议，只要是当事人真实意思表示，且不违反法律法规的禁止性规定，应当认定合法有效。当事人对赔偿协议反悔而起诉的，人民法院不予支持。但赔偿协议存在《合同法》第五十二条和第五十四条规定情形的除外。

第四十八条 本意见自公布之日起施行。

附：

医疗事故损害赔偿数额计算办法

一、医疗费按照医疗事故对患者造成的人身损害进行治疗所发生的医疗费用（不包括原发病医疗费用）计算，凭据赔偿，计算公式：医疗费用×医方责任程度。结案后确实需要继续治疗的，按照基本医疗费用赔偿，计算公式：续医费×医方责任程度。

二、患者有固定收入的，误工费按照本人因误工减少的固定收入计算，对收入高于医疗事故发生地上一年度职工年平均3倍以上的，按照3倍计算赔偿，计算公式：减少的固定收入×医方责任程度。无固定收入的，误工费按照医疗事故发生地上一年度职工年平均工资计算赔偿，计算公式：年平均工资÷365天×应赔偿天数×医方责任程度。

三、住院伙食补助费按照医疗事故发生地国家机关一般工作人员的出差伙食补助标准计算赔偿，计算公式：每天伙食补助费×应赔偿天数×医方责任程度。

四、患者住院期间需要专人陪护的，陪护费按照医疗事故发生地上一年度职工年平均工资计算赔偿，计算公式：年平均工资÷365×应赔偿天数×医方责任程度。

五、残疾生活补助费根据伤残等级，按照医疗事故发生地居民年平均生活费计算，自定残之月起最长赔偿30年；但是60周岁以上的，不超过15年；70周岁以上的，不超过5年。具体计算公式是：平均生活费×赔偿年限×赔偿系数×医方责任程度。各医疗事故等级的赔偿系数按如下方式确定：

一级乙等的赔偿系数为100%，二级甲等的赔偿系数为90%，二级乙等的赔偿系数为80%，二级丙等的赔偿系数为70%，二级丁等的赔偿系数为60%，三级甲等的赔偿系数为50%，三级乙等的赔偿系数为40%，三级丙等的赔偿系数为30%，三级丁等的赔偿系数为20%，三级戊等的赔偿系数为10%。

六、因残疾需要配置补偿功能器具的，残疾用具费凭医疗机构证明，按照普及型器具的费用计算赔偿，计算公式：残疾用具费×医方责任程度。

七、丧葬费按照医疗事故发生地规定的丧葬补助标准计算赔偿，计算公式：丧葬费补助标准×医方责任程度。

八、被扶养人生活费以死者生前或者残疾者丧失劳动能力前实际扶养且没有劳动能力的人为限，按照其户籍所在地或者居所地居民最低生活保障标准计算。对不满 16 周岁的，扶养到 16 周岁。对年满 16 周岁但无劳动能力的，扶养 20 年；但是，60 周岁以上的，不超过 15 年；70 周岁以上的，不超过 5 年。计算公式：户籍所在地或者居所地居民每月最低生活保障标准×应赔偿月数×医方责任程度。

九、交通费按照患者实际必需的交通费用计算，凭据赔偿，计算公式：交通费×医方责任程度。

十、住宿费按照医疗事故发生地国家机关一般工作人员的出差住宿补助标准计算，凭据赔偿，计算公式：住宿费×医方责任程度。

十一、精神损害抚慰金按照医疗事故发生地居民年平均生活费计算。造成患者死亡的，赔偿年限最长不超过 6 年；造成患者残疾的，赔偿年限最长不超过 3 年。计算公式：精神损害抚慰金×医方责任程度。

十二、参加医疗事故处理的患者近亲属、参加丧葬活动的患者的配偶和直系亲属所需交通费、误工费、住宿费，均参照本办法第二、九、十条的有关规定计算赔偿，计算费用的人数不超过 2 人。

3. 江苏省高级人民法院、江苏省卫生厅关于医疗 损害鉴定工作的若干意见（试行）

（苏高法审委〔2010〕16 号　2010 年 10 月 11 日）

为贯彻落实最高人民法院《关于适用〈中华人民共和国侵权责任法〉若干问题的通知》（法发〔2010〕23 号）、卫生部《关于做好〈侵权责任法〉贯彻实施工作的通知》（卫医管发〔2010〕61 号）精神，规范《中华人民共和国侵权责任法》实施后的医疗损害鉴定工作，经江苏省高级人民法院、江苏省卫生厅共同研究，制定本意见。

一、关于医疗损害鉴定的委托与受理

1. 人民法院委托的医疗损害鉴定，医学会应当受理。除具有法定回避情形外，医学会应当自收到委托书后 10 日内作出受理决定，并制作《受理通知书》，函告人民法院。对不予受理的应当在《不予受理通知书》中说明具体理由。

2. 医疗损害鉴定一般应委托本行政区域内市医学会组织进行，当事人均同意委托其他司法鉴定机构进行鉴定的，应予准许。

本地医学会存在回避等情形的，人民法院可委托本省其他市医学会组织鉴定，必要时经省高级人民法院司法技术部门同意后，商请省医学会组织鉴定。

医疗损害需要重新鉴定的，由省医学会负责组织。

3. 人民法院在委托鉴定前，须对与提交鉴定有关的证据材料组织质证。当事人对人民法院移送的证据材料有异议，医学会认为确有必要的，可要求人民法院再次确认。

医学会在受理鉴定过程中认为需要补充证据材料的，应当书面函告人民法院及时补充，医学会不得自行接收当事人提交的证据材料。

4. 医疗损害鉴定的费用参照医疗事故技术鉴定相关收费标准执行，人民法院应当通知预缴费方当事人在指定时间内向承担鉴定的医学会缴纳。对于终止鉴定的案件，医学会可根据鉴定工作的进展情况，按规定收取实际支出费用。

二、关于医疗损害鉴定的组织实施

5. 医疗损害鉴定，实行专家合议制。鉴定组专家由医学会组织双方当事人协商确定；协商不成的，由医学会在备选的鉴定专家库中随机确定。

鉴定组专家人数为三人以上（含三人）单数，涉及的学科设置应根据医疗损害鉴定的相关内容确定。

医学会应积极探索建立医疗损害鉴定常任专家库。同时建立分类专家库和常任专家库的医学会，在选择鉴定组专家时，分别在两个专家库中随机确定。

6. 医学会应当在医疗损害鉴定会 7 日前，将鉴定会的时间、地点和要求等书面通知医患双方当事人，要求其参加鉴定会并听取其意见。审理案件的法官可以列席鉴定会。

7. 鉴定过程中，医学会认为需要向双方当事人和其他相关单位、个人进行调查取证的，应当告知人民法院，由人民法院组织进行。人民法院需要医学会派员协助调查取证时，医学会应当指派专家协助。

8. 医学会应当根据人民法院的委托事项组织鉴定。在医学会受理医疗事故技术鉴定后，当事人就同一事件又提出在同一医学会改做医疗损害鉴定的，人民法院应当书面函告医学会，医学会应予变更。

9. 医学会一般应在收到人民法院移送的鉴定材料后 45 日内出具医疗损害鉴定书。鉴定书应针对人民法院委托的事项详细分析说明，结论要具体、明确。

（1）医疗行为是否存在违反法律、行政法规、规章和诊疗护理规范的过错。但对该过错属于过失或者故意，可不予判定；

（2）医疗过错与患者的人身损害后果是否存在因果关系；

（3）患者人身损害后果及伤残等级；

（4）医疗过错行为对患者人身损害后果产生的作用。医疗损害涉及多种原因时，要对各种原因在产生损害后果的过程中原因力大小进行分析，并根据原因力的大小分别表述为：直接因素、主要因素、同等因素、次要因素及轻微因素及无因果关系。

10. 医疗损害行为致人伤残的，参照《医疗事故分级标准（试行）》评定伤残等级，表述为：参照《医疗事故分级标准（试行）》，患者×××的……功能障碍的伤残等级为×级。

11. 医疗损害鉴定书应当由鉴定专家签署姓名、专业和职称，加盖×××医学会医疗损害鉴定专用章。

12. 医学会完成鉴定后，人民法院要求对相关事项进行补充鉴定或说明的，应当书面函告医学会。医学会应对相关事项进行补充鉴定或说明。

13. 在医疗损害鉴定过程中，出现应中止与终止鉴定的情形，医学会应当及时函告人民法院。

三、关于鉴定专家库的管理

14. 医学会应对医学鉴定专家库加强管理。医学专家库专业设置不能满足医疗损害鉴定所需专业要求的，应当进行必要的调整和补充。对医学专家库专家应当进行定期培训并考核。对不胜任鉴定工作的，应当及时调整。

15. 医学会可以根据鉴定工作的需要，在现有分类医学专家库的基础上，聘请一批医德高尚、具有一定的法律知识、相关专业领域公认的学术权威为常任专家，并单独建库。常任专家参与鉴定时，原则上担任鉴定组组长。

16. 各级医疗机构应积极支持医学会开展医疗损害鉴定工作，积极推荐符合条件的专家。加人医学会医学鉴定专家库的成员优先参与当地的医疗卫生质量监督管理工作和本单位职称评审考等工作，并可优先聘为医学会专业委员会委员或评为资深会员。

四、关于医疗损害鉴定工作的协调配合

17. 医疗损害鉴定中出现特殊情况，医学会应及时和人民法院联系，人民法院应积极协助医学会解决和处理有关问题。

18. 人民法院要求鉴定专家出庭接受质询的，医学会应当组织鉴定专家出庭。鉴定专家确因特殊原因无法出庭的，经人民法院准许，可以书面答复当事人的质询。

19. 医学会应当定期分析、整理医疗工作中的经验和教训，并向同级卫生行政主管部门报告。

20. 医学会应建立对鉴定专家的动态监管机制，进一步健全医疗损害鉴定专家队伍和规章制度，提高鉴定质量。医学会在对鉴定质量考核时，充分征求人民法院在庭审采信方面的意见。

21. 人民法院和卫生行政主管部门要加强信息沟通，建立相关工作机制，及时掌握、研究和妥善解决医患纠纷中出现的新情况和新问题。

22. 人民法院、卫生行政主管部门、医学会要切实加强医患纠纷的调解，将调解贯穿于医疗损害鉴定和医疗损害赔偿案件审理的全过程，促使当事人达成调解协议。

23. 本意见自发布之日起施行。